'목사 웨슬리'에게
설교를 묻다

'목사 웨슬리'에게 설교를 묻다

웨슬리 표준설교 44편 가이드북 – 구조와 내용 분석

김동환 지음

kmc

표준설교 44편 읽기에
여러분을 초대합니다

웨슬리 설교, '하늘 가는 길'을 안내하기 위한 의사소통 방식

웨슬리가 평생 동안 마음에 품고 있던 소원이 있었습니다. 그것은 바로 '하늘 가는 길'을 아는 일이었습니다.

"저는 단 하나만을 알고 싶습니다. 하늘 가는 길입니다. 어떻게 해야 그 행복한 해안에 무사히 도착하는가를 알고 싶을 따름입니다."

웨슬리는 자신의 간절한 소원대로 마침내 하늘 가는 길을 알게 되었습니다. 그에게 하늘 가는 길을 가르쳐 준 것은 다름 아닌 '성경'이었습니다. 그는 성경에 '하늘 가는 길'이 있음을 명확히 깨닫게 된 순간 오직 '한 책의 사람'(homo unius libri), 곧 성경의 사람이 되기를 결단하게 됩니다. 웨슬리는 성경의 사람으로서 하늘 가는 길을 알게 된 이후 자신이 발견한 하늘 가는 길을 다른 이웃들과 나누기를 원했습니다. 그러기 위해서 가장 먼저 할 일은 자신이 깨달은 진리를 사람들이 이해할 수 있는 '평범한 언어'로 재번역하는 일이었습니다. '평범한 사람들이 이해할 수 있는 평범한 진리'를 전달할 방법을 모색해야만 했던 것이지요. 여기서 웨슬리가 택한 의사소통 방식이 바로 '설교'였습니다.

표준설교 44편 – 평범한 사람들을 위한 '하늘 가는 길'의 엑기스

웨슬리는 성경을 통해 발견한 '하늘 가는 길'을 대중이 쉽게 알아들을 수 있도록 증거하기 위해 평생 동안 설교했습니다. 그러나 메도디스트 운동이 본격화되어 설교를 듣고자 하는 청중이 폭발적으로 늘어남에 따라 이 일은 다른 여러 사람들과 분담해야 했습니다. 웨슬리는 이 과정에서 다른 설교자들이 설교의 본래 목적에서 벗어나지 않도록 설교의 표준을 정할 필요를 느끼게 되었습니다. 이른바 '표준설교'를 제공하는 일입니다.

1746년경, 웨슬리는 자신이 행한 여러 설교의 원래 목적에 가장 잘 부합하는 설교집 편찬을 시도합니다. 사실 이런 시도는 웨슬리의 독창적 아이디어는 아닙니다. 당시 성공회는 이미 이 같은 목적을 위해 교리문답식 설교모음집(Collections of catechetical homilies)을 만들어 사용하고 있었습니다. 웨슬리는 여기에서 힌트를 얻어 나름의 기준에 따라 약 14년의 세월 동안 4권의 설교집을 편찬합니다. 이 설교는 모두 44편으로 이루어져 있어서 우리는 이를 '표준설교 44편'이라 부릅니다. 여기에 덧붙인 웨슬리의 서문은 웨슬리가 이 책을 준비한 의도를 명확히 밝히고 있습니다.

"독자들은 (이 설교를 통해서) 내가 참된 신앙의 본질로서 의도하고 가르치려 했던 구원의 도리가 무엇인지를 알게 될 것입니다."

다시 말해 웨슬리는 표준설교가 성경에 내포된 진리, 곧 하늘 가는 길을 '평범한 사람들을 위한 평범한 진리'로 제시하기 위해 '의도적으로 엄선한 것'임을 밝힌 것입니다. 메도디스트 운동이 절정기에 들어설 시기였던 1763년, 이렇게 선별된 설교집은 모든 메도디스트 모임에서 행해지는 설교들의 기준으로 공식 인정되기에 이릅니다. 즉, 이때 있었던 메도디스트 총회에서 메도디스트들의 근본정신을 유지 발전시킬 목적으로 작성한 일종의 운영 규약인 모범증서(Model Deed)를 인준하게 되는데, 여기에 "모든 설교자는 하나님의 말씀을 풀이하고 가르침에 있어서 웨슬리의 신약성서 주해와 4권으로 된 표준설교집에 담겨 있는 가르침과 반대되는 어떠한 다른 가르침도 설교하지 않아야 한다."는 내용이 포함되었습니다.

여기서 잠깐 언급하고 넘어가야 할 것이 있습니다. '표준설교 53편 설'입니다. 미국과 호주의 메도디스트 교회가 지지하고 있는 이 53편 설은 1771년 웨슬리가 자신의 저작품들을 전집으로 묶어낼 때 9편의 설교를 추가한 데서 유래합니다. 그러나 필자 개인적으로는 53편보다는 44편이 표준설교에 적합하다고 봅니다. 이는 1787년과 그 이듬해에 걸쳐 출판된 설교집에서 웨슬리 스스로 1771년에 추가했던 설교들을 모두 제외시키고 기존의 44편만을 수록했기 때문입니다.

그러나 여기서 우리가 주의해야 할 사실은 '표준'이라 하여 44편의 설교가 다른 설교들보다 우월하다거나 더 권위가 있다는 의미는 아니라는 것입니다. 웨슬리가 행한 모든 설교의 초점은 하늘 가는 길을 누구든지 알아듣기 쉽게 밝히는 것이었기 때문입니다. 이 중에서 특별히 '표준설교'를 선별한 이유는, 이 설교들이 웨슬리 자신이 의도한 목적에 가장 '압축적으로' 부합되기 때문이라고 이해해야 합니다. 다시 말해 웨슬리의 표준설교는 웨슬리가 성경을 통해 발견한 '하늘 가는 길의 엑기스'인 것입니다.

오늘 이 시대에 표준설교를 다시 읽어야 할 이유는?

웨슬리 표준설교를 이 시대에 다시 읽어야 할 이유는 무엇입니까? 그곳에 웨슬리가 자신이 평생을 통해 찾았던 '하늘 가는 길'이 농축되어 있기 때문입니다. 하늘 가는 길을 명확히 이해하는 일은 경건의 참 능력을 소유하는 가장 핵심입니다. 하늘 가는 길에 대한 명확한 이해가 없는 교회는, 경건의 능력은 상실한 채 경건의 모습만 남는 하나의 죽은 공동체(a dead sect)로 전락하게 됩니다. '영혼을 살리는 교회'가 아닌 '소경이 소경을 인도하는 무익한 교회'일 뿐입니다.

오늘날 많은 감리교인들이 우리의 교회를 바라보며 절망감을 토로하고 있습니다. '죽은 공동체'로 전락하고 있다고 깊은 우려를 표명합니다. 그 근본 원인을 감리교회의 '제도 문제'에서 찾는 이도 있습니다. 물론 제도의 개선을 통해 어느 정도 좋은 결과를 기대할 수 있을 것입니다. 그러나 필자는 제도 개혁만으로는 한계가 있다고 봅니다. 영국 메도디스트 교회를 보십시오. 제도적으로는 흠잡을 데가 없습니다. 그러나 그 좋은 제도에도 불구하고 경건의 능력을 상실하고 있지 않습니까? 필자는 오늘날 우리 감리교회가 겪는 위기의 본질은 웨슬리가 평생 동안 소원했던 '하늘 가는 길'을 꼭 붙들지 않았던 데 있다고 확신합니다.

초기 메도디스트처럼 능력 있는 공동체가 되길 원합니까? 경건의 능력이 회복되고 생명력 있는 교회로 회복되길 원합니까? 그렇다면 하늘 가는 길을 꼭 붙드는 목회로 전환해야 합니다. 이것이 우리가 웨슬리의 표준설교 44편에 주목해야 하고, 또다시 읽어야 할 이유입니다.

쉽게 이해할 수 있도록 '우리의 용어로'

그런데 웨슬리의 표준설교를 읽는 일은 그리 간단하지 않습니다. 웨슬리는 표준설교를 평범한 사람들이 하늘 가는 길을 쉽게 이해하도록 준비한 설교라 했지만, 이 설교는 우리와 3세기라는 긴 시간적 간격을 가지고 있고 다른 언어로 이루어져 있기 때문에 우리에겐 결코 '평범'하지 않습니다. 필자의 경우 아둔해서 그런지는 몰라도 웨슬리가 말한 '평범한 사람들을 위한 표준설교'를 읽고 정리하는 데 자그마치 2년의 세월을 소요했습니다.

웨슬리의 표준설교를 읽으면서 필자가 결심한 것이 하나 있습니다. 웨슬리가 표준설교를 통해 '평범한 사람들이 이해할 수 있는 하늘 가는 길'을 제시하려 했던 원래의 의도가 한국의 독자들에게도 동일하게 적용될 수 있는 방법을 마련하겠다는 것입니다.

본서는 바로 이런 결심을 실천하기 위한 하나의 시도입니다. 즉, 필자는 본 지면을 통해 웨슬리 표준설교를 '평범한 사람들도 이해할 수 있도록' '우리의 용어로' 다시 정리해 보려 합니다. 그러나 이 지면에서 시도하려는 것은 표준설교 내용을 '기계적으로 번역하는 방식'이 아니라 웨슬리가 표준설교를 통해 말하려 했던 궁극적인 것, 즉 '하늘 가는 길'이라는 전체적 초점을 기초로 각각의 설교 내용을 분석해 들어가는 방식입니다. 이를 위해 복잡하고 난해한 신학적 설명은 되도록 피하고 우리에게 익숙한 목회 현장의 용어를 의도적으로 사용하려 했습니다.

이 책이 나오기까지 여러분의 격려와 도움이 있었습니다. 무엇보다도 한 학기 동안 저와 함께 웨슬리의 표준설교 44편을 읽어 나간 감리교신학대학의 학생들, 인천과 용인, 서울 등에서 웨슬리의 표준설교를 읽기 위해 자발적으로 모인 목회자 여러분, 웨슬리 목회연구원과 함께하는 동역자들을 마음속에 떠올리게 됩니다. 이들은 제가 이 책을 발간해야 할 이유를 분명히 하는데, 또 이 책의 발간 방향과 내용을 구성하는 데 직간접적으로 많은 도움을 주었습니다. 영국에서 필자보다 수년 먼저 웨슬리 연구를 하시고 한국으로 돌아오셔서 웨슬리 연구에 큰 획을 긋고 계신 김진두 박사님의 지도와 격려는 잊을 수 없는 사랑의 빚입니다. 더욱이 목회와 연구로 지내는 매일의 바쁜 일정 속에서도 필자의 부족한 원고를 꼼꼼히 읽어 주시고 추천사까지 기꺼이 써 주신 깊은 배려는 이 책을 발간하는 데 큰 힘이 되었습니다. 본부 출판국 총무님의 격려와 한 팀이 되어 일하는 출판국 직원들의 세련되고 믿음직한 일 처리 또한 이 책을 내는데 용기를 주었습니다.

필자는 다음과 같은 기도의 마음을 담아 이 책을 내어 놓습니다.

"주님, 부족한 이 한 권의 책이 많은 사람들로 하여금 하늘 가는 길의 정수가 담긴 웨슬리의 표준설교를 함께 읽는 계기가 되게 하옵소서. 그리하여 웨슬리에게 나타났던 경건의 능력이 오늘 우리에게 그리고 우리의 교회에 재현되게 하옵소서. 아멘."

김동환 목사

웨슬리의 의도를
쉽고 친절하게 정리해 준 해설서

영국 국교회는 전통적으로 교회교의학이나 조직신학을 만들지 않았고, 대신 표준설교집(Anglican Standard Homilies)을 만들었다. 즉, 교리를 설교로 써서 가르쳤던 것이다.

존 웨슬리도 영국 국교회 성직자로서 영국 국교회의 전통을 따라 메도디스트 표준설교를 만들었다. 그러므로 웨슬리의 표준설교는 메도디스트 표준교리(Standard Doctrines)이며, 메도디스트 교회교의학(Methodist Church Dogmatics)이다. 즉, 표준설교는 설교로 쓴 표준교리인 것이다. 영국 교회는 교리나 교의학 같은 이론 신학보다는 교회사나 성서신학, 그리고 예배학과 설교에 더 큰 관심을 가졌다. 존 웨슬리는 메도디스트 본질적인 교리가 자신이 쓴 신약성서 주해나 표준설교에 모두 들어 있다고 했으며, 또한 메도디스트 설교자들에게 이 두 가지 자료에 들어 있는 교리를 기본으로 삼아 설교하고 교인들에게 교리를 가르치라고 말했다.

많은 사람들이 웨슬리의 표준설교가 어렵고 딱딱하다고 말한다. 또한 이와 같은 이론 중심의 설교를 가지고 어떻게 야외 설교를 하였으며, 부흥운동을 일으킬 수 있었는지 이해할 수 없다고 말한다. 그러나 웨슬리는 표준설교를 야외에서 그대로 사용하지 않았다. 야외 설교에서는 상황에 맞는 실제적인 설교를 하였다. 웨슬리의 표준설교를 읽을 때, 위와 같은 이해를 가지고 접근해야 한다.

김동환 목사의 저서 『목사 웨슬리에게 설교를 묻다』는 위와 같은 사실을 소박하고 쉽게 분석하고 설명해 준다. 또한 한국 교회 설교자들의 관심사에 맞추어 웨슬리의 표준설교의 요점과 의미를 친절하게 정리해 주는 해설서다.

김동환 목사는 영국에서 석사와 박사 학위를 받은 유수한 학자이며, 오랫동안 영국 감리교회에서 목회를 한 목회자로서 이러한 작업을 하기에 가장 적합한 사람이라고 할 수 있다. 김동환 목사의 저서는 웨슬리의 표준설교에 들어 있는 웨슬리의 의도를 현대 한국 교회의 상황에서 가장 잘 이해할 수 있도록 도와주며, 그 안에서 감리교회의 교리의 성격과 장점을 잘 밝혀 준다. 이런 의미에서 감리교 신학도들과 목회자들에게 이 책의 일독을 기쁜 마음으로 추천하는 바이다.

김진두 목사

본서에서 인용한 주요 참고문헌들

설교 본문은 주로 웨슬리의 표준설교를 포함하고 있는 The Works of John Wesley, Vol. 1, 2(Nashville: Abingdon Press, 1984)를 참조했다. 이 자료들은 http://wesley.nnu.edu/john-wesley/the-sermons-of-john-wesley-1872-edition/라는 인터넷 웹 사이트에서도 제공된다. 웨슬리의 18세기 영어가 난해한 경우 현대적 영어로 잘 정리된 자료를 활용했다. 이 자료는 Paul Langkamp이 정리한 것으로, 그 내용은 웹사이트 http://emmanuelcairns.com/resources/wesley에서 찾을 수 있다.

필요에 따라 웨슬리 설교의 한글 번역판들도 참조했다. 특히 나는 웨슬리가 사용한 용어들을 될 수 있는 한 한국의 목회자들에게 익숙한 용어들에 일치시켜야겠다는 생각을 가지고 있기에 웨슬리 설교에 관한 여러 종의 한글 번역판들을 상호 대조하며 참조했다. 그 대표적인 자료들은 다음과 같다.

- 마경일·이계준 역, 「존 웨슬리 표준설교집 I, 2권」(kmc, 1999)
- 한국웨슬리학회 역, 「웨슬리설교전집 1-7」(대한기독교서회, 2006)
- 김영선 역, 「존 웨슬리 설교전집」(열린출판사, 2009)
- 우남섭 역, 「요한 웨슬레의 설교」(하은기획, 1994)

설교의 역사적 배경에 대해서는 The Works of John Wesley, Vol. 1, 2에 포함된 각 설교의 서문(An Introductory Comment) 및 Albert C. Outler와 Richard P. Heitzenrater가 공동 편집한 John Wesley's Sermons: An Anthology(Nashville: Abingdon Press, 1987년판)을 주로 참조했다.

본서는 신학교육을 위한 전문 서적이 아니라 목회 현장에서 사역하는 목회자들로 하여금 웨슬리 설교 읽기를 돕기 위한 일종의 안내서(가이드북)이기 때문에 각주를 세세히 다는 것을 의도적으로 피했음을 밝혀 둔다. 웨슬리 설교에 관한 더 깊은 연구를 희망하는 분들은 저자에게 별도로 연락 주시기 바란다.

[차례]

제1부

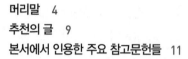

웨슬리 표준설교 읽기를 위한 구조 이해

제2부

표준설교 44편의 내용과
구조 분석

제1부

웨슬리 표준설교 읽기를 위한
구조 이해

제1장
표준설교 44편의 기본 구조: '하늘 가는 길'

웨슬리 표준설교 44편은 다양한 내용을 포함하고 있지만 말하려고 하는 내용은 하나다. 즉, '하늘 가는 길'이다. 44편의 설교는 이 주제와 밀접한 연관을 갖고 있기 때문에 설교를 읽어 나갈 때 한시라도 이 주제에서 눈을 떼면 안 된다. 어떤 때는 하늘 가는 길의 전체를 말하기도 하고 어떤 때는 그 일부분에 집중하기도 한다는 점에서 다소 혼동을 일으킬 수 있지만 웨슬리의 하늘 가는 길 전체를 이해한다면 이 문제는 쉽게 해결될 수 있다.

그런 의미에서 웨슬리의 하늘 가는 길에 대한 전체적인 그림을 이해하는 것은 표준설교 44편을 이해하기 위해서 반드시 선행되어야 한다.

기본 구조를 알려 주는 설교들

설교 2   2% 부족한 그리스도인 The Almost Christian
설교 3   잠자는 자여 일어나라 Awake, Thou That Sleepest
설교 4   성경이 말하는 참된 기독교 Scriptural Christianity
설교 12 은총의 수단 The Means of Grace
설교 13 마음의 할례 The Circumcision of the Heart
설교 16–28 산상설교(1–13) Upon Our Lord's Sermon on the Mount

웨슬리는 하늘 가는 길을 찾기를 소원했고 마침내 성경을 통해 찾았다. 그의 하늘 가는 길은 다른 말로 '성경적 구원의 길'(The Way of Scriptural Salvation)로 요약된다. 웨슬리는 자신이 성경을 통해 찾아낸 하늘 가는 길,

곧 성경적 구원의 길을 다른 이들과 더불어 나누길 원했다. 이를 위해 웨슬리가 활용한 것이 '설교'다. 이 중에서 웨슬리는 특별히 44편을 가려 뽑았다. 이것이 바로 오늘날 우리가 알고 있는 표준설교 44편이다. 그러므로 웨슬리의 표준설교 44편은 웨슬리의 하늘 가는 길을 고스란히 담고 있는 엑기스 중의 엑기스인 셈이다.

그렇다면 웨슬리가 표준설교 44편을 통해 제시하려는 하늘 가는 길, 곧 성경적 구원의 길은 무엇인가? 이것은 전통적으로 우리가 알고 있는 '구원의 순서'(Ordo Salutis)와 다르지 않다. 선행은총에서 회개로, 회개에서 칭의로, 칭의에서 거듭남으로, 거듭남에서 성화로, 성화에서 마침내 완전으로 이어지는 일련의 구원 과정 전체인 것이다. 그렇다면 '웨슬리의 구원 순서는 특별할 것이 없지 않은가?' 하는 질문을 제기할 수도 있다. 그러나 웨슬리가 구원의 순서를 말할 때 그가 관심을 둔 것은 구원의 순서를 구성하고 있는 각각의 요소들을 분리해 내어 분석하는 신학적 작업이 아니다. 그는 오히려 이런 요소들이 어떻게 서로 역동적으로 관련지으며 구원을 이루어 가는가에 관심을 기울였다.

웨슬리에게 나타나는 이러한 구원의 역동적 전개는 바로 '믿음의 성장'과 밀접한 관련이 있다. 즉, 구원의 역동적 운동은 유기적 생명체처럼 나고 성장하며 성숙되어 가는 '믿음'을 통해 전개되는 '믿음으로 구원을 얻는 과정'인 것이다. 다시 말해 구원의 역동적 전개 중에 나타나는 '순서들'은 믿음의 역동성이 빚어내는 구원의 드라마적 지점들이라 할 수 있다. 이 말이 의미하는 바는 매우 단순하면서도 중요하다. 곧 웨슬리에게 있어서 구원의 순서(Ordo Salutis)는 믿음의 순서(Ordo Fidei)의 빛 아래서 이해되어야 한다는 것이다.

1. 믿음의 순서 Ordo Fidei

웨슬리에 있어서 믿음은 하나의 고정된 실체, 교리화할 수 있는 신학적 개념이 아니라 생명력을 가지고 성장하는 하나의 유기체와 같다. 이것은 하나님의 선행적 은총에 의해 예비되며, 성령의 끊임없는 도우심과 이에 대한 인간의 자유로운 응답에 의해 탄생되며 성장해 나가는데, 아직은 의심과 공포가 남아 있는 어린아이의 믿음과 굳건한 확신이 있는 청년의 믿음을 거쳐 마침내는 사랑이 지배하는 완전한 믿음의 상태에 이르게 된다. 우리는 이 같은 믿음의 성장 과정에서 사랑의 계명의 완성이라는 '완전'을 지향해 나가는 하나의 일관된 순서(order)를 목격하게 되는데, 말하자면 어린아이의 상태 – 청년의 믿음 – 성년의 믿음 – 완성이라는 '믿음의 순서'(Ordo Fidei)인 것이다. 이런 점에서 Ordo Fidei로서의 믿음 이해는 그의 구원론의 뼈대를 이루는 구원 과정, 곧 Ordo Salutis의 근거가 된다고 말할 수 있다.

실제로 믿음은 구원의 전 과정에 근원적이고 핵심적인 역할을 수행한다. 즉 넓은 의미의 구원 과정, 회개와 칭의, 성화와 완전에 이르기까지의 과정이나 좁은 의미의 구원 과정, 칭의와 성화의 과정은 오직 '믿음'을 통해 가능하다. 그렇다면 믿음이 구원 과정에 어떻게 기능하는가?

2. 믿음의 순서를 기초로 한 구원 과정^{Ordo Salutis} 전개

웨슬리에게 있어서 믿음은 '보이지 않는 것들에 대한 신적 증거요 확신'이다. 구원에 이르는 믿음, 참 믿음의 기준은 바로 이 믿음의 소유 유무다. 하나님은 이런 믿음을 가진 이들을 기꺼이 받으시며 또 실제로 받아들여진다. 그렇지만 웨슬리는 이 구원받을 믿음에도 두 가지의 중요한 단계가 있다고 주장한다. 종의 믿음 상태와 아들의 믿음 상태다.

'종의 믿음 상태'는 참된 믿음을 소유하고 하나님께 받아들여진바 되었으나 아직 유아기적인 믿음 상태다. 하나님께 받아들여진 영혼에 성령께서 빛을 비추심으로 자기 자신의 죄의 심각성을 보게 되고 그에 따른 형벌을 의식하면서 두려움에 떠는 이른바 '두려움의 영'을 가진 단계다. 이런 깨달음에 이른 영혼은 영혼의 감옥에 단단히 속박되어 나올 수 없다는 사실에 대해, 그리고 자신의 죄와 그 죄에 대한 형벌에 앞서 무력감을 느끼게 된다. 그에게 있어서 하나님은 '두려움'의 존재 그 자체다.

웨슬리는 이 '종의 믿음'에서 한발 나아가 '아들의 믿음'으로 성장해야 할 것을 강조한다. 거기서 멈추지 않도록 권고받아야 하며 아들의 믿음에 이를 때까지 쉬지 말아야 한다. 이 여정을 멈추지만 않는다면 그는 하나님의 '양자'로 받아들여지는데, 성령께서 그의 영과 더불어 그가 자녀임을 증거하며 하나님을 향해 아바 아버지로 부르도록 인도하신다. 이 가운데 그는 "지금의 내 삶은 나를 위하여 자기 몸을 버리신 하나님의 아들을 믿는 믿음 안에서 사는 삶"이라는 거룩한 확신에 이르게 된다.

웨슬리는 이런 '아들의 믿음'에도 성장의 단계들이 있음을 주목한다. 즉 어린아이의 믿음, 청년의 믿음, 그리고 장성한 자의 믿음이 그것인데, 어린아이의 믿음은 의심과 공포가 많으며, 청년의 믿음은 성령의 변치 않는 증거를 통해 의심과 공포가 사라지는 단계, 다시 말해 '믿음의 중만한 확신'을 누리는 단계고, 장성한 믿음의 단계는 의심과 공포에서 벗어날 뿐 아니라 외적인 죄와 내적인 죄로부터 구원을 받는 단계요, 마음과 목숨과 뜻을 다해 주 하나님을 사랑하는 단계다.

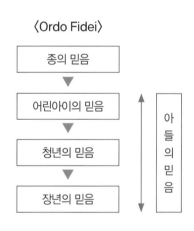

〈Ordo Fidei〉

종의 믿음
↓
어린아이의 믿음
↓
청년의 믿음
↓
장년의 믿음

아들의 믿음

웨슬리에게 있어서 믿음은 '사랑으로 역사하는 믿음'이다. 그에게 칭의의 믿음과 사랑으로 역사하는 믿음 사이의 단절은 존재하지 않는다. 영원한 하나님의 세계에 관한 거룩한 증거와 확신으로서의 믿음은 하나님으로부터 의롭다고 인정받는 믿음인 동시에 모든 순종과 거룩함을 낳는 사랑으로 역사하는 믿음이 된다. 웨슬리는 설교 '믿음으로 세워지는 율법 Ⅱ'(The Law Established through Faith: Discourse Ⅱ)에서 사랑의 믿음을 더 강한 어조로 강조하는데, "믿음 자체, 기독교적인 믿음, 하나님의 선택에 의한 믿음, 하나님의 역사에 관한 믿음까지도 단지 사랑의 시녀에 불과하다."고 말한다.

요컨대 웨슬리에게 있어서의 믿음은 '사랑의 율법을 다시 세우기 위한' 하나님의 계획이다. 물론 그렇다고 웨슬리가 믿음을 과소평가하려는 의도는 아니다. 오히려 그의 관심은 '그것의 진가를 드러내고, 제자리를 찾기 위한 것'이다. 믿음에 관한 계획은 인간이 창조된 그 순간부터 하나님을 향한 거룩한 사랑을 회복시키기 위한 수단으로 예비된 하나님의 위대한 섭리인 것이다. 그러므로 믿음은 비록 한시적 수단에 불과하지만 '우리 마음속에 하나님의 사랑의 율법을 새로이 세우는 목적'으로 인도하는 유일한 길이며, 말할 수 없는 가치를 지니는 하나님의 은총이다.

3. 믿음의 순서의 특징

그런 의미에서 웨슬리에게 있어서 Ordo Salutis의 전개는 종의 믿음 - 아들의 믿음 - 청년의 믿음 - 장년의 믿음으로 이어지는 Ordo Fidei 그 자체라 할 수 있다. 즉, 웨슬리의 Ordo salutis는 Ordo Fidei를 통해 완성되는 것이다. 그런데 이 Ordo Fidei의 완성 과정에서 우리는 다음과 같은 두 가지 의미 있는 특징들을 목격하게 된다.

〈Ordo Salutis와 Ordo Fidei〉

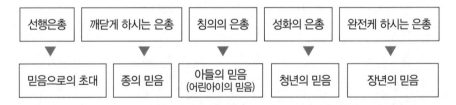

첫째, 웨슬리의 Ordo Fidei는 은총의 다양한 형태로의 전개와 그 궤도를 함께한다는 사실이다. 먼저 하나님의 '선행하시는 은총'(Preventing Grace)은 모든 인간을 구원의 유일한 길, 믿음의 세계로 인도하는 초대장이다. '깨닫게 하시는 은총'(Convincing Grace)은 인간으로 하여금 참된 자신을 돌아보게 함으로써 종의 믿음으로 인도한다. '칭의의 은총'(Justifying Grace)은 하나님의 자녀로 받아들이는 은총이며 이 은총으로 말미암아 우리는 아들의 믿음을 갖게 된다. 하나님의 은총은 여기서 멈추지 않는다. 하나님의 은총은 '성화의 은총'(Sanctifying Grace)으로 또다시 지속되며 이는 어린아이의 믿음을 거쳐 청년의 믿음으로 성장케 하는 근원적 힘이 된다. 또한 하나님의 계속되는 은총은 '완전케 하시는 은총'(Perfecting Grace)으로 나타나고 아들의 믿음은 장성한 믿음에 이르게 된다.

그런데 여기서 우리가 유의할 것은 이러한 하나님의 은총들이 다양한 모습을 갖지만 그 본질은 다르지 않다는 사실이다. 웨슬리가 여러 종류의 은총들, 즉 선행은총, 칭의의 은총, 성화의 은총 등을 언급하지만, 이것은 은총이 다른 여러 형태로 존재한다는 의미가 아니다. 그것은 믿는 자들에게 하나님의 형상을 회복시키시려는 하나님의 단 하나의 은총의 여러 가지 다른 기능을 설명하기 위한 것이었다.

웨슬리의 Ordo Fidei에서 나타나는 또 다른 주목할 만한 특징은 확장 지향적이 아니라 축소 지향적이라는 사실이다. 웨슬리는 믿음이 영광스럽고 명예로운 것이기는 하나, 그것은 영속적인 것이 아니고 사랑이 커지면 커질수록 서서히 소멸될 것이라 말한다. "사랑이 바로 하나님의 모든 계명의 목적이다. 그리고 하늘과 땅이 사라질지라도 '사랑'은 계속될 것이고 영원히 남을 것이다. 믿음은 사라져 버릴 것이다. 그것은 하나님의 영원한 비전 속에서 삼켜져 버릴 것이다. 그러나 그때에도 사랑은 남게 될 것이다."

구원은 성숙될수록 점점 충만함으로 나아가는 '흥하는 과정'이지만, 믿음은 성숙될수록 자신을 상실해 가는 '쇠하는 과정'이다. 즉 웨슬리의 Ordo Salutis와 달리 Ordo Fidei는 자기 상실의 끊임없는 과정을 통해 완성되어 가는 것이다. 믿음을 통해 하나님의 사랑이 영혼에 더 충만할수록 믿음의 기능이 줄어드는, 말하자면 '나는 쇠하여야겠고'의 '세례 요한적 완성'인 셈이다.

제2장
표준설교 44편의 중심 내용

웨슬리의 하늘 가는 길을 달리 표현한다면 'Ordo Fidei를 기초로 한 Ordo Salutis의 전개'라고 할 수 있다. 이 과정을 좀 더 면밀히 들여다보면 하늘 가는 길이 완성되기까지는 다음의 몇 단계를 포함하고 있음을 알 수 있다.

1. 하늘을 잃어버린 사람들 – 원죄

> 원죄와 관련된 설교
>
> 설교 38 원죄 Original Sin

하늘은 우리 가까이에 있다. 하늘이 이렇게 가까이 와 있는데 사람들은 행복한가? 하늘을 경험하고 사는가? 아니다. 많은 이들이 하늘과는 관계없이 살아간다. 심지어 교회에 출석하는 많은 이들조차 하늘과는 관계없이 산다. 괴롭다고 토로한다.

이 괴로움은 어디서 오는가? 원인을 알아야 해결책이 있다. 고통의 원인은 가까이 있는 하늘을 보지 못하기 때문이다. 하늘은 가까운데 그 하늘을 소유하지 못했기 때문이다. "그 안에 생명이 있었으니 이 생명은 사람들의 빛이라 빛이 어둠에 비치되 어둠이 깨닫지 못하더라."(요 1:4~5)

이렇게 가까운 하늘을 소유하지 못하는 이유는 무엇인가? 사실 모든 만물에 하늘을 알 만한 것이 있다. 하늘의 빛은 밝은 태양처럼 비춘다. 그런데 모른다. 왜 그런가? 눈을 감고 있기 때문이다. 눈을 감고 있으면서 아무것도 보이지 않는다고 아우성이다. 우리는 질문을 더 해 들어가야 한다. 우리는 왜 눈을 감고 있나? 잠들어 있기 때문이다. 눈을 뜨고 귀를 열고 있는데 잠들어 있다니? 이것은 하늘을 보고 들을 수 있는 능력을 상실했다는 뜻이다.

원래부터 이렇진 않았다. 원래 인간은 하늘을 훤히 볼 수 있었고 그 하늘을 소유했다. 태초에 하나님께서 인간을 창조하실 때 처음 인간은 하나님을 대면하고 대화하고 함께 거닐고 교제했다. 그는 늘 하늘 안에 있었고 하늘은 그 안에 있었다. 어떻게 이것이 가능한가? 그의 영이 바로 하나님의 영이었기에 가능하다. '하나님의 형상대로 지음 받았다'의 의미가 바로 이것이다. 하나님과 나 사이에 거리가 없었다. 하나님의 능력, 하나님의 지혜, 그리고 무엇보다도 하나님의 품성, 의와 거룩함이 내 안에 있었다. 하나님의 영 안에서 참 평강과 기쁨의 삶을 누리며 살았다. 즉, 하늘이 함께 있었다.

그러나 인간은 범죄함으로써 하늘을 상실하고 만다. 범죄의 과정을 좀 더 자세히 살펴보자. 인간은 하나님의 형상을 소유하되 육신을 가진 피조적 존재였다. 그에게 영원성은 부여되지 않았다. 생명나무를 먹어야 하는 까닭이 여기에 있다. 이 말은 인간은 다른 피조물과 달리 하나님의 형상을 부여받았지만 '스스로 영원히 존재하고'(항존성) '변화 불가능한'(영원성) 그런 영원한 존재는 아니었다는 의미다. 인간의 비항존성, 비영원성은 타락에 맞설 수도, 자칫 실패할 수도 있는 존재임을 말한다. 하나님은 이런 인간에게 친히 경고를 하셨다. "동산 각종 나무의 열매는 네가 임의로 먹되 선악을 알게 하는 나무의 열매는 먹지 말라 네가 먹는 날에는 반드시 죽으리라."(창 2:16~17)

그러나 인간은 피조물의 자리를 넘어서려 시도했다. 먹지 말라고 한 나무의 실과를 먹고 말았던 것이다. 이는 창조주의 주권에 대한 노골적인 불순종이다. 피조물의 자리를 넘는 교만한 행위였다. "네가 먹는 날에는 정녕 죽으리라." 인간이 하나님이 정하신 법을 깨뜨림으로써 그분의 주권을 침해하고 그분으로부터 등을 돌렸을 때 이 선언은 발효되었다.

결과는 죽음이었다. 그날에 인간은 '죽은 자'가 되었다. 무엇보다도 하나님 앞에 죽은 자가 되었다. 하나님의 생명을 잃어버렸다! 이는 인간과 연합하여서 그의 생명의 존속을 가능하게 하신 하나님으로부터의 분리를 의미한다. 영이 몸에서 분리될 때 우리는 육적인 죽음이라 하고, 이처럼 하나님이 영에서 분리되는 것을 영적 죽음이라 한다. 아담이 금단의 열매를 먹자마자 그에게서 하나님의 영은 즉각적으로 떠났다. 그는 영적 죽음을 맞이했다. 그 명백한 증거가 나타났다. 아담에게 하나님의 사랑이 사라지고 대신 두려움이 그 자리를 대신했다. 그는 하나님의 면전을 두려워하여 숨었다. 뿐만 아니라 하나님에 대한 지식을 상실하여 동산 나무 사이에 숨어 하나님께 보이지 않으려 했다(창 3:8). 결국 인간은 하나님의 형상을 완전히 상실하게 되었다. '반드시 죽으리라'는 이 말씀이 육체적 죽음을 의미하는 것은 아니다. 그것은 보다 근원적인 죽음, 곧 우리 영혼에서 하나님이 분리됨을 의미한 것이다. 이는 바로 영원한 죽음을 말한다.

그런데 이 죽음은 모든 인간에게 내려진 심판이기도 했다. "아담 안에서 모든 사람은 죽었다!" 죽음의 선언은 아담의 허리에서 난 자들, 즉 인류를 향한 것이다. 모든 자는 영적으로 죽은 채 이 세상에 태어난다. 모든 이는 하나님에 대하여 죽은 자다. 하나님의 생명은 떠났고 형상은 파괴되었으며 사랑과 의와 거룩함은 상실되었다. 한마디로 우리의 영은 죽었다. 우리는 죄와 허물로 죽었다.(엡 2:1)

많은 기독교인들은 이 진리를 안다. 우리는 죄와 허물로 죽었다는 사실을 안다. 그런데 이것이 우리의 일상생활을 지배하고 있는지 잘 알지 못한다. 우리의 영이 죽음으로써 우리에게 무슨 일이 벌어지게 되었는지 알지 못한다. 영이 죽었다! 이는 하나님의 형상이 우리에게서 사라졌음을 의미한다. 처음 인간에게 있었던 형상은 하나님의 형상이었다. 이 형상에 따라 살았기에 그는 하늘을 소유한 삶을 살았다. 영광으로 둘러싸인 하나님과 늘 함께 있었다. 그가 보는 모든 것은 하나님의 영 안에서의 진리였다. 이로 말미암아 이루어진 삶은 성령의 열매 그 자체였다.

그러나 하나님의 영이 떠남으로써 모든 상황이 변했다. 마귀의 영이 그 자리를 대신했다. "그때에 너희는 그 가운데서 행하여 이 세상 풍조를 따르고 공중의 권세 잡은 자를 따랐으니 곧 지금 불순종의 아들들 가운데서 역사하는 영이라."(엡 2:2) 마귀의 영은 마귀의 형상, 멸망할 짐승의 형상을 끊임없이 인간에게 이식시켰다. 여기에 가장 핵심적인 것이 '교만'이다. 마귀의 영은 교만의 영이다. 스스로 하나님이 되고자 하는 교만으로 충만한 영이다. 우리는 이 교만의 정체를 과소평가할 때가 많다. 교만은 심리학적으로 설명될 수 있는 '잘난 척'하는 정도의 문제가 아니다. 교만은 '원래의 나'를 떠나려는 시도를 의미한다. 즉, 하나님 품 안에서의 복된 삶을 떠나려는 모든 시도를 말한다. 탕자의 비유에서 나타난 바와 같은 자기 자리를 버리고 아버지의 품을 떠나는 것을 의미한다. 이것은 바로 '우상숭배'다. 하나님의 영광을 도적질하는 것이다. 마음이 허황된 것, 어리석은 것이 되었다고 말하는 것이다. 이 교만은 혼을 장악하여 육체의 오관이 세상을 접촉할 때 그릇된 관점으로 보게 한다. 이것을 우리는 탐욕이라 한다. 탐욕에는 우선 채워야 하는 속성이 있다. 여기에서 육신의 정욕, 안목의 정욕, 이생의 자랑의 죄악들이 양산된다. 먹고 마시고 즐기고 탐닉하고, 자기 자랑, 거짓말, 도적질하는 것 등이다. 그런데 이 탐욕이 좌절을 겪을 때 분노가 일어난다. 원망과 미움이 발생하고 중상모략, 살인, 남을 해치는 데까지 나아간다. 탐욕은 충족되든지 그렇지 않든지 간에 죄악이라는 큰 후유증을 남긴다.

죄악의 결과는 참으로 두렵다. 첫째는 하늘에서 단절된다. 아니 하늘을 볼 수 없다. 하늘은 이미 우리 안에 있건만 죄악은 그것을 알 수도 이해할 수도 없게 만든다. 우리의 죄악은 하늘 가는 길을 막는 원흉이다. "오직 너희 죄악이 너희와 너희 하나님 사이를 갈라놓았고 너희 죄가 그의 얼굴을 가리어서 너희에게서 듣지 않으시게 함이니라."(사 59:2) 이 때문에 하늘이 가까웠음에도 하늘을 보지 못한다. 빛이 왔음에도 빛을 알지 못한다. 둘째는 하나님의 진노, 영원한 심판이 기다리고 있기 때문이다. 하나님의 법은 엄중하다. 죄의 삯은 사망! 죄를 범한 영혼은 영원히 죽게 된다(겔 18:4). 죄의 심판은 끝없는 죽음, 주의 영광에서 떠나 영원한 파멸의 벌을 받게 된다(살후 1:9).

'지옥 불의 선고 아래에 있다'(마 5:22 참조)는 표현은 약하다. 차라리 처형장에 끌려 가는 파멸의 운명이라 해야 한다.

문제는 모든 이가 이 죄의 메커니즘에 얽매여 있다는 사실이다. 예외가 없다. 사람의 불행은 모두 여기에서 유래한다. 무엇을 하든지 마귀의 형상, 곧 교만으로 물든 혼이 탐욕으로 세상을 대하기에 죄의 열매들이 맺어지는 것을 회피할 길이 없다. 보라, 이 엄중한 선언을! "전에는 우리도 다 그 가운데서 우리 육체의 욕심을 따라 지내며 육체와 마음의 원하는 것을 하여 다른 이들과 같이 본질상 진노의 자녀였더니."(엡 2:3)

영이 죽은 상태를 깊은 잠에 빠져 들었다고 말한다. 영혼이 깊은 잠 속에 있다. 영적 지각이 닫힌 상태다. 구름과 암흑에 가려 있다. 눈이 있어도 보지 못하고 귀가 있어도 듣지 못한다(막 8:18). 하나님을 전혀 본 적도 없고, 하나님의 음성을 들은 일도 없으며, 생명의 말씀을 손으로 만진(요일 1:1) 일도 없다. 영적인 일들이 존재한다는 자체를 부정한다. 영적 감각이라는 말 자체를 어리석은 일로 치부한다. 죽음의 잠은 계속되고 혼은 영의 세계를 전혀 알지 못한다. 예수의 이름은 아무런 유익이 없는 '쏟은 향기름'과 같다(아 1:3). 사망의 음침한 골짜기에 누워 있기 때문이다. 그는 마땅히 알아야 할 하나님에 대해 무지하다. 하늘을 볼 수가 없다. 하늘에 감춰진(골 3:3) 참된 행복이 무엇인지 모른다.

더 심각한 것은 눈을 감고 있는데 그 상태에 안주하는 것이다. 잠자는 상태에 스스로 만족한다. 그는 안심한다. 자신이 낭떠러지의 가장자리에 서 있다는 것을 알지 못한다. 두려움도 없다. 어떤 경우는 하나님의 자비를 멋대로 해석하여 모든 것이 평안하다고 말한다. 하나님의 자비의 개념 안에 껄끄러운 것들(심판, 죄에 대한 분노 등)을 과소평가해 버리기도 한다. 스스로 설정한 도덕적 삶에 만족하기도 한다. 자신의 지혜와 선에서 오는 기쁨, 육신의 정욕, 안목의 정욕, 이생의 자랑으로 만족감에 취하기도 한다. 부와 명예로, 몸을 단장하고 방문하고 이야기하며 먹고 마시고 놀기 위해 일어서는 것을 행복이라 여긴다. 모든 질병에 걸려 있으면서도 온전하다고 생각한다. 비참한 족쇄로 매여 있음에도 자유롭다고 생각한다. 완전 무장한 억센 마귀가 완전히 영혼을 사로잡고 있는데도 평안하다고 말한다(렘 6:14). 지옥이 다가오고 음부가 열려 입을 벌려도, 심판의 불이 그 앞에서 타고 있어도 잠자고 있다. 이런 사람은 참으로 불행하다. 자기가 눈을 감은 사실조차 모르기 때문이다. 잠든 사람이 '아! 나 지금 잠들어 있구나.' 하는 것을 알지 못하는 이치가 바로 그것이다. 눈을 감은 이가 왜 자신이 눈 감은 사실을 모를까? 날 때부터 눈 감고 살았으니까. 모든 사람이 자기하고 똑같으니까.

이 굴레에 들어가면 진짜 자기 문제가 무엇인지 모른다. 행복하려고 무엇인가 한다. 그러나 그 결과는 죽음이다. 마치 물고기가 미끼를 먹듯이, 쥐가 쥐약을 먹듯이 나름대로는 행복의 길을 찾는다. 그러나 그 결과는 비참하다. 그저 떠내려가는 삶을 살아갈 뿐이다. 그저 세상 풍조에 떠밀리고 따라가며 살 뿐이다. 왜 그런지 모르고 남이 가니까 떠밀려 가게 된다. 큰 홍수에 떠밀려 죽음에 빠져드는 것이다.

2. 하늘 가는 길의 첫걸음 – 회개

> 회개와 관련된 설교
>
> 설교 7 하늘 가는 길 The Way to the Kingdom

하늘 가는 길은 이 죽음의 잠에서 깨어나는 것에서 시작된다. 우리는 이것을 '회개'라 한다. 사람들은 회개라고 하면 '악행'을 먼저 떠올린다. 십계명 어긴 것, 양심에 반한 일을 한 것에 대한 반성을 떠올린다. 맞다. 잘못한 것은 잘못한 것이고 그 일에 대한 통렬한 반성이 필요하다. 그 일들에 대한 심판은 피할 수 없다. 기록된 율법과 양심의 율법은 우리 악행을 남김없이 고발한다. 엎드려 잘못했다고 철저히 반성해야 한다. 그 일들을 다시는 범하지 않아야 한다.

그러나 회개는 이보다 훨씬 깊은 차원의 것이다. 회개가 여기에서 그친다면 끊임없이 계속되어야 한다. 근원이 제거되지 않고서는 악행이 계속 양산되기 때문이다. 더러운 근원을 가진 우물에서 맑은 물을 찾는 것은 어불성설이다. 참된 회개는 악행들을 야기하는 죄 자체를 반성하고 그만두는 것이다. 죄의 뿌리와 줄기를 근절하는 것이다. 교만과 탐욕과 분노를 뿌리째 뽑아야 한다. 부분적인 수정으로는 불가능하며, 근본적인 단절이 필요하다. 어떻게 이것이 가능한가?

가장 중요한 열쇠는 '나를 바로 아는 것'이다. 병자가 자신이 병자인 것을 거부하면 치료가 되지 않는다. 죽게 되었는데 괜찮다고 착각한다. 하늘을 소유하려면 자신이 눈을 감고 있다는 사실과 잠들어 있다는 사실을 알아야 한다. 그리고 자신의 삶이 죄의 뿌리에 기초하여 만들어 내는 죄의 열매임을 알아야 한다. 이 때문에 하늘을 곁에 두고도 하늘을 소유하지 못하는 어리석은 영혼임을 보아야 한다. 또한 이런 삶의 종말은 두려운 심판임을 알아야 한다. 하나님의 진노가 극에 달해 영원한 죽음에 직면해 있음을 알아야 한다. 회개는 바로 이런 나의 모습을 깊이깊이 깨닫는 것이다. '아! 나의 나라고 할 수 있는 나는 허상이었구나. 이것을 나라고 착각하고 죄가 이끄는 대로 살아왔구나!' 하는 처절한 자기반성이어야 한다.

이 반성에 이르렀을 때, 우리에게는 이 죄를 해결할 능력이 없다는 사실을 알게 된다. 아무리 훌륭한 일을 해도, 죽을 때까지 최고 수준의 삶을 산다 해도 이 죄를 해결할 수 없다. 어떤 최고의 선이라 해도 하나님의 최저의 기대에 맞지 않음을 안다. 한 영혼을 구원하기 위해 인류의 모든 것을 행한다 할지라도 죄를 해결할 수 없음을 안다.

즉 회개란 죄에 대해서는 전적인 책임이 있음을 통감하는 것이며, 그 죄의 해결에 있어서는 아무것도 할 수 없음을 깊이 깨닫는 것이고, 죄에 대해 통렬히 슬퍼하며 하나님의 진노를 영혼 깊이 두려워하며 하나님의 은총만을 바라보는 마음이다. 이 같은 회개를 이루는 자는 하나님 나라에 멀지 않다(막 12:34). 그런 의미에서 회개는 구원의 현관이다.

그런데 회개가 죄에 깊이 잠든 자기를 발견한다는 것이라면 어떻게 이것이 가능한가? 자고 있는 사람이 자기를 바라보기란 쉬운 일이 아니다. 대부분의 사람들은 고통의 삶 자체를 깊이 있게 들여다보기를 싫어한다. 자신이 얼마나 죄에 물들어 있는지, 그 죄로 인해 얼마나 하나님께 가증한 일들을 하고 있는지, 그 죄의 심판이 무엇인지 깊이 알려고 하지 않는다. 이런 사람에겐 때때로 고통이 약이 되기도 한다. 고통이 있어야 교회에도 온다. 고통이 있어야 병원엘 간다. 고통이 없으면 병원도 가길 꺼려한다. 고통을 인식해야만 치료를 받으러 가게 된다. 그러나 이것도 잠시다. 조건이 변화되면 금세 원위치로 돌이킨다.

그렇다면 우리는 어떻게 나 자신을 진실되게 들여다볼 수 있는가? 우리 힘으로는 거의 불가능하다. 하나님은 우리를 위해 깊이 잠든 영혼을 들여다볼 수 있는 도구를 주셨다. 이것이 '율법'이다. 여기서 말하는 율법은 종교의 식상의 율법을 말하는 것이 아니다. 제사는 어떻게 지내고 손을 어떻게 씻고 할례는 어찌하고 등등을 말하지 않는다. 첫 아담에게 주었던 하나님의 의롭고 거룩한 품성을 말한다. 이것이 상실되었다. 그러나 이것이 없이는 사람은 죄를 이해할 수 없다. 자신의 처지를 알 수 없다.

하나님께서 우리에게 부분적이지만 이 율법을 주셨다. 첫째는 기록된 형태로(십계명), 둘째는 양심 안에 각인하셨다(렘 31:2~34). 위로부터 오는 지혜는 순결하고 흠이 없다(약 3:17). 모든 죄로부터 순결하며 어떤 악도 근접할 수 없다. 어떤 죄와도 섞일 수 없으며 교제가 불가능하다. 율법은 의롭다. 옳고 그름을 명확히 말해 준다. 그것은 사물들의 본성과 적합성과 정확히 일치하며 또한 하나님의 뜻과 일치한다. 율법은 선하다. 율법의 근원 되신 하나님께서 선하시니 율법은 선하다.

율법의 선포는 하나님의 선하심 곧 사랑의 발로다. 인간의 총명이 어두워진 이후에 율법을 선포하신 것, 선지자들을 보내어 율법을 선포하신 것, 마침내 아들을 보내셔도 율법을 성취케 하신 일은 그분의 사랑의 발로다. 본성은 물론 그 효과에서도 선하다. 율법의 열매는 의와 평강과 영원한 확신이다. 율법은 자체가 의로서 모든 지각을 뛰어넘는 평강으로 영혼을 가득히 채워 주며 기쁨으로 인도한다.

율법은 일차적으로는 죄악을 드러낸다. 무엇이 악한 일인지 그렇지 않은지. 어느 정도 더 많은 죄악을 범하지 않도록 한다. 더 심도 깊은 죄의 줄기와 뿌리를 드러낸다. 즉, 마음의 의도에까지 그 거울을 들이민다. 또한 율법은 하나님의 진노와 심판의 목소리를 듣게 한다. '누가 이 사망의 몸에서 구원하리요'라는 처절한 탄식으로 인도한다. 더 이상 스스로는 어찌할 수 없음을 처절하게 알게 되고 하나님의 자비를 구하게 된다. 믿는 이들의 경험이 말해 준다. 그들은 주의 법이 얼마나 사랑스런지를 알고 그것을 밤낮으로 묵상한다(시 110:7). 그러는 동안 날마다 신성한 거울을 통해 자신의 죄를 분명히 본다. 점점 더 자신은 티끌과 같은 존재이며 마음과 모든 길이 하나님께 악함을 알게 된다. 동시에 그는 그리스도께 더 가까이 나아감을 알게 된다. 그리고 다음의 말씀의 뜻을 깨닫게 된다.

"너는 또 순금으로 패를 만들어 도장을 새기는 법으로 그 위에 새기되 '여호와께 성결'이라 하고 … 이 패를 아론의 이마에 두어 그가 이스라엘 자손이 거룩하게 드리는 성물과 관련된 죄책을 담당하게 하라 그 패가 아론의 이마에 늘 있으므로 그 성물을 여호와께서 받으시게 되리라."(출 28:36, 38)

즉 율법은 우리를 회개로 이끄는 하나님의 은총이다. 우리가 잠자고 있는 영혼임을, 심판을 목전에 둔 불쌍한 영혼임을, 하나님의 은총이 아니고서는 알 수 없다.

하나님의 영은 율법을 통해 나 자신을 보게 한다. 죄와 허물로 죽은 자임을 보게 하며 하나님의 진노의 잔이 내 발 앞에 놓여 있음을 보게 한다. 더 나아가 이런 운명을 우리 스스로 헤쳐 갈 능력이 없음을 깨닫게 하고 마침내는 하나님의 은총 아래 우리를 엎드리게 한다.

3. 하늘의 도래 – 칭의

칭의와 관련된 설교

설교 1 **구원은 믿음으로** Salvation by Faith

설교 5 **믿음에 의한 칭의** Justification by Faith

설교 6 **믿음의 의** The Righteousness of Faith

설교 8 **성령의 첫 열매** The First Fruits of the Spirit

설교 9 **노예의 영과 양자의 영** The Spirit of Bondage and of Adoption

율법의 역할은 제한적이다. 우리의 죄의 뿌리를 드러내고 죄악을 임시적으로 제어하고 방지하는 역할을 수행한다. 그러나 율법이 죄를 근절할 수는 없다. 우리 안에서 끊임없이 솟아나는 탐욕, 더 나아가 교만과 아집을 근절하기에는 무력하다. 간음을 외적으로 저지르지 않은 데까지는 성공할 수 있다. 그러나 그 줄기가 되는 여인을 보며 흑심을 갖지 않기란 참으로 어렵다. 살인을 저지르지 않는 데까지는 성공할 수 있으나 그 줄기가 되는 미움과 분노를 근절하기란 불가능하다. 이는 율법이 구원의 수단이 될 수 없음을 의미한다. 그렇다면 율법은 무엇인가? 애초에 죄에 대해 한계가 있는 법을 우리에게 시험거리로 준 것일까? 아니다. 율법의 바른 용법은 이 율법을 통해 나 자신에 대한 신뢰가 얼마나 허망한 것인지를 깨닫는 것이다. 내 존재가 얼마나 하나님의 뜻과는 멀리 와 있으며 얼마나 죄에 무력한 존재임을 깨닫는 것이다. 그럴 때만이 주님이 바로 그 영생의 문임을 보게 된다. 주님이 바로 그 하늘의 입구임을 보게 되는 것이다.

율법은 우리의 육신으로는 영원한 생명을 얻을 수 없음을 깨닫게 하는 거울이다. 그러나 그 이상은 되지 않는다. 길이 없는가? 새로운 길이 필요하다. 마가복음 1장 15절의 마지막 부분이 그 답을 제시한다. "이르시되 때가 찼고 하나님의 나라가 가까이 왔으니 회개하고 복음을 믿으라 하시더라." 눈먼 세상으로 살아왔기에 우리는 세상을 잡고 있는 손을 놓을 수 없다. 그 세계밖에는 본 것이 없기 때문이다. 그것을 놓으면 죽는 줄 안다. 영이 잠든 이도 그렇다. 그 세계밖에는 본 것이 없으니 잡고 있는 손을 놓을 수 없다. 이 손을 놓는 것이 바로 믿음이다. 옛 삶을 놓아버리고 그리스도와 더불어 우리 가까이 와 있는 하늘에 의탁하는 것이 바로 복음을 믿는 것이다. 성경은 '복음을 믿음'으로 말미암아 구원을 얻는다고 한다. 복음을 믿음으로 말미암아 하늘을 갖게 된다고 선언한다. 이 이야기는 우리가 이때까지 살던 세계, 살던 방식과는 차원이 다른 세계를 향해 손을 놓는 것을 의미한다.

복음의 세계는 어떤 세계인가? 좋은 소식의 세계요, 하나님께서 인류를 사랑하심으로 자신의 외아들 예수 그리스도를 죽음에 내어 놓으심으로 마련한 새로운 세계다. 우리가 아직 죄인 되었을 때 그리스도께서 죄인을 구하시려 세상에 오셨고, 우리의 허물로 인해 찔리셨고, 우리의 죄악으로 인해 상하셨으며, 우리의 평화를 위해 징계를 받으셨으며, 우리의 나음을 위해 채찍에 맞음으로(사 53:4) 준비한 세계다. 이 복음을 믿는 것은 죄와 사망의 세계, 어둠의 세계에서 손을 놓고 생명의 세계, 빛의 세계의 품에 자기를 기꺼이 던져 넣는 것이다. 고통의 세계, 눈물의 세계에서 벗어나 성령 안에서 의와 평강과 희락의 하늘에 자신을 내어 맡기는 행위다. 손에 쟁기를 잡았으면 결코 뒤를 돌아보지 않는 것이다.(눅 9:62)

우리는 '믿는다'라는 말을 너무 쉽게 사용한다. 믿는다는 것은 성경의 진리, 신앙적 신조에 대한 단순한 동의가 아니다. 마귀들도 이런 신앙은 갖고 있다. 믿음이란 하나님이 계시다는 것, 그분을 찾는 이들에게 상 주시는 분임을 믿는 이교도의 믿음과 다르다. 능력의 하나님을 알고 예수께서 그리스도이심을 믿으며 그의 종들을 알고 모든 성경이 하나님의 영감으로 주어졌음을 믿는 데 그치는 마귀의 믿음과도 다르다. 주님을 위해 모든 것을 버릴 정도로 믿었고, 기적의 능력을 가졌으며, 모든 것을 치유할 능력과 마귀들을 제압할 능력을 소유했고, 하나님의 나라를 믿었으며, 그 나라를 선포했던 제자들의 믿음조차도 넘어선다. 복음을 믿는 구원의 믿음은 '마음으로 믿는 믿음'으로, 예수님의 삶과 죽음과 부활의 공로를 신뢰하고 우리를 위해 자기를 버리고(given for us), 우리 안에 사시는(living for us) 우리의 대속과 생명이신 그리스도께 전적으로 의존하는 것, 즉 '우리의 구원이신 그분께 가까이하여 결국 접붙여지는 것'을 의미한다. 즉 믿음이란 하나님께서 그리스도 안에서 세상과 화해하셨다는 사실, 이로 인해 죄의 책임을 인간에게 묻지 않는다는 사실, 특히 하나님의 아드님께서 나를 사랑하사 나를 위해 자신을 주셨다는 사실, 십자가의 보혈로 말미암아 하나님과 화평하게 되었다는 사실에 대한 하나님의 증거이며 확고한 확신이다.

그러므로 믿음은 일대 전환을 의미한다. 옛사람, 육에 속했던 삶, 영혼의 잠에 취해 있던 삶을 놓아버리고 하늘의 삶에 자신을 온전히 던져버리는 것이다. 이전의 삶을 한낱 꿈으로 여기고 그 꿈에서 깨어나 새로운 삶을 살아가는 것을 의미한다. 이 삶은 과거로부터 단절이다. 이 단절은 단순한 직선적 단절이 아니라 근원적인 단절이요 차원을 달리하는 단절이다. 이 믿음은 회개함을 통해 자기를 확연히 들여다봄으로써 자기 존재의 실상, 곧 죄로 인해 죽은 자요 하나님의 심판을 피할 길 없는 자요 이 운명을 뒤집을 수 있는 힘이 자신에게 아무것도 없음을 알게 되었을 때, 이미 하나님께서 이런 죄인들을 위해 그리스도를 통해 예비하신 새로운 생명의 길을 기꺼이 받아들이는 것이다. 이런 믿음에 이른 자는 다음과 같은 고백에 이르게 된다.

"내가 그리스도와 함께 십자가에 못 박혔나니 그런즉 이제는 내가 사는 것이 아니요 오직 내 안에 그리스도께서 사시는 것이라 이제 내가 육체 가운데 사는 것은 나를 사랑하사 나를 위하여 자기 자신을 버리신 하나님의 아들을 믿는 믿음 안에서 사는 것이라."(갈 2:20)

복음을 믿는 자에게 죽음과 부활은 동시적 사건이 된다. 옛사람은 죽고 새 생명을 입는 것이다. 옛사람이 죽어 새사람으로 싹트는 것이다. 이런 자를 향해 우리는 이렇게 선언한다. 보라 새로운 피조물이 되었도다! '복음을 믿음으로 말미암아 의롭게 된다.' 한자로는 '이신칭의'(以信稱義)다. '칭의'는 우리의 모든 죄에 대한 용서를 의미하며 이는 곧 하나님께 용납됨을 뜻한다. 칭의는 첫 아담의 죄로 인해 하나님의 사랑에서 단절, 진노의 자식이 되었고 정죄되고 심판받을 불의한 존재였으나 곧 그리스도의 구속을 믿음으로 말미암아 하나님의 은혜로 거저 의롭다 함을 얻게 되었음을 의미한다.

믿음만이 칭의의 유일한 조건이다. 믿는 자에게는 하나님의 의가 전가된다. 믿음 이외의 모든 것을 가졌다고 해도 의롭게 될 수 없고, 믿음 이외의 모든 것을 갖지 못했다고 해도 그는 의롭다. 칭의함을 입은 이는 결코 정죄되지 않는다(요 3:18). 사망에서 생명으로 옮겨진다. 아들의 피로 인해 우리의 이제껏 지은 죄를 용서하시는 것이다(롬 3:25). 하나님께서 과거의 모든 죄를 도말하여 다시는 기억하지 않으시는 것으로, 이 세상에서도 오는 세상에서도 유죄가 아니다. 하나님의 사랑하시는 이로 말미암아 우리는 받아들여지고 이때부터 죄가 없는 이로서 우리를 자녀로 사랑하신다.

칭의를 입은 이는 하늘을 누린다. 하나님과 적대관계에 있는 한, 시간과 영원 안에 참 평안은 없다. 하나님의 정죄 앞에 평안이란 없다(요일 3:20). 그러나 칭의를 입은 자는 하나님과 화평을 이룸(롬 5:1)으로 하나님의 평강, 곧 모든 지각에 뛰어난 평강(빌 4:7; 골 3:15)을 누리고 하나님의 영광의 소망 안에서 기뻐하며(롬 5:2) 그 온전한 영광으로 인해(벧전 1:8) 말할 수 없이 행복하게 된다. 하나님께 의뢰함으로써, 머리터럭까지도 세시는 그분에 의해 흉한 소식을 두려워하지 않는다(시 112:7). 흑암의 권세를 두려워하지 않는다. 죽음을 두려워하지 않는다. 오히려 세상을 떠나 그리스도와 함께 있기를 원한다.(빌 1:23)

칭의는 교만의 홍수를 막는 댐이다. 죄의 근원은 교만이다. 이 교만을 치유하는 길이 칭의다. 하나님은 칭의를 통해 이 교만을 막으신다. 칭의는 우리를 언제나 죄인으로 초청하며 하나님의 자비에 의존하게 한다. 이 가르침이 자만의 파도를 멈추게 한다. 2% 부족한 그리스도인에게서 참된 그리스도인을 구분해 낸다. 참 진리이기에 반대자들은 분을 낸다. 세상은 이 진리를 설교하는 이를 싫어한다. 연약하나 이 진리를 선포할 때 강한 자가 된다. 구원의 대장 그리스도 안에서 승리하게 된다.

4. 하늘 사람으로의 탄생 – 거듭남

거듭남과 관련된 설교

설교 14 거듭남의 표적들 The Marks of the New Birth
설교 15 하나님으로부터 난 자들의 위대한 특권 The Great Privilege of Those That are Born of God
설교 39 거듭남 The New Birth

　칭의와 거듭남, 양자는 구별해야 한다. 칭의와 거듭남은 동시적 사건이나 동일한 것은 아니다. 칭의는 관계적인 변화지만 거듭남은 실제적인 변화다. 칭의는 '우리를 위해' 역사하심으로 우리를 의로운 자로 인정하시지만, 거듭남은 '우리 안에' 죄를 사하심으로 우리를 실제로 의로운 자로 변화시키는 것이다. 즉, 칭의는 하나님께서 우리를 위해(for us) 우리의 죄를 사해 주신 사역에 해당된다. 거듭남은 우리 안에서(in us) 우리의 타락된 본성을 새롭게 하시는 사역에 해당된다. 칭의는 하나님에 대한 우리의 외적 관계의 변화를 야기한다. 죄로 인해 하나님과 원수되었던 우리가 하나님의 자녀가 된 것이다. 거듭남은 죄로 물든 우리의 영혼을 깊이 변화시켜 하나님의 거룩한 백성이 되는 성품을 갖도록 하는 것이다. 칭의가 죄를 제거하는 것이라면 후자는 죄를 이기는 것이다.

　거듭남은 모든 이에게 필연적이다. 모든 인간에게 죽음의 저주가 주어졌기 때문이다. 모든 자는 영적으로 죽은 채 이 세상에 태어난다. 모든 이는 하나님에 대해 죽은 자다! 하나님의 생명은 떠났고 형상은 파괴되었으며 사랑과 의와 거룩함은 상실되었다. 세상에 태어난 모든 이는 본질상 마귀의 형상인 교만과 아집, 짐승의 형상인 육욕과 정욕의 노예다. 그러므로 우리는 존재를 완전히 새롭게 해야 한다. 완전한 부패에서 새로 태어나야 한다. 죄 가운데서, 죽음 가운데서 태어났다는 사실 자체가 우리가 '거듭나야' 한다는 명백한 이유다.

거룩함이 없이는 아무도 주님도 하늘도 볼 수 없다(히 12:4). 하나님은 거룩하시기 때문이다. 거룩함이란 무엇인가? 그것은 외적인 종교의 의무가 아니다. 그것은 '마음에 새겨진 하나님의 형상'이요, '온전한 그리스도의 마음'이며, '모든 하늘 백성의 성품'이다. 자기의 독생자를 아끼지 아니하시고 우리에게 주신 '하나님을 사랑하는 것'이고, '모든 이를 내 몸처럼 사랑하는 일'이다. 긍휼과 자비, 겸손과 온유, 오래 참음의 마음으로 가득 찬(골 3:12) 마음이며, '모든 행실에 있어서 우리로 흠이 없게 하는 하나님 사랑의 결정체'다. 이 거룩함은 우리의 심령의 형상이 새롭게 되기 전에는 존재하지 않는다. 거듭남이 있기 전에는, 다시 말해 하나님의 능력이 우리에게 임하셔서 우리가 어둠에서 빛으로, 마귀의 권세에서 하나님께로 돌아가기 전에는 시작될 수 없다. 즉 거듭남은 거룩함의 출발점이자 전제다.

거듭남이 없이는 거룩함이 없기 때문에 거듭남이 없이는 하나님을 볼 수 없다. 거듭나지 않고서는 하나님 나라에 들 자가 없는 이유가 바로 이것이다. 즉 '거듭남은 구원의 필수 요건'이다. 거듭남 없이는 이 땅에서의 행복도 없다. 거룩함이 없이는 이 땅에서의 행복이란 없다. 행복은 악한 자에게 주어지지 않기 때문이다. 거룩함과 반대되는 악의, 미움, 시기, 투기, 복수심은 이 땅에서 지옥의 삶으로 이끈다. 유순한 정열조차 기쁨보다 몇 천 배 더한 고통을 가져다준다. 심지어 소망조차 원하는 때에 이뤄지지 않으면 마음을 상하게 한다.(잠 13:12)

하나님 뜻에 상반되는 육신의 모든 욕망은 근심으로 다가와 우리 영혼을 찌른다(딤전 6:10). 이 모든 배경에는 죄의 근원이라 할 수 있는 교만, 자기 고집, 우상숭배들이 자리 잡고 있어 끊임없이 인간을 불행으로 이끄는 죄악들을 생산해 낸다. 여기에 행복이란 있을 수 없으며 이러한 죄의 성향은 우리의 본성이 완전히 변화되기 전까지는 해결되지 않는다. 즉 거듭남 없이는 이 땅에서의 행복이란 없으며 우리가 거듭날 때만이 이 땅에서의 복락을 누리게 되는 것이다.

어떻게 거듭날 수 있는가? 거듭남은 '혈통'(natural descent), '육정'(human

decision or a husband's will)으로 되는 일이 아니다(요 1:13). 그것은 하나님으로 부터 나는 것이다. 하나님께로부터 나는 방식이 바로 '믿음'이다. "예수께서 그리스도이심을 믿는 자마다 하나님께로부터 난 자니."(요일 5:1) 믿음으로 말미암아 그리스도 예수 안에서 하나님의 아들이 된다(갈 3:26). 그 이름을 믿는 이는 하나님의 자녀가 되는 특권을 갖는다(요 1:12). 거듭남의 과정은 신비다. 임의로 부는 바람처럼 그 실체를 알 수 없다. 어떤 방식으로 시작되고 진행되며 종결되는지 우리는 알 수 없다. 성경을 통해 그 개요를 알 수 있을 뿐이다. 거듭남은 존재 양식의 변화요, 성령의 역사로 이루어지는 내적 변화다. 하나님께로 나는 순간부터 이전과는 전혀 다른 방식으로 산다. 거듭남은 하나님께 인간을 새로이 살리시는 일이다. 이 일은 하나님께서 그 영혼이 죄와 사망에 있을 때 그 영혼 안에 역사하심으로 의의 생명으로 이끈 사건이다. 이는 인간의 영이 그리스도 예수 안에서 새로운 피조물이 되는 새로운 창조의 사건, 영혼 안에 일어나는 실제적인 변화다. 인간의 영이 하나님의 형상을 따라 새로워지고, 참된 의와 참된 거룩함 안에 거하는 사건이다. 이로 인해 세상을 향한 사랑이 하나님에 대한 사랑으로, 교만이 겸손으로, 격정이 온유함으로, 미움 시기 악의가 신실함과 친절함과 자비로 바뀐다. 거듭남은 세상적이고 정욕적이고 마귀적인(약 3:15) 것이 '그리스도의 마음'(빌 2:5)으로 바뀌는 것이다. 성령으로 난 자는 다 이렇게 된다.

　육신의 탄생 과정은 거듭남의 가장 좋은 유비다. 뱃속의 아기는 공기를 호흡하며 산다. 모든 감각은 아직 깨어 있지 않다. 듣지 못하고 보지 못한다. 바깥 세계와 거의 교섭을 하지 못한다. 감각기관들을 가지고 있으나 아직 잠자는 상태여서 외부 세계에 대한 인식이나 관심, 지식을 갖고 있지 못하다. 바깥 세계를 인지하지 못함은 세계가 멀리 있어서가 아니다. 오히려 그는 '세계에 의해 둘러싸여 있다.' 그 이유는 감각기관은 존재하되 베일에 가려져 굳게 닫혀 있기 때문이다. 그러나 탄생 후는 완전히 달라진다. 공기를 느끼기 시작한다. 그를 둘러싸고 있던 공기가 모든 방향에서 그에게 흘러 들어온다. 힘이 생기고 몸의 운동이 본격화되고 감각기관들이 깨어난다. 눈은 빛을 감지하고 빛이 드러내는 모든 사물들을 인식하며 귀는 열려 다양한 소리를 인식한다. 모든 감각기관들이 깨어나 세계와 교섭하기 시작하며 모든 사물에 대한 지식을 획득한다.

거듭나기 전 그는 하나님 안에서 살고 움직이며 존재하지만(행 17:28), 그 하나님을 알 수 없다. 하나님을 감지하지 못하고 그분이 영혼 안에 계심을 알지 못한다. 하나님의 숨결 없이는 세상의 그 어떤 영혼도 존재할 수 없건만 그들은 하나님에 대해 전혀 알지 못한다. 하나님은 높은 곳에서 그를 부르시고 계시지만 듣지 못한다(시 58:5). 하나님의 영의 일을 인식하지 못한다. 그의 이해력의 눈이 닫혀 있어 전적인 어두움의 상태에 있기 때문이다. 생명의 어떤 여명, 미미한 영적인 활동을 할 수는 있지만 영적 대상을 분별할 수 있는 영적 감각을 가지지 못했기에 하나님의 영의 세계에 대해 무지하다. 영적으로 죽은 상태이기에 영적 세계에 대한 지식도 전무하다. 그것은 영적 세계가 먼 곳에 있어서 그런 것이 아니다. 그는 이미 그 중심에 있다.

그것은 위와 아래와 좌우에(사방) 충만하다. 육신의 눈으로는 감지할 수 없다. 영적 감각이 없이는 영적 세계를 알 수 있는 방법이 없고 하나님의 일을 이해할 수도 없다.

그러나 거듭나면 영혼 전체가 하나님을 느낀다. 체험으로 그분을 안다. 그리고 외친다. "당신은 나의 침상 곁에 또는 나의 길 가까이에 계십니다", "나는 당신을 내가 걷는 길 어디서나 느낍니다", "당신은 나의 전후를 두르시며 내게 안수하셨나이다"라고 외친다. 하나님의 영으로 인해 생명의 호흡을 시작한다. 하나님께로부터 오는 숨결을 하나님께 돌린다. 믿음으로 호흡으로 받으며 사랑과 기도와 찬미로 돌려 올린다. 새로운 영적 호흡으로 영적 생명은 유지되고 나아가 영적 능력과 활동과 감각이 날마다 증가한다. 모든 영적 감각이 열려 하나님과 그분의 일에 대한 지식을 더하여 간다.

이제 비로소 참다운 '이해의 눈'이 열려 그는 보이지 않는 그분을 보게 된다(히 11:27). "어두운 데에 빛이 비치라." 말씀하신 그분께서 영혼의 마음에 빛을 비추어 주심으로 그리스도의 얼굴에 드러난 영광의 빛, 곧 주님의 영광스러운 사랑을 보게 된다(고후 4:6). 귀가 열려 "안심하라 네 죄가 사함을 받았다", "가라 그리고 더 이상 죄를 짓지 말라"는 주님의 음성을 똑똑히 듣게 된다. 세상 사람들이 말씀을 듣고도 듣지 못하는 하나님의 자비로우신 음성을 깊이 지각하게 된다. 하나님의 영이 행하시는 능력의 역사를 마음 깊이 체험하게 된다. 모든 영적 감각들이 명료하게 되어(히 5:14) 날마다 하나님에 대해, 그분께서 보내신 예수 그리스도에 대해, 그분의 내적 세계에 대해 점점 큰 지식을 갖게 된다. 믿는 자들을 향하신 하나님의 능력과 그 사랑의 크심이 어떠한지를 알게 된다. 하나님께서 그 크신 사랑으로 우리에게 독생자를 주셨으며 그를 믿는 이들을 자녀로 삼으신 사실을 알게 된다. 하나님의 용서하시는 사랑과 그분의 귀하고 큰 약속(벧후 1:4)을 분명히 감지한다. 영혼은 모든 이해를 초월하는 평안(빌 4:7), 형언키 어려운 영광 가득한 기쁨(벧전 1:8), 그리고 성령에 의해 마음에 부은바 되는 하나님의 사랑(롬 5:5)을 느낀다. 이 영혼은 비로소 진정한 삶을 살 수 있다. 성령으로 깨웠기 때문에 그는 이제 예수 그리스도를 통해 살아 있는 자라 할 수 있다. 세상이 알지 못하는, 하나님 안에 계신 예수 그리스도와 함께 감추어진 진짜 삶을 살 수 있다!

하나님과의 교제가 본격화된다. 그분은 끊임없이 자신의 생기를 불어넣어 주시며, 인간의 영혼은 하나님을 향해 숨을 내쉰다. 이런 교제를 통해 하나님의 은총은 그의 심령에 임하고 기도와 찬양은 그분께 오른다. 하나님과 인간의 교제는 성부와 성자 안에서 이루어진 교제처럼 인간의 영 안에서 이루어진다. 하나님의 자녀는 '그리스도의 장성한 분량에 이르기까지' 지속해서 성장해 간다.

거듭난 자에게는 특권이 있다. 그는 끊임없이 그 영혼 속에 하나님의 생명의 숨, 하나님의 영의 은총을 믿음으로 받는 자다. 받은 은혜를 끊임없는 사랑과 찬미와 기도로 돌려보내는 자다. 이 '씨가 그 사람 속에 있는 한' 하나님께로 난 자이기에 결코 죄를 지을 수 없다. 그리스도로 말미암아 하나님을 믿고 사랑하며 그 마음을 하나님께 쏟아 붓는 자는 하나님이 금하시는, 하나님께서 기뻐하지 않는 일을 행하지 않는다. 그의 속에 머무르는 씨, 곧 하나님을 향한 사랑의 마음을 품고 기도와 찬양, 감사의 마음을 하나님께 드리는 한 그는 고의적으로 하나님이 원치 않으시는 일을 행하지 않는다.

거듭난 자에게는 형언키 어려운 축복이 뒤따른다. 이 축복은 '믿는 즉시' 주어진다. '믿는 순간' 하늘은 그의 것이다! 새로운 영혼에게는 하늘이 다가온다. 성령 안에서 누리는 의와 평화와 기쁨으로 충만하게 된다. 그는 하나님과 화평을 이룬다(롬 5:1). 그러므로 정죄함이 없다. 하나님이 의롭다 하셨으니 누가 정죄하겠는가? 죄는 모두 아침 이슬처럼 소멸된다. 죄의 책임과 형벌뿐 아니라 죄의 권세에서 자유하다. 죄로 물든 옛 사람이 사라졌기 때문이다. "안심하라 네 죄 사함을 받았느니라."(마 9:2) 성령 안에서의 평안이 밀려든다. 그는 두려워하지 않는다. 과거의 죄로 인해 정죄받지 않으니 두려워할 일이 없다. 그리스도께서 자유케 하셨으니 두려워하는 종의 멍에가 철폐되었다. 모든 의혹과 공포가 사라지고 하나님의 평화가 마음을 주장한다(골 3:15). 하나님께 의뢰하였으므로, 머리터럭까지도 세시는 그분에 의해 흉한 소식을 두려워하지 않는다(시 112:7). 흑암의 권세를 두려워하지 않고 죽음을 두려워하지 않는다. 오히려 세상을 떠나 그리스도와 함께 있기를 원한다(빌 1:23). 성령 안에서의 기쁨 또한 한량없이 누린다. 하나님의 평안이 마음에 거주하기에 슬픔과 탄식이 사라지고 기쁨으로 충만해진다. 내 노래는 언제나 주의 인자에 관한 것이며 입으로 늘 증거하게 된다. 죄로부터의 놓임을 기뻐한다. 영 안에서 우리가 하나님의 자녀인 것을 끊임없이 확신케 하는 성령을 기뻐한다. 영원한 소망 속에서 기뻐한다.

우리는 거듭남의 복음을 선포해야 한다. 거듭남은 복음의 핵심이다. 신실한 종교인들에게 거듭나야 한다고 외쳐야 한다. 세례를 받았다 해도, 니고데모처럼 신실한 종교인으로 보일지라도, 지긋한 나이를 먹은 이라 할지라도 거듭나야 한다고 외쳐야 한다. 이는 무례하거나 무자비한 것이 아니다. 이는 그 영혼을 사랑함이다. 거듭나야만 구원의 상속자가 될 수 있기 때문이다.

5. 하늘 사람의 성숙 – 성화

성화와 관련된 설교

설교 29 율법의 근원, 본성, 성격, 그 쓰임새 The Original, Nature, Property, and Use of the Law

설교 30 믿음으로 세워지는 율법 Ⅰ The Law Established through Faith: Discourse Ⅰ

설교 31 믿음으로 세워지는 율법 Ⅱ The Law Established through Faith: Discourse Ⅱ

설교 40 광야 상태 The Wilderness State

설교 41 여러 시험의 짐 Heaviness through Manifold Temptations

거듭남은 거룩한 삶, 곧 성화의 출발점이다. 우리가 처음 태어날 때 우리의 내적이고 외적인 거룩함의 변화가 시작된다. 그 이후부터 우리는 점차 우리의 머리 되신 그리스도의 장성한 분량에 이르기까지 성장해 나간다. 이는 거듭남과 거룩하게 되는 것, 즉 신생과 성화의 구분과 그 내적 연결이 어떠함을 보여 준다. 인간의 자연적인 출생과 성장, 영적 출생과 성장 사이에는 정확한 유비가 있다. 아이가 여인으로부터 순간적으로 혹은 짧은 시간 내에 탄생하여 점진적으로 자라 성인에 이르듯이, 영적으로도 하나님에게서 순간적으로 혹은 짧은 시간에 탄생하여 그리스도의 장성한 분량에까지 점진적으로 성장한다.

거듭난 자는 '의인'이다. 의인은 그리스도의 복음을 믿는 자다! 이전의 삶을 떠나 완전히 그리스도께 의탁하는 자다. 그렇기에 그는 새로운 피조물이라 불린다. 그는 하늘을 소유했고 죽음의 잠에서 깨어난 자이기 때문이다. 그에게는 새로운 삶이 주어졌다. 이전에 도무지 경험하지 못한 것을 경험하게 되었다. 그러나 오해 말아야 한다. 이렇게 거듭났다고 해서, 이렇게 하늘을 소유했다고 해서, 그가 세상 가운데 살아야 한다는 사실이 바뀐 것은 아니다. 의인은 여전히 세상 가운데 있고 그 안에서 자라나야 한다. 그러나 다른 이들과 달리 이 세상에 속하지 않고 세상 사람들과 다르게 살아간다. 의인에게 세상은 동일하다. 그는 세상 가운데서 다른 사람처럼 살아간다. 그러나 세상 사람들과는 다른 시각을 가지고 살아간다. 다른 시각이란 무엇인가? 다름 아닌 믿음이다. 거듭난 자가 갖는 새로운 영적인 감각으로 세상을 바라보며 산다. '믿음으로' 산다! 많은 이들이 오해하는 것이 이 부분이다. 기독교인들은 의는 믿음으로 이루어지고, 구원은 믿음으로 말미암는다는 사실을 안다. 그런데 의인이 된 다음에도 믿음으로 살아야 한다는 사실을 망각하는 이들이 많다. 믿음으로 사는 삶이란 '새로운 삶의 방식'을 의미한다. 옛사람의 모습, 옛사람의 생각, 옛사람의 생활습관을 놓아버리고 하나님이 주신 새로운 영적 감각으로 세상을 이해하며 살아가는 것을 말한다.

노아의 삶을 보라. 그는 세상 가운데 살았다. 그러나 세상에 속하지 않았다. 그의 눈은 하나님을 향했으며 그의 귀는 하나님의 말씀에 열려 있었다. 그렇기에 하나님의 뜻을 알았고 하나님이 명하시는 바를 좇았다. 방주를 지으라! 세상은 이 말씀의 의미를 알지 못했다. 그러나 노아는 알았다. 그는 방주를 지으면서 세상 사람들의 손가락질, 비난에 조금도 관심을 두지 않았다. 아니, 그의 모든 영혼을 하나님의 세계가 차지했기에 그런 데 관심을 둘 여지가 없었다. 그는 세상에 살았으나 하늘을 품고 살았다.

의인은 믿음으로 사는 자다. 믿음으로 사는 삶은 육에 따라 살지 않는 삶이다(롬 8:4). 육체의 욕망을 십자가에 못 박은 삶(갈 5:24)이다. 음행, 더러움, 부정, 호색, 우상숭배, 마술(종교 도덕적 타락), 증오와 다툼, 시기, 분노, 당파심, 분열, 분파, 질투(내적 타락), 살인, 술 취함, 복수의 삶(구체적 범죄)을 피한다. 자기 내부의 쓴 뿌리를 늘 느끼지만 위로부터의 능력을 부여받아 쓴 뿌리가 '돋아서 괴롭히는'(히 12:15) 것을 이긴다. 육체의 욕망을 이기는 삶을 통해 찬양과 감사의 기회를 갖게 된다.

또한 믿음으로 사는 삶은 영에 따라 사는 삶이다. 그 사람 안에서 솟아나는 영생의 샘물로 말미암아 사랑의 삶을 산다. 성령의 인도하심으로 하나님의 성품을 닮아가며 마음의 모든 생각이 주님을 향하는 성화의 삶을 산다. 성령을 따라 사는 이는 대화가 거룩해진다. 말은 언제나 은혜롭고 소금으로 맛을 낸 것처럼 된다(골 4:6). 밤낮으로 하나님을 기쁘게 할 일에 골몰한다. 그리스도의 본을 따르기에 밤낮으로 애쓴다(벧전 2:21). 무슨 일을 하든지 모든 것을 하나님의 영광을 위하여 한다(고전 10:31). 믿음과 성령으로 충만하여 그 마음속에 하나님의 영의 참된 열매를 소유하고 있다. 성령의 열매인 사랑, 희락, 화평, 인내, 친절, 선함, 신실, 온유, 절제(갈 5:22~23)를 맺는다. 모든 일에서 구주 되신 하나님의 복음을 빛나게 한다(딛 2:10). 하나님과 이웃을 진실되게 사랑한다.

그런데 이 믿음의 삶은 단번에 완성할 수 있는 것이 아니다. 아이가 태어나 성장하듯이 새로 거듭난 영혼은 성장해야 한다. 영혼의 성장은 믿음의 삶의 꾸준한 연습에 의해 가능하다. 육신이 과거의 삶에 익숙해 있기 때문에 끊임없이 과거로 돌아가도록 이끈다. 거듭난 자, 의인, 하늘 사람의 삶이 이러하다. 사고나 말, 행위가 아직은 불완전하다. 믿는 자에게도 내면적인 죄가 있다. 교만과 허영, 분노와 육욕과 악한 욕망, 죄의 갈망을 갖고 있다. 바울은 이들을 그리스도 안에서 '연약한 자', '어린아이'라 부른다.(고전 3:1)

연약함을 느낄 때는 자신의 연약함을 인정하라. 나의 어리석음의 한계를 바로 알라. 믿음과 하나님의 아들에 대한 신뢰, 그분과의 교제로 말미암은 기쁨과 평안을 의심치 말라. 겸비하라. 그리고 구하라. 거기서 일어나라. 그리고 앞에 놓인 푯대를 향해 달려 나아가라(히 12:1). 내적인 죄가 괴롭힐 때는 이것으로 인해 괴로워 말라. 온전함에 이르지 못했다 해도 불평하지 말라. 하나님을 겸손히 기다리라. 기도하라. 믿음의 방패를 치우지 말라. 근심하지도 두려워도 말고(요 14:7) 마음을 굳건히 하라. 그리스도의 변호를 신뢰하라. 하나님의 사랑에 거하라. 육과 영의 모든 더러움을 떠나 깨끗하게(고후 7:1) 될 때까지 힘을 내어 전진하라. 믿음의 행위와 사랑의 수고를 지속하라. 겸손한 확신으로 고요히 복종하며 소망을 가지고 나아가라.

부지불식간에 죄를 범할 때가 있다. 부지불식의 죄로 인해 그릇된 결과가 산출되었을 때 하나님께 부르짖으라. 위로가 될 것이다. 하나님 앞에서 고민을 있는 그대로 쏟아 놓으라. 더 이상 넘어지지 않도록, 영혼이 굳게 서도록 힘을 다해 기도하라. 하나님은 정죄하지 아니하고 동정하신다(히 4:15). 하나님의 사랑으로 인해 하나님을 사랑하게 된다. 하나님의 사랑은 더 큰 힘을 가져온다. 그리스도께서 오시는 날에 정신과 혼과 육체가 흠이 없게 서게 될 것이다.(고전 1:8)

의인이 믿음으로 사는 동안 율법은 여전히 우리의 죄를 있는 그대로 드러내고 그리스도께로 인도할 것이다. 그러나 이것은 우리의 죄를 정죄하기 위해서가 아니라 그리스도 안에서 더욱 굳게 세우기 위함이다. 의인은 그리스도의 마음에서 벗어난 행위에 대해 부끄럽게 생각한다. 마음이 거짓되고 심히 부패됨을 날마다 느끼며 애통해한다. 진실로 애통해하는 자, 그들에게 하나님의 나라가 주어진다. 의인에게는 정죄가 없다. 그것에 굴하지 않는 한, 영에 속한 자로 살기를 계속 싸우는 한 정죄받지 않는다(롬 8:1). 하나님에 속해 있다는 사실을 확신하는 한(요일 3:21) 하나님은 그들을 자녀로 인정하신다. 하나님께서는 우리가 불완전할지라도 진실한 순종의 마음을 기뻐하신다. 의인은 스스로를 부끄러워할지언정 믿음 안에서 주 여호와는 나의 힘, 나의 노래, 나의 구원이라 외친다.(사 12:2)

이 삶이 멈추어 서지 않도록 유의해야 한다. 새로운 삶에 익숙하기 위한 연습을 게을리하면 이전의 삶으로 돌아간다. 눈을 한번 떴으면 연습해야 한다. 그렇지 않으면 다시 감게 된다. 옛날의 삶은 습관으로 남아 그 삶으로 끌어들이는 데 열심이다. 깨어 기도하지 않으면 다시금 영원히 잠들 수 있음을 명심하라.

그리스도 예수 안에 있음을 속단 말라. 타락할 수도 있다. 죄에 지속해서 물들어 있는가? 이는 타락이다. 죄는 마귀의 일이기 때문이다(요일 3:8). 이들에게 희망은 헛된 희망이며 평화는 헛된 평화다. 큰 소리로 부르짖어야 한다. 비참하고, 가난하고, 죄 많고, 가엽고, 앞을 못 보고, 벌거벗은 그 모습 그대로 나아오라. 용서하시는 사랑의 계시가 다시 도래할 때까지 영혼에겐 쉼이 없다. 하늘의 사람도 범죄한다. 하나님의 영이 우리 영과 더불어 하나님의 자녀임을 증거하는 사람들은 실제 삶에서 하나님의 계명을 지키지 못하는 범죄의 경험을 호소한다. 그 대표적인 실례가 다윗이다. 그는 하나님께로부터 났다. 하나님을 알았다. 믿음 가운데 굳건히 서서 하나님께 영광을 돌렸다(롬 4:20). 그는 하나님을 사랑하는 마음으로 충만했으며(시 23:1, 34:1), 감사와 찬양과 기도를 쉬지 않고 드렸다(시 118:28). 그런데 그는 죄를 범했다. 간통과 살인이라는 무서운 죄를 저질렀다.

그렇다면 이런 사실이 누구든지 하나님께로서 난 자는 죄를 짓지 않는다는 말씀과 어떻게 조화되는가? 하나님께로 난 자는(하나님의 은혜 가운데) 자기를 지키는 한(요일 5:18) 죄를 범치 않는다. 자기를 지키지 않는다는 의미는 곧 믿음 안에 거하지 않았다는 것이다. 하늘 사람이 믿음으로 살지 않을 때, 그는 범죄의 위험에 빠진다. 하나님께로 난 자가 자기를 지킬 때에는(믿음으로 살 때는) 죄를 짓지도, 지을 수도 없지만 자기를 지키지 않는다면 믿음은 파산되고 모든 종류의 죄의 노예로 팔려 갈 수 있다. 사랑으로 역사하는 믿음은 영혼으로 하여금 깨어 기도하게 하여 내적·외적 죄를 이기게 한다. 유혹은 언제나 있다. 그러나 우리의 눈이 하나님께 고정되어 있으면 유혹은 발붙일 틈이 없다. 우리의 눈이 하나님을 떠나 있을 때, 마음이 하나님을 향한 사랑으로 채워져 있지 못할 때 욕망에 따라 하나님 밖으로 끌려가게 된다. 그리고 믿음의 상실과 함께 유혹에 굴복하는 상태로 나아가게 된다. 이는 곧 어떤 외적 죄라도 범할 수 있는 상태다.

하늘 사람 속에는 끊임없는 하나님의 임재가 있다. 그것은 하나님께서 우리를 사랑하시고 용서하시는 활동을 의미한다. 이는 믿음으로만 감지된다. 하나님의 영의 끊임없는 영감(the continual inspiration of God's Holy Spirit)으로, 하나님이 영혼 속에 숨을 불어넣으시는 일이며 영혼이 하나님께 그 숨을 다시 돌려보내는 일이다. 하나님께서 영혼을 향해 부단히 역사하시는 것이며 영혼이 이에 대해 하나님께 반응하는 것이다. 우리 편에서는 그분을 향한 사랑, 찬미, 기도를 끊임없이 돌려드리는 행위이며, 그리스도 안에서 거룩한 산 제사로 마음의 생각, 입의 말, 손의 모든 행동, 육체와 혼과 영을 모두 바치는 것이다.

이 영혼의 반응은 하나님의 생명을 존속시키기에 절대적으로 필요하다.

하나님께 반응하지 않으면 하나님은 영혼 위에 계속 반응하지 않으신다. 하나님은 먼저 우리에게 역사하신다. 하나님이 우리를 먼저 사랑하시고 우리에게 자신을 드러내신다. 우리가 멀리 있을 때에 하나님은 당신에게 부르시고 우리의 마음을 비추신다. 그러나 우리를 먼저 찾으신 하나님을 사랑하지 않는다면, 그분의 음성을 듣지 않는다면, 눈을 돌려 하나님의 빛을 외면한다면 하나님의 영의 활동은 점점 사라질 것이다. 하나님의 영은 점차로 물러나 우리를 어둠에 두게 된다. 우리 영이 하나님을 향해 숨을 돌려보내지 않으면, 우리의 사랑과 기도, 찬미, 감사의 산 제물이 하나님께 돌려지지 않으면 하나님의 영의 숨은 우리에게 물러날 것이다.

그러므로 우리는 근신하는 마음으로 구원을 이루어야 한다. 하늘 사람, 곧 믿는 자는 죄를 이긴다. 성령이 정감과 감정을 순결하게 함으로써 믿음으로 순결하게 되며, 성령이 그를 하나님의 사랑과 하나님을 향한 사랑에 거하도록 한다. 이 변화는 죄에 대항하며 하나님께 가까이 나아가고자 하는 우리의 의지에 능력을 더해 준다. 거듭남으로 시작된 변화는 축적된 습관적 죄의 오염에서 우리를 깨끗하게 한다. 온전한 성화는 원죄의 오염에서 깨끗하게 한다. 그러나 유혹으로부터 우리를 제외시킬 은총의 상태는 없다. 유혹은 계속되며 이를 극복할 길은 그리스도의 속죄의 은혜 속에 계속 머무는 것이다. 바울의 가르침대로 남에게 전파한 후에 도리어 버림을 당하지 않도록 우리 스스로 우리의 몸을 쳐 복종하도록 해야 한다(고전 9:27). 믿음 위에 굳게 선 자라 해도 내적인 죄에 빠지지 않도록, 그리하여 믿음이 파선되지 않도록 끊임없이 경계해야 한다(딤전 1:19). 깨어 하나님 앞에 마음을 쏟고 언제나 기도하며 찬미하고 감사해야 한다. 새로 난 아이처럼 순전한 말씀의 젖을 사모하고 이로 인해 장성해 나아가야 한다. 믿음으로 믿음에 나아가야 하며, 은혜에서 은혜로 멈추지 말고 나아가야 한다.

그리하면 믿음이 강건해지고, 하나님을 향한 사랑으로 심령이 채워질 것이며, 결코 내적인 죄에 틈을 내어 주지 않아 승리하게 될 것이다.

6. 하늘 사람의 완성 – 완전

완전과 관련된 설교

설교 32 열광주의의 본질 The Nature of Enthusiasm
설교 33 편협한 신앙의 위험 A Caution against Bigotry
설교 34 보편적 정신 Catholic Spirit
설교 35 그리스도인의 완전 Christian Perfection

믿음은 참으로 소중하다. 우리는 믿음으로 말미암아 구원을 얻기 때문이다(엡 2:8). 그런데 믿음은 고정된 것이 아니다. 성장해 나아가야 한다. 머무르는 믿음은 위험하다. 믿음의 타락을 불러와 마침내 파선에 이르기 때문이다. 믿음의 성장은 어린아이의 믿음에서 청년의 믿음으로 그리고 장년의 믿음으로 성숙해 나아가야 한다. 어린아이의 믿음은 거듭남의 믿음이고, 청년의 믿음은 믿음의 터를 더욱 굳건히 하는 믿음이며, 장년의 믿음은 성숙함에 이른 믿음이다. 믿음은 성숙할수록 쇠하도록 되어 있다. 어린아이의 믿음은 믿음 자체로 존재하지만, 청년의 믿음으로 접어들면서 소망으로 변화되며 장년에 이르러서는 사랑으로 수렴되기 때문이다.

믿음은 우리가 하늘에 이르는 유일한 수단이다. 믿음이 없으면 하늘은 없다. 그러나 우리가 하늘에 이르렀을 때는 믿음이 쇠해야 한다. 믿음의 초보를 버리고 사랑으로 나아가야 한다. 다리를 부상당한 환자에게 지팡이는 참으로 유용하다. 그것에 의지하고서야 걸을 수 있다. 그러나 다리가 다 치료되었을 땐 지팡이를 버려야 한다. 지팡이가 고맙다고 그것에 평생 기대어 살면 정말 불구자가 된다.

믿음의 초보에 머무는 이들이 너무 많다. 이는 스스로 걷지 않고 지팡이만 의지하는 것이다. 믿음에서 믿음으로 나아가 '사랑으로 역사하는 믿음'(갈 5:6)으로 나아가야 한다. 이것은 하나님의 능력을 통해 죄에 승리하는 구원의 믿음에서, 하나님을 사랑함으로써 그분과 하나됨을 갈망하는 젊은 소망의 믿음으로, 그리고 모든 힘을 다하여 이웃을 내 몸과 같이 사랑하게 되는 사랑의 믿음으로 성숙해 가는 것을 의미한다.

참 믿음은 즉각적인 열매로 나타나는데, 그것은 바로 '죄를 이기는 능력'이다. 먼저는 외적 죄를 이기는 능력이다. 모든 악한 말과 행실을 이긴다. 그리스도의 피가 '죽은 행실로부터 양심을 깨끗게 하도록' 역사하기 때문이다. 하나님께서 믿음의 사람을 지키시기에 악한 자가 그를 만지지도 못한다(5:18). 다음으로는 내적 죄를 이기는 능력이다. 믿음은 모든 불경건한 것으로부터 마음을 거룩하게 지키기 때문이다(행 15:9). 우리는 원래 종의 종이었으나 믿음으로 말미암아 죄에서 해방되어 의의 종이 되었다! 평안이 뒤따른다. 우리 죄가 깨끗이 씻겨졌기에 우리는 "주 예수 그리스도로 말미암아 하나님과 평화를 누린다."(롬 5:1) 이 평안은 주님께서 십자가에 못 박히기 바로 전날 주신 그 평안, 곧 세상이 주는 것과는 다른, 마음에 근심이나 두려움을 남겨 놓지 않는 그런 평안이다(요 14:27). 모든 이해를 초월한 평안이며(빌 4:7) 자연인으로는 상상도 할 수 없는 영혼 깊은 데서 우러나오는 참된 것이다. 신령한 사람이라도 표현하기 어렵다. 땅의 권세나 지옥의 세력도 빼앗아 갈 수 없다. 파도와 폭풍도 어찌할 수 없다. 풍요와 가난, 건강과 질병, 안락과 고난, 그 어떤 것도 영향을 끼칠 수 없는 평안이다. 그 평안으로 인해 늘 감사함과 견고함의 삶, 기쁨의 삶을 산다. 그는 하늘을 소유한다.

믿음으로 하늘을 소유한 이는 소망 가운데 산다. 하나님의 영이 우리의 영과 함께 그가 하나님의 자녀라는 사실을 증거하기 때문이다(롬 8:16). 그 증거로 인해 하나님의 고귀한 것(거룩성)을 이어받는다는 확신을 갖게 된다. "자녀이면 또한 상속자 곧 하나님의 상속자요 그리스도와 함께 한 상속자니."(롬 8:17) 따라서 그는 자기 앞에 놓인 상과 면류관을 보고 하나님의 영광에 참여할 것을 바라면서 기뻐한다(롬 5:2). 그러나 소망을 가진 자에게 애통함이 있을 수 있다. 소망의 열매가 있지만 그 소망을 이룰 때까지 영적 투쟁은 계속되기 때문이다. 애통하는 것, 곧 거룩한 슬픔이 뒤따를 수 있다. 수고는 장차 올 보상(히 11:26)이, 환난은 영원하고 큰 영광이 된다. 이것은 좁은 문으로 들어가는 것과 같다(마 7:13). 이 일은 한순간에 그치는 것이 아니라 날마다 십자가를 지는 심정으로(눅 9:23) 행해야 할 끊임없는 자기부정을 의미한다. 자기의 옛 의견, 정열, 기질을 제거하여 흠 잡힐 것이 없도록 영과 혼과 몸을 완전히 순결케 하는 과정이다.

그러나 보혜사가 오시면 기쁨으로 노래한다. 그 기쁨을 뺏을 자는 없다(요 16:22). 잠시 근심할 수는 있으나 오히려 크게 기뻐한다. 믿음의 연단으로 마침내 칭찬과 영광과 존귀를 얻게 된다. 말할 수 없는 기쁨을 누리게 된다(벧전 1:3~8). 이 기쁨은 형언할 수 없다. 성령 안에서의 기쁨이기 때문이다. 이 기쁨을 가진 자에게 세상의 모든 환난은 아무 해를 끼치지 못한다. 소망을 가진 자는 종말에 기뻐할 것이다. 그는 멸망, 궁핍, 고통, 지옥, 죽음을 비웃게 된다. 사망과 지옥의 열쇠를 가지신 하나님 안에 있기 때문이다. 하늘 보좌의 음성을 듣기 때문이다.(계 21:3~4)

사랑은 믿음의 궁극적 단계다. 우리가 달려가야 할 목표다. 사랑은 믿음과 소망보다 더 중요한 열매다. 하늘 사람은 성령을 통해 하나님을 향한 사랑의 갈망을 갖는다. 육신의 정욕, 안목의 정욕, 이생의 자랑을 완전히 끊어버리고 육체와 혼과 영혼을 하나님을 향한 열렬한 사랑으로 바꾸어 나간다. 그는 먼저 사랑의 아버지를 향해 일용할 양식을 찾는다. 성숙해져 가면 갈수록 하나님께서 이미 필요한 모든 것을 허락하셨다는 사실을 알게 되고(요일 5:15) 하나님 자체를 갈망한다. 하나님 자체가 그들의 기쁨이요 방패요 큰 상급이 된다. 그분이 그 영혼의 양식이요 음료가 되며, 마침내 충만하게 누리게 되어 기쁜 입술로 찬양하게 된다.(시 63:5)

하나님은 나누어진 마음을 원치 않으신다. 하나님 이외의 그 어떤 것도 개입시켜서는 안 된다. 이것이 하나님의 자녀의 길이다. 한 가지 마음으로 모든 삶에서 하나님의 영광을 확고히 바라보아야 한다. 이 마음은 바로 그리스도의 마음이다. 하나님과의 관계 이외의 것을 추구하지 말며 하나님께서 기뻐하시는 일만을 행하며 먹든지 마시든지 무슨 일을 하든지 모든 것을 오직 하나님의 영광을 위해서만 해야 한다.(고전 10:31)

하나님을 향한 사랑은 내적으로, 외적으로, 전적으로 하나님께 순종한다. 그는 그리스도의 마음을 품고 하나님이 기뻐하시는 일 행하기를 즐겨 한다. 하나님이 모든 사람을 사랑하듯 그리스도의 마음으로 이웃을 사랑한다. 하나님의 생명으로 충만하면 할수록 죄와 허물로 죽은 자들에 대해 더 큰 관심을 기울인다. 이웃 사랑으로 나아간다. 하나님께서 만드신 모든 영혼, 심지어 원수 된 이들까지도 사랑하되 자신보다 더 사랑한다. 내가 너희를 사랑한 것처럼 너희도 사랑하라는 하나님 말씀(요 13:34)이 그 안에서 실현된다. 형제 사랑은 우리의 하나님의 자녀인 것을 알게 되는 증거다. 하나님을 향한 사랑의 영이 우리에게 있고, 이 영은 이웃을 내 몸처럼 사랑하는 사랑으로 나아가기 때문이다. 사랑의 불을 끌 수 있는 것은 아무것도 없다. 지식도, 예언도 그칠 것이지만 사랑은 지속된다. 시간의 얽매임도, 썩음의 운명도 사랑을 이길 수 없다. 하늘 사람은 이 사랑의 완성에 이르기까지 간단없이 전진해 나가는 이다.

그리스도의 이름으로 부름 받은 이들은 온전함에 이를 때까지 근신해야 한다. 믿음 소망 사랑의 완성에 이르기까지 앞으로 나아가야 한다. 믿음은 사랑으로 수렴된다. 믿음의 초보를 버리고 온전함으로 나아가야 한다. 온 힘과 마음을 다해 하나님을 사랑하고(눅 10:27), 항상 기뻐하고 쉬지 말고 기도하며 범사에 감사하는 데 이르러야 한다(살전 5:16~18). 하늘에서도 이룬 것처럼 땅에서도 이루어져야 하며, 하나님께서 기뻐하실 거룩한 산 제사로 나아가야 한다(롬 12:1). 앞에 있는 것을 잡으려 온 몸을 앞으로 기울이고(빌 3:13) 이미 얻은 바를 굳게 잡아야 한다(롬 3:16). 온전함에 이르기까지 앞으로 나아가야 한다. 마음속에 예수 그리스도의 마음(빌 2:5)을 온전히 품을 때까지 믿음에서 믿음으로 나아가야 한다.(히 6:1)

그런데 이렇게 믿음으로 온전한 이들이 빠질 수 있는 위험 요소들이 있다. 첫째는 그릇된 '열광주의'(enthusiasm)다. 믿음이 성숙해 가면 갈수록 열광주의적 성향은 불가피하다. 땅 위에 있는 모든 것에 대해 죽고, 하나님께 대해서 살 때 '열광적'이라는 말을 들을 수밖에 없다. 보이지 않는 하나님, 영의 세계를 보고 사는 사람을 세상이 이해할 리 없기 때문이다. 그러나 그렇다고 참 믿음의 길을 가는 사람이 몰이성적이라는 말은 아니다. 오히려 그는 이성적인 동시에 열광적이라고 말할 수 있다. 즉, 그는 이성을 바탕으로 한 일사의 삶을 영위하지만 영원함을 추구하는 데 있어서는 열광주의적 요소를 띤다.

그렇지만 이 열광주의와 종교적 광신은 구분되어야 한다. 종교적 광신은 그릇된 종교적 신념을 광적으로 확신하는 것으로 매우 위험하다. 종교적 광신은 다양한 형태를 띤다. 있지도 않은 은총을 있는 것으로 상상하거나 자신들에게 없는 은사를 가지고 있는 것으로 착각한다. 이적의 능력, 병 고치는 능력, 심지어는 죽은 자도 살리는 능력이 있는 것처럼 착각하거나 어떤 수단에 의지함이 없이 하나님의 능력으로 직접 이룰 수 있다고 주장하거나 하나님의 섭리가 아닌데 하나님의 섭리라고 착각하기도 한다. 종교적 광신은 무엇보다도 '교만'한 마음을 갖게 한다. 스스로 자신을 높임으로써 하나님의 사랑과 생명에서 멀게 만들며 믿음과 거룩한 삶의 샘물을 말려 버린다. 믿음의 성숙에 이르러 온전하게 된 사람은 그릇된 열광주의, 곧 종교적 광신에 자신을 얽어매지 않도록 유의해야 한다.

성숙한 믿음에 이른 사람이 유의해야 할 또 하나는 편협한 신앙을 갖는 것이다. 믿음의 정도가 깊어지면 깊어질수록 다른 삶과의 구분은 피할 수 없다. 그러나 이것이 나 자신 혹은 우리 그룹만이 옳다는 식의 편협한 생각으로 전개되지 않도록 해야 한다. 즉 '우리를 따르지 않는 사람들'이라 해서 그들을 배척하고 우리만의 세계를 지향하는 것을 경계해야 한다. 동일한 믿음을 갖지만 믿음과 관계없는 다른 견해(opinion)가 있을 수 있음을 기억해야 한다. 차이가 있다 하여 다른 이가 귀신을 쫓아내는 것(하나님의 형상을 회복하는 일)을 수용하지 않는 태도, 내 파가 아니라 하여 내 전통 안에 없다고 하여 이런 사람을 막는 행동을 하는 것을 조심해야 한다. 온전한 믿음에 이를수록 자신을 돌아보아야 한다. 직간접적으로 하나님의 일을 행하는 이들을 금하지 않는지, 우리 안에 속하지 않는다고 하여 말로나 행동으로 분노, 불친절함을 그들에게 표시하고 있지 않은지 말이다. 하나님의 도구가 다양함을 인정하고 그들에게서 나타나는 하나님의 역사를 기뻐하고 감사하며 찬양하라. 그들이 하나님의 일을 행할 수 있도록 격려해야 한다.

7. 하늘 가는 길의 도전과 그 극복

하늘 가는 길의 도전과 극복에 관련된 설교

설교 36 **방황하는 생각들** Wandering Thoughts
설교 37 **사탄의 계략** Satan's Devices
설교 42 **자기부인** Self-denial
설교 43 **험담의 치유** The Cure of Evil-speaking
설교 44 **돈의 사용** The Use of Money

하늘 가는 길은 결코 평탄한 길이 아니다. 회개하고 복음을 믿어 하나님의 자녀가 된 의인이 하늘 가는 길을 완성하는 여정에는 예기치 않은 도전이 도사리고 있기 때문이다. 이 도전은 두 가지 형태로 다가온다. 첫째는 우리 안에서 일어나는 내적인 것으로, 방황하는 생각들(wandering thoughts)이다. 여기서 말하는 방황은 하나님을 떠난 그런 방황이 아니라 초점을 떠난 방황을 의미한다. 초점을 흩뜨리는 방황의 원인은 우리가 육체에 거하는 한 회피할 수 없다. 우리는 병든 육신이나 이해력 훼손 등으로 인해 때때로 하나님을 향해 온전한 마음을 갖지 못하고 방황하게 된다. 썩어질 것이 썩지 않는 것으로 옷 입혀질 때까진 이런 방황은 계속된다.

이 방황은 죄는 아니지만 죄의 어두움으로 영혼을 이끌어 갈 수 있다는 점에서 경계해야 한다. 이 방황 가운데 우리가 할 수 있는 것은 오직 '기도'다. 이 땅에서 살면서 천사처럼 되기를, 영원성을 가진 존재가 되기를 기도해야 한다. 죄의 뿌리와 가지를 제거할 수 있도록 기도해야 한다. 온 마음과 온 정신과 온 영혼과 온 힘을 다해 하나님을 사랑할 수 있도록, 그리하여 성령의 열매가 우리 안에서 발견될 수 있도록 기도해야 한다.

또 다른 도전은 밖에서 다가오는 외적인 것으로, 사탄의 공격이다. 사탄의 관심은 언제나 하나다. 복음 자체를 분열시키거나 다른 복음으로 대체하려고 시도하는 것이다. 사탄은 복음을 통해 주어진 하늘나라를 파괴시키는 데 집중한다. 성령 안에서의 기쁨과 평강과 의를 상실하도록 다양한 계책을 구사한다. 이를 위해 사탄이 택하는 핵심 전략은 두 가지 방향으로 전개된다. 하나는 왜 이리 더딘가 하면서 불평하게 만드는 것이고, 다른 하나는 현재 얻은 것으로 만족하게 하여 더 이상 전진하는 것을 포기하게 한다. 사탄은 이 둘을 교차적으로 활용하여 영의 혼란을 야기시킨다. 사탄의 공격을 이기는 데는 두 가지가 필요하다. 첫째는 소극적 대응이고 또 하나는 적극적 대응이다. 소극적 대응은 '주의'하는 일이고, 적극적 대응은 구체적으로 무엇인가를 행하는 일이다. 이 무엇인가를 행하는 일은 다름 아닌 복된 말씀과 장차 올 세상의 능력을 맛보는 일이요, 완전에 이른 사람을 보며 하나님의 은총을 기뻐하고 위로받는 일이다. 또한 시간을 속량하는 것, 곧 때를 얻든지 못 얻든지 은총 안에서 성장하는 기회로 삼는 일이며, 하나님처럼 거룩하게 되는 복된 소망을 붙들고 완전에 이르기까지 더욱 힘쓰는 것이다.

이같이 하나님의 자녀가 완전을 향해 나아갈 때 만나는 도전을 어떻게 대응하느냐에 따라 '광야 상태'가 되기도 하고 믿음의 성장을 위한 '시험'이 되기도 한다. 광야 상태는 치명적 병에 걸린 상태다. 이 치명적 질병은 다양한 양상으로 나타난다. '믿음', '소망', '사랑'의 상실이요, 이로 말미암은 평강과 기쁨과 의(혹은 거룩함)의 상실이다. 이 질병의 원인은 내 안에 있다. 하나님은 언제나 우리에게 하나님 나라를 주시길 기뻐하시지만 우리가 이 나라를 소유하기를 바라지 않기 때문에 광야의 상태에 빠져 들게 된다. 즉 스스로 광야 상태를 야기하는 것이다. 스스로를 광야 상태로 몰아넣는 것은 여러 종류의 죄와 무지, 그리고 시험이다. 이 질병의 치유는 한 가지 방식으로만 이루어지지 않는다. 분별없이 모든 것에 한 가지만을 고집함으로 하나님의 약속만 남발하는 것은 오히려 해악이 된다.

이 질병을 치유하기 위해서는 다양한 접근이 요청된다. 자신의 죄를 살피고 영적 무지에서 벗어나도록 힘써야 하며 유혹을 이길 수 있도록 기도해야 한다. 하늘 가는 길에 다가오는 도전이 시험이라는 긍정적인 요소가 될 수도 있다. 시험은 광야의 상태, 곧 영혼이 암흑 속에 빠져 있는 것과는 다르다. 광야 상태는 영광의 하나님이 떠나 있는 상태지만, 시험은 하나님과 더불어 있는 중에 겪기 때문이다. 따라서 광야 상태는 환영할 만한 것이 아니지만 시험은 불가피하며 유익을 가져다준다. 이 시험이 오는 경로는 다양하다. 여러 가지 질병, 재앙, 궁핍, 사랑하는 이의 죽음, 가까운 사람의 배신 등이 원인이 되기도 한다. 하나님은 자녀들이 시험을 통해 유익을 얻기 바라신다. 시험을 견디는 자에게는 믿음의 연단이 주어지고, 소망이 증대하며, 기쁨이 커지고, 사랑이 증가하며, 거룩함이 커진다. 물론 그렇다고 시험이 늘 필요한 것은 아니다. 하나님은 하나님께서 원하시는 방식으로 우리에게 필요한 은혜를 공급하시기 때문이다. 때로는 시험 없이 하늘의 영광을 더하시기도 한다. 그러나 대부분 다소간의 시험을 믿음의 자녀들에게 허락하신다.

시험을 이기고 온전한 믿음의 사람이 되는 길은 하나님의 은총이다. 우리는 이 은총을 위해 기도해야 한다. 먼저는 암흑 가운데 빠지지 않도록 기도해야 한다. 그리고 다가오는 시험에서 하나님의 뜻이 이루어지도록, 즉 우리가 하나님의 영원한 나라의 유업을 얻을 수 있도록 기도해야 한다.

주님께서는 하늘 가는 길 동안에 다가오는 도전을 이기고 온전한 하늘 사람이 되기 위한 하나의 원리를 제자들에게 제시해 주셨다. 그것은 바로 '자기를 부인하고 자기 십자가를 지는 일'이다. '자기부인'은 자신의 뜻을 꺾고 하나님의 뜻에 온전히 따르는 것을 의미한다. 하나님으로부터 말미암지 않는 것은 그 어떤 좋은 것이라도 부인하는 것이다. '자기 십자가를 지는 것'은 자기부인보다 좀 더 나아가 적극적으로 하나님의 뜻에 맞추는 것을 의미한다. 이것은 우리에게 유익을 주시려는 주님의 섭리다. 십자가는 영혼 치유 방법 중의 하나인 것이다.

온전한 하늘 사람이 되길 원하는가? 자기를 부인하고 자기 십자가를 지

라. 이 진리에 반대하는 곳에는 믿음의 성장을 기대할 수 없다. 이 진리가 결핍된 곳에는 하나님의 능력이 없다. 이 진리에 반대하지 않는 것, 부분적으로 찬성하는 것으로 가르치는 자가 의무를 다했다고 말할 수 없다. '분명히', '늘' 가르쳐야 한다. 이 진리를 자신에게 적용하라. 골방 속에서 이를 깊이 묵상하라. 마음속에서 골똘히 생각하여 이해하고 생의 마지막까지 기억하라. 깨달은 대로 실행할 수 있도록 간구하라. 지체하지 말고 지금 그리하라! 모든 삶에 적용하되 중단하지 말라.

하늘 사람으로 완성되어 가는 일은 홀로 고립되어 이룰 수 있는 일이 아니다. 함께 가야 한다. 모이기에 힘쓰고 서로를 권고하고 격려하며 함께 성장해 가야 한다. 그런데 이때 주의해야 할 것은 '험담하는 일'이다. 모임이 많아질수록 남을 험담하는 일이 늘어날 수 있다. 타락한 공동체의 특성은 다른 사람을 대화의 소재로 놓고 끊임없이 비방하는 것이다. 이것은 하나님 나라의 공동체를 파괴할 뿐 아니라 험담하는 자신을 파괴하는 일이며 험담의 대상을 죽이는 일이기도 하다. 혹 다른 사람의 결함을 발견할 경우 험담의 죄를 피하기 위해서 다음 네 단계를 따라야 한다. 1) 단 둘이 있는 데서 충고하라. 2) 듣지 않거든 한두 사람을 데리고 가 그들이 있는 데서 말하라. 그들이 증인이 될 것이다. 3) 그래도 듣지 않거든 교회에 가서 말하라. 4) 교회의 말도 듣지 않거든 이방인과 세리처럼 대하라. 이 단계들을 상세히 살펴보도록 하자. 험담의 죄에 머물지 않도록 주의하라. 이것이야말로 주님께서 우리를 보내셨다는 확증을 말과 혀뿐 아니라 행위와 진실로 드러내는 일이다.

하늘 사람이 완전을 향해 나아가려 할 때 한 가지 더 주의해야 할 일이 있다. 그것은 돈을 적절히 관리하는 일이다. 하늘 가는 사람의 성실하고 근면한 삶 때문에 부가 축적될 수 있다. 그런데 이 부를 적절히 관리하지 못하면 하늘이 아닌 돈이 영혼의 주인이 되어 파멸로 이끌어 가기 때문이다. 하늘 가는 이들이 돈에 대해 취할 태도는 다음과 같다. 첫째, 될 수 있는 대로 많이 벌어라. 돈은 벌 수 있는 만큼 최선을 다해 벌어야 한다. 그러나 돈을 벌 때 금해야 할 사항들이 있는데 건강을 해치는 일, 영혼에 해를 끼치는 일, 이웃을 해치는 것이어서는 안 된다. 둘째, 될 수 있는 대로 많이 저축하라. 이것은 허영심을 채우기 위해, 육신의 정욕을 만족시키기 위해, 쾌락을 위해 허비하지 않는 것, 자녀들을 위한다는 명목으로 낭비하지 않는 것을 의미하기도 한다. 셋째, 될 수 있는 대로 많이 주어라. 이 원리는 소유권은 하나님께 있으며, 우리에게 있는 재물은 하나님께서 우리에게 단지 위탁한 것임을 아는 것에서 출발한다. 우리의 영혼과 육체, 그리고 모든 소유물은 하나님께로부터 왔음을 명심해야 한다.

8. 하늘 가는 길의 근원적 힘 – 성령과 우리 영의 증거

성령과 우리 영의 증거와 관련된 설교

설교 10 성령의 증거 I   The Witness of the Spirit: Discourse I
설교 11 우리 영의 증거   The Witness of Our Own Spirit

지금까지 우리는 웨슬리의 44편 설교가 하늘 가는 길의 완성되는 과정 전체를 정교하게 묘사하고 있음을 살펴보았다. 이제 마지막으로 다루고자 하는 것은 이 같은 하늘 가는 길의 완성이 어떻게 이루어지는가 하는 바다. 웨슬리에게 있어 이 문제는 '성령과 우리 영의 증거'라는 주제로 집약된다. 웨슬리는 하늘 가는 길의 시작과 완성은 성령의 인도하심과 이에 응답하는 우리 영의 반응, 곧 성령과 우리 영의 상호 교류에 의해 이루어진다고 보았다.

웨슬리의 표준설교에서 이 주제를 직접적이고 정교하게 다룬 설교를 꼽자면 아마도 10편의 '성령의 증거 I'과 11편의 '우리 영의 증거'가 될 것이다. 이 두 편의 설교는 외형상 메도디스트들이 열광주의자가 아니라는 변증에 초점을 둔 설교다. 1746년 웨슬리가 설교집을 만들 때 편입시킬 목적에서 의도적으로 작성한 설교로 알려진 '성령의 증거 I'은 우리 영의 주관적 확신을 주장함으로써 당시 교회에 만연하던 믿음의 화석화, 교조화, 이성화를 피하면서 우리 안에서 경험되는 영적 감정들의 가치를 새롭게 하였다. 동시에 성령의 객관적 증거에 그 기초가 있음을 분명히 함으로써 영적 경험의 지나친 주관화를 방지하는 데 주력하였다. 지나친 이성주의와 통제 불능의 열광주의라는 어느 극단에 함몰되지 않고 양자의 긴장 안에서 균형을 찾아갔던 것이다(이 같은 입장은 '성령의 증거'라는 동일한 제목으로 출판된 그의 discourse II 에서도 동일하게 견지되었다). 그 설교를 한 지 20여 년이 흐른 뒤에 작성한 '우리 영의 증거' 또한 이런 주장의 연장선상에 있다. 앞의 설교가 어떻게 열광주의와 이성주의의 양극단을 피하며 제3의 길을 모색할 수 있는가에 집중했던 것처럼, 이 설교 또한 이 문제의 중요성을 상기시키면서 동일한 주제에 천착했던 것이다.

그러나 이 두 편의 설교 내용을 좀 더 깊이 들여다보면 변증적 목적 이상의 내용이 내포되어 있음을 발견하게 된다. 그것은 바로 하늘 가는 길이 영혼 안에 어떻게 역동적으로 실현되는가에 대한 설명이다. 웨슬리는 이를 '성령과 우리 영의 증거'라는 주제 중심으로 풀어내고 있다.

하나님은 스스로를 증거하신다. 우리는 이를 '계시'라 말한다. 하나님은 스스로 무엇을 증거하시는가? 그분은 우리를 지극히 사랑하심을 증거하신다. 이 지극한 사랑 때문에 하나님은 하늘의 모든 것을 기꺼이 우리에게 드러내신다. 무엇보다도 자신의 크신 사랑으로 인해 자신의 독생자 예수를 아끼지 아니하시고 우리를 위해 주셨음을 드러내신다. 그로 인해 우리의 모든 죄가 도말되었고(행 3:19), 우리와 같은 죄인도 하나님과 화해할 수 있게 되었다는 사실(고후 5:20), 곧 하나님의 자녀가 되었음을 증거하신다. 이 증거의 내용은 우리에겐 '복음 그 자체'요, '은총'이다.

그런데 하나님의 영이 증거하시는 방식이 참으로 심오하다(고전 2:10). 그러므로 하나님의 영의 증거 방식을 우리는 이해할 수 없다. 다만 하나님께서 성령을 통해 우리 영혼에 증거하실 때, 다시 말해 성령이 우리 영혼에 내적인 인상(inward impression on the soul)을 부여할 때 하나님의 증거를 알 수 있을 뿐이다.

하나님은 성령을 통해 끊임없이 우리의 영을 향해 자신의 놀라운 사랑과 은총의 사건을 증거하신다. 그러나 자연적 인간의 상태, 잠든 인간의 상태로는 이 하나님의 증거를 이해할 수도, 들을 수도 없다. 하나님의 증거를 감지할 수 있는 길은 오직 '영적인 감각'(spiritual sense)이 올바로 작동할 때다. 웨슬리는 이 영적 감각을 '믿음'이라 했다. 웨슬리에 따르면 믿음은 '보이지 않는 세계, 만질 수 없는 하늘의 세계를 성령을 통해 드러내시는 하나님의 증거를 감지할 수 있는 영적 감각'이기 때문에 믿음을 통해서만 하나님의 증거를 받아들이게 된다.

참으로 감사할 일은 이런 믿음을 가지도록 하나님은 성령을 통해 우리 영혼에게 끊임없이 역사하신다는 사실이다. 다시 말해 성령은 값없이 주신 하나님의 은총을 깨닫게 하시는 일뿐만 아니라 우리 영에게 이 은총을 받아들이도록 끊임없이 자극하고 격려해 나가신다. 이 성령의 목소리에 순종하기만 하면 우리는 믿음을 통해 하나님의 증거를 확신하게 된다.

성령이 우리 영과 더불어 증거하실 때 우리 영은 '확신'이라는 정감을 소유하게 된다. 이 확신에는 때론 폭풍과 성난 물결 같은 작용도 있을 수 있지만 그것이 성령 증거의 시금석은 될 수 없다. 그 시금석은 달리 있다. 죄인이 하나님과 마침내 화목하게 되었다는 궁극적인 평안, 그의 죄가 가림을 받고 용서되었다는 말할 수 없는 기쁨과 확신이 바로 그것이다. 분명한 것은 믿는 이에게 하나님의 자녀가 되었다는 확신을 준다는 것이다. 그 확신은 마치 태양의 불꽃 앞에 섰을 때 그 빛을 도무지 의심할 수 없는 것과 같다.

그렇다면 하나님의 영이 우리 영과 더불어 증거하시는 바임을 어떻게 알 수 있는가? 때때로 우리는 스스로 지어낸 마음이나 마귀의 현혹에 속아 넘어간다. 하나님의 영의 증거가 아님에도 불구하고 그렇게 믿고 따라감으로써 심각한 문제에 빠져 들기도 하기에 주의해야 한다. 참된 증거와 거짓된 증거에 대한 판별 기준은 성경을 상고함으로써 알 수 있다. 하나님의 영이 우리 영과 더불어 증거하신다는 가장 확실한 사실은 진정한 회개의 열매가 있다는 것이다(마 3:2; 막 1:15; 행 2:43, 3:19). 이것이 없다면 그는 단지 그림자만을 쥐었을 뿐이다. 회개는 복음에 대한 믿음으로 인도하고 즉시 칭의와 거듭남이 뒤따른다. 흑암에서 광명으로, 사탄의 세력에서 하나님께로(행 26:18), 사망에서 생명으로 옮겨지는(요 5:24; 요일 3:14) 역사를 경험한다. 이로써 '겸손한 희락'을 발견하게 된다. 이 기쁨은 나의 미천함을 알며(욥 40:4), 동시에 하나님의 은총과 사랑을 발견하는 기쁨이다. "내가 눈으로 주를 봅니다"는 고백으로 인도한다. 하나님의 계명을 즐거이 지키게 된다(요일 5:3). 온유, 인내, 양선, 오래 참음의 성령의 열매들을 맺게 된다.

우리의 영은 그분의 영이 증거하시기 전에는 우리가 하나님의 자녀인 것을 확신할 수 없다. 하나님의 크신 사랑은 성령의 증거로 인해 우리 영에 드러나며 우리 영은 믿음 가운데 확신에 이를 수 있게 된다. 하나님께서 우리를 먼저 사랑하심으로 우리가 그분을 사랑할 수 있다는 요한 사도의 가르침(요일 4:19)은 바로 이 사실을 말하는 것이다. 하나님의 영이 우리 영을 향해 하나님께서 우리를 사랑하여 독생자를 우리 죄를 위한 화목 제물로 주셨다는 사실, 그리고 그의 보혈로 우리 죄를 사하셨다고 증거하실 때에야 비로소 하나님의 사랑을 알게 되고, 우리는 기쁨으로 '당신은 나의 주님이며 나의 하나님'이라고 외치게 된다. 즉 성령이 우리의 영에게 하나님의 자녀라 증거하실 때 비로소 아바 아버지라 부르짖게 되는 것이고, 하나님의 영이 그분의 사랑을 우리 영 안에 증거할 때 하나님과 이웃을 사랑할 수 있게 되며 성령의 모든 열매가 넘치게 되는 것이다.

하나님의 놀라운 비밀은 오직 성령의 증거를 통해 드러날 뿐이다. 그런데 우리는 어떻게 성령의 증거를 소유했는지 알 수 있는가? 이것은 특정한 신비적 현상으로 알 수 있는 것이 아니다. 오직 그것은 하나님의 보이지 않는 세계를 인지하게 하는 특수한 능력, 믿음을 통해서 영이 확신할 뿐이다. 이 경험을 가진 이가 그렇지 못한 이에게 설명할 수는 없다. 신령한 것은 신령한 감각으로만 분변할 수 있기 때문이다.

우리는 자신의 증거가 진실한가 늘 살펴야 한다. 잘못되었다면 큰 미혹에 빠지게 된다. 그렇다면 이런 증거의 진실성은 어떻게 입증되는가? 타인에게 검증되는 것이 아니라 자신 안에서 이루어짐을 기억해야 한다. 즉 영적 감각 기관이 작동하기 때문에 참된 증거를 가졌는가는 스스로 알게 되는 것이다. 삶이 평안한 것을 스스로 알듯이 영혼이 살아 있음을, 영혼이 참된 평안 안에 있음을(벧전 3:4) 스스로 알 수 있다. 우리가 하나님을 사랑하는 것, 그분 안에서 즐거워하는 것을 스스로 안다. 우리가 이웃을 사랑한다는 것을 스스로 안다. 하나님의 계명을 기쁨으로 지키는지 스스로 안다. 하나님의 성호를 진실되게 부르는지, 안식일을 거룩히 지키는지, 부모를 공경하는지, 대접을 받고자 하는 대로 대접하는지, 몸을 거룩히 여기는지, 먹든지 마시든지 하나님의 영광을 위해 하는지, 우리의 영은 스스로 고한다. 성령의 열매는 성령 증거의 진실성을 판가름하는 결정적인 시금석이다. 하나님의 영이 우리 영과 더불어 우리가 하나님의 자녀임을 증거하시면 성령의 열매는 결과적으로 맺어지게 되어 있다.

그러나 아무 증거 없는 이가 상상만으로 성령의 열매가 있다고 상상하는 일은 경계해야 한다. 우리 안에서 증거를 가지기 훨씬 이전에도 거짓된 열매들을 맛볼 수 있다. 그러나 이에 안주하는 것은 영혼이 망하는 길이다. 마음속에서 하나님의 영이 "아바 아버지여!"라고 외칠 때까지 계속해서 하나님께 부르짖어야 한다. 이것은 하나님의 자녀의 특권이며, 의심과 두려움이 없는 확고한 평화를 얻게 되는 길이다. 이 양자의 영을 받을 때(롬 8:15), 모든 지각에 뛰어나며 모든 의심과 두려움을 몰아내는 '하나님의 평강'이 우리의 마음과 생각을 그리스도 예수 안에서 지키실 것이다(빌 4:7). 하나님의 증거는 계속될 것이며 결국 우리는 성령의 순수한 열매, 곧 내적·외적 성결을 소유하게 될 것이다.

웨슬리 목회는 Doctrine, Spirit, Discipline이라는 세 가지 구성 요소들로 이루어져 있다. 여기서 Doctrine은 바로 성경이 내포하고 있는 구원의 진리, 곧 하늘 가는 길이다. Spirit은 이 하늘 가는 길을 실제적으로 현실화시키는 근원적인 힘에 해당한다. 이것이 바로 웨슬리가 언급했던 성령과 영의 증거다. 즉 성령은 doctrine, 곧 하늘 가는 길을 조명하고, 영혼들을 새롭게 하며,

이끌고 인도하며 가르친다. 이때 우리 영은 믿음 가운데 이 성령의 역사를 수용하고 확신 가운데 거함으로써 하늘 가는 길을 실제로 체험하게 된다. 그러나 이로써 모두 완성되는 것은 아니다. 우리는 성령의 도움을 받아 이 하늘 가는 길을 끊임없이 실천해야 한다. 이 끊임없는 삶, 곧 discipline(연습)을 통해 우리는 하늘 가는 길을 체질화시키며 완성으로 나아간다.

웨슬리 목회는 바로 이 doctrine-spirit-discipline의 단단한 결합이다. 웨슬리는 이를 "전체를 꽉 붙잡아야"(holding fast to) 한다고 강조한다. 이는 마치 전도서 4장 12절에 출현하는 '삼겹줄'(cord of three strands)을 연상하게 한다. 세 개의 줄이 서로 단단하게 결합될 때 끊기 어려운 든든한 줄이 된다. 웨슬리의 목회는 꽉 붙잡힌 세 개의 구성요소 – doctrine, spirit, discipline – 의 끊임없는 순환이다. 그런데 이 끊임없는 순환은 웨슬리에게 있어서 분리된 순환이 아니라 상호 유기적으로 작용하는 통합된 순환임을 기억해야 한다. 통합된 순환 과정은 한순간에 머물지 않으며 지속적으로 진행된다. 목회는 doctrine, spirit, discipline이 지속적으로 순환함으로써 빚어내는 조화(harmony)라 할 수 있다.

이 조화가 가능하게 되는 원천은 성령과 우리 영의 증거다. 말하자면 '성령과 우리의 영의 증거'는 두 가지 형태의 'D', 즉 doctrine과 discipline의 상호 연결을 가능하게 하는 근원적 힘인 셈이다. 결국 하늘 가는 길을 실제화하고 연습을 통해 이를 완성하는 것은 성령을 통해 부어지는 하나님의 은총을 우리가 믿음으로 응답하는 과정을 통해 성취되는 것이다. 그러므로 웨슬리 목회의 구체적 전개는 '성령을 통해 드러나는 하나님의 은총을 우리 영이 어떻게 수용할 것인가' 하는 주제로 집약되어 나타난다.

제3장

표준설교 44편의 구조를 이해하기 위한 도표

　웨슬리의 표준설교 44편은 하늘 가는 길이라는 초점을 기초로 읽어야 한다. 이것은 각각의 설교들이 하늘 가는 길의 각 요소, 즉 구원의 과정과 관련되어 있다는 말이다. 다음 표는 웨슬리 표준설교 44편의 핵심 주제가 무엇이며, 그것이 하늘 가는 길이라는 관점에서 어떠한 위치를 차지하는지 일목요연하게 정리한 것이다.

〈웨슬리 표준설교 44편의 전체 구조〉

번호	제 목	본 문	주 제	하늘 가는 길
1	구원은 믿음으로 Salvation by Faith	엡 2:8	구원의 본질과 그 구원에 이르는 길	하늘의 도래 – 칭의
2	2% 부족한 그리스도인 The Almost Christian	행 26:28	구원에 이르는 길은 칭의와 성화를 포함하는 온전함	하늘 가는 길의 전체 개요
3	잠자는 자여 일어나라 Awake, Thou That Sleepest	엡 5:14	인간의 근원 문제와 그 해결책	
4	성경이 말하는 참된 기독교 Scriptural Christianity	행 4:31	개인 안에 일어나는 구원의 전 과정이 구원의 복음의 전파와 하나님 나라가 완성되는 비전	
5	믿음에 의한 칭의 Justification by Faith	롬 4:5	칭의의 근거, 내용, 결과	하늘의 도래 – 칭의
6	믿음의 의 The Righteousness of Faith	롬 10:5~8	율법의 의와 믿음의 의의 본질 죄인에게 유일한 의의 길: 믿음	
7	하늘 가는 길 The Way to the Kingdom	막 1:15	인간의 실상과 그 해결책	하늘 가는 길의 첫걸음 – 회개
8	성령의 첫 열매 The First Fruits of the Spirit	롬 8:1	칭의 받은 자의 특권과 삶의 모습 죄로부터의 해방	하늘의 도래 – 칭의
9	노예의 영과 양자의 영 The Spirit of Bondage and of Adoption	롬 8:15	칭의 이전과 이후의 삶의 차이와 그 변화	
10	성령의 증거 I The Witness of the Spirit: Discourse I	롬 8:16	성령과 우리 영의 증거의 상호 다이내믹한 관계	하늘 가는 길의 근원적인 힘

11	우리 영의 증거 The Witness of Our Own Spirit	고후 1:12	성령과 우리 영의 증거의 상호 다이내믹한 관계	하늘 가는 길의 근원적인 힘
12	은총의 수단 The Means of Grace	말 3:7	은총을 받기 위한 수단의 의미, 종류 그 기능 은총의 다양성과 그에 합당한 은총의 수단	하늘 가는 길의 전체 개요
13	마음의 할례 The Circumcision of the Heart	롬 2:29	은총을 받기 위한 마음의 준비	
14	거듭남의 표적들 The Marks of the New Birth	요 3:8	거듭남의 증거	하늘 사람으로의 탄생 - 거듭남
15	하나님으로부터 난 자들의 위대한 특권 The Great Privilege of Those That are Born of God	요일 3:9	칭의와 거듭남의 관계 거듭난 자의 상태와 거듭난 자에 대한 도전	
16	산상설교 Ⅰ Upon Our Lord's Sermon on the Mount: Discourse I	마 5:1~4	마음의 가난 - 하늘 사람이 되기 위한 마음의 준비 애통함 - 거듭난 자가 겪는 삶	하늘 가는 길 전체 과정 축약
17	산상설교 Ⅱ Upon Our Lord's Sermon on the Mount: Discourse Ⅱ	마 5:5~7	온유 - 성화의 성숙 의에 주림 - 성화의 성숙에 이른 자의 완전을 향한 갈망 긍휼 - 의의 완성	
18	산상설교 Ⅲ Upon Our Lord's Sermon on the Mount: Discourse Ⅲ	마 5:8~12	의의 완성에 이른 자의 외적 모습 - 마음이 청결하다: 완전의 유지 - 화평케 한다 - 의로움으로 핍박을 받는다.	
19	산상설교 Ⅳ Upon Our Lord's Sermon on the Mount: Discourse Ⅳ	마 5:13~16	온전히 이룬 자들에 대한 유혹(고립된 영성)과 그 극복	
20	산상설교 Ⅴ Upon Our Lord's Sermon on the Mount: Discourse V	마 5:17~20	율법과 복음의 관계 폐기되어야 할 율법과 완성되어야 할 율법	
21	산상설교 Ⅵ Upon Our Lord's Sermon on the Mount: Discourse Ⅵ	마 6:1~15	은총의 수단들 - 경건의 일과 자비의 일 주기도문	
22	산상설교 Ⅶ Upon Our Lord's Sermon on the Mount: Discourse Ⅶ	마 6:16~18	은총의 수단 - 금식의 실천	
23	산상설교 Ⅷ Upon Our Lord's Sermon on the Mount: Discourse Ⅷ	마 6:19~23	은총의 수단 - 구제	
24	산상설교 Ⅸ Upon Our Lord's Sermon on the Mount: Discourse Ⅸ	마 6:24~34	오직 한 주인인 하나님만 바라보는 삶이어야	
25	산상설교 X Upon Our Lord's Sermon on the Mount: Discourse X	마 7:1~12	참된 믿음의 길의 내적 장애물: 남을 판단하는 것	
26	산상설교 XI Upon Our Lord's Sermon on the Mount: Discourse XI	마 7:13~14	참된 믿음의 길의 외적 장애물 1: 넓고 쉬운 길	

27	산상설교 XII Upon Our Lord's Sermon on the Mount: Discourse XII	마 7:15~20	참된 믿음의 길의 외적 장애물 2: 거짓 선지자	하늘 가는 길 전체 과정 축약
28	산상설교 XIII Upon Our Lord's Sermon on the Mount: Discourse XIII	마 7:21~27	구원의 완성은 가르침을 듣고 행할 때 이루어진다. 그렇지 않으면 모래 위에 지은 집	
29	율법의 근원, 본성, 성격, 그 쓰임새 The Original, Nature, Property, and Use of the Law	롬 7:12	율법과 복음의 관계 율법의 역할 - 죄를 깨닫게 하고 회개케 하며 성화로 인도	
30	믿음으로 세워지는 율법 I The Law Established through Faith: Discourse One	롬 3:31	믿음과 율법의 관계 믿음으로 의롭게 된 사람의 삶은 율법적 삶은 아니지만 율법의 정신을 완성하는 삶	하늘 사람의 성숙 - 성화
31	믿음으로 세워지는 율법 II The Law Established through Faith: Discourse Two	롬 3:31	믿음으로 율법을 완성하는 길	
32	열광주의의 본질 The Nature of Enthusiasm	행 26:24	경계해야 할 열광주의와 참된 열광주의	
33	편협한 신앙의 위험 A Caution against Bigotry	막 9:38~39	믿음의 동질성은 경건의 모습이 아닌 능력에서 찾아야 믿음의 능력이 나타나는 한 상대를 수용해야	하늘 사람의 완성 - 완전
34	보편적 정신 Catholic Spirit	왕하 10:15	그리스도인은 보편적 정신의 소유자 보편적 정신은 바로 사랑이다.	
35	그리스도인의 완전 Christian Perfection	빌 3:12	그리스도인은 완전을 향해 나아가야 이 완전은 어느 한 시점이 아니라 전체 여정	
36	방황하는 생각들 Wandering Thoughts	고후 10:5	구원을 향해 가는 길 동안 만날 수 있는 어두움	하늘 가는 길의 도전과 극복
37	사탄의 계략 Satan's Devices	고후 2:11	구원을 향한 순례자들의 발걸음을 막으려는 사탄의 계략	
38	원죄 Original Sin	창 6:5	인간의 실상과 그 해결책	하늘을 잃어버린 사람들 - 원죄
39	거듭남 The New Birth	요 3:7	거듭나야 할 이유, 방법, 목적 거듭남과 세례와의 관계	하늘 사람으로의 탄생 - 거듭남
40	광야 상태 The Wilderness State	요 16:22	성화의 삶에의 도전과 그 극복: 영혼의 파멸로 이끄는 어둠의 도전	
41	여러 시험의 짐 Heaviness through Manifold Temptations	벧전 1:6	성화의 삶에의 도전과 그 극복: 영혼의 유익을 가져오는 시험	하늘 가는 길의 도전과 극복
42	자기부인 Self-denial	눅 9:23	온전한 구원을 이루는 길의 성공과 실패의 척도: 자기부인과 자기 십자가를 지는가?	
43	험담의 치유 The Cure of Evil-speaking	마 18:15~17	구원의 순례 과정에서 나타나는 낙오자를 돕는 방법: 험담을 치유하는 과정과 동일	
44	돈의 사용 The Use of Money	눅 16:9	하늘 가는 사람들의 경제생활 원칙	

제 2 부

표준설교 44편의 내용과
구조 분석

많은 이들이 웨슬리의 표준설교 44편 읽기를 시도한다. 그러나 안타깝게도 대부분이 도중에 포기하고 만다. 웨슬리 설교의 중요성을 알고 설교 읽기를 의지적으로 실천해 보지만 의지만으로 설교 읽기를 지속할 수 없는 실제적인 어려움이 있기 때문이다.

이 어려움은 대체적으로 두 가지다.

첫째는 우리가 접하는 설교 자료의 난해함이다. 대부분의 사람들은 웨슬리 설교를 한국어로 번역된 자료에 의존한다. 현재 우리가 쉽게 접할 수 있는 몇몇 번역본들은 부분적으로 결함은 있을지라도 대체적으로 웨슬리의 원전에 가까운 번역을 제공하고 있다. 그런데 이 원전에 가까운 번역이 오히려 웨슬리 설교를 읽는 데 장애가 된다. 18세기의 영어 문체를 충실히 번역한 자료들은 3세기의 간격만큼이나 오늘의 독자들에게 낯설고 난해한 것으로 다가오기 때문이다.

둘째는 웨슬리의 설교 스타일의 독특성 때문이다. 웨슬리의 설교는 하늘 가는 길과 관련한 한두 가지 핵심적 질문을 스스로 제기하고 집요하게 그 해답을 성경에서 찾아내는 식으로 전개된다. 오늘날의 독자들은 이런 스타일에 익숙하지 않다. 이 같은 설교 스타일은 다소 설교를 난삽하고 지루하게 이끌어 독자들로 하여금 쉽게 설교 읽기를 포기하게 만드는 요인이 된다.

이런 문제들을 인식하면서, 웨슬리 표준설교 44편을 좀 더 친근하게 느끼고 쉽게 읽을 수 있도록 보충자료를 제공하였다. 보충자료에는 다음과 같은 것들이 포함되어 있다.

역사적 배경

웨슬리의 44편의 설교들은 각각 그 나름대로의 역사적 배경을 가지고 있다. 이 역사적 배경은 그 설교가 탄생한 역사적 정황(context)을 설명해 주고 있기 때문에 설교를 이해하는 데 많은 도움을 준다.

설교 읽기를 위한 질문

웨슬리의 설교 문체가 다소 장황하고 난삽하기 때문에, 전체 주제와 세부적인 내용 상호 간의 내적 연결점을 정확히 포착하기 어려운 경우가 많다. 이런 점을 방지하기 위해 웨슬리 설교의 핵심적 내용들을 파악할 수 있는 질문들을 제공해 두었다. 질문에 답하다 보면 웨슬리가 설교를 통해 말하려는 바의 요점을 정리할 수 있을 것이다. (   )에 제시된 구분은 웨슬리 설교 원문에 제시된 구분법을 그대로 따랐다.

설교 핵심 요약

웨슬리의 설교 구조와 내용을 분석하여 그 핵심 내용을 요약한 것이다. 이 핵심 요약은 웨슬리 설교의 본래적 의도를 가능한 살리면서도 독자들이 쉽게 이해할 수 있도록 정리한 자료다. 이 자료를 작성함에 있어서 필요할 때마다 웨슬리의 원전에 얽매이지 않고 과감하게 오늘날의 독자들에게 익숙한 용어들을 채택하였다.

구원은 믿음으로 Salvation by Faith

> "너희는 그 은혜에 의하여 믿음으로 말미암아 구원을 받았으니 이것은 너희에게서 난 것이 아니요 하나님의 선물이라." 엡 2:8

역사적 배경

이 설교에 담긴 핵심적 메시지는 '구원'과 '구원을 얻는 방법'이다. 웨슬리에게 있어서 구원은 죽음 이후에 이룰 수 있는 먼 훗날의 이야기가 아니라 지금 여기에서 실제로 경험할 수 있는 현재적 사건이다. 이것은 소극적 의미에서는 죄로부터의 구원이고, 적극적 의미에서는 의의 성취다. 그러나 이 의의 성취는 단순히 칭의의 영역만이 아닌 온전함을 이루는 데(완전)까지의 모든 과정을 포괄하는 역동적 구원의 모습을 띤다. 그런데 이 구원은 본질적으로 하나님의 은총이다. 이 구원은 하나님의 자비로우신 본성에 의해 우리에게 거저 주어진 '은혜'이기 때문이다. 그렇다면 우리는 이 구원의 은총을 어떻게 입을 수 있는가? 이 은혜를 얻는 유일한 길은 참 믿음, 곧 그리스도의 복음에 전적으로 의지하는 것이다.

이 설교는 1738년 6월 11일 옥스퍼드대학에서 행하였다. 웨슬리는 옥스퍼드 전임강사(fellow)의 신분으로 때때로 대학 관계자들, 즉 석·박사학위 소지자들, 재학생들 혹은 학자들이 주로 참석하는 대학 교회 예배를 인도해야만 했다. 웨슬리는 전임강사 생활을 본격적으로 시작했던 1730년 11월부터 조지아 선교를 떠나기 직전인 1735년 9월까지 아홉 차례에 걸쳐 여러 대학교에서 예배를 인도한 것으로 보인다. 옥스퍼드대학은 조지아에서 돌아온 웨슬리에게 1738년 6월 11일 성 바나바 축일을 기념하는 예배를 인도하길 요청했다. 이미 웨슬리에게 5월 24일 올더스게이트 체험을 포함하여 많은 신앙적 변화가 있었는데, 옥스퍼드 측은 이 사실에 대해 거의 인지하지 못한 상태였던 것 같다. 웨슬리의 '복음에 대한 새로운 가르침'은 옥스퍼드의 지식인들에게 하나의 도전이었으나 그들은 그의 가르침을 '불편한 메시지'로 인식했다. 그럼에도 불구하고 웨슬리는 이 설교를 매우 소중하게 여겼고, 표준설교집의 첫머리에 배치시켰다. 이 설교는 다른 여러 곳에서 설교되었던 것 같은데, 무어필드(moorfield) 옥외 집회는 그중의 하나였다.

설교 읽기를 위한 질문

1. 우리가 누리는 모든 축복의 근원은 무엇입니까?(서론 1항) 하나님의 은총은 '값없이 베푸신 은총'입니다. 어떤 면에서 그렇습니까?(서론 1-2항)

2. "너희는 그 은혜에 의하여 믿음으로 말미암아 구원을 받았으니 이것은 너희에게서 난 것이 아니요 하나님의 선물이라"는 말씀을 묵상해 봅시다. 여기서 구원의 원천은 무엇입니까? 죄인이 어떻게 이 구원의 원천을 발견할 수 있습니까?(서론 3항)

3. 믿음만이 하나님의 은총을 입을 수 있는 길입니다. 그렇다면 이 믿음과 관계없는 믿음은 어떤 믿음입니까?(I.1-3) 하나님의 은총을 입을 수 있는 참 믿음, 곧 구원의 믿음은 어떤 믿음입니까?(I.4-5)

4. 참 믿음으로 얻게 될 구원은 구체적으로 두 가지 속성을 갖습니다. 그것은 무엇입니까?(II.1-2) 여기서 '죄로부터의 구원'이 의미하는 두 가지는 무엇입니까?(II.2). 정죄함(guilt)으로부터의 구원과 더불어 오는 확신이 있습니다. 그것이 무엇입니까?(II.4) '죄의 권세로부터의 구원'이 의미하는 바는 무엇입니까?(II.5-6)

5. 참 믿음으로 말미암아 주어지는 구원은 현재적이며 과거의 죄와 미래의 죄로부터의 구원입니다. 이렇게 구원받은 것을 협의의 의미로는 '칭의'와 동일시할 수 있습니다. 어떤 의미에서 그렇습니까? 광의의 의미로 확대한다면 어떤 의미가 됩니까?(Ⅱ.7)

6. 오직 믿음으로 구원을 얻는다(곧 이신칭의)는 것을 성화와 관련해서 어떻게 이해해야 합니까?(Ⅲ.1) 구원을 칭의로 국한함으로써 야기될 수 있는 위험성은 무엇입니까? 이에 대한 적절한 답변은 무엇입니까?(Ⅲ.2)

7. 칭의의 신앙이 성화의 과정에서도 중요한 의미를 갖는 것은 어떤 이유입니까?(Ⅲ.3) 참다운 칭의의 신앙이 지향하는 바는 무엇입니까?(Ⅲ.4-5) 지속적인 회개와 자신에 대한 부정, 칭의의 신앙이 가져다주는 결과는 무엇입니까?(Ⅲ.6)

8. 우리가 설교해야 할 가장 중요한 가르침은 무엇입니까? 이 가르침은 누구에게 전해져야 합니까?(Ⅲ.7-8) 이 가르침을 증거하는 사람에게 주어진 약속은 무엇입니까?(Ⅲ.9)

9. '하늘'은 어떻게 예비되었습니까? 이 하늘은 어떻게 우리에게 주어집니까?

설교 핵심 요약

서론

하나님의 축복은 하나님 사랑의 본성에서 연유된 것으로, 우리에게는 '값없이 베푸시는 것'으로 나타난다. 이것이 의미하는 바는 분명하다. 우리의 존재 자체가 하나님의 은총이며, 우리 안에서는 그 어떤 의로움도 찾을 수 없다는 것이다. 그 어떤 공로도 찾을 수 없는 것은 인간은 본질상 죄인이기 때문이다. 이는 하나님의 형상은 파괴되어 부패되었으며, 그로 인해 나타나는 모든 행위 또한 악하다는 것을 의미한다. 따라서 인간은 하나님의 은총을 입어야 한다. 은총을 입는 것은 '은혜 위에 은혜'(요 1:16)의 사건이다. 따라서 우리는 감사하다는 말밖에는 할 것이 없다.(롬 5:8)

그렇다면 우리는 어떻게 하나님의 은총을 발견할 수 있는가? 성경은 지체 않고 답할 것이다. "믿음으로!"(엡 2:8) 이 진리를 구원과 관련해서 좀 더 풀어 말한다면 이렇게 말할 수 있을 것이다. "은혜는 구원의 원천이고, 믿음은 구원의 조건이다." 하나님의 은총은 우리를 구원하고도 남는다. 하나님의 본성은 이렇게 하시기를 기뻐하신다. 우리는 이 하나님의 은총을 입기만 하면 된다. 어떻게 가능한가? '오직 믿음으로만' 가능하다!

I. 구원의 믿음은 무엇인가?

1. 구원의 믿음이 아닌 것

먼저 구원을 일으키는 믿음이 아닌 것을 살펴보자. 하나님이 계시다는 것과 그분을 찾는 이들에게 상 주시는 분임을 믿는(히 11:6) 정도의 믿음과 다르다. 다른 종교를 숭상하는 사람들도 이런 정도의 믿음은 가지고 있다. 이보다 더 진전된 믿음, 곧 능력의 하나님을 알고 예수께서 그리스도이심을 믿으며(눅 4:34) 그의 종들을 알고(행 16:17) 모든 성경이 하나님의 영감으로(딤후 3:16) 주어졌음을 믿는 정도의 믿음과도 다르다. 마귀도 이 정도의 믿음은 가지고 있기 때문이다. 그리스도를 위해 모든 것을 버릴 정도의 믿음, 기적을 일으키고 모든 질병을 치유하며 마귀들을 제압할 능력을 가진 믿음, 하나님 나라의 존재를 확신하고 그 나라를 선포하기를 주저 않는 믿음도 구원의 믿음과는 다르다. 제자들은 이런 믿음을 소유했지만 주님이 바라는 믿음은 아니었기에 주님으로부터 '믿음 없는 세대'요 '겨자씨 하나만도 못한 믿음의 소유자'라는 핀잔을 들었던 것이다.

2. 구원을 일으키는 믿음은?

그렇다면 구원을 일으키는 믿음은 무엇인가? 이는 그리스도를 믿는 믿음이다. 이 믿음은 '사변적'이거나 '합리적'인 믿음이 아니다. 냉랭하고 생명 없는 지적인 동의(assent)가 아니다. 이 믿음은 '마음으로 믿는 믿음'이다. 이 믿음에 대해 성경은 이렇게 증언한다.

"네가 만일 네 입으로 예수를 주로 시인하며 또 하나님께서 그를 죽은 자 가운데서 살리신 것을 네 마음에 믿으면 구원을 받으리라 사람이 마음으로 믿어 의에 이르고 입으로 시인하여 구원에 이르느니라."(롬 10:9~10)

이 믿음은 예수님의 죽으심, 그리고 부활의 능력을 확신한다는 점에서 제자들의 믿음과는 분명 다르다. 구원의 믿음은 예수께서 우리의 범죄함 때문에 내어준 바 되고, 우리를 의롭게 하시려고 살아나셨다(롬 4:25)는 '그리스도의 복음을 믿는 믿음'이어야 한다. 즉 구원의 믿음은 그리스도의 복음 전체에 대한 확고한 믿음이며, 그리스도의 보혈에 전적으로 의뢰하는 믿음인 것이다. 이를 좀 더 구체적으로 표현하면 예수님의 삶과 죽음과 부활의 공로에 전적으로 의뢰하고 우리를 위해 자기를 버리시고(given for us), 우리 안에 사시는(living for us) 우리의 대속과 생명이신 그리스도께 전적으로 우리를 내어 맡기는 것이다. 이를 단순하게 표현한다면 '우리의 구원이신 그분께 접붙여지는 것'이다.

II. 구원이란?

구원의 사건은 언제 일어나는가? 구원은 먼 미래, 우리가 죽음 이후에만 이루어질 일이 아니라 지금 여기에서 경험할 수 있는 현재적 사건이다. 즉 우리는 구원을 이 땅에서 얻을 수 있다. 구원은 앞으로 일어날 것(You will be saved)이라는 미래 사건이 아니라 지금 여기에서 얻었다(You are saved)고 말할 수 있는 현재 사건인 것이다.

그렇다면 도대체 '구원'이란 무엇을 의미하는가?

1. 죄로부터의 구원이다.(마 1:21)

구원은 무엇보다도 죄로부터의 구원이다. 죄로부터의 구원을 더 구체적으로 표현해 본다면 다음의 세 가지 형태를 갖는다.

(1) 죄책(guilt)으로부터의 구원

'죄책'이라 함은 과거에 범한 모든 죄를 의미한다. 이 죄책을 해결할 수 있는 것은 이 세상에 아무것도 없다. 이 일은 오직 하나님이 예비하신 방식으로만 가능할 뿐이다. 하나님께서 예비하신 방식이란 예수 안에 있는 속량에 힘입어 하나님의 은혜로 값없이 의롭게 되는 길(롬 3:24)이다. 하나님은 예수를 화목 제물로 세워 우리가 과거에 지었던 죄를 간과하심으로 자기의 의로우심을 나타내셨다(롬 3:20~25). 즉 그리스도께서 저주받음으로 우리를 율법의 저주에서 속량하시고(갈 3:13) 우리의 빚 문서를 도말하셨다(골 2:14). 그러므로 예수 그리스도를 믿는 자에게 결코 정죄함이 없다(롬 8:1)고 외칠 수 있는 것이다.

(2) 두려움에서의 구원

두려움이란 자신의 죄로 인해 받을 하나님의 징벌과 진노에 대한 두려움을 의미한다. 구원은 더 이상 이 같은 두려움에 붙들리지 않는 것을 의미한다. 다시 말해 주인의 심판을 늘 두려워해야 하는 두려움의 종 신분에서 벗어나 하나님을 아바 아버지라 부르는 아들의 신분으로 전환(롬 8:15~16)되었음을 의미한다. 성령이 아들 되었음을 증거하기 때문에(엡 1:13) 우리는 하나님과 더불어 화평을 누리고 하나님의 영광을 바라고 즐거워하게 되는 것이다(롬 5:5). 여기에는 더 이상 정죄의 두려움이 없다. 하나님의 사랑에서 끊어지지 않는다는 확신이 있기 때문이다.(롬 8:31)

(3) 죄의 권세로부터의 구원

죄로부터의 구원은 앞으로 있을 죄의 영향력에서의 구원이기도 하다. 이는 앞으로 더 이상 죄를 짓지 않는다는 것을 뜻한다(요일 3:5~6). 성경은 하나님께 난 자마다 죄를 지을 수 없다(요일 3:7~9, 5:1)고 증거한다. 이는 하나님에게서 난 자는 하나님께서 친히 지키시기 때문이다(요일 5:18).

먼저는 습관적인 죄(habitual sin)의 영향력을 이긴다. 죄의 영향력은 습관을 통해 마음에 작용한다. 그러나 구원받은 이에게는 죄의 영향력이 더 이상 작용하지 않기 때문에 습관을 통해 죄가 마음을 지배하지 못한다. 또 고의적으로 범하는 죄(willful sin)를 짓지 않는다. 믿음 안에 거하는 자는 모든 죄에 '의지적으로' 또 '전적으로' 반대하기에 고의적인 죄의 성립 자체가 불가능하다. 또한 죄의 욕구(sinful desire)를 따르지 않는다. 하나님의 거룩하심과 온전하심을 바라며 죄의 욕구를 억제하기 때문이다.

구원을 입은 자는 이처럼 죄의 영향력에서 자유롭기 때문에 자신의 연약성(infirmity)을 핑계할 수 없다. 그런데도 불구하고 죄를 짓는 것은 자신이 죄를 짓고자 하는 '의지의 작용'이지 결코 자신의 '연약성' 때문이 아니다. 구원받은 자, 하나님께 난 자는 죄의 영향력에서 벗어났기 때문에 만일 죄를 범하지 않기로 결단한다면 더 이상 죄를 범치 않는다. 과거에는 죄를 범했지만(has sinned), 지금은 범하지 않는다.(does not sin)

2. 구원은 '칭의에서 온전함에 이르는 전 과정'이다.

구원은 소극적으로는 죄로부터의 구원이지만, 적극적으로는 의로움의 획득이다. 즉 구원은 그리스도의 대속으로 말미암아 지금 믿는 이들에게 이루어지는 죄책과 형벌로부터의 해방이요, 죄의 권세로부터의 해방인 동시에 하나님께서 의롭다 인정하시는 '칭의'의 사건이다. 이 칭의의 사건은 우리 안에서 실질적인 변화를 일으키게 되는데, 이것이 바로 거듭남이다. 의로움을 입는 순간 그는 그리스도와 함께 하나님 안에 감추어져 있는 새 생명으로 성령에 의해 거듭나는 축복을 누리게 된다.(골 3:3)

그런데 거듭남은 말 그대로 새로 난 아이처럼 순전한 말씀의 젖을 사모하는 상태다. 어린아이가 젖을 먹고 성장하듯이 순전한 말씀의 젖을 먹고 성장하게 된다. 성장하는 영혼은 믿음에서 믿음으로, 은혜에서 은혜로 나아가 마침내 온전한 이가 되는데(엡 4:13) 구원은 바로 이 과정 전체를 포함한다. 여기서 일차적으로 중요한 것은 칭의의 사건이다. 칭의의 사건은 이 모든 구원의 과정을 여는 첫 관문이기 때문이다. 이 칭의의 사건은 바로 믿음으로 말미암는다. 이것이 우리가 익숙히 들어온 '이신칭의'다.

III. '이신칭의'와 관련된 논쟁들

믿음으로 말미암아 의를 얻는다는 이신칭의의 가르침은 구원의 진리 가운데 핵심적인 사항이다. 그러나 이 구원의 진리를 강조하기 꺼려하는 이들이 많다. 이들은 여러 가지 형태의 교묘한 논리를 제시함으로써 교회에서 이신칭의의 가르침을 배격해야 한다는 주장을 한다. 이들이 제시하는 대표적인 논리에는 다음과 같은 것들이 있다.

첫째, 이신칭의의 가르침이 '성화적 삶을 무력화한다'는 주장이다. 이 주장은 칭의가 성화로부터 분리되는 것이 아니라 성화를 가능하게 하는 근원이라는 점에서 타당성이 없는 주장이다.

둘째, '율법을 무용하게 한다'는 것이다. 이 주장은 칭의를 가져오는 '믿음'에 대한 오해에서 유래된 잘못된 주장이다. 믿음은 율법을 폐지하는 것이 아니라 오히려 율법을 굳게 하기 때문이다.

셋째, 이신칭의는 '믿음이 핑계가 되어 사람들을 교만으로 이끈다'는 주장이다. 이 지적은 새겨들을 만하다. 이신칭의 가르침의 핵심은 믿음으로 의를 얻는 것이다. 믿음도 우리의 공로가 아니며 하나님의 은혜로 말미암은 것이라는 사실을 제대로 안다면, 우리에겐 자랑할 것이 없고(롬 3:27) 늘 겸손함으로 구원을 이루어 가야 한다.(롬 11:20~22)

넷째, 이신칭의의 가르침이 '죄를 오히려 장려한다'는 주장이다. 그렇지 않다. 이신칭의를 가능케 하신 하나님의 선하심은 끊임없는 회개로 이끄시기 때문이다. 진실되이 의롭다 함을 입은 이는 하나님을 더 갈망하게 된다.

다섯째, 이신칭의의 가르침에 있어서 '인간의 역할은 없고 이렇게 인간이 할 일이 없다면 인간을 무기력하게 만드는 것 아니냐'는 주장이다. 이 주장은 인간의 할 일에 대한 오해에서 비롯된다. 구원에 있어서 인간의 할 일은 자기의 것을 부정하고 그리스도의 공로에 의지하는 것이다. 하나님의 은혜로 말미암은 의는 인간의 역할을 찾고자 하는 것, 곧 율법에 의지하는 것과는 아무런 관련이 없다.

결국 이신칭의의 가르침은 하나님의 구원의 진리를 알지 못하는 이들에게는 매우 불편한 가르침(uncomfortable doctrine)이기 때문에 그들은 여러 가지 그릇된 주장으로 이 진리를 가르치지 못하도록 애쓴다. 그러나 이들의 주장은 허구임을 알아야 한다.

결론

이신칭의의 진리는 모든 이에게 열려 있는 복음의 소리다. 이것은 돈 없이 값없이 살 수 있는 은혜의 복음이며(사 55:1), 어떤 죄인이든지 용서받을 수 있는 제한 없는 복음이다(사 55:7). 이 진리를 믿는 이는 부끄러움을 당하지 않고 구원의 기쁨을 누리게 된다.(롬 10:11~12)

이 진리는 '모든 이에게' 선포되어야 한다. 그 누구도 이 진리를 듣는 데에서 제외되어서는 안 된다. 가난한 이, 못 배운 사람, 어린이, 죄인들, 심지어 명망가들도 들어야 한다. 이 진리가 나태한 종교(가톨릭)를 깨웠고, 도덕적 타락을 시정했으며, 인간으로 하여금 자만의 파도를 멈추게 했으며, 2% 부족한 그리스도인들에게 참된 그리스도인의 길로 나아가도록 했다.

이 복음을 반대하는 사람을 만나도 놀랄 일이 아니다. 참 진리이기에 세상은 들고 일어나 복음을 전하는 이들을 핍박하며 이 진리를 전하지 못하도록 한다. 그러나 이들의 반대는 오히려 우리로 하여금 이 진리를 전할 동기를 부여한다는 점에서 긍정적일 수 있다. 반대가 없다면 이 진리에 대해 관심조차 사라질 수 있기 때문이다.

우리는 연약하나 이 진리를 선포해야 한다. 이 진리를 선포할 때 우리는 더 이상 약한 자가 아니다. 구원의 대장 되시는 그리스도께서 앞서 가시며 그분 안에서 승리하게 될 것이기 때문이다.

설교 2

2% 부족한 그리스도인 The Almost Christian

> "아그립바가 바울에게 이르되 네가 적은 말로 나를 권하여 그리스도인이 되게 하려 하는도다." 행 26:28

역사적 배경

웨슬리는 1741년 6월 28일 이 본문으로 런던의 찰스 스퀘어(Charles Square)에서 많은 대중을 향해 설교했으며, 약간의 내용을 덧붙여 7월 25일 성 제임스 축일에 옥스퍼드대학 교회에서 설교했다. 이 설교를 할 때는 이미 그의 메도디스트 사역이 옥스퍼드라는 제한된 지역을 넘어 영국 전역에 미치고 있었다.

2% 부족한 그리스도인과 100% 그리스도인을 대비시키는 설교 스타일은 웨슬리에게서만 나타나는 독창적인 접근법은 아니었다. 이 방식은 그 당시 여러 청교도 설교자들도 애용하던 방식이었다. 그러나 웨슬리가 이 주제를 당시 지식인들과 성공회 지도자들의 요람이라 할 수 있는 옥스퍼드에서 적용했다는 것은 매우 의미심장한 사건이었다. 웨슬리는 이 설교를 통해 지성인들의 형식적이고 화석화된 신앙은 명목적인 신앙에 불과하다고 신랄하게 비판하고 하나님과 이웃을 진심으로 사랑하는 참된 신앙으로 나아갈 것을 촉구하고 싶었던 것이다.

웨슬리의 2% 부족한 그리스도인이라는 개념은 점차로 '경건의 모습만 갖춘 그리스도인'(딤후 3:5)이라는 성경적인 용어로 바뀌어 빈번히 사용되었다. 경건의 모습만을 갖춘 그리스도인들은 '악을 피하고 선을 행하며 은총의 수단을 성실히 사용하는' 삶의 모습을 보이지만, 더 나아가지 않고 이것으로 자신의 의를 삼는 사람들이다. 그러나 웨슬리가 이런 경건의 모습 자체를 부인한 것은 아니다. 오히려 그는 하나님과 이웃을 진실로 사랑하는 경건의 능력으로 나아가기 위해서는 경건의 모습을 실천하는 것이 필수적이라 보았다. 이것은 그의 신도회(Society) 총칙(General Rules)에 그대로 반영될 만큼 중요한 삶의 원리였다. 그러나 웨슬리는 본 설교에서 참된 그리스도인으로 완성되기 위해서는 하나님을 사랑하고 이웃을 사랑하는 사랑으로 충만한, 곧 '경건의 능력을 갖춘 그리스도인'으로 성장해 나아가야 함을 강조하였다.

웨슬리는 옥스퍼드에서 이 설교를 행한 직후 런던에서 바로 출판하였다. 이 설교는 그의 일생 동안 적어도 25번 이상 재발행되었고, 설교집을 낼 때마다 이 설교는 빠지지 않고 항상 두 번째로 소개되었다.

설교 읽기를 위한 질문

1. 2% 부족한 그리스도인은 어떤 사람들입니까?(I.1, 4) 이교도들의 삶을 좇는 것에는 어떤 종류의 것들이 있습니까?(I.1-3) 그리스도인 중에서 2% 부족한 그리스도인은 어떤 사람입니까?(I.4-10)
2. 100% 그리스도인은 어떤 사람입니까? II.1-8을 읽고 네 가지로 요약해 봅시다.
3. 우리의 현재는 어떠합니까?(II.8-9)
4. 우리가 100% 그리스도인이 되어야 되는 이유는 무엇입니까? 이를 위해서 무엇을 해야 합니까?(II.10-11)

설교 핵심 요약

서론

어느 정도 그리스도인의 수준에 이르는 이들은 많다. 거의 100% 그리스도인(almost Christian)에 이르는 이들도 있다. 그러나 그런 그리스도인의 자리에 이른다 할지라도 하나님께는 아무런 쓸모가 없다. 그들은 2% 부족한 그리스도인(nominal Christian)일 뿐 참된 그리스도인(true Christian)은 아니기 때문이다. 하나님은 '거의'가 아닌 그야말로 '온전한' 그리스도인을 원하실 뿐이다.

I. 2% 부족한 그리스도인

그렇다면 2% 부족한 그리스도인에 이른 사람이란 어떤 사람인가? 두 가지 영역에서 2% 부족한 그리스도인을 발견할 수 있다.

1. 교회 밖의 사람들

이들 중 고도의 철학과 윤리적 기준에 따라 살며 '의'를 추구하는 사람들이 있다. 이들은 때때로 하나님과 그의 나라를 엿보며 진리에 근접하기도 한다. 이들의 삶 또한 이웃을 사랑하며 기꺼이 자비를 베푼다.

2. 교회 안의 사람들

이들은 스스로 그리스도인이라 확신하며 실제로 그리스도인의 경건의 모습을 열심히 추구한다. 즉 악을 피하고 선을 행하며 은총의 수단을 사용하는 일에 게으르지 않다. 이들의 열심은 분명 어느 정도의 그리스도인의 수준에 도달하는 데 큰 도움이 된다.

그러나 이 두 영역의 사람들은 '2% 부족한 그리스도인'일 뿐 아직은 '참된 그리스도인'은 아니다. 그들이 교회 밖이나 안에서 상당한 수준의 진리에 머물고 또 그 삶을 실행한다 할지라도, 즉 모든 악을 피하고 선행에 최선을 다하며 심지어 은총의 수단을 다 사용할지라도 여전히 2% 부족한 그리스도인일 뿐이다. 그렇다면 누가 참된 그리스도인, 100% 그리스도인(Altogether Christian)인가?

II. 100% 그리스도인

1. 심령이 '사랑'으로 가득 찬 사람

그는 하나님을 온 뜻과 마음과 정성과 힘을 다해 사랑한다(눅 10:27). 영혼이 언제나 하나님을 향해 있으며(시 73:25) 하나님을 기뻐하고(눅 1:47) 철저하게 겸손함으로 하나님의 은총을 기다린다. 한마디로 요약하자면 그는 하나님을 향한 사랑으로 가득 차 있어서 하나님 안에 있고 하나님께서 그 안에 머무시는 자라고 할 수 있다.

2. 이웃을 사랑하는 사람

이웃을 향한 그의 사랑은 대상을 가리지 않는다. 마치 그리스도께서 우리를 사랑하신 것처럼 하나님의 사랑으로 채워진 사람도 그렇게 한다. 이 사랑은 고린도전서 13장에 기록된 사랑의 모습 그대로다.

그렇다면 어떻게 100% 그리스도인이 될 수 있는가? 어떻게 하나님과 이웃을 진실로 사랑할 수 있는가? 이 길은 '믿음'밖에 없다. 어째서 그런가? 믿음으로만이 하나님께로부터 난 자(요일 5:1), 곧 하나님의 자녀가 되어(요 1:12) 하나님의 사랑과 이웃을 향한 진실한 사랑의 심령을 품고 행할 수 있기 때문이다.

믿음으로 하나님의 자녀로 받아들여지며 믿음으로 하나님의 자녀로 세상의 빛과 소금이 되어 마침내 그리스도인의 완성을 이루게 되는 것이다. 즉, 100% 그리스도인의 삶은 자신의 죄에 대해 통렬히 회개하며 그리스도의 복음에 대한 확고한 구원의 믿음과 사랑으로 역사하는 믿음 양자를 포함하는 믿음으로 완성되는 것이라 할 수 있다.

결론

우리의 현재를 돌아보자. 우리는 어떤 의미에서 2% 부족한 그리스도인조차 되지 못하는가? 교회 밖의 사람들의 도덕적 표준에도 못 미쳐서 세상으로부터 손가락질받지 않는가? 나를 향해 물어보자. "하나님의 사랑이 내 안에 넘치는가?" "이웃을 내 몸처럼 사랑하는가?" "믿음을 가졌는가?"

참된 그리스도인이 아닌 채로 죽는다면 태어나지 않은 것보다 못하다. 그러므로 우리는 깨어 있어야 한다. 밤낮 부르짖어야 한다. 항상 기도해야 한다(요 20:28). 참 그리스도인이 될 수 있는 길을 보여 주는 다음의 말씀을 늘 새기면서.

"그러므로 우리가 믿음으로 의롭다 하심을 받았으니 우리 주 예수 그리스도로 말미암아 하나님과 화평을 누리자 또한 그로 말미암아 우리가 믿음으로 서 있는 이 은혜에 들어감을 얻었으며 하나님의 영광을 바라고 즐거워하느니라 … 소망이 우리를 부끄럽게 하지 아니함은 우리에게 주신 성령으로 말미암아 하나님의 사랑이 우리 마음에 부은 바 됨이니."(롬 5:1~2, 5)

설교 3

잠자는 자여 일어나라 Awake, Thou that Sleepest

> "그러므로 이르시기를 잠자는 자여 깨어서 죽은 자들 가운데서 일어나라 그리스도께서 너에게 비추이시리라 하셨느니라." 엡 5:14

역사적 배경

이 설교는 존 웨슬리가 아닌 찰스 웨슬리의 것이다. 찰스의 신앙 체험은 형 존보다 사흘 전, 곧 1738년 5월 21일에 있었다. 이듬해 1739년 7월에 찰스는 옥스퍼드대학 Christ Church에서 '칭의'에 관한 설교를 '담대히'(with great boldness) 했다. 1740년 6월에는 옥스퍼드에서 약 한 주간 머물며 '회개의 복음'을 전했지만 그곳에서 로마 총독 갈리오가 복음에 무관심했던 것처럼 옥스퍼드의 지식인들도 복음에 대해 무관심하다는 사실을 발견했다. 그럼에도 불구하고 형 존과 마찬가지로 옥스퍼드에 대한 깊은 애정은 지속되었으며, 1742년 4월 4일에 대학 설교자로 초대받아 옥스퍼드의 성메어리교회에 가서 설교했다. 이 설교는 그곳에서 그의 처음이자 마지막 설교가 되었다. 이 설교에서 '잠자는 자들이여 깨어나라'고 외쳤다. 찰스에게 있어서 '잠자는 자들'은 아담의 후손으로서 영혼의 죽음 가운데 탄생한 '자연적인 인간'이었다. 하나님은 모든 영적 감각을 상실한 잠자는 이들을 불러 그들의 영혼의 상태를 알게 하며 회개로 초대하신다. 그들이 이 초대에 응하기만 하면 성령이 임하시며 하나님의 자녀로 받아들여질 것이라는 것이 이 설교의 요지다.

이 설교 대단원에 이르러서는 도전적 질문이 이어졌는데 이런 질문들은 지식인 청중으로 하여금 회개에 이르게 하기보다는 마음의 불편함을 야기시켰다. 그러나 옥스퍼드가 아닌 곳에서 복음을 사모하던 이들은 이 설교를 사랑했다. 즉 이 설교는 옥스퍼드 지식인들에게는 배척되었지만 대중에게는 환영받았다.

이 설교가 처음 인쇄될 때의 제목은 'A Sermon preached on Sunday, April 4, 1742, Before the University of Oxford. By Charles Wesley, M.A. Student of Christ Church'라는 다소 장황한 형태였다. 생략된 형태의 제목도 사용되었는데 단순하게 설교 성경 본문을 지시하는 'Ephes. V.14'였다. 이 제목은 현재의 제목 'Awake, Thou that Sleepest'가 사용되기 시작한 1795년까지는 그대로 사용되었다.

설교 읽기를 위한 질문

1. '잠을 잔다'는 말의 의미는 무엇입니까?(I.1) 잠자는 이는 '밤에' 잠을 잡니다(살전 5:7 참조). 여기서 말하는 '밤'은 우리의 원래 모습을 상징합니다. 우리의 원래 모습은 어떠합니까?(I.2-4) 이런 우리에게 꼭 필요한 한 가지는 무엇입니까?(I.2)

2. 가장 깊은 잠을 자고 있는 사람은 어떤 사람입니까?(I.5-6) 이런 사람들의 실상은 어떠합니까?(I.7) 잠자고 있는 사람은 결국 어떤 사람입니까?(I.8-9) 죄 가운데 죽어 있는 사람의 특징은 무엇입니까?(I.10-11) 이런 상태는 언제까지 지속됩니까?(I.9) 우리는 어떻게 우리가 잠들어 있음을 알 수 있습니까?(I. 12)

3. 잠자는 자는 어찌해야 합니까? 그래야 하는 이유는 무엇입니까?(II.1-2) 잠자는 자들에게 하나님의 은총은 어떻게 나타납니까?(II.3-4)

4. 깨어 있기 위해 우리는 자신의 어떤 점들을 점검해야 합니까?(II.6-8) 특히 중요한 질문은 무엇입니까?(II.8-10) 참 그리스도인이란 성령 부

음을 받은 이들입니다. 그들에게 일어날 일들은 어떤 일입니까?(Ⅱ.10)
이런 일이 일어나기 위해 우리는 무엇을 해야 합니까?(Ⅱ.11)

5. 구원을 갈망하는 이들에게 필요한 것은 무엇입니까?(Ⅱ.12-13) 잠에서
   깨어난 자에게 주어지는 축복 두 가지는 무엇입니까?(Ⅲ.1-6) 그런데 성
   령의 임재를 강조하는 일이 어떻게 받아들여지고 있습니까? 성령의 임
   재를 배제하는 교회의 결과는 어떠합니까?(Ⅲ.7-12) 우리는 어찌해야
   합니까?(Ⅲ.13-15)

설교 핵심 요약

I. 잠자는 자들

1. 잠자는 자란?

인간의 본성적인 상태는 '잠을 자는 상태'라고 말할 수 있다. 즉 영혼이 깊
은 잠에 빠져 든 상태라는 것이다. 우리가 흔히 말하는 '원죄'로도 바꾸어 말
할 수 있는 상태로, 아담의 죄가 아담의 허리에서 난 모든 사람 안에 뿌리내
린 상태다.

(1) 이 상태는 영혼이 자신의 상태에 대해 무감각한 것이 특징이다.

우리는 밤중에 깊은 잠에 빠져드는데 밤은 전적으로 암흑의 상태를 말한
다. 암흑 상태에 있는 사람이 사물을 분간하지 못하는 것처럼 어두운 밤에
잠에 취해 있는 사람이 그러하다. 무엇보다도 자기에 대해서 잘 모른다(고전
8:2). 자신이 타락한 영인 것도, 그렇기 때문에 이 땅에서 해야 할 '유일한 일'
이 '하나님의 형상을 회복하는 것'임을 알지 못한다. 여기서 말하는 하나님의
형상의 회복은 내면의 전적인 변화이며 '위로부터의 탄생'(요 3:31)이고 이것
이 없으면 하나님을 뵙지 못한다(히 12:14)는 사실을 알지 못한다.

(2) 영혼이 잠든 자는 자신이 처한 처지를 알지 못한다.

그는 모든 질병에 걸려 있으면서도 오히려 온전하다고 생각하고, 비참한

족쇄로 매여 있음에도 자유롭다고 생각한다. 완전 무장한 억센 마귀가 완전히 영혼을 사로잡고 있는데도 평안하다고 말하고, 지옥이 다가오고 음부가 열려 입을 벌리고 심판의 불이 그 앞에서 타고 있어도 아무것도 느끼지 못한다. 그는 잠자는 것에 취해 있어 하나님 형상을 상실한 채로 살고 죽는 것에 만족하고, 자신의 질병과 그 치료를 알지 못한다. 또 다가오는 징벌을 피하라(마 3:7)는 경고를 마음에 두지 않을 뿐더러 내가 어떻게 해야 구원을 얻겠는가 하는 부르짖음이 없다.(행 6:30)

(3) 깊은 잠에 빠져 깨우기조차 어려운 이들도 있다.

이들은 외형적으로 보면 매우 도덕적이고 종교적이다. 때로는 매우 신사적이고 합리적이다. 은총의 수단을 열심히 사용하며 악을 피하고 할 수 있는 선을 행하는 경건의 모양이 두드러져 보이기도 한다. 그러나 이것이 자신들에게 의와 공로가 되어 깊은 잠에서 깨어날 생각조차 하지 않는다. 그들은 경건의 모양에 취해 있느라 진리와 생명, 경건의 능력을 추구할 의지조차 갖지 않기에 더욱 위험한 상태다.

2. 잠에 빠진 이들은 하나님께 혐오의 대상이다.

주님은 이들을 위선자들로 바라보며(마 23:13) 모든 재앙의 상속자라고 선언한다. 이들은 잔과 접시의 겉은 깨끗이 하지만(마 23:25) 속은 더러운 회칠한 무덤 같은 이들이다. 마치 죽은 뼈 위에 살과 가죽이 덮여져 있는 것과 같다. 다시 말해 이들은 그리스도의 영이 없는 자요, 그리스도의 사람이 아니다. 자신은 알지 못하지만 이미 허물과 죄로 죽은 자다(엡 2:1). 이 상태는 모든 자연적 인간의 모습이기도 하다.

여기서 말하는 죽음은 현세의 죽음만을 말하는 것이 아니라 영원한 영적 죽음을 의미한다(창 2:17). 더 구체적으로 말한다면 생명과 행복의 근원이신 하나님으로부터 분리된 것을 의미한다. 이 상태는 둘째 아담이신 그리스도께서 살리는 영을 부어주시기 전까지 지속된다.

3. 잠자는 자의 뚜렷한 증상

무엇보다도 영적 지각 능력(히 5:14)이 없다. 눈이 있어도 보지 못하고 귀가 있어도 듣지 못한다(막 8:18)는 말이다. 영적인 일들이 존재한다는 자체를 부정하고 영적 감각이라는 말 자체를 어리석은 일로 치부한다. 그래서 하나님을 볼 수도, 하나님의 음성을 들을 수도, 생명의 말씀을 손으로 만질 수도(요일 1:1) 없다. 예수님의 이름이 들려와도 아무런 유익 없는 '쏟은 향기름'과 같이(아 1:3) 여길 뿐이다.

4. 우리는 잠자는 자가 아닌가?

우리는 스스로에게 물어야 한다. 성령이 우리의 영과 더불어 하나님의 아들이라는 것을 증거하는가? 여기에 그렇지 않다고 대답한다면 우리는 여전히 저주의 자식일 뿐이다. 우리는 성령이 증거하는 예언의 말씀에 귀를 기울여야 한다. 그리하면 소리와 진동이 있고 이 뼈 저 뼈가 들어맞아지는(겔 37:7) 역사가 있을 것이다. 그때에 생기가 사방에서 와서 죽은 자들을 살릴 것이다(겔 37:9). 마음을 닫지 말라. 성령을 막지 말라. 그분은 우리의 죄를 깨닫게 할 것이다. 우리로 하여금 '하나님의 외아들을 믿지 않고 있음'을 깨닫게 할 것이다.

II. 깨어나라

1. 잠자는 자여 깨어나라.

죽은 자 가운데서 깨어나라. 나 자신의 참 모습을 보라. 영원한 죽음에 처한 자신의 모습, 하나님의 심판과 저주의 심연에 빠져드는 자신의 모습을 보라. 이렇게 자신을 진실로 바라보고 자신의 죄를 심판하는 자, 그는 하나님의 심판에서 벗어난다.

(1) 깊은 잠에서 깨어나야 한다.

여호와의 분노의 잔이 우리 앞에 쏟아지고 있기 때문(사 51:17)이다. 우리는 깨어나 참된 의이신 주님을 붙들어야 한다. 죄의 티끌을 떨어버려야 한다

(사 52:2). 부들부들 떠는 간수처럼 "내가 어떻게 하여야 구원을 얻겠는가"(행 16:30) 부르짖어야 한다. 이 부르짖음은 성령의 역사를 통해 주어질 믿음의 선물을 가지고 구원 되시는 주님을 믿음으로 받아들일 때까지 결코 쉬지 말아야 한다.

(2) 너무 깊이 잠든 자들 또한 깨어나야 한다.

자신의 의에 취해 깊은 잠에 빠져 있는지도 알지 못하는 가련한 자여, 다가오는 하나님의 진노를 피하라(눅 3:7). 옥에 갇힌 사형수의 모습을 기억하라. 이중의 쇠사슬에 결박되어 어두운 지하 감옥에 누워 있고, 사형 집행의 시간은 시시각각 다가온다. 이 무서운 상황에서 영혼은 깊이 잠들어 있다. 깊은 낭떠러지, 영원한 멸망의 어구에서 잠에 취해 있다. 빛을 비추시는 이를 바라보라. 죽음의 감옥에 빛을 비추시는 전능하신 분의 손길을 느끼라. 다음의 말씀을 듣고 깨어나 일어나라. "급히 일어나라 … 띠를 띠고 신을 신으라 … 겉옷을 입고 따라오라."(행 12:7~8)

(3) 세속적 행복의 꿈에 취해 있는 자들 역시 깨어나야 한다.

하나님 안에서 쉴 때까지 쉼이란 없다. 이 세상은 쉴 곳이 아니다. 구원의 방주로 들어가야 한다. 이 세상의 행복은 사라질 하나의 피조물일 뿐이다. 영원이 눈앞에 있다. 지금은 바로 영원이 결정될 순간이다. 영원한 저주냐 영원한 행복이냐가 결정될 순간이다.

(4) 깨어 있는가를 스스로를 살펴야 한다.

우리는 다음 질문을 하며 스스로를 살펴야 한다. 우리는 과연 눈이 정결함으로 악을 차마 보지 아니하시는(합 1:13) 하나님의 현존 앞에 설 준비가 되었는가? 성도에게 주어질 유업에 합당한가?(골 1:12) 선한 싸움을 다 싸우고 믿음을 지켰는가?(딤후 4:7) 하나님의 형상(의와 거룩함)을 회복했는가? 옛사람을 버리고 새사람을 입었는가? 그리스도의 옷을 입었는가? 등잔에 기름을 준비했는가? 마음을 다해, 목숨을 다해, 생각을 다해, 힘을 다해 주님 되신 하나님을 사랑하는가?(막 12:30) 하나님의 성품을 소유했는가?(벧후 1:4) 그리스도께서 우리 가운데 계심을 아는가?(고후 3:5) 하나님 안에 있고 하나님이 우리 안에 계심을 아는가?(고전 3:16) 성령을 받았는가?(행 19:2) 이런 준비가 없다면 그는 아직 잠든 자다. 이런 사람은 아직 참된 그리스도인이 아니다. 하나님은 이런 사람의 기도를 받지 않으신다.

2. 깨어 있는 자는 어떤 사람인가?

(1) 그는 달리 말하면 거듭난 자다.

새로 지으심을 받은 자요, 두렵고(갈 6:15) 떨림으로 구원을 이루어 가는 자다(빌 2:12). 그는 좁은 문으로 들어가는 자고(마 7:13) 하나님을 갈망하는 자다.(요 21:17)

(2) 깨어 있는 자에게 하나님은 형언할 수 없는 풍성한 은혜를 베푸신다.

깨어난 자는 성령과 그 능력을 선물로 받고(행 10:38) 하나님의 성품에 참예하며(골 1:27) 행복과 성결을 느끼며 지상에서 하나님 나라를 체험한다(눅 17:21). 그는 성령 안에서 누리는 의와 화평과 기쁨을 누린다(롬 14:17). 이 평안은 사람의 지각을 넘어선 평안이며(빌 4:7), 이 기쁨은 이루 말할 수 없는 영광스러운 기쁨이다.(벧전 1:8)

3. 어떻게 깨어날 수 있는가?

이것은 도덕적 삶이나 선행으로 이루어지지 않는다. 오직 자신이 죄인임을 아는 자, 마음이 가난한 자(마 5:2), 곧 회개하는 심령이 될 때 가능하다. 아버지의 용서함 받기를 갈망하는 탕자의 심령(눅 15:17)이요, 하나님의 의를 간절히 사모하는 이다. 그에게 하나님은 은총을 베푸시고 우리는 믿음으로 그 은총을 입는다.(엡 2:8~9)

지금이 바로 그때다. 오늘 마음을 완고히 하지 말라(히 4:7). 지금 일어나라. 영원한 죽음에서 일어나라(엡 5:14). 죄와 죽음 가운데 사귄 옛 친구를 바로 떠나 참된 친구 예수를 따르라. 그리스도께서 그의 빛을 비추실 것이다.(엡 5:14)

III. 빛을 비추신다

1. 깨어난 자에게 하나님은 빛을 비추신다.

이는 하나님께서 깨어난 자에게 은총과 영광을 허락하실 것(시 84:11)임을 의미한다. 그는 더 이상 어두움 가운데 살지 않으며(사 58:10) 하나님의 치료의 광선이 비춰진다(말 4:2). 그리스도의 얼굴에 나타난 하나님의 영광을 아는 지식으로 풍성해질 뿐 아니라(고후 4:6) 그리스도께서 친히 우리 안에서 참빛으로 계시하신다.(요 1:9)

2. 이 빛은 다름 아닌 하나님의 은총이다.

이 빛은 죄의 용서며 거룩한 삶을 살아가도록 하며 완성하도록 이끄는 안내자다. 이 빛으로 인해 우리는 살아 계신 하나님의 성전이 되고 사랑 가운데 터가 굳어지며 하나님의 사랑을 알게 되고 하나님의 모든 충만한 것으로 채워져 가게 된다.(엡 3:17~19)

3. 이 빛은 그리스도의 영, 곧 성령의 역사다.

하나님은 우리로 하여금 성령으로 충만하게 하셔서 성령 안에서 하나님의 집을 이루어 가는 성도가 되도록(엡 2:22) 부르실 뿐만 아니라, 이를 위해 성령을 통해 각 성도들에게 필요한 은사와 선물들을 허락하신다.

4. 믿음으로 받으라.

빛을 비추시는 것은 다름 아닌 그리스도의 영을 우리에게 부으시려는 하나님의 은총의 섭리다. 이 일은 하나님께서 조상들에게 약속하신 바의 성취요 율법의 완성이며(사 44:3; 겔 36:27), 지금도 우리 가운데 지속되는 일이다. 우리는 이를 믿음으로 받아들여야 한다. 믿음으로 빛을 받아들이며 믿음으로 빛에 머물러야 한다.

5. 교회는 빛의 공동체

교회는 빛의 공동체다. 참된 교회는 사람들로 하여금 그리스도의 영으로 충만하도록 기도를 가르쳐야 하고 안수해야 한다.

결론

누가 이 빛의 비춤을 받는가? 이 빛은 지혜롭고 총명한 자에게 숨겨져 있고 때로는 조롱받고 비난받는다. 빛을 인지하는 이는 다수가 아니다. 세상에서는 오히려 희귀하다고 말할 수 있다. 경건의 모양에 치중하고 경건의 능력을 무시하는 자, 참 믿음에는 무관심하고 종교적 행위에만 열심인 자에게는 감추어져 있다.

우리는 빛을 찾아야 한다. 회개하고 처음으로 돌아가야 한다(계 2:5). 복음의 진리와 단순성으로 돌아가야 한다. 하나님의 긍휼을 구하라(합 3:2). 잠에서 깨어나라. 주의 나팔이 울리기 전에 간절히 구하라.(벧전 2:12; 시 79:9, 80:18~19)

성경이 말하는 참된 기독교 Scriptural Christianity

> "빌기를 다하매 모인 곳이 진동하더니 무리가 다 성령이 충만하여 담대히 하나님의 말씀을 전하니라." 행 4:31

역사적 배경

1744년 8월 24일 성 바돌로매 축일에 웨슬리가 옥스퍼드대학에서 또다시 설교할 기회가 주어졌다. 이날 예배는 웨슬리의 조부 및 외조부가 고난을 겪었던 1662년에 시행된 비국교도 추방령(the Great Ejectment of the Nonconformists)을 기억하기 위한 예배이기도 했다.

이즈음에 메도디스트 운동은 점차 확대되고 있었다. 메도디스트 설교자들의 첫 컨퍼런스가 있었고 메도디스트 운동의 반대도 점증했다. 비록 옥스퍼드 지식인들은 이미 정해진 설교 순서에 따라 웨슬리가 설교하는 것을 막을 수는 없었으나 다른 사람으로 대치하고자 하는 움직임도 있었다. 그럼에도 웨슬리는 이 기회를 놓치지 않고 당시 영국 사회를 이끌던 지식인들에게 담대히 복음을 증거했다.

그의 설교는 모두 네 부분으로 구성되었다. 첫째는 참 기독교가 무엇이고 구원의 길이 무엇인지 밝히는 것이고, 둘째는 이 기독교가 어떻게 세계만방으로 전파되었는지, 그리고 셋째는 기독교가 장차 이루어 낼 이상적인 세계가 어떠한지, 마지막 네 번째는 옥스퍼드 지식인들을 향한 신랄한 비판이었다. 그들의 위선을 고발하고 그들이 하나님 나라에 어떻게 걸림돌이 되고 있는지를 복음적인 시각에서 피력했다.

웨슬리의 이 설교는 옥스퍼드 지역에서 하나의 이슈가 되었다. 이에 대학 부총장은 웨슬리의 설교를 검토해 보기 위해 원고를 보여 줄 것을 요청하기도 했다. 결국 대학 당국은 웨슬리의 설교를 '굴욕적으로 무시하는'(mortifying neglect) 수준의 징계를 내리는 차원에서 매듭지었다. 메도디스트들은 단순히 복음을 전한 설교에 그러한 반응을 보이는 것에 대해 이해할 수 없었다. 웨슬리 자신은 그런 옥스퍼드의 반응에 개의치 않고 당당히 자신의 길을 갈 것을 천명했다. 메도디스트 회원들은 그들의 지도자 웨슬리의 굳건한 태도에 많은 지지를 보냈다.

웨슬리는 옥스퍼드에서 설교한 지 약 2개월 후인 1744년 10월 20일에 친필 사인을 한 메모를 포함한 서문을 덧붙여 출판했다. 그러나 그의 설교집에는 이 메모가 포함되지 않았다. 그 메모에서 웨슬리는 이렇게 말한다. "내가 이 설교의 후반부를 인쇄하는 것은 원래 내가 바라던 바가 아니었다. 그러나 거짓되고 상스런 비판들이 온 나라 전역에서 퍼져 나갔기 때문에 그 전체를 출판해야만 했다. 이것은 내가 설교에서 그러했듯이 이성적인 이들이 스스로 판단하도록 돕기 위한 것이었다."

설교 읽기를 위한 질문

1. 성령 충만함을 받았다는 기록은 사도행전 2장과 4장에서 중복 출현합니다. 이 둘의 차이는 무엇입니까?(서론 1, 2항) 성령 충만함을 받는다는 것의 참된 의미는 무엇입니까?(서론 3, 4항)

2. 성령이 개인 안에 임할 때 처음 일어나는 일은 무엇입니까?(I.1) 그 결과는 어떠합니까?(I.2)

3. 개인 안에 일어나는 이 같은 일은 어떻게 진전되어 갑니까?(I.3) 어떤 소망을 품게 됩니까?(I.3)

4. 이 다음에는 어떤 단계로 나아가게 됩니까?(I.4) 하나님의 사랑을 품은 이에게 어떤 일이 자연스럽게 일어납니까?(I.5-9) 성령이 개인 안에서 이루는 일들을 순서별로 정리해 봅시다.

5. 이러한 사람들이 모인 교회의 모습은 어떠했습니까?(I.10) 지금의 교회와는 어떤 차이가 있는지, 차이가 있다면 그 이유가 무엇인지 묵상해 봅시다.

6. 이러한 복음이 전파되어야 하는 이유는 무엇입니까?(II.1-2) 복음의 빛을 받았던 처음 그리스도인들은 복음 전파에 힘썼습니다. 그들이 힘써 전한 바는 무엇입니까?(II.3-4)

7. 복음 전파의 두 가지 상반된 결과는 무엇입니까?(II. 5-7) 그럼에도 불구하고 하나님 나라는 어떻게 확장되었습니까?(II.8)

8. 가라지도 알곡과 함께 성장합니다(II.8 참조). 하나님께서 이를 허용하신 이유는 무엇입니까?(III.2) 그러나 마침내 이루어질 일은 무엇입니까?(III.1, 3-5) 그러므로 우리가 해야 할 일은 무엇입니까?(III.6)

9. 우리는 참된 기독교 신앙을 가지고 있는지 스스로 물어야 합니다(IV.1-2 참조). 참된 기독교의 표지는 무엇입니까?(IV.3-6) 사역자로 부름 받은 이들이 스스로 물어야 할 질문은 무엇입니까?(IV.8-11) 이들의 기도는 어떠해야 합니까?(IV.11)

설교 핵심 요약

서론

성령 충만함을 받았다는 기록은 사도행전 2장과 4장의 본문에 연속된다. 2장과 4장의 성령의 역사가 다른 것은 4장에서는 2장(혹은 고전 12:9~10)에 언급된 특별한 은사들이 언급되어 있지 않다는 것이다. 성령의 충만함이 임할 때 특별한 은사가 병행되는 것이 일반적인 것일지 그것이 그때만의 사건일는지는 알 수 없다.

중요한 사실은 성령의 충만함을 받은 일은 이런 은사의 문제가 아니라 '삶의 변화의 문제'라는 것이다. '그리스도 안에 있는 마음'(빌 2:5)과 '성령의 열매'(갈 5:22)를 소유했는가 하는 문제가 핵심인 것이다. "즉 그들을 사랑 희락 화평 오래 참음 자비 양선 충성 온유 절제의 은사를 부여하고 그 내적 변화로 인해 모든 외적인 의를 성취하며 믿음의 역사와 소망의 인내, 사랑의 수고를 이루는 가운데 그리스도께서 행한 것처럼 행할 수 있도록" 하기 위함인 것이다. 이것이 바로 기독교의 '참 모습'이다.

I. 우리 안에서 일어나는 기독교 신앙의 역사

신앙의 역사는 우리 심령 안에서 일어나는 하나님의 역사다. 이 역사로 말미암아 우리 안에 구원의 역사가 이루어진다. 이것은 크게 보면 '칭의'와 '성화'의 사건이고, 상세하게 보면 구원의 과정 전체다.

1. 회개 - 칭의

(1) 회개

칭의의 사건을 인도하는 첫걸음은 회개다. 자신의 죄를 탄식하고 하나님의 은총을 구하는 회개의 과정이다(행 2:37). 이렇게 진정한 회개에 이르게 되면 그리스도를 통해 나타난 예비하신 복음을 믿음으로 바라보게 된다. 즉 믿음으로 자녀가 되는(롬 8:15), 이른바 칭의의 은총을 입게 된다.

(2) 칭의

칭의는 예수를 주라 부르며(고전 12:3) 성령이 친히 그의 영과 더불어 하나님의 자녀임을 증거(롬 8:16)하는 사건이며, 영혼은 이런 고백에 이르게 된다. "내가 그리스도와 함께 십자가에 못 박혔나니 그런즉 이제는 내가 사는 것이 아니요 오직 내 안에 그리스도께서 사시는 것이라 이제 내가 육체 가운데 사는 것은 나를 사랑하사 나를 위하여 자기 자신을 버리신 하나님의 아들을 믿는 믿음 안에서 사는 것이라."(갈 2:20)

(3) 칭의는 엄청난 축복을 수반하는 사건이다.

칭의의 은총을 입은 자는 하나님과 화평을 이룬 자다(롬 5:1). 하나님의 평강이 그 마음을 주장하고(골 3:15) 그리스도의 지식을 통해 모든 의혹과 공포에서 마음과 생각을 자유롭게 함으로 평강을 얻게 된다. 이 평강은 머리터럭까지도 세시는 그분에게 의지함으로 흉한 소식을 두려워하지 않고(시 112:7) 흑암의 권세를 두려워하지 않으며 죽음조차도 두려워하지 않고 오히려 세상을 떠나 그리스도와 함께 있기를 원한다.(빌 1:23)

2. 성화 – 완전

(1) 성화

칭의에 이른 이는 성화의 삶으로 나아가게 되는데, 그는 주님을 찬양하며 그분을 기뻐한다(눅 1:46~47). 이 기쁨은 오직 그리스도 안에서 체험할 수 있는 이루 말할 수 없는 기쁨이며(벧전 1:8), 하나님의 영이 그의 영과 더불어 하나님의 아들인 것을 증거해 주는 기쁨이요(롬 8:16), 하나님의 영광, 곧 의와 거룩함으로 완전히 새로워지며 영광의 면류관에 참여하는 소망(엡 4:24; 벧전 1:4)으로 말미암은 기쁨이다.(롬 5:2)

(2) 완전

이 성화의 삶이 성숙되면 될수록 하나님을 향한 사랑이 날마다 증가하고(시 16:5, 73:25~26) 이 하나님의 사랑은 이웃 사랑으로 확대된다. 이웃을 향한 사랑은 행함과 진실함으로 모든 사람을 향하는데 악한 이들, 은혜를 모르는 이들, 심지어 박해자들까지도 사랑한다. 이 사랑은 교만하지 않은 사랑이며 온유하고 참는 사랑이다. 이 사랑은 주님을 떠나서는 아무것도 할 수 없다는 것을 철저히 느끼는 사랑이어서(요 15:1) 이 세상에 대해서 죽고 이 세상도 그에 대해 죽는다(갈 6:14). 그러므로 육신의 정욕과 안목의 정욕, 이생의 자랑에 초연하고(요일 2:16), 이웃에게 악을 행하지 않고, 말로 다른 사람을 상하게 하지 않으며(시 141:3; 벧전 2:22), 선을 행하는 일에 갈망하여 선행에 최선을 다한다.

즉, 우리 안에 일어나는 참된 기독교 신앙은 회개와 칭의와 성화와 완전을 포함하는 전체 과정이라 할 수 있다. 그런데 이 기독교적 삶은 개인에만 머무는 것이 아니다. 이것은 아름다운 공동체를 함께 이루어(행 4:24, 31~32) 이 공동체 안에서 떡을 떼고 서로 교제하며 기도하기에 힘쓰는 모습으로 나아간다.(행 2:1, 42)

II. 참된 기독교의 복음 전파

1. 복음 전파는 하나님의 명령이다.

주님은 "너희 빛을 사람 앞에 비치게 하라"(마 5:16)고 말씀하셨다. 참다운 이웃 사랑은 인간의 참상을 간과할 수 없게 하며 길 잃은 이들을 주님께로 인도하게 한다(벧전 2:25). 다시 말해 복음 전파는 믿는 이들이 한결같이 해야 할 일이다. 그들은 사람들로 하여금 다가올 진노를 피하고 지옥의 형벌을 면하도록 종용하고 회개를 촉구하고(행 17:30; 겔 18:30) 의를 전파해야 하며 다가올 심판에 대해 가르쳐야 한다(행 24:25). 즉 믿는 이들은 잠자는 이들을 깨워(엡 5:14) 그리스도의 복음을 선포해야 하고(요일 2:1~2), 이미 믿은 이들에게는 사랑과 선행을 끈기 있게 계속하도록 권장해야 한다.(히 12:14)

2. 핍박은 필연적이다.

그러나 복음 전파는 반대를 수반할 수밖에 없다. 참된 기독교 신앙을 가진 그리스도인들은 세상의 악을 고발하고 쾌락의 위험을 경고할 뿐만 아니라 우리가 섬겨야 할 참된 대상이 누구인지 알리고 진리를 외치기 때문에 핍박을 피할 수 없었다. 그렇지만 믿는 이들은 극심한 고난 중에도 믿음을 지켰다.

III. 기독교의 완성

참된 기독교 복음이 땅 위에 완전히 덮을 때가 온다. 여호와의 전의 산이 모든 산꼭대기 굳게 서는 마지막 날이 올 것이다(사 2:2, 4). 열방이 이새의 한

싹으로 돌아오는 그때가 반드시 도래할 것이다(사 11:10~12). 지금은 아닐 수 있다. 그러나 그 완성의 때는 반드시 온다. 이 완성의 날이 오면 영원한 평안과 확신이 있고(사 32:17) 전쟁은 사라지며 더 이상 분열은 없다. 어진 사람을 어리석게 만드는 일(전 7:7)도 없고 착취도 없으며(사 3:15) 불공평도 없다(히 13:5). 그때가 오면 의와 화평이 서로 입 맞추고(시 85:10) 악을 행하는 이도 없다. 모든 이가 순결하기에(마 10:16) 서로 완벽히 사랑하고(행 4:32) 지혜의 말, 사랑의 법을 말할 뿐이다(잠 31:26). 사기나 간계가 자리할 곳이 없고 거짓 없는 순전한 사랑이 있고(롬 12:9) 마음에는 오직 사랑과 하나님만이 존재한다.

다시 말해 완성의 날은 곧 하나님의 나라로서 하나님이 친히 통치하신다(빌 3:21). 오직 여호와가 영원히 우리의 빛이 되며 영광이 되신다.(사 60:1, 16~19, 21)

결론

1. 우리는 자신에게 물어야 한다.

스스로 기독교 신앙의 근본에 관해 물어야 한다. 내 안에 이런 참된 기독교 신앙이 존재하는가? 우리가 살아가는 이곳은 참된 기독교 공동체인가? 나는 '성경이 말하는 참된 그리스도인'인가? 성령의 충만함을 입었는가? 성령의 열매가 있는가? 하나님의 거룩함을 본받았는가?

2. 신앙의 지도자는 스스로 물어야 한다.

성령으로 충만한가? 하나님의 형상이 나타나는가? 영적 지도자로서 통치자 하나님을 본받는가? 고결함과 사랑이 있는가? 내 안에서 하나님의 거룩함만이 드러나는가? 청년들에게 구원에 이르는 지혜를 얻도록 하는가? 성령의 열매로 가득 차 있는가? 마음이 온전히 하나님을 향하는가? 하나님 나라를 이 땅에 이루기 위한 열망으로 가득 차 있는가? 예수 그리스도를 알게 하는 일에 늘 초점이 모아져 있는가? 인류를 향한 사랑의 실천을 가르치는가? 젊은이들에게 복음을 증거하는 소원을 갖도록 하고 있는가? 나에게 주어진

재능을 이와 같은 일에 최선을 다해 사용하고 있는가?

불행히도 지금 우리는 참된 기독교 믿음에 대한 이야기 자체도 감당하지 못하고 감당하려 하지도 않는다. 성경이 말하는 참된 기독교의 희망이 보이지 않는다. 우리는 엎드려 기도해야 한다.

"주여 구원하소서. 당신에게만 모든 것이 가능합니다(마 14:36). 당신의 뜻대로 하옵소서(마 26:39). 아멘."

설교 5

믿음에 의한 칭의 Justification by Faith

"일을 아니할지라도 경건하지 아니한 자를 의롭다 하시는 이를 믿는 자에게는 그의 믿음을 의로 여기시나니." **롬 4:5**

역사적 배경

웨슬리는 윌리엄 로와의 대화에서 1738년 이전에 '믿음만으로'(sola fidei)라는 가르침에 대해 들어본 적이 없다고 말했다. 하지만 이것은 실제로 그랬다기보다는 이때까지 이 가르침에 개인적인 관심을 두지 않았다는 것을 강조하기 위한 발언이었다고 보는 것이 옳다. 16세기 후반 이래 이 문제는 영국성공회 내에서, 그리고 영국 성공회와 청교도 사이에서 줄곧 중요한 이슈였기에 웨슬리가 이 문제를 몰랐다고 보기에는 어렵다. 그러나 1738년 이후에(그의 올더스게이트 체험 이후) 이 문제는 웨슬리 개인에게 하나의 '핵심적 이슈'로 다가왔던 것 같다. 1739년에는 바네즈(Robert Barnes)의 논문 '오직 믿음에 의한 칭의 – 영국 성공회의 신조 11에 따라서'(Treatise on Justification by Faith Only, According to the Doctrine of the Eleventh Article of the Church of England)를 발췌 출판했다.

웨슬리의 일지에 따르면, 로마서 4장 5절의 본문 설교는 그의 올더스게이트 체험 직후인 1738년 5월 28일 런던의 롱 에이크(Long Acre)라는 곳에 있는 채플에서 처음 이루어졌다. 1742년 6월 8일 그의 고향 엡웟에서(아마도 그의 아버지 사무엘의 묘석 위에서) 설교할 때까지 적어도 8회 이상 이 본문을 기초로 칭의에 관해 설교했다. 이 설교가 원고 형태로 처음 출현한 것은 1746년 그의 설교집이었고, 그 후에 편집된 웨슬리의 모든 설교집에 빠짐없이 포함되었다. 그러나 이 설교만 독자적으로 출판된 적은 없다.

이 설교가 전하는 메시지는 한마디로 '이신칭의'다. 인간은 칭의 없이 참된 평강이 없고 그 어떤 소망도 없다. 사랑의 행위조차도 하나님을 기쁘시게 할 수 없다. 칭의는 어떻게 얻는가? 믿음만이 유일한 길이다. 우리는 여기서 웨슬리가 루터나 칼뱅 등의 종교개혁적 전통과 동일한 자리에 굳게 서 있음을 본다. 그러나 칭의를 얻게 하는 '믿음'이 의미하는 바가 무엇이냐 하는 문제에 있어서 이 설교는 루터와 칼뱅에게 나타나는 '동의'나 '신뢰'로서의 믿음에만 머물지 않고 웨슬리 자신의 독특한 개념, 다시 말해 '영적 감각'으로서의 믿음의 개념까지 확장해 나간다.

설교 읽기를 위한 질문

1. 죄인이 하나님께 의롭다 인정받는 일(칭의)이 왜 소망의 근거가 됩니까?(서론 1항) 칭의에 대한 올바른 이해가 필요한 이유는 무엇입니까?(서론 2항)

2. 인간의 처음 상태는 어떠했습니까?(I.1-4) 인간에게 주어진 계명은 무엇입니까? 그 결과는 어떠했습니까?(I.5-6) 이런 인간을 위해 사랑의 하나님께서 하신 일은 무엇입니까? 하나님의 독생자 그리스도는 어떻게 이 일을 순종하셨습니까?(I.7)

3. 우리는 어떻게 하나님께로부터 의롭다 여김을 받을 수 있게 되었습니까?(I.8-9)

4. 칭의와 성화의 차이는 무엇입니까?(II.1)

5. 칭의가 아닌 것은 무엇입니까?(II.2-4) 참된 칭의란 무엇을 말합니까?(II.5)

6. 어떤 사람이 칭의의 은총을 입을 수 있습니까?(Ⅲ.1-4) 칭의 이전의 선한 행위가 의미하는 바는 무엇입니까?(Ⅲ.5-6)

7. 죄인이 하나님께 의롭다 여김을 받을 수 있는 길은 무엇입니까?(Ⅳ.1)

8. 칭의의 믿음은 어떤 믿음입니까? 회개와는 어떻게 다릅니까?(Ⅳ.2-3) 믿음을 칭의의 유일한 조건이라고 하는 사실이 의미하는 바는 무엇입니까?(Ⅳ.4-6) 하나님께서 이렇게 하신 이유는 무엇입니까?(Ⅳ.7)

9. 칭의는 인간의 죄를 치유하는 근본책입니다. 어째서 그렇습니까?(Ⅳ.8) 칭의의 은총을 얻기 위해 우리는 무엇을 해야 합니까?(Ⅳ.9)

설교 핵심 요약

서론

인간이 하나님과 적대관계에 있는 한, 시간과 영원 안에 참 평안은 없다. 하나님의 정죄 앞에 평안이란 없다(요일 3:20). 그런 의미에서 하나님으로부터 죄 사함을 받고 의롭다 칭함을 받는 '칭의'는 모든 믿음의 기초요 소망의 근거가 된다. 그런데 이렇게 중요한 칭의의 가르침이 교회 안에서 잘못 이해되거나 아예 무시되는 경우가 많다. 이 기초와 근거가 잘못되면 구원 자체가 흔들린다는 점에서 칭의에 대한 올바른 이해가 절실하다.

I. 칭의의 기초

1. 원래 인간은?

칭의는 인간의 상태를 진지하게 탐구하는 것과 깊은 관련성을 띤다. 원래 인간은 하나님의 형상대로 지음을 받은 하늘 아버지처럼 완전한 상태였다. 어떠한 죄도 없고 순결했으며 하나님을 마음과 목숨과 뜻과 힘을 다해 사랑했다. 율법을 온전히 이룰 수 있는 모든 능력을 겸비하였고 실제로 그 안에서 율법은 완전히 성취되었다. 하나님의 사랑을 온전히 누리고 성결하고 복된 생활을 영원히 누릴 수 있었다. 그는 하나님과 한 가지 계약만을 맺고 있었는데, 그것은 선악을 알게 하는 나무의 열매를 먹지 말라는 것이었다. "그것을 먹는 날에는 반드시 죽으리라."(창 2:17)

2. 타락한 인간의 실상

완벽한 낙원의 상태에 있었으나 그는 선악과를 먹음으로써 하나님과의 계약을 깨뜨리고 하나님을 배반했다. 그 결과 인간은 죽은 자가 되었다. 영은 죽어 하나님으로부터 격리되었고 육체도 썩을 것이 되었다. 인간은 영원한 죽음으로, 파멸로 나아갔다. 심각한 것은 이 첫 사람, 곧 아담의 죄가 모든 인류에게 미치게 된 것이다. 한 사람으로 말미암아 죄가 세상에 들어왔고 사망이 모든 이에게 이르게 된 것이다(롬 5:12). 아담은 우리 모두의 아버지요 대표자로 모든 인류는 그와 동일한 처지에 있게 되었다. 한 사람의 불복종으로 모든 이가 죄인이 되었고, 한 사람의 범죄로 인해 모든 사람이 정죄된 것이다.(롬 5:12)

3. 하나님의 구속적 사랑

(1) 세상을 이처럼 사랑하사

그러나 하나님은 이 상태를 그대로 두지 않으셨다. 하나님은 사랑이시기 때문이다. 그분의 사랑의 본성은 인간에게 자신의 독생자를 주시는 것으로 나타났고, 저를 믿는 이마다 영생을 얻게 되었다(요 3:16). 때가 찼을 때 하나님께서 친히 인간이 되시고 우리를 위해 모든 고난을 달게 받으셨다(사 53:4~6). 이 땅에 오신 하나님, 곧 예수 그리스도는 우리 영혼의 희생 제물이 되셨다(사 53:10). 그분의 매 맞음으로 우리는 나음을 입었고, 그분의 매달리심으로 우리의 죄악은 도말되었다(사 53:5; 벧전 2:24). 그분이 단 한 번의 제물이 되심으로 전 인류를 구원하신 것이다.

(2) 독생자를 주셨으니

하나님의 아들의 죽음으로 인간은 하나님과 화해할 수 있게 되었다(고후

5:19). 한 사람의 범죄로 정죄에 이른 것처럼, 한 사람의 의로운 행위로 모든 이들에게 거저 주시는 칭의의 선물이 주어졌다(롬 5:18). 칭의로 인해 우리는 당연한 형벌로부터 용서함을 받고 하나님의 자녀가 되며 영생의 복을 누리게 되었다.

4. 칭의의 기초

이상의 가르침을 요약해 보면 다음과 같다. 우리는 아담의 죄로 인해 하나님의 사랑에서 단절되고 진노의 자식들이 되었다. 정죄를 받고 심판받은 존재가 되고 말았다. 그러나 하나님께서는 둘째 아담, 곧 예수 그리스도를 주심으로 세상과 화해하셨고 더 이상 정죄하지 않으신다(롬 8:1). 우리는 이제 그리스도 안에 있는 구속으로 말미암아 그의 은혜로 거저 칭의를 얻게 된 것이다.

II. 칭의의 의미

1. 칭의는 성화가 아니다.

칭의를 성화와 혼동하는 경우가 있다. 칭의는 '실제로' 의롭게 되었다는 의미가 아니다. 실제로 의롭게 되는 것은 칭의가 아닌 '성화'로 보아야 한다. 즉 하나님께서 우리를 위해(for us) 독생자를 통하여 행하신 일이 칭의라면, 성화는 성령께서 우리 안에서(in us) 실제로 해 주시는 일이라 할 수 있다. 칭의 안에 성화를 포함하는 사람도 있지만(루터의 경우처럼) 엄밀하게 말한다면 칭의는 성화와 구별되어야 한다.

2. 칭의는?

칭의는 죄의 사면이요 죄의 용서다. 아들의 피로 인해 우리의 죄를 용서하시는 것이다(롬 3:25). 칭의받은 자는 이 세상에서도, 오는 세상에서도 유죄가 아니다. 과거의 모든 죄를 도말하여 다시는 기억치 아니하시고 앞으로의 죄에 대해 넉넉히 이기도록 하신다. 하나님의 사랑하시는 이로 말미암아 우리는 받아들여지고 이때부터 죄가 없는 이로서 우리를 자녀로 사랑하시기 때문이다.

III. 누가 칭의를 입을 수 있는가?

1. 누가 칭의를 입는가?

그렇다면 칭의를 입을 자는 누구인가? 칭의는 거룩한 삶, 순종의 삶 자체를 전제 조건으로 하지 않는다. 길 잃은 양에게 선한 목자가 필요하고 병든 이에게 의사가 필요하듯이 죄의 사면을 갈구하는 불신앙자, 경건치 않은 자, 죄인, 허물을 가진 자에게 주어지는 하나님의 은총이다.

2. 참된 선행은 칭의 이후에

거룩하고 선한 행위는 칭의 이후에만 가능하다. 믿음으로 칭의를 받은 이후의 행위만이 가치 있을 뿐이다. 칭의 이전의 행위는 그 어느 것도 선한 것이 될 수 없다. 하나님의 사랑이 없이 행해지는 선한 행위는 그 어떤 것도 참된 것이 아니다. 아들의 영으로 아바 아버지라 부를 때까지 거룩한 삶은 존재하지 않는다.

3. 칭의에 이르는 길

이 칭의에 어떻게 이르는가? 단 하나의 조건은 '믿음'이다. 율법의 행위가 아닌 믿음으로 칭의를 얻게 되는 것이다(롬 3:22~24). 믿는 자는 결코 정죄가 없다. 하나님의 의가 그리스도를 믿는 이에게 미치기 때문에 그는 의인이라 칭함을 받으며 사망에서 생명으로 옮겨진다.

4. 칭의와 율법의 관계

그렇다면 이 믿음과 율법의 관계는 어떻게 이해할 수 있는가? 믿음은 율법을 폐지하지 않고 오히려 율법을 굳게 세운다(롬 3:31). 이때 율법은 의식적 율법이 아닌 사랑의 율법이 된다.

5. 칭의의 믿음은?

(1) 믿음은 영적 감각(Spiritual Sense)

칭의를 가져다주는 믿음은 무엇인가? 그것은 한마디로 '영적 감각'이라 할 수 있다. 성경의 정의에 따르면(히 11:1) 믿음은 보이지 않는 것에 대한 확신, 신적이고 초자연적인 것에 대한 확신이다. 더 구체적으로 말하면 그리스도 안에 하나님이 함께하신다는 확신이요(고후 5:19), 그리스도께서 나를 위해 죽으시고 나를 사랑하시며 나를 위해 자신을 주셨다는 사실에 대한 확신이자 신뢰다.

(2) 믿음과 회개

이는 회개와는 다르다. 회개는 스스로 악하다는 사실에 대한 깊은 자각이지만, 믿음은 하나님으로부터 주어지는 은총을 받아들이는 것이다. 언제 어디서든지 이 믿음이 있을 때는 아무리 죄인이며 불경건한 자라 할지라도 죄를 사하시고 의롭다 하신다. 즉 구원의 유일한 수단은 하나님께서 그리스도의 죽음과 고난을 통해 우리 죄를 용서해 주셨고 또 용서해 주실 것이라는 사실에 대한 확신과 신뢰인 것이다. 이 믿음은 '사람들의 이야기'에 머물러서는 안 된다. 그것은 바로 '나의 이야기'여야 한다. 그리스도는 나를 사랑하시고 나를 위해 자신을 주셨기 때문이다. 그런데 이 믿음은 파선될 위험성도 있기 때문에 믿음의 후퇴를 조심해야 한다. 베드로의 경우처럼 물 위를 걷다가 빠질 수도 있다.

(3) 믿음이 없으면

믿음이 칭의를 가져다주지만 반대로 믿음이 없으면 이미 정죄를 받은 것이다. 이때 그는 약속의 계약에서 낯선 자(엡 2:12)며, 복음 밖에 있는 자다. 그는 여전히 진노의 자식이며 심판은 부동의 사실이 된다.

(4) 칭의는 오직 믿음으로

결론적으로 믿음은 칭의의 필연적 조건이자 유일한 조건이다. 칭의로 인해서 죄인은 의인으로 간주되는 것이다. 믿음 이외의 모든 것을 가졌다고 해도 의롭게 될 수 없고, 믿음 이외의 모든 것을 갖지 못했다고 해도 그는 의롭다. 이렇게 묻는 사람도 있을 수 있다. 왜 하나님은 믿음을 칭의의 유일한 조건으로 삼으셨는가? 그것은 하나님의 자유에 속한다. 용서와 용납이란 용어들은 하나님의 자유에 속한다. "긍휼히 여길 자를 긍휼히 여기고 불쌍히 여길 자를 불쌍히 여기리라."(롬 9:15) 그러므로 칭의는 교만의 홍수를 막는 댐이 된다.

죄의 근원은 교만임을 기억하라. 하나님은 칭의를 통해 이 교만의 홍수를 막으신다. 칭의는 우리를 언제나 죄인으로 초청하며 하나님의 자비에 의존하게 하는 겸손의 복음이기 때문이다.

결론

불경건의 모습 그대로 하나님께 나아오라. 지옥을 향한 비참한 죄인으로 은총의 보좌로 나아오라. 그리스도의 보혈의 은총으로만 나아오라. 하나님의 어린양이신 그분을 바라보라. 자신의 겸손, 뉘우침, 진지함조차도 잊어버려라. 오른손이 한 것을 잊고 온전한 눈으로 주님의 은총만을 바라보라. 사랑으로 하나님께 영접되고 의롭다 함을 입을 것이다. 나아오라, 주 예수를 믿으라. 하나님과 화해하게 될 것이다.

설교 6

믿음의 의 The Righteousness of Faith

"모세가 기록하되 율법으로 말미암는 의를 행하는 사람은 그 의로 살리라 하였거니와 믿음으로 말미암는 의는 이같이 말하되 네 마음에 누가 하늘에 올라가겠느냐 하지 말라 하니 올라가겠느냐 함은 그리스도를 모셔 내리려는 것이요 혹은 누가 무저갱에 내려가겠느냐 하지 말라 하니 내려가겠느냐 함은 그리스도를 죽은 자 가운데서 모셔 올리려는 것이라 그러면 무엇을 말하느냐 말씀이 네게 가까워 네 입에 있으며 네 마음에 있다 하였으니 곧 우리가 전파하는 믿음의 말씀이라." 롬 10:5~8

역사적 배경

웨슬리는 로마서 10장 5~8절을 기초로 1740년부터 1789년까지 최소한 일곱 번은 설교했다. 웨슬리의 기록(일기)에 따르면 1742년 6월 12일 토요일에 아버지 무덤가에서 이 본문으로 설교했고, 이날 설교 가운데 회중은 죄의 용서를 간구하며 믿음의 의를 갈망했다. 많은 이들이 기쁨으로 가득 찼고 감사함으로 찬송했다.

이 설교는 1746년에 편집 출판된 웨슬리의 두 번째 설교집에 포함되어 있는데, 율법의 의와 믿음의 의를 명료하게 대조시키고 율법의 의를 좇아가는 자의 어리석음과 믿음의 의를 좇아가는 자의 지혜로움을 강조하고 있다. 웨슬리는 하나님께서 율법과 믿음 둘 다 의를 얻는 길임을 말하면서도, 인간의 타락으로 인해 율법의 의는 인간이 도달하기 불가능한 '먼 것'이지만 믿음의 의는 하나님의 은총으로 마련된 '가까운 것'이라 말한다. 그의 결론은 분명하다. 우리는 두 번째 계약, 곧 믿음의 의의 길로 나아오라!

설교 읽기를 위한 질문

1. 모세를 통해 주어진 행위(율법)의 계약과 예수 그리스도를 통해 주어진 은총의 계약 사이에는 어떠한 차이가 있습니까? 다음 빈칸을 채워 봅시다.

	율법의 계약	은총의 계약
계약의 대상	I.11	I.11
계약의 성취 조건	I.12	I.12
계약 이행의 방식	I.13	I.13
계약 이행의 용이성	I.14	I.14

2. 사람들이 여전히 행위의 계약에 매달리는 이유는 무지 때문입니다. 그들이 알지 못하는 것은 무엇입니까?(Ⅱ.1-5)
3. 은총의 계약을 따르는 이들은 어떤 면에서 지혜로운 사람입니까?(Ⅱ.6-9)
4. 하나님께 의롭다 여김을 받으려면 무엇을 하지 말아야 하며, 무엇을 해야 합니까?(Ⅲ.1-6)

설교 핵심 요약

서론
유대인은 모세의 율법을 행하는 데 열심이 있었다. 모세가 전한 율법은 실상 최초의 인간에게 주어진 율법이었다. 그는 하나님의 형상을 완전히 갖춘 자였고 이런 그에게 주어진 율법은 "이것을 행하라, 그리하면 살리라"는 것이었다. 그러나 그들은 진리에 무지했다. 하나님의 의를 알지 못했기 때문이다. 하나님의 의는 그리스도 안에서 맺어진 새로운 계약으로 "믿으라, 그리하면 구원을 얻으리라"는 것이었다. 그리스도는 이 은혜의 계약을 위해 희생 제물로 자신을 내어 놓으셨다. 이 희생 제물로 말미암아 우리는 죄책과 죄의 세력으로부터 구원을 받았으며 죄의 삯의 결과에서 해방받았다.

오늘날의 그리스도인들도 유대인들처럼 여전히 무지하다. 자신의 의를 믿음보다 앞세우면서 이것이 죽음을 향한 행렬임을 모르고 있다. 하나님에 대해 열심이 있으나 지식에 근거한 것이 아니라 하나님께 '자기의 의를 세우려고'(롬 10:2~3) 애쓰고 있는 형국이다.

I. 율법적인 의와 믿음의 의

1. 율법의 의

율법을 통해 의를 얻을 수 있다. 즉 율법의 의는 율법을 완전하게 행하는 자, 율법의 모든 의를 충족시켜야 주어지는 의다. 모든 악한 행위를 금하고 모든 지정의를 하나님의 뜻에 순종해야만 한다. 하나님의 완전하심처럼 완전해야 하며, 마음을 다하고 생각을 다하고 힘을 다하여 하나님을 사랑해야 한다. 하나님의 모든 명령을 지켰을지라도 그 하나하나가 최고 수준에 이르러야 하며 모든 것이 하나님의 눈에 합당해야 한다. 곧 완벽한 성결의 삶이 중단 없이 '지속되어야' 한다. 영원한 생명으로 들어갈 때까지 한순간도 쉼이 없어야 한다. '행하라 그리하면 살 것이다'의 논리에 기초한 것으로, 하나님의 형상 안에 굳게 서야 하고 마음속에 기록된 하나님의 계명을 온전히 지켜야 하며 하나님 외에는 아무것도 바라지 말아야 한다.

그렇다면 이 같은 율법으로 말미암는 의가 가능한가? 그렇지 않다. 율법을 행함으로 의를 얻을 수 있으나 그 누구도 하나님이 요구하시는 율법을 완전히 성취하지는 못한다. 하나님의 형상은 이미 파괴되었고 의와 거룩함은 사라졌기 때문이다. 어느 누구도 율법을 통해 의를 획득할 가능성은 없다.

2. 믿음의 의

믿음으로 얻는 의는 율법으로 얻는 의와 전혀 다르다. 이 의는 그리스도 예수로 말미암아 준비된 믿음의 의로서 우리에게 항상 계시되어 왔다. 아담에게(창 3:15), 아브라함에게(창 22:16~18), 모세와 선지자들에게는 완전한 형태의 계시는 아닐지라도 계시되었다(딤후 1:10). 이 믿음의 의는 율법의 계약, 곧 '행하라 그리하면 살 것이다'의 계약이 인간에게 불가능한 것임을 안다. 이는 행위와 무관한 믿음으로(창 15:6), 모든 만민을 위한 것이다. 믿음은 율법을 온전히 준수하는 것이 아니라 주님께서 우리 죄 때문에 죽음을 당하셨고 우리를 의롭다고 인정하시기 위해 다시 사셨다(롬 4:23~25)는 사실을 확신하고 신뢰하는 것이다. 이는 "주 예수를 믿으라 그리하면 구원을 얻게 된다"(행 6:31)는 말씀 그대로다. 믿는 날에 하나님의 호의를 받으며 하나님의 진노로부터 구원을 얻게 되는 것이요, 사망 없이 주님과 함께 고난을 받은 후 영원히 사는 것이다.

이 의는 우리 가까이에 있다. 우리의 입에 있고 우리의 마음에 있다. 자기 마음으로 하나님께서 죽은 자 가운데서 다시 살리신 예수님을 믿고, 자기 입으로 주 예수님을 당신의 주님으로 고백하는 순간에 우리는 구원을 받는다.(롬 10:9)

3. 양자의 차이

율법의 의(첫 계약)와 믿음의 의(둘째 계약) 양자에는 분명한 차이가 있다.

⑴ 계약의 당사자가 다르다.

첫 계약은 하나님의 형상이 파괴되기 이전의 사람과 맺어진 계약이다. 하나님의 은혜를 완전히 맛보는 상태의 계약이요 사랑과 기쁨, 생명과 불멸성 가운데서 맺어진 계약이다. 둘째 계약은 이미 타락된 상태의 사람과 맺어진 계약이다. 하나님의 형상이 사라지고 하나님의 진노 아래 있는 사람, 육체적 죽음과 함께 영원한 죽음으로 진행되고 있는 사람과의 계약이다.

(2) 계약의 조건이 다르다.

첫 계약이 하나님의 율법의 모든 점에 대해 완전하고 끊임없는 복종을 요구하는 계약이라면, 둘째 계약은 우리 안에 하나님의 호의와 생명을 회복하기 위해 오직 믿음만을 요구하는 계약이다.

(3) 계약의 내용이 다르다.

첫 계약이 스스로 값을 지불하고 그 지불된 값으로 미래의 축복을 담보하는 계약이라면, 둘째 계약은 지불할 것이 아무것도 없기에 오직 '탕감 밖에는' 방법이 없는 계약이다(눅 7:42). 이 길은 바로 우리 대신 값을 지불하신 그리스도를 믿는 것이요, 우리의 죄를 속하기 위한 제물로 그리스도를 내어 주심을 믿는 것이다.

(4) 계약의 성격이 다르다.

첫 계약은 아주 멀리 있는 것을 요구한다. 즉, 죄로부터 잉태한(시 51:5) 이에게 흠 없는 복종은 아주 멀다. 둘째 계약은 이와 달리 아주 가까이 있다. 두려워 말고 오직 믿기만 하라. 그리하면 의로우신 하나님께서 예수를 믿는 모든 사람을 의롭다 하시기 때문이다.

II. 어리석은 자와 지혜로운 자

1. 어리석은 자

어리석은 자는 율법의 의를 추구하는 자다. 이 계약을 온전히 완성할 수 있는 사람은 아무도 없는데도 이 의를 추구한다. 모든 인간은 허물과 죄로 죽었기에(엡 2:1) 율법이 요구하는 완전하며 순전한 복종을 이룰 수 없으며, 하나님의 율법을 일점일획까지 범하지 않을 자가 없고, 힘을 다해 주 하나님을 사랑할 수 있는 사람도 없음에도 율법의 행위로 의를 얻으려 한다. 어느 하나의 사소한 율법을 범하더라도 즉각적으로 저주받게 되며(렘 13:14) 하나의 범죄로 모든 의가 말소된다는 사실, 그리고 인간은 스스로 단 하나도 선한 생각을 할 수 없다는 사실을 알지 못한다.

2. 지혜로운 자

지혜로운 자는 우리 본성의 부패를 안다. 그는 인간은 항상 악을 지향하며 그 마음에는 교만, 정욕, 욕망, 애정 등이 왜곡된 형태로 뿌리 박혀 있음을 안다. 하나님의 시각으로는 참으로 가증되고 악한 영혼임을 인정한다. 무엇보다도 그가 지혜로운 것은 믿음의 의에 기대기 때문이다. 그는 믿음이 하나님께서 친히 마련하신 화해의 방식임을 알고 감사함으로 받는다. 그는 하나님이 주시고자 하는 것은 참으로 소중하다는 것을 알고, 하나님의 형상의 회복이 우리에게 참으로 기쁜 소식임을 안다. 동시에 이것이 '오직 믿음'이라는 가장 쉬운 조건을 받아들이는 것임을 알고 실천한다.

III. 하나님의 의를 받으려면

1. 무엇을 해야 한다고 생각하지 말라.

악한 행위를 그치고 모든 선을 행하며 은총의 수단을 사용하는 것 자체가 초점이 된다면 바른 길에서 한참 벗어난 것이다. 이는 하나님의 의를 모르고 자신의 의를 세우려 하는 것이다(롬 10:3). 우리는 죄 때문에 아무것도 할 수 없다. 그러므로 무엇을 하겠다고 하기보다 '믿어야 한다!'

2. 자격을 논하지 말라.

하나님의 의를 받을 자격이 없다고 말해도 안 된다. 하나님께 받아들여질 만한 사람은 아무도 없다. 우리 안에는 어떤 선한 것도 없다. 선해질 수 있는 유일한 길은 예수를 믿는 길이다. 즉시 일어나 죄를 씻어야 한다(행 22:16). 그분이 우리를 씻어 주시면 우리는 눈보다 희게 될 것이기 때문이다.(시 51:7)

3. 죄를 충분히 회개하지 못했다고 말해도 안 된다.

믿음 안에 머물수록 죄의 깊이를 더 크게 느끼게 된다. 예수를 지속적으로 바라보라. 우리의 머리가 바다가 되고 우리의 눈은 눈물의 근원이 된다.(렘 9:1)

4. 하나님의 의를 받으려면

그리스도께 나아가기 전에 무엇인가 좀 더 해야 한다고 말하지 말라. 우리가 할 일은 한 가지밖에 없다. 그것은 바로 매 순간 그리스도를 기다리는 일이다. 그분은 이미 문 앞에 서 계신다.

결론

인간은 그 자신 안에 죽음의 판결을 가지고 있다. 하나님의 진노가 머물러 있다. 이런 이들에게 행하라. 그리하면 살 것이라고 하는 것은 어리석은 길이다. 구원의 길은 '주 예수를 믿는 것'이다. 구원의 말씀이 우리 가까이에 있다. 바로 이 순간 이 현재의 자리에서 죄인의 모습 그대로 복음을 믿으라. "내가 그들의 불의를 긍휼히 여기고 그들의 죄를 다시 기억하지 아니하리라"는 말씀을 들으라.(히 8:12)

설교 7

하늘 가는 길 The Way to the Kingdom

> "이르시되 때가 찼고 하나님의 나라가 가까이 왔
> 으니 회개하고 복음을 믿으라 하시더라." 막 1:15

역사적 배경

이 설교는 두 개의 본문, 마가복음 1장 15절과 로마서 14장 17절을 기초로 하고 있다. 두 번째 본문은 웨슬리가 1742년 6월 6일 고향 엡윗에서 처음으로 아버지의 무덤에서 설교한 본문과 일치한다. 그는 자신의 일지에서 "나는 교회의 동쪽 끝에 위치한 내 아버지의 무덤 위에서 서서 외쳤습니다. '하나님의 나라는 먹는 것과 마시는 것이 아니요 오직 성령 안에 있는 의와 평강과 희락이라.'"라고 적고 있다.

엡윗에서의 설교는 결코 출판된 적은 없지만 아마도 그중 일부는 이 설교에 포함되었을 것으로 보인다. 그는 1739년부터 1743년에 이르기까지 이 로마서 본문으로 18회 이상 설교했으며 그 이후 죽을 때까지 12회를 더 설교했다. 본 설교의 공식적인 본문은 마가복음 1장 15절이었다. 1742년부터 1790년까지 191회나 이 본문으로 구두 설교를 할 정도로 웨슬리는 이 본문을 소중하게 생각했던 것 같다.

이 설교에서는 마가의 본문과 로마서 본문을 적절히 활용하면서 하늘나라의 본질과 그에 이르는 길을 조직적으로 설명하고 있다. 웨슬리는 '하늘은 무엇이며 어떤 곳이다' 등의 '이론적 설명'을 피한다. 대신 하늘을 '실제적이고 현실적인 관점에서' 설명해 들어간다. 웨슬리는 하늘을 곧바로 '참 믿음'(true religion)과 동일시한다. 즉 '참 믿음'이라는 말로 '하늘나라'를 단도직입적으로 표현해 버린다. 하늘을 알기 원하는가? 웨슬리의 답변은 단순하고 명료하다. 그렇다면 참 믿음을 가지라! 이 설교는 1746년의 설교집에 처음 포함되었으며 그 이후의 설교집에도 포함되었다. 1780년대까지 적어도 세 차례 소책자 형태로 출판되었다.

설교 읽기를 위한 질문

1. 하나님 나라는 '먹고 마시는 것'이 아니라 했습니다. 여기서 먹고 마신다는 의미는 무엇입니까? (I.1-4)

2. 하나님의 나라가 먹고 마시는 것과 관련이 없다는 의미는 무엇입니까?(I.5-6)

3. 하나님의 나라가 우리의 '심령'과 관계된 것이라면 하나님 나라가 임한 심령은 어떤 심령입니까?(I.7)

4. '의'는 무엇을 의미합니까? (I.7-8) 이 의는 어떻게 완성됩니까?(I.9)

5. 의가 완성될 때 주어지는 축복은 무엇입니까?(I.10-11)

6. 하나님의 나라 혹은 천국은 어떤 상태입니까?(I.12)

7. 하나님의 나라 혹은 천국이 가깝다는 의미는 무엇입니까? 이렇게 가까이 있는 하나님의 나라를 어떻게 소유할 수 있습니까?(I.13)

8. '회개'란 무엇입니까? 그 세 단계는 무엇입니까(II.1-7)

9. 회개한 이는 하늘에서 멀지 않습니다. 실제로 하나님 나라에 들어가려면 어떻게 해야 합니까?(II.7-9)

10. 복음은 무엇입니까?(II.8) 복음을 믿는다는 의미는 무엇입니까?(II.10) 복음을 믿는 이에게 어떤 일이 일어납니까?(II.11-12)

11. 이런 변화가 일어날 때 세상은 어떻게 반응합니까? 복음을 믿는 이는 어떤 삶을 살아야 합니까?(II.13)

서론

하나님 나라는 '참 믿음'(true religion)과 동일한 의미다. 그렇다면 하나님 나라는 무엇이며 이 나라에 어떻게 들어갈 수 있는가?

I. 하나님 나라

1. 하나님 나라가 아닌 것

(1) 하나님 나라는 '먹는 것과 마시는 것'이 아니다.

이 말이 의미하는 바는 두 가지다. 첫째, 참 믿음은 '음식'으로 대표되는 '율법적 의식'이 아니다. 유대인들은 모세의 율법, 특히 먹고 마시는 규정을 열심히 지켜 왔다. 유대인 본인들뿐 아니라 이방인에게도 강요했다. 그들은 '음식과 관련된 율법을 지키라. 그렇지 않으면 구원을 받을 수 없다'고 강조했다. 그러나 참 믿음은 음식 규정을 준수함으로 얻을 수 있는 것이 아니다.

둘째, 참 믿음은 외적인 것이 아니다. 훌륭하고 의미가 있다 해도, 사람들에게 좋은 영향을 미쳐도, 내적인 요소들을 잘 표현한다 해도 외적인 것 자체가 참된 믿음은 아니다. 물론 그것이 참된 믿음을 세우는 데 한 방편은 될 수 있다. 연약한 이들에게 도움도 될 수 있다. 그러나 그 이상의 것을 주장해서는 안 된다. 즉 외적으로는 매우 종교적일 수 있지만 그것이 참 믿음을 보증하는 것은 아니라는 것이다. 깊은 믿음이 선행을 만들어 내는 것은 확실하지만 그 진정한 본질은 이런 외적 행위가 아닌 깊은 곳에서 찾아야 한다.

2. 하나님 나라는?

(1) 하나님 나라의 자리

하나님 나라는 '참 믿음' 그 자체다. 그런데 이 참 믿음이 자리하는 곳은 '마음'이다. 참 믿음은 교리나 바른 의견에서 성립되지 않는다. 마음이 아닌 이해력에 속하는 신학적 주제들, 다시 말해 성육신, 삼위일체, 사도신경에 동의해도 참 믿음이 없을 수 있다. 마귀도 이런 믿음을 소유하지만 그가 참 믿음을 가졌다고 말하지 않는다. 마음으로 믿지 않기 때문이다.

(2) 하나님 나라의 표징

그렇다면 하나님 나라가 마음에 임할 때 어떤 일이 일어나는가? 성경은 이렇게 답한다. "성령 안에서 누리는 의와 화평의 기쁨이다."

첫째, 하나님 나라는 '의'다. 여기서 의는 두 가지 요소를 포함한다. 하나는 하나님을 사랑하는 것이요, 다른 하나는 이웃을 사랑하는 것이다. 하나님을 진심으로 사모하는 심정은 이와 같다. "하늘에서는 주 외에 누가 내게 있으리요 땅에서는 주 밖에 내가 사모할 이 없나이다."(시 73:25) 이 사랑은 이웃에 대한 지칠 줄 모르는 사랑으로 이어진다. 이 둘이 완전한 것을 우리는 의가 이루어졌다고 말한다.

둘째, 하나님 나라는 평강이다. 하나님 나라가 임한 곳에는 하나님의 평강이 함께한다. 이 평강은 사람의 모든 지각을 뛰어넘는 평안(빌 4:7)이며 현재 일이나 장래 일에 대한 모든 두려움에서 벗어난 근원적인 평강이다.

셋째, 성령 안에서의 기쁨이다. 하나님 나라는 성령이 함께하는 나라다. 그 안에서 죄의 용서가 있고(골 1:14) 그리스도를 통한 구원의 확신이 있다. 성령의 증거로 우리는 하나님의 자녀라는 확신 속에 거하게 되고 말로 다 할 수 없는 기쁨을 누리게 된다(벧전 1:8). 뿐만 아니라 미래의 사라지지 않을 면류관의 소망을 가져다주며 기쁨 속에 거하게 된다.

3. 하나님 나라는 가깝다.

하나님 나라는 현실이다. 하나님께서 우리 영혼의 마음 안에 자리 잡으실 때 이 나라는 이루어진다. 그분이 우리 안에 임하자마자 우리의 마음은 의와 기쁨으로 충만한 하늘나라가 된다.

하나님은 이 나라를 우리 모두에게 주셨다. 이 나라는 우리에게 가까이 와 있다. 그때는 이미 와 있다. 이 나라는 하나님의 아들이 이룬 나라며 아들의 복음과 함께 이미 와 있다. 한 사람 한 사람에게 멀지 않고 가깝다. 그 아들을 통해 우리에게 주어지는데, 회개하고 복음을 믿기만 하면 이 복된 나라에 들어갈 수 있다.

II. 하늘 가는 길

1. 회개하라.

하늘이 '우리 곁에 이미' 와 있다. 한 사람 한 사람에게 가까이 와 있다. 그것은 그리스도의 복음과 함께 이미 와 있다. 그렇다면 우리는 '이 복음을 믿기만 하면' 된다. 그런데 복음을 믿는 사건 이전에 필연적으로 수반되어야 할 일이 있다. '회개'다. 즉 '회개하고 복음을 믿어야 하는 것'(막 1:15)이다. 회개하고 복음을 믿는 것이야말로 '하늘 가는 길' 그 자체다. 회개는 다음의 세 가지 관점을 포함한다.

(1) 무엇보다도 '나 자신을 아는 것'이다.

나 자신이 본래의 의의 상태에서 벗어난 철저히 부패된 존재임을 아는 것이며, 육신의 생각으로 항상 성령을 거슬러 살아가는 존재(갈 5:17)임을 아는 것이다. 발바닥에서 머리까지 성한 곳이 없이 상하고 터진 존재(사 1:6)임을 아는 것이며, 교만이라는 악의 근원에 깊이 뿌리 박혀 있어 끊임없이 각양의 죄악을 범하는 존재임을 아는 것이다.

(2) 나 자신에게는 이 같은 처지를 타개할 아무런 능력이 없음을 절감하는 것이다.

어떤 최고의 선을 행한다 해도 하나님의 최저의 기대에조차 맞출 수 없다는 사실을 인정하는 것이다. 그런데 진정한 회개는 여기에 머물지 않는다. 즉, 죄에 대해 통렬히 슬퍼하고 하나님의 진노를 영혼 깊이 두려워하며 나 자신에겐 이 문제를 해결할 아무런 능력이 없음을 통렬히 깨닫는 것이다.

(3) 이 좌절 가운데서 하나님의 은총만을 바라보는 것이다.

진정한 회개는 자기 자신에게 철저히 좌절하는 가운데 하나님의 은총, 예비된 복음을 간절히 바라게 되는 것이다.

2. 복음을 믿으라.

(1) 복음을 믿기만 하면

이러한 회개에 이른 이는 하나님 나라에서 멀지 않다(막 12:34). 그는 복음을 믿기만 하면 가까이에 있는 하늘을 소유할 수 있다. 복음은 예수 그리스도로 인해 인류에게 나타난 모든 계시이며, 그 요지는 '예수 그리스도께서 죄인을 구원하시려고 세상에 오셨다'는 사실이다(딤전 1:15). 이 복음을 믿을 때 하늘은 우리의 현실이 된다. 하나님은 진실한 심령으로 회개하고 그 거룩한 복음을 믿는 자를 의롭다 하시며 성령 안에서 평강과 기쁨을 한량없이 부어 주신다.

(2) 믿는다는 것은

여기서 '믿는다'는 것의 의미는 '성경의 진리나 신앙적 신조 등에 대한 동의' 그 이상의 것이다. 믿음은 그리스도 예수를 통해 나타난 하나님의 사랑을 '확고하게 신뢰하는 것'을 의미한다. 즉 하나님의 아들께서 나를 사랑하사 나를 위해 자신을 주셨다는 사실, 십자가의 보혈로 말미암아 하나님과 화평하게 되었다는 사실에 대해 성령이 우리 영과 더불어 증거하는 확신이다. 이 확신에 이를 때 두려움과 슬픔과 탄식이 사라지고 평안과 기쁨이 우리의 심령에 충만하게 된다. 이 확신 속에서 그는 하나님을 진심으로 사랑하게 된다. 왜냐하면 우리를 먼저 사랑하신 하나님의 사랑이 우리 심령을 지배하기 때문이다. 이 사랑은 형제 사랑으로 이어진다. 그는 성령의 열매로 충만하게 되어 온전한 하늘 사람으로 변모된다. '너울을 벗은 얼굴로 주의 영광을 보게 되는 것이다.'

결론

세상 사람들은 이런 우리를 이해하지 못하고 비난한다. 이 비난에 동요할 필요가 없다. 누구도 영광의 면류관을 빼앗아 가지 못하도록 하라. 우리 앞의 모든 것을 얻기까지 이룬 것을 지키고 계속 전진하라. 하나님을 알지 못하는 이들의 비난으로 복음을 부끄럽게 생각하지 말라. 무지한 이들을 두려워 말라. 하나님께서 의롭다 하시고 정죄치 아니하는 이, 그리스도께서 우리를 위하여 죽으실 뿐 아니라 다시 살아나셔서 하나님 우편에서 대신 간구하신다.(롬 8:34)

아무리 죄가 클지라도 그 모습 그대로 하나님의 어린 양에게 내어 맡기라. 그때 우리의 구원주 되신 예수 그리스도의 영원한 나라로 들어가는 은혜의 문이 열릴 것이다.(벧후 1:11)

설교 8

성령의 첫 열매 The First Fruits of the Spirit

> "그러므로 이제 그리스도 예수 안에 있는 자에게 는 결코 정죄함이 없나니." 롬 8:1

역사적 배경

이 설교는 1746년에 출판된 설교집에 포함되어 있다. 웨슬리는 이 본문을 기반으로 다섯 번 설교하였다. 여기서 그는 '그리스도 안에 있는 사람'이 갖는 의미를 밝히고, '육을 따라 사는 사람'과 '영을 따라 사는 사람들'이 어떻게 다른지를 명료하게 드러낸다. 웨슬리에 따르면 성령을 따라 사는 사람에겐 정죄함이 없다. 성령을 따라 사는 사람은 과거의 죄로, 또 앞으로의 죄로 인해 정죄받지 않는다. 그러므로 그 어떤 두려움도 없이 표현할 수 없는 하늘의 평강과 기쁨의 삶을 살아가며 마침내 성령의 풍성한 열매를 맺는다. 즉 이 설교는 칭의를 경험한 사람의 삶이 어떻게 전개되는지 일목요연하게 정리하고 있다.

설교 읽기를 위한 질문

1. 믿음으로 의롭게 된 자는 어떤 사람입니까?(서론 1항)
2. 그리스도 예수 안에 사는 자는 어떤 사람입니까?(I.1) 이 사람은 무엇을 따라 살지 않게 됩니까? 그 이유는 무엇입니까?(I.2, 3) 이 사람은 무엇을 따라 살게 됩니까? '영을 따라 산다'는 말의 의미는 무엇입니까?(I.4-6)

제2부 표준설교 44편의 내용과 구조 분석

121

3. 그리스도 예수 안에 있는 사람에게는 죄와 관련해 어떤 일이 일어납니까?(Ⅱ.1) '정죄함이 없다'는 말이 과거에 범한 죄에 대해 무엇이라 말합니까?(Ⅱ.1-2) 과거의 죄 때문에 양심의 가책을 느끼는 것은 무엇을 의미합니까?(Ⅱ.3)

4. 그리스도 예수 안에 있는 사람은 현재의 죄에 대해 어떤 특권을 갖습니까? 이런 특권을 누릴 수 있는 이유는 무엇입니까?(Ⅱ.4)

5. 그리스도 예수 안에 있는 사람은 아직 우리 안에 남아 있는 본성의 부패로 인해 지을 수 있는 죄에 대해 어떤 특권을 지닙니까?(Ⅱ.5) 어떻게 이 특권을 누릴 수 있습니까?(Ⅱ.6)

6. 그 밖에 그리스도 예수 안에 있는 사람은 어떤 죄로부터 정죄받지 않습니까?(Ⅱ.7-10, 13) 그리스도 예수 안에 있는 사람이라 할지라도 정죄로부터 자유롭지 않은 경우가 있습니다. 어떤 경우입니까?(Ⅱ.11-12)

7. 믿음으로 의롭게 된 자, 곧 그리스도 예수 안에 있는 사람은 과거의 죄로 인한 정죄함이 없다면 어떤 삶의 모습을 보여야 합니까?(Ⅲ.1) 그는 현재의 죄에 대해서 어떤 태도를 가져야 합니까?(Ⅲ.2) 그러나 믿음으로 의롭게 된 자가 '누구나' 이렇게 살아가는 것은 아닙니다. 무엇을 주의해야 합니까?(Ⅲ.3)

8. 내적인 죄로부터 정죄함을 받지 않는 이들이 조심해야 할 것은 무엇입니까?(Ⅲ.4) 영혼의 연약함으로 정죄되진 않지만 주의해야 할 일은 무엇입니까?(Ⅲ.5)

설교 핵심 요약

서론

그리스도 안에 있는 사람이란 어떤 사람인가? 믿음으로 의롭다 함을 입고 하나님과 화평을 이룬 사람(롬 5:1)을 의미한다. 칭의된 자를 의미하며 더 이상 육을 따라 살지 않고 영을 따라 산다(롬 8:4). 더 이상 그에겐 정죄함이 없다. 왜 그런가? 그리스도 안에서 하나님의 은혜로 값없이 의롭다 함을 얻었기 때문이며, 하나님께서 모든 불의를 용서하시고 그의 모든 죄를 말소하였기 때문이다. 또 성령이 임하시므로 그의 영과 더불어 하나님의 자녀임을 증거하시기 때문이며, 그의 행위는 하나님의 은혜로 단순함과 진실함으로 행한 것이기 때문이다.

그러나 그리스도 안에 있는 사람들에 대한 정확한 이해가 부족해 많은 오해를 불러일으키고 있다. 예수 그리스도 안에 있는 사람이 어떤 사람인지, 그가 영에 따라 산다는 것은 무엇을 의미하는지, 그가 정죄받지 않는 이유는 무엇인지 상술해 보도록 하자.

I. 그리스도 예수 안에 있는 자

누가 그리스도 안에 있는 자인가? 그리스도의 이름을 믿으며, 자신의 의가 아닌 하나님의 의를 믿음으로 얻어 그리스도 안에서 발견된 자다(빌 3:9). 또한 그리스도 안에서 살고 그리스도께서 그 안에 사는 자이며, 성령 안에서 주님과 하나된 자다. 그의 삶은 더 이상 죄를 범하지 않으며(요일 3:6), 육에 따라 살지 않는다(롬 8:4). 성령을 따라 산다.(갈 5:16)

1. 육에 따라 살지 않는 삶

여기서 육에 따라 살지 않는 삶이란 육체의 욕망을 십자가에 못 박은 삶인데(갈 5:24) 음행, 더러움, 부정, 호색, 우상숭배, 마술 등의 종교 도덕적 죄악들을 멀리하고 증오와 다툼, 시기, 분노, 당파심, 분열, 분파, 질투 등 마음의 죄악들을 피할 뿐 아니라 살인, 술 취함, 복수 등 구체적 죄악들을 범하지 않는 것이다. 달리 말하면 자기 내부에 뿌리박힌 쓴 뿌리를 늘 느끼지만 위로부터의 능력을 힘입어 쓴 뿌리가 '돋아서 괴롭히는'(히 12:15) 것을 이겨내며 육체의 욕망을 물리침으로 찬양과 감사의 삶을 사는 것이다. 이 삶은 다름 아닌 자기를 십자가에 못 박는 자기부인의 삶이다.

2. 성령을 따라 사는 삶

육에 따라 살지 않는 삶이 자기를 십자가에 못 박는 자기부인의 삶이라면 성령에 따라 사는 삶은 이보다 더 나아가 그리스도를 따르는 삶이다. 성령을 따라 사는 자는 성령의 인도하심으로 하나님의 성품을 닮아가며 마음의 모든 생각이 주님을 향하는 성화의 삶을 사는 자로, 궁극적으로는 하나님과 이웃을 사랑하는 자라 할 수 있다. 자신 안에서 솟아나는 영생의 샘물로 말미암아 사랑의 삶을 살아가는 것이다.

이렇게 사는 사람은 무엇보다도 대화가 거룩하게 된다. 말이 언제나 은혜롭고 소금으로 맛을 낸 것처럼 된다(골 4:6). 또한 밤낮으로 하나님을 기쁘시게 할 일에 골몰하며 그리스도의 본을 따르기에 애쓴다(벧전 2:21). 무슨 일을 하든지 모든 것을 하나님의 영광을 위하여 하고(고전 10:31), 모든 일에서 하나님의 거룩한 복음을 위하여 한다(딛 2:10). 믿음과 성령으로 충만하여 그 마음속에 영의 참된 열매, 곧 사랑 희락 화평 인내 친절 선함 신실 온유 절제(갈 5:22~23)를 맺는다.

II. 그리스도 안에 있는 자와 죄

그리스도 안에 있는 자에게는 정죄함이 없다. 그는 과거의 죄나 앞으로의 죄에서 자유하다.

1. 과거의 죄로 인해 정죄받지 않는다.

(1) 과거의 죄에서 자유하다.

그는 과거의 죄에서 자유하다. 그리스도를 믿고 따라 사는 자는 과거의 그 어떤 죄로 인해서도 정죄되지 않기 때문이다. 하나님께서 그의 죄를 전혀 없던 것으로 간주하시고 돌과 같이 깊은 바다에 던지신다(미 7:19). 이 일은 하나님께서 친히 정하신 길로, 하나님은 그 외아들을 세우셔서 그의 피를 믿음으로 죄 사함을 얻도록 하셨다. 이로써 하나님은 자신의 의를 나타내셨다.(롬 3:25)

(2) 증거가 있다.

죄를 용서받은 이들에게는 확고한 증거가 있다. 그들의 영혼 안에 증거가 있는데(요일 5:10), 그들은 다시는 불안, 두려움, 의심을 가져오는 노예의 영의 지배를 받지 않고 하나님의 영원한 평강을 가져다주는 아들의 영의 지배를 받는다.

(3) 다시 타락할 수 있다.

그러나 그리스도 안에 있는 이도 타락할 수 있다는 점을 잊지 말아야 한다. 이런 자는 더 이상 하나님의 긍휼을 보지 못하고 하나님의 흔적을 찾지 못하며 속죄의 보혈의 가치 또한 알 수 없게 된다. 그는 빛을 잃은 자요 믿음을 잃은 자이므로 더 이상 그리스도 안에 있는 자가 아니다.

2. 앞으로의 죄로 인해 정죄받지 않는다.

(1) 율법의 정죄에서 자유하다.

육에 따라 살지 않고 영을 따라 살기 때문에(롬 8:4), 그 속에 하나님의 씨가 있기에, 하나님께로 새로 났기에 하나님을 사랑하고 그분의 계명을 지키기를 즐거워한다(요일 5:3). 그는 율법의 정죄에서 자유하다. 율법은 의가 그 속에 없는 자를 정죄하지만 의를 가진 자에 대해서는 반대할 수도, 정죄할 수도 없다.

(2) 내면의 죄의 정죄에서 자유하다.

그는 내면적인 죄로 인해 정죄받지 않는다. 하나님의 자녀에게도 내면적인 죄가 있다. 교만과 허영, 분노와 육욕과 악한 욕망 등 죄의 씨는 여전히 존재한다. 바울은 이들을 그리스도 안에서 '어린아이 같은 사람'이라고 부른다(고전 3:1). 그럼에도 불구하고 그는 정죄받지 않는다. 마음이 거짓되고 심히 부패됨을(렘 17:9) 날마다 느낄지라도 그것에 굴하지 않고 영에 속한 자로 살기를 계속 싸우는 한, 그는 정죄받지 않는다(롬 8:1). 하나님에 속해 있다는 사실을 성령이 우리 영으로 더불어 증거하는 한(요일 3:21) 하나님은 그들을 자녀로 인정하신다.

(3) 불완전함에서 야기되는 정죄에서 자유하다.

의인은 자신의 불완전함 때문에 정죄받지 않는다. 그는 자신이 아직 완전하지 않음을 안다. 사고나 말, 행위가 완전치 않으며 하나님과 이웃을 진실로 사랑하지 못함을 안다. 선한 일을 행하는 중이라 해도 교만이나 고집이 가만히 스며들어와 뒤섞이는 것을 안다. 하나님과 은밀히 사귀는 중이라도 생각이 흩어지고 사랑이 식어 있음을 안다. 그러나 이러한 불완전함 때문에 정죄받지 않는다. 완전치 않음은 그리스도의 보혈의 능력과 중보자의 대언, 하나님의 은총이 필연적임을 알게 할 뿐이다. 하나님을 매 순간 갈망하고 더욱 가까이하게 한다.

(4) 연약함에서 야기되는 정죄에서 자유하다.

의인은 연약함으로 인해 정죄받지 않는다. 연약함이 죄의 핑계는 될 수 없지만 고의적인 실패가 아닌 연약함으로 인해 범하는 잘못 때문에 정죄받지는 않는다. 예를 들어 선한 의도를 가졌지만 미숙함 때문에 결과적으로 이웃에게 해가 되는 것 등이다.

(5) 어쩔 수 없는 상황으로 인해 범하는 죄의 정죄에서 자유하다.

어쩔 수 없는 상황으로 인해 범하는 잘못도 정죄받지 않는다. 예를 들어 병으로 인해 부득이하게 성찬을 받지 못하는 경우나 소유가 적어 헌물을 적게 드리는 것, 마음은 원이지만 그대로 행하지 못할 때 등의 경우가 그렇다.

(6) 부지불식간에 짓는 죄의 정죄에서 자유하다.

부지불식간에 짓는 죄로도 정죄받지 않는다. 이는 율법으로는 분명 정죄될 사안이다. 즉 부지불식간에 죄를 범해도 의지의 개입이 있었다고 여기기 때문에 율법에서는 죄로 정죄한다. 그러나 이는 의로운 자에게는 적용되지 않는다.

요컨대 그리스도 안에 있는 이에게는 앞으로의 일에 대해 정죄가 없다. 그는 그리스도의 마음에서 벗어난 행위에 대해 부끄럽게 생각하기는 하지만 이로 인해 정죄받지는 않는다. 오히려 하나님은 아비가 자식을 불쌍히 여기는(시 103:13) 심정으로 그를 동정하신다. 그는 스스로를 부끄러워할지언정

오히려 주 여호와는 나의 힘, 나의 노래, 나의 구원이라 외친다.(사 12:2)

III. 그리스도 예수 안에 있는 자의 축복

그러므로 그리스도 안에 있는 자는 두려움이 없다. 먼저 그는 과거의 죄로 인해 정죄받지 않으니 두려워할 일이 없다. 하나님이 의롭다 하셨으니 누가 그를 정죄하겠는가? 영으로 새로 난 자이니 두려워할 것이 없다. 다만 사랑과 근신의 영만이 있을 뿐이다(딤후 1:7). 다음으로 그는 앞으로의 범죄로 인해 두려워하지 않는다. 하나님의 영이 탄식하기 때문에 그 영혼이 한탄하고 회개하는 것은 당연하다(욥 42:6). 그는 믿음으로 그리스도의 계속될 은총을 바란다. 그를 정죄할 것은 없다. 죄는 아침 이슬처럼 모두 소멸될 것이기 때문이다. 그는 그리스도께서 자유케 한 아들의 삶을 살게 되었기 때문에 더 이상 종의 멍에를 매지 않는다. 죄의 책임과 형벌뿐 아니라 죄의 권세에서 자유한 삶을 산다. 물론 욕망은 계속되고 악한 기질이 말과 행위 안에 여전히 있어 잘못을 범하기도 한다. 그러나 그렇다고 정죄받는 것은 아니다.

결론

우리는 자신을 향해 그리스도 예수 안에 있는가 물어야 한다. 결코 이를 속단해서는 안 된다. 또 비록 그리스도 안에 있다 할지라도 타락할 수도 있음을 경계해야 한다. 양심이 우리를 정죄하는가? 그렇다면 아직 그리스도 안에 있는 것이 아니다. 죄를 계속 짓고 있는가? 아직 그리스도 안에 있지 않다. 죄는 마귀의 일이기 때문이다(요일 3:8). 그리스도 안에 있지 않으면서 갖는 소망은 헛된 소망이며 평강은 헛된 평강이다.

우리는 큰 소리로 부르짖어야 한다. 비참하고 가난하고 죄 많고 가엽고 앞을 못보고, 벌거벗은 그 모습 그대로 주님의 은총의 보좌로 나아가야 한다. 용서하시는 사랑의 계시가 다시 도래할 때까지 영혼에겐 쉼이 있을 수 없다. 패역함을 고치시고(렘 3:22) 사랑으로 행하는 믿음으로(갈 5:6) 채우기 전까지 영혼은 쉬지 못한다.

그리스도 안에 있는 자로서 불경건함이 마음 안에 있는가? 괴로워 말라. 성화의 완전에 이르지 못했다 해도 불평하지 말라. 하나님을 겸손히 기다리라. 기도하라. 믿음의 방패를 치우지 말고 근심하거나 두려워도 말며(요 14:7), 마음을 굳건히 하라. 그리스도의 도우심에 신뢰하라. 하나님의 사랑에 거하라. 육과 영의 모든 더러움을 떠나 깨끗하게(고후 7:1) 될 때까지 힘을 내어 전진하라. 믿음의 행위와 사랑의 수고를 지속하라. 겸손한 확신으로 고요히 복종하며 소망을 가지고 나아가라. 마침내 진정으로 하나님을 사랑하게 될 것이다.

연약함이 느껴지는가? 그 연약함을 바로 알라. 내 어리석음의 한계를 바로 알고 믿음으로 하나님의 아들을 의지하라. 그분과의 교제로 말미암은 기쁨과 평안을 의심하지 말라. 겸비하라. 그리고 구하라. "주여 당신이 나를 붙들지 않으시면 나는 매 순간 넘어집니다"를 외치면서, 거기서 일어나라. 그리고 앞에 놓인 푯대를 향해 달려 나아가라.(히 12:1)

부지불식의 죄를 범했는가? 부지불식의 죄로 인해 그릇된 결과가 산출되었을 때 하나님께 부르짖으라. 위로가 될 것이다. 하나님 앞에서 심령의 고민을 있는 그대로 쏟아 놓으라. 더 이상 넘어지지 않도록, 영혼이 굳게 서도록 힘을 다해 기도하라. 하나님은 정죄하지 아니하시고 동정하신다(히 4:15). 하나님의 사랑으로 인해 하나님을 사랑하게 된다. 그리스도께서 오시는 날에 정신과 혼과 육체가 흠이 없도록 서게 될 것이다.(고전 1:8)

노예의 영과 양자의 영 The Spirit of Bondage and of Adoption

> "너희는 다시 무서워하는 종의 영을 받지 아니하고 양자의 영을 받았으므로 우리가 아빠 아버지라고 부르짖느니라." 롬 8:15

역사적 배경

웨슬리의 설교는 시종 '우리가 어떻게 하늘에 이르는가?' 하는 구체적인 과제와 밀접한 연관을 가지고 있다. 여기에는 인간 실존에 대한 명확한 인식이 필수적이다.

본 설교에서 웨슬리는 인간의 상태를 자연적, 율법적, 그리고 복음적 인간으로 세분화한다. 이러한 구분법은 멀리는 아우구스티누스에게서, 가깝게는 보스턴(Thomas Boston)에게서 영향을 받았다. 웨슬리의 인간 실존의 유형에 대한 관심은 1734년 옥스퍼드 메도디스트들과 나눈 '인간의 세 가지 유형: 자연적, 유대적(혹은 두려워하는), 그리고 복음적 인간'에 대한 대화에서 이미 출현한 것으로 보아 비교적 젊은 시절부터 시작되었던 것 같다. 1738년 이후의 이해에서는 그의 발전된 구원론의 핵심 내용으로 자리 잡았다.

'자연적'이란 말은 동생 찰스가 그의 설교 '잠자는 자여 일어나라'(Awake Thou That Sleepest)에서 표현했던 것처럼, 모든 인간이 겪는 '도덕적 아노미'(moral anomie) 상태를 지칭했다. 그러나 이러한 입장은 후대의 설교, 특히 '우리의 구원을 이룸에 있어서'(On Working out Our Own Salvation)에서 '성령의 불을 끄지 않는 한 그 누구도 자연적 상태에 있지 않다'는 입장으로 보다 폭넓은 선행은총의 시각에서 재해석되었다.

그러나 본 설교에서의 웨슬리의 주요 관심은 율법적 인간의 상태와 복음적 인간의 상태다. 비록 최선을 다해 종교적 삶을 살지만 진정한 기쁨과 평화가 없는 율법적 삶과 은총 가운데 누리는 참된 기쁨의 삶을 대비시키는 것이다. 로마서 7장과 8장은 그의 의도에 가장 적합한 본문으로 채택되고 있다. 웨슬리는 7장을 통해 율법적 인간의 실상과 그 한계를 설명하고, 8장을 통해서는 복음적 은총의 축복을 누리게 되는 복음적 인간을 안내한다. 즉 이 설교의 결론은 율법 아래 사는 인간들을 하나님의 무한한 용서의 은총으로 초대하여 '하나님의 천사처럼 기쁨과 사랑의 삶'을 살도록 인도하는 것이다.

웨슬리의 대학예배 설교 이후에 행해진 이 설교와 다른 다섯 편의 설교들 중 네 편이 모두 로마서 본문을 기반으로 하고 있다는 사실에 주목할 필요가 있다. 이것은 우연이 아니라 웨슬리가 이 당시 칭의의 복음에 집중했으며 이 때문에 다른 어느 곳보다도 이 문제에 깊은 통찰을 제공하는 로마서 본문에 매달렸던 것이다. 로마서 8장 15절을 본문으로 하는 설교는 웨슬리 메도디스트 운동의 초기라 할 수 있는 1739~43년 사이에 집중적으로 이루어졌는데, 최소 13회 이상 이루어졌다.

이 설교는 1746년의 웨슬리 설교집에 출현한 이후, 그의 증보판 설교집에도 빠지지 않고 포함되었다. 1747년에 아일랜드 더블린에서 별도의 설교문으로 출판되기도 했다.

설교 읽기를 위한 질문

1. 믿음으로 하나님의 자녀가 된 사람은 어떤 사람입니까?(서론 1항) 노예와 두려움을 가진 사람의 처지는 어떠합니까?(서론 2항) 거의 모든 사람은 어떠한 처지에 있습니까?(서론 3-5항)
2. 자연적 인간은 어떤 상태에 있는 인간입니까?(I.1) 자연적 상태에 있는

사람에게는 어떤 특징들이 있습니까?(I.2-7) 이런 상태에 있는 사람은 어떤 자리로 인도되어야 합니까?(I.8)

3. 사랑의 하나님이요 심판의 하나님은 자연적 인간에게 어떤 식으로 은 총을 베푸십니까?(II.1) 하나님의 은총으로 인해 우리 영혼 안에 어떤 일이 일어납니까?(II.2-9)

4. 노예의 영을 받아 하나님의 은총을 갈구하는 이에게 어떤 일이 일어납 니까?(III.1) 그는 무엇을 발견합니까?(III.2) 그 영혼에게 어떤 변화가 일 어납니까?(III.3-7)

5. 자연적 인간, 노예의 영을 가진 인간, 은혜 안에 있는 인간은 어떻게 다 릅니까?(III.8)

6. 우리가 어떤 상태에 있음을 판별할 수 있는 도구들은 무엇입니까?(IV.1) 올바른 판별을 할 수 없는 이유는 무엇입니까?(IV.2-3) 이것이 우리에게 의미하는 바는 무엇입니까?(IV.4)

설교 핵심 요약

서론

하나님의 자녀는 두려워하는 노예의 영을 받은 자가 아니라 자녀의 영을 받은 자다. 노예와 두려움의 영은 자녀의 영과 본질적으로 다르다(요일 3:1). 그러나 이 같은 영을 받은 이들 중에도 하나님 나라에서 멀지 않은 이들이 있다(막 12:34). 세상의 많은 이들은 두려워하는 영의 수준에도 못 미친다. 두 려움의 영은 하나님의 선물이다. 이 영이 온 후에야 사랑의 영이 임하기 때 문이다.

두려움도 사랑도 없는 최초의 마음 상태를 '자연적인 인간'(고전 2:14)이라 하고, 두려움의 영을 가진 이를 '율법 아래 있는 인간'이라 한다(고전 9:20). 반 면에 사랑의 영을 가진 이는 은혜 아래 있는 사람이다.(롬 6:14)

I. 자연적 인간

1. 잠자는 자다.

자연적 인간의 가장 뚜렷한 특성은 잠자고 있는 것이다. 영혼이 깊은 잠 속에 빠져 있다. 그의 영적 지각은 닫혀 있어 영적인 선악을 분별하지 못한다. 눈은 구름과 암흑에 가려져 있는데, 이는 사망의 음침한 골짜기에 누워 있기 때문이다. 그는 마땅히 알아야 할 하나님에 대해 무지하고 율법의 참된 의미를 알지 못한다. 그리스도와 함께 하나님 안에 감추어진(골 3:3) 참된 행복이 무엇인지 모른다.

2. 자신의 상태에 만족한다.

더 큰 문제는 그가 잠자고 있는 자신의 상태에 만족하고 있다는 사실이다. 그는 자신이 낭떠러지의 가장자리에 서 있다는 것을 알지 못한 채 스스로 평안하다고 생각한다. 하나님을 알지 못하기에(시 14:1) 두려움이 없다. 어떤 경우는 하나님의 자비를 멋대로 해석하여 모든 것이 평안하다고 말한다. 하나님의 자비의 개념 안에 껄끄러운 것들, 곧 심판, 죄에 대한 하나님의 진노 등을 과소평가해 버리고 스스로 설정한 도덕적 삶에 만족하기도 한다. 어떤 이들은 그리스도께서 이 땅에 오심으로 율법을 무용한 것으로 만들었으니 율법은 거추장스러운 것이라 치부하기도 한다. 그는 자신의 교양으로 자신의 허물을 충분히 덮을 수 있다 생각하여 세상의 도덕적인 삶을 따르는 것에 만족해한다. 자신의 지혜와 스스로 이룬 선행에서 오는 기쁨에 취하기도 한다. 육신의 정욕, 안목의 정욕, 이생의 자랑으로 만족감을 느끼는데, 몸을 단장하고 방문하고 이야기하며 먹고 마시고 놀기 위해 일어서는 것을 행복이라 여긴다. 자신은 광신자도, 완고한 고집쟁이도 아니고 건전한 신앙인이라 자부하며 산다. 그리스도를 향한 온전한 마음을 가지고 있지 않기에 죄에 대한 고민도 없다. 스스로 정죄에서 해방되었다고 생각하며 하나님의 풍성하신 은혜를 핑계로 자신의 범죄를 과소평가한다. 그러니 죄를 이기려고자 노력할 리도 없다.

즉, 자연적인 인간을 요약하면 매우 타락한 범죄자며 경건의 모양만 갖고 있는 자다. 이들은 노예의 영을 받도록 초대되어야 한다.

II. 율법 아래 있는 인간

1. 선행은총의 빛을 의식한다.

흑암과 죽음의 그늘 속에서 잠자는 이들의 마음에 하나님의 말씀이 부딪칠 때가 있다. 그것은 순간일 수도, 점진적일 수도 있는데 이해의 눈이 열리고 참 자아를 분별하게 되는 순간이다. 또 두려운 빛이 돌파해 오는데, 그 빛은 심연 깊은 곳에서부터 오는 것이다. 하나님의 거룩함에 대한 인식이 생기게 됨으로 하나님은 티끌과 같은 악이라도 기뻐하지 않으신다는 사실을 알게 된다. 이제 그는 하나님의 심판을 두려워하게 된다(히 10:31).

2. 자신을 돌아본다.

하나님의 율법의 의미가 영혼 안에서 드러나기 시작하면 아무것도 그 빛에서 숨겨지지 못한다(시 119:96). 하나님의 율법에 대한 이해가 그 내적 의미에까지 이른다. "살인하지 말라"(출 20:13)는 말씀은 "자기 형제를 미워하는 사람은 불붙는 게헨나에 들어간다"(마 5:22)는 우뢰와 같은 말씀으로 들려온다. '간음하지 말라'는 말씀은 여인을 보고 음욕을 품는 모든 이를 향한 정죄임을 알게 된다. 하나님의 말씀을 들을 때 좌우에 날선 어떤 검보다도 날카로움을 느끼고(히 4:22) 그 말씀은 혼과 영을 가르고 관절과 골수를 갈라낼 정도로 심령을 파고든다. 이때 그는 하나님의 은총을 짓밟고 계약의 피를 짓밟은 자신을 발견하게 된다.

이 순간은 자신을 적나라하게 바라보는 순간이다. 지음 받은 모든 것이 하나님 앞에 드러나는 순간이다. 우리는 모든 숨어 있는 죄악을 하나님께 고할 수밖에 없다(히 4:13). 자신이 벌거숭이인 것을 알게 되고 자신을 가린 가식들, 종교나 도덕, 자기변명이 아무 소용 없음을 깨닫는다. 자기 자신이 옛 희생 제물처럼 목이 아래로 내려뜨려져 둘로 쪼개어 있는 것을 본다. 그 자신이 죄의 덩어리요, 만물보다 거짓되고 부패한 것(렘 17:9)임을 처절하게 느낀다. 그의 영혼은 조금도 선한 것이 없고 불경건과 불의밖에 없음을 알게 되는 것이다.

3. 심판을 의식한다.

자신을 적나라하게 보는 사람은 자신이 처할 심판의 운명을 본다. 깊은 죄책감으로 인해 자신이 결코 소멸할 수 없는 심판의 불 속에 있음을 안다. 죄의 정당한 삯이 지옥에서의 영원한 죽음임을 알게 된다.(롬 6:23)

그는 더 이상 거짓 평안에서 머물지 못한다. 거짓 평화, 거짓 안식에서 벗어난다. 더 이상 쾌락도 기쁨이 될 수 없다. 안식을 찾아 방황하지만 그 길을 찾지 못한다. 영혼의 처절한 고통 속으로 들어간다. 죄의 심각성을 뼈저리게 느끼고 곧 도래할 저주로 인해 깊은 슬픔을 느낀다. 심판과 형벌의 두려움으로 떨게 되며 죽음보다도 더 심한 삶을 산다(욥 7:15). 죄와 싸워 보지만 정복하지 못한다. 도망가려 하지만 죄에 속박되어 달아나지도 못하고, 죄에 저항하지만 오히려 죄를 범한다. 올무를 보고 몸서리치지만 그 올무를 향해 전진하는 자신을 발견할 뿐이다. 자신의 이성은 죄를 크게 하고 비참함을 증대시키는 데 기여할 뿐이고, 의지의 자유란 악 짓기를 물 마시듯 하는(욥 15:16) 일에 기여할 뿐이다. 성령을 모독하는 자유일 뿐이다.(히 10:29)

4. 죄의 종의 상태를 탄식한다.

그는 죄의 종이다. 죄의 사슬에 매여 죄의 법 아래 붙들려 있다. 죄에 반항하지만 죄의 사슬은 벗어나려 하면 할수록 옥죄어 들어오는 특수한 사슬이다. 회개하고 죄를 범하고, 회개하고 죄를 범하는 일이 끊임없이 반복된다. 그는 마침내 탄식하고 만다. "이 사망의 몸에서 누가 나를 건져내랴."(롬 7:24)

이상의 모습은 잠에서 깨어났으나 두려움과 노예의 속박에 있는 이의 모습 그대로다. 이 상태를 다시 한 번 정리해 보자. 그는 자연적 삶에 있었다가(롬 7:9) 율법이 들어오자 깨어났다. 그러나 자신은 죽고 죄가 살아난 상태다

(롬 7:9~10). 하나님의 율법이 내 영혼에 들어왔을 때 내재된 죄가 발동, 파동을 일으키고 영혼을 죽음으로 이끌게 된 것이다. 생명으로 인도할 율법의 계명이 사망으로 인도했으며 죄는 그 계명을 통해 영혼을 더욱 괴롭히고 자신의 노예로 만들어 갔다(롬 7:10~11). 계명은 영혼의 비참한 상태를 있는 그대로 드러냄으로써 모든 희망을 꺾었고 죽음의 절망으로 이끌었다.

원래 율법의 계명은 선하고 거룩하다. 그러나 그 계명은 우리의 비참한 현실을 보게 한다. 죄의 노예로서 그 속박에서 신음할 수밖에 없는 운명을 보게 한다. 영혼은 깨어 있음으로 죄의 비참한 결말을 보게 되었고 그 죄를 벗어나야겠다는 강렬한 소망으로 애를 쓰지만 실패하고 만다(롬 7:18~19). 마음으로는 죽음의 상태를 벗어나려 하지만 몸은 죄의 법 아래로 이끌려 간다(롬 7:21~23). 이는 마치 의식은 있으면서 몸은 죽어 있는 상태와 같다. 영혼은 마침내 탄식한다. "오호라 나는 곤고한 사람이로다 이 사망의 몸에서 누가 나를 건져내랴."(롬 7:24)

이런 사람을 우리는 '율법 아래 있는 자'라 부른다. 그는 떨쳐버릴 수 없는 무거운 짐을 지고 있는 사람이다. 자유와 사랑을 갈망하지만 여전히 노예의 속박에 있을 뿐이다. "누가 나를 건져내랴"는 외침은 '예수 그리스도로 인한 하나님의 은혜'를 만날 때까지 지속될 수밖에 없다.

III. 은혜 안에 있는 인간

1. 그는 누구인가?

그는 하나님 안에서 은총을 발견하고 성령의 은혜와 능력이 그 마음을 지배하는 사람이다. 그는 아들의 영을 받은 자요, 그 영으로 말미암아 하나님을 '아빠'라 부를 수 있게 된 자다.

⑴ 영혼의 눈이 열린다.

그는 되살아난 영적 감각으로 '눈으로 본 적이 없는 사실', '하나님의 깊은 것까지도' 보게 된다(고전 2:10; 히 11:1). 근심 중에도 여호와를 볼 줄 알기에 그분을 향해 부르짖는다. 그의 영광 보기를 소원하며 "주의 영광을 내게 보이소서"(출 33:18)라고 외친다. 이때 그는 "나는 은혜 베풀 자에게 은혜를 베풀고 긍휼히 여길 자에게 긍휼을 베푸느니라"(출 33:19)는 음성을 듣게 된다. "여호와께서 구름 가운데에 강림하사 그와 함께 거기 서서 여호와의 이름을 선포하시는"(출 34:5) 그날의 도래를 목도할 것이다. 그때 그는 다음의 놀라운 광경을 보고 찬양하게 될 것이다. "여호와라 여호와라 자비롭고 은혜롭고 노하기를 더디하고 인자와 진실이 많은 하나님이라 인자를 천대까지 베풀며 악과 과실과 죄를 용서하리라."(출 34:6~7)

(2) 치유의 광선을 만난다.

하늘의 치유의 광선이 영혼에 돌입해 와서 그 '찌른 자'를 본다(슥 12:10). 빛이 있으라 말씀하신 하나님께서 영혼의 마음에 빛을 비추시므로(고후 4:6) 영혼을 치유하시는 하나님의 은총의 빛을 만난다.

(3) 하나님의 사랑을 확신한다.

그는 그리스도를 믿는 이에게 임하시는 하나님의 크신 사랑을 확신한다. 그 사랑에 압도되어 "나의 주님, 나의 하나님"이라 외친다(요 20:28). 그는 자신의 모든 죄악이 나무에 달려 자신의 몸으로 그것을 짊어지신 그분(갈 3:13) 위에 놓여 있는 것을 보게 된다.

(4) 죄에서 해방된다.

이때 그는 다음의 사실을 깊이 통찰하게 된다. "하나님께서 그리스도 안에 계시사 세상을 자기와 화목하게 하시며 그들의 죄를 그들에게 돌리지 아니하시고" 죄 없으신 분을 정죄함으로써 우리를 의롭다 하셨다(고후 5:19, 21). 이제 그는 죄에서 해방되었다. 죄책과 죄의 세력에서 해방되었다. 그는 이렇게 선언할 수 있게 되었다. "내가 그리스도와 함께 십자가에 못 박혔나니 그런즉 이제는 내가 사는 것이 아니요 오직 내 안에 그리스도께서 사시는 것이라 이제 내가 육체 가운데 사는 것은 나를 사랑하사 나를 위하여 자기 자신을 버리신 하나님의 아들을 믿는 믿음 안에서 사는 것이라."(갈 2:20)

(5) 영혼의 고통이 끝난다.

회한과 마음의 슬픔, 상처 난 영혼의 고통은 끝난다. 하나님께서 슬픔을 기쁨으로 변화시킬 것이기 때문이다(요 16:20). 노예의 고통이 끝난다. 왜냐하면 그의 마음은 주를 믿음으로 굳게 섰기 때문이다(갈 5:1). 하나님의 진노를 두려워하지 않는다. 하나님은 심판관이 아니라 애정 깊으신 아버지이기 때문이다. 사탄의 권세를 두려워 않는다. '하나님께서 허락하지 않으면 아무것도 할 수 없는 존재'임을 알기 때문이다(요 19:11). 지옥을 두려워 않는다. 그는 천국의 상속자임을 알기 때문이다. 죽음을 두려워하지 않는다. 땅에 있는 우리의 장막이 무너질 때 하나님께서 우리에게 주실 집이 있음을 알기 때문이다. 그 집은 하늘에 있는 영원히 무너지지 않는 집이며 영혼은 오히려 이 집을 간절히 사모하기 때문이다(고후 5:1~2). 죽을 것이 생명에 삼킨바 되었으며(고후 5:4), 그 보증으로 성령을 주셨다.(고후 5:5)

2. 은혜 아래 있는 자의 축복

(1) 참된 자유를 누린다.

그에게 참된 자유가 찾아온다. 무엇보다도 죄책과 두려움에서의 자유다. 죄의 모든 세력, 죄의 무거운 사슬로부터의 자유다. 그는 이제 죄와 싸울 수 있게 되었으며 승리할 수 있게 되었다. 더 이상 죄의 노예가 아니며(롬 6:6), 죄에 대해서는 죽은 자며(롬 6:11), 하나님께 대하여 산 자다. 더 이상 죄가 그 육체를 지배할 수 없게 되었고, 영혼은 육체의 욕정에 이끌려 가지 않는다(롬 6:12). 더 이상 죄의 도구가 아니라 의의 도구로 사용하게 되었다(롬 6:13). 이제 죄에서 해방되어 의의 종이 되었기 때문이다.(롬 6:18)

(2) 아들의 영을 받는다.

그렇기에 하나님과 화평하게 되고(롬 5:1), 하나님의 영광에 참여할 것을 바라고 기뻐하며(롬 5:2), 자녀들이 누릴 영광의 자유를 누린다(롬 8:21). 하나님을 아빠라 부르게 된다. 아들의 영, 곧 성령은 그 안에서 끊임없이 활동한다(빌 2:13). 세상을 향한 사랑, 육신과 안목의 정욕, 이생의 자랑으로부터 정화된다. 분노와 교만, 무절제한 정욕에서, 또 악한 말과 행위, 더러운 사귐에서 구원받는다. 더 이상 악을 행치 않으며 선행에 열심을 다한다.

3. 자연적 인간, 율법 아래 있는 인간, 은혜 아래 있는 인간

자연적 인간, 율법 아래 있는 인간, 은혜 아래 있는 인간을 다시 한 번 간략하게 요약해 보자. 자연적 인간은 하나님을 두려워하지도 사랑하지도 않는다. 하나님에 대해 무지하고 그 안에 빛이 없어 어두움 가운데 걷는 자다. 죽음 속에서 잠자는 자다. 죄를 즐겨 범할 뿐이다.

율법 아래에 있는 인간은 하나님을 두려워하는 자다. 두려운 지옥의 빛을 본다. 깨어 있으나 전혀 평안이 없는 상태다. 두려워하나 여전히 죄의 속박 아래에 있다.

은혜 아래에 있는 사람은 하나님을 사랑하는 자다. 기쁨으로 하나님의 빛을 보고 그 안에는 참된 평화가 있다. 죄를 범하지 않으며 죄의 권세에서도 자유하다. 그는 마침내 죄를 정복한다.(롬 8:37)

우리는 스스로 물어야 한다. 나는 자연적 상태에 있는가? 율법적 상태에 있는가? 아니면 은혜 아래 있는가? 이것을 판단하는 데는 다음의 세 가지 방법이 있다.

첫 번째 방법은 내가 하나님을 사랑하는가, 두려워하는가, 혹은 무관심한가를 자문하는 것이다. 하나님께 무관심한 이는 세상에 대한 사랑, 쾌락, 안락, 세상의 좋은 평가에 대해 관심이 있을 뿐이다. 하나님을 두려워하는 자는 자신 안에 있는 죄를 보았기 때문에 슬픔과 두려움에 압도되어 음부의 뱃속에서 부르짖는다. 하나님을 사랑하는 자는 하나님을 날마다 갈망하고 그분 가까이 나아가기를 애쓴다.

두 번째 방법은 죄에 대한 태도를 점검하는 것이다. 즐겨 범죄하는 이는 자연적 상태에 있음을 의미한다. 마음은 그렇지 않은데 어쩔 수 없이 범죄하는가? 이는 율법에 매인 상태를 말한다. 죄를 미워하고 그것과 관계 맺지 않는가? 그는 은혜 아래 있는 자다.

세 번째 방법은 죄와 씨름해 나가는 태도다. 자연적 상태에 있는 자는 죄와 전혀 싸우지 않고, 은혜 아래 있는 이는 죄와 싸워 이기는 자다. 이교도는 전혀 싸우지 않는 자다. 율법적 상태에 있는 자는 죄와 싸우기는 하지만 정복에는 실패하는 자다. 은혜 아래 있는 자는 죄와 싸워 이기는 자다.

이상의 상태들이 섞여 있을 수도 있다. 율법적 상태가 자연적 상태와 혼합되는 경우인데, 이는 죄의 막중함을 알고 진노에서 도피할 것을 갈망하지만 이 상태가 오래되지 않고 죄에 무감각해지는 것이다. 죄의식의 화살이 그 영혼에 꽂히기를 원치 않아서 하나님의 은혜를 질식시켜 진흙 속에 도로 뒹군다. 복음적 상태와 율법적 상태가 혼합되는 경우도 있다. 하나님의 은혜는 두려워하는 영에게 빛을 비추시길 기뻐하신다. 기도를 들으시는 하나님이시다. 예수 그리스도를 믿는 믿음의 약속을 본다. 경건의 모습을 갖춘다. 그러나 다시 죄에 굴복해 버린다. 이는 하나님의 진노에 두려움을 갖고 깊은 죄의식으로 죄를 혐오하며 의를 완성하려 하지만 참다운 하나님의 자녀는 아니다. 오직 하나님의 아들의 영이 그의 영혼에 머물러 끊임없이 하나님을 '아빠'라 부를 수 있을 때에야 비로소 참된 그리스도인이 된다.(롬 8:15)

결론

완전을 향해 나아가라. 그리스도의 이름으로 부름 받은 이들은 완전에 이를 때까지 근신해야 한다. 자연적이고 율법적인 상태에 머물지 말고 은혜로 나아가야 한다. 하나님의 부르심은 노예의 영으로 두려워 떠는 것이 아니라 하나님의 천사들처럼 기뻐하고 사랑하기 위한 것이다. 온 힘과 마음을 다해 하나님을 사랑하고(눅 10:27), 항상 기뻐하고 쉬지 말고 기도하며 범사에 감사하는 데 이르러야 한다(살전 5:16~18). 하늘에서 이룬 것처럼 땅에서도 이루어져야 한다.

이를 위해 우리는 하나님께서 기뻐하실 거룩한 산 제사로 나아가야 한다(롬 12:1). 앞에 있는 것을 잡으려 온 몸을 앞으로 기울이고(빌 3:13), 이미 얻은 바를 굳게 잡아야 하며(롬 3:16), 완전에 이르기까지 앞으로 나아가야 한다.

성령의 증거 | The Witness of the Spirit: Discourse I

> "성령이 친히 우리의 영과 더불어 우리가 하나님
> 의 자녀인 것을 증언하시나니" **롬 8:16**

역사적 배경

사실 이 설교는 웨슬리가 이 같은 형태로 어디에서도 설교한 흔적이 없다. 아마도 이 설교는 1746년 웨슬리가 설교집을 만들 때 편입시킬 목적으로 의도적으로 작성했던 것 같다. 이 설교의 주제는 명료하다. 그것은 그리스도 인의 '확신'(assurance)에 관한 것이다.

웨슬리의 일관된 주장에 의하면 참된 그리스도인은 성령의 증거에 의한 내적 확신을 가지게 된다. 그런데 이 확신의 문제는 항상 '열광주의'(enthusiasm)와의 구분을 어렵게 한다. 실제로 당시 메도디스트 운동은 영국 교회로부터 열광주의를 조장한다는 의심을 받았다. 1745년에 웨슬리가 작성한 소논문 '또 한번의 호소'(A Farther Appeal)는 바로 메도디스트들을 향한 이 같은 비판이 옳지 않음을 변증하기 위한 일종의 변증적 논문이다. 1746년 설교집에 포함시킨 이 설교는 이 문제를 보다 분명하게 설명하고 있다. 웨슬리의 설명은 성령의 객관적 증거를 견지하면서 동시에 영의 주관적 확신을 놓지 않는 'both-and'라는 균형 추구의 방식에 의존하고 있다. 다시 말해 우리 영의 주관적 확신을 주장함으로써 당시 교회에 만연하던 믿음의 화석화, 교조화, 이성화를 피하면서 우리 안에서 경험되는 영적 감정들의 가치를 새롭게 했다. 그러면서 동시에 성령의 객관적 증거에 그 기초가 있음을 분명히 함으로써 영적 경험의 지나친 주관화를 방지했다. 지나친 이성주의와 통제 불능의 열광주의라는 어느 극단에 함몰되지 않고 양자의 긴장 안에서 균형을 찾아갔던 것이다. 이 같은 입장은 '성령의 증거'라는 동일한 제목으로 출판된 그의 discourse II에서도 동일하게 견지되었다.

설교 읽기를 위한 질문

1. 열광주의자는 어떤 사람입니까? 열광주의에 빠지면 어떻게 됩니까?(서론 1항) 이들에 대해 이성주의자들은 어떤 비판을 합니까?(서론 2항) 이 양자의 극단에 빠지지 않는 길은 무엇입니까?(서론 3항)
2. 로마서 8장 6절의 말씀이 의미하는 바는 무엇입니까?(I.1)
3. 우리 영이 증거하는 바는 무엇입니까? 이 같은 증거 두 가지(외적·내적인 증거)는 무엇입니까?(I.2-6)
4. 하나님의 영은 우리가 하나님의 자녀인 것을 어떻게 증거하십니까?(I.7) 하나님의 영의 증거와 우리 영의 증거 사이의 관계는 어떠합니까?(I.8-10)
5. 성령이 친히 우리의 영과 더불어 우리가 하나님의 자녀인 것을 증언하는 방식을 요약해 봅시다.(I.11-12)
6. 하나님의 영이 우리 영과 더불어 증거하시는 것을 잘못 해석하는 경우가 많습니다. 이런 과오를 초래하는 이유는 무엇입니까?(II.1-2) 이런 잘못을 판단하는 기준들은 무엇입니까?(II.3-7) 이런 잘못을 범하지 않기 위해 우리는 무엇을 해야 합니까?(II.8-11)
7. 우리가 이런 잘못된 길에 가 있음에도 불구하고 스스로 그렇지 않다고 속을 수도 있습니다. 하나님의 영이 우리 영과 더불어 증거하시는 것을 입증하는 최종적 표적은 무엇입니까?(II.12-13) 또 더불어 증거하시는 축복을 누리는 이들이 해야 할 것은 무엇입니까?(II.14)

서론

믿음 생활에 있어서 잘못된 방향으로 나아가는 사람들이 있다. '광신'이 그중 하나다. 광신자는 하나님의 영의 증거를 마음대로 해석하는데, 마귀의 일을 하면서 스스로 하나님의 자녀라 착각한다(요일 3:8). 이 광신에 한번 빠지면 벗어나기 매우 어렵다(요일 4:6). 올바른 가르침을 주려 해도 이를 하나님에 대한 반역이라 간주해 버리는 바람에 사람의 힘으로는 수정하기 불가능하다(막 10:27). 광신을 비판하며 이로부터 다른 극단으로 나아가는 사람들도 있다. 이성주의자들이 바로 이런 부류다. 그들은 성령의 증거를 남용하는 이들을 광신으로 몰아붙이며 성령의 증거 자체를 부인하는 데까지 나아간다. 성령의 증거는 사도 시대에나 가능한 것으로 치부한다.

참된 믿음의 길은 이 양자의 극단을 피하는 것이다. 즉, 성령의 증거와 은사를 확신하면서 광신으로 나아가지 않는 것이다. 이를 위해 우리 영의 증거와 성령의 증거가 무엇인지, 그리고 이 양자가 어떻게 적절하게 작용하는지를 살펴보아야 한다.

I. 우리 영의 증거

우리 영의 증거는 독자적으로 주장되어서는 안 된다. 그것은 하나님의 영의 증거와 함께 가야 한다. 우리 영이 하나님의 영과 더불어 증거하는 바는 '하나님의 자녀됨'이다. 우리의 자녀됨은 어떻게 알게 되는가?

1. 하나님의 자녀됨의 표징들
(1) 계명을 지키는 것을 통해
"우리가 그의 계명을 지키면 이로써 우리가 그를 아는 줄로 알 것이요."(요일 2:3)

(2) 말씀을 지킴으로

"누구든지 그의 말씀을 지키는 자는 하나님의 사랑이 참으로 그 속에서 온전하게 되었나니 이로써 우리가 그의 안에 있는 줄을 아노라."(요일 2:5)

(3) 의를 행함으로

"너희가 그가 의로우신 줄을 알면 의를 행하는 자마다 그에게서 난 줄을 알리라."(요일 2:29)

(4) 형제를 사랑함으로

"형제를 사랑함으로 사망에서 옮겨 생명으로 들어간 줄을 알거니와 사랑하지 아니하는 자는 사망에 머물러 있느니라."(요일 3:14)

(5) 행함과 진실함으로

"자녀들아 우리가 말과 혀로만 사랑하지 말고 행함과 진실함으로 하자 이로써 우리가 진리에 속한 줄을 알고 또 우리 마음을 주 앞에서 굳세게 하리니."(요일 3:18~19)

2. 하나님의 자녀됨은 스스로 안다.

그런데 우리가 이렇게 할 수 있는 것은 우리에게 주신 성령의 증거 때문이다(요일 3:24). 참된 그리스도인들은 이 증거로써 자신의 믿음을 굳게 했고 이 믿음 가운데 하나님의 자녀됨을 분명히 알았다. 하나님의 자녀됨은 바로 이런 표적에서 찾아져야 한다.

그렇다면 이런 표적들은 어떻게 검증될 수 있는가? 그것은 타인에게 검증되는 것이 아니라 자신 안에서 이루어진다. 삶이 평안한 것을 스스로 알듯이 내 영혼이 살아 있음을, 내 영혼이 참된 평안 안에 있음을(벧전 3:4) 스스로 안다. 하나님을 사랑하는 것, 그분 안에서 즐거워하는 것을 스스로 안다. 내가 이웃을 사랑한다는 것을 스스로 안다. 계명을 지키는지도 스스로 안다. 하나님의 성호를 진실되게 부르는지, 안식일을 거룩하게 지키는지, 부모를 공경하는지, 대접을 받고자 하는 대로 대접하는지, 몸을 거룩하게 여기는지, 먹든지 마시든지 하나님의 영광을 위해 하는지, 영은 자신에게 스스로 고한다.

3. 우리 영의 증거

우리 영의 증거는 마음과 외적 삶의 성화에 대한 '양심의 증거'요, 하나님이 주신 양자의 영 안에서 하나님의 성품을 받았다는 자기의식이라 할 수 있다. 여기서 하나님의 성품은 하나님과 이웃을 사랑하는 마음으로 요약된다. 하나님의 영에 의해 이 성품을 받았다는 내적 확신이 바로 우리 영의 증거인 것이다. 즉 영의 증거의 근거는 '하나님의 영의 증거'가 된다.

II. 하나님의 영의 증거

1. 하나님의 영의 증거 방식과 내용

하나님의 영이 증거하시는 방식은 참으로 심오하다(고전 2:10). 하나님의 영은 우리의 영혼에 주어지는 내적인 인상(inward impression on the soul)을 통해 '직접적으로' 증거하시는데, 그 증거의 내용은 우리가 '하나님의 자녀'라는 사실이다. 성령은 우리 영에게 예수 그리스도께서 나를 위하여 자기 몸을 주셨다는 사실, 그로 인해 나의 모든 죄가 도말되었다는 사실(행 3:19), 나와 같은 죄인도 하나님과 화해되었다는 사실(고후 5:20)을 직접 증거하시는데, 이 증거는 열광주의적 체험이 아니라 '내적인 확신'을 통해 이루어진다.

2. 하나님의 영의 증거와 우리 영의 증거

하나님의 영의 증거는 우리 영의 증거에 선행한다. 이는 하나님께서 우리를 먼저 사랑하심으로 우리가 그분을 사랑하는 것(요일 4:19)과 동일한 이치다. 우리의 영은 그분의 영이 증거하시기 전에는 하나님의 사랑에 대해 알 수 없다. 하나님의 영이 우리 영을 향해 하나님께서 우리를 사랑하여 독생자를 우리의 죄를 위한 화목 제물로 주셨다는 사실, 그리고 그의 보혈로 우리의 죄를 사하셨다고 증거하실 때에야 비로소 하나님의 사랑을 알게 된다. 하나님의 영이 그분의 사랑을 우리 영 안에 증거할 때 비로소 하나님과 이웃을 사랑할 수 있게 된다. 우리 영은 하나님을 사랑하고 그 계명을 지킴으로써 우리가 하나님께 속한 이들임을 알게 된다(요일 5:19). 우리가 지속해서 하나님을 사랑하고 그의 계명을 즐거이 지킬 때 하나님의 영은 우리 영과 더불어 우리가 하나님의 자녀인 것을 증거한다.

III. 하나님의 영과 우리 영의 증거는 함께 간다

1. 우리 영의 증거는 단독으로 설 수 없다.

우리 영혼 안에서 일어나는 놀라운 일들은 하나님의 영의 일이고 그 일을 분명하게 이해시키는 분도 그분 자신이다. 하나님의 영이 우리에게 부어짐은 먼저 값없이 주신 하나님의 은총을 깨닫게 하시는 일, 그리고 우리 영에게 이 확신을 불러일으켜 하나님의 사랑 안에 거하도록, 그분의 기뻐하시는 일을 지속하도록 돕는 것이다. 그분의 영이 아니고서는 우리는 그분의 사랑을 깨달을 수도, 지속할 수도 없다!

2. 하나님의 영은 우리 영과 더불어 증거한다.

하나님의 영은 우리 영과 더불어 하나님의 자녀인 것을 깨닫게 하고 확신에 머물게 한다. 우리 영은 성령의 증거를 받아 확신에 이른다. 하나님의 증거의 현현 방식은 설명 불가능하다. 그분의 지식은 너무 커서(시 139:5) 바람이 부는 것과 같이 종잡을 수 없다(요 3:8). 그것은 하나님의 신비에 속한 것이다. 그러나 분명한 것은 믿는 이에게 하나님의 자녀로 삼았다는 확신을 준다는 사실이다. 그 확신은 마치 태양의 불꽃 앞에 섰을 때 그 빛을 도무지 의심할 수 없는 것과 같다. 우리의 영은 이 확신을 통해 소망을 갖고 또 하나님의 자녀로서의 거룩한 삶의 열매를 맺게 된다.

3. 하나님의 영이 우리 영과 더불어 증거하시는 것은 어떻게 알 수 있는가?

이것은 분명 인간적 판단과는 다른 것이다. 하나님의 영이 우리 영과 더불어 증거하시는 참된 증거에는 다음과 같은 뚜렷한 열매들이 나타난다.

⑴ 진정한 회개(마 3:2; 막 1:15; 행 2:43, 3:19)

이것이 없다면 그는 단지 그림자만을 쥐었을 뿐이다.

(2) 거듭남

거듭남의 사건은 흑암에서 광명으로, 사탄의 세력에서 하나님께로(행 26:18), 사망에서 생명으로 옮겨지는 것(요 5:24; 요일 3:14)이다. 이 경험에 무지하다고 하면 성령과 우리 영의 증거는 진실이 아니다.

(3) 겸손한 희락

이 기쁨은 나의 미천함을 알며(욥 40:4), 동시에 하나님의 은총과 사랑을 발견하는 기쁨이다. "내가 눈으로 주를 봅니다." 그러므로 티끌과 재 가운데서 스스로 한탄하는 기쁨이다.

(4) 온유, 인내, 양선, 오래 참음

자신의 영적 증거가 최고라는 교만은 그의 증거가 참되지 않다는 가장 확실한 증거다.

(5) 하나님의 계명을 즐거이 지킨다.

하나님을 사랑하는 자는 그 계명을 지킨다(요일 5:3). 사랑은 즐겨 순종하게 만든다.

4. 참다운 증거를 가지지 못한 자

참다운 증거가 없는 자는 율법으로부터의 자유를 말하며 율법을 폐하는 자다(딛 2:14). 자유를 주장하며 경건에 이르는 연습(딤전 4:7)을 게을리하고 정사와 권세와 싸우는 일(엡 6:12)에도, 인내하는 일에도(딤후 2:3), 좁은 문에 들어가는 일(눅 13:24)에도 애쓰지 않는다. 천국으로 가는 쉬운, 넓고 평탄하고 꽃으로 꾸며진 그런 길에 취해 "영혼아 여러 해 쓸 물건을 많이 쌓아 두었으니 평안히 쉬고 먹고 마시고 즐거워하자"(눅 12:19)고 외친다. 그는 스스로 속이는 자다. 그는 무게가 모자란 자며(단 5:27), 가치 없는 은이라 불리는(렘 6:30), 예수의 영이 없는 자다. 그는 주님 안에서의 기쁨을 알지 못하며 하나님을 사랑하지도, 성령에 참여한 자(히 6:4)도 아니다. 하나님의 영이 그의 영과 더불어 증거하지 않는다.

부르짖으라. 눈에서 비늘이 떨어지도록(행 9:18), 부르짖어 자신을 알게 하

라. 사형 선고를 받은 자로서 하나님의 구원의 은총을 구하라.(마 9:2, 22)

5. 참된 증거를 가진 자

그는 엉터리 증거를 구분할 줄 안다. 스스로 알게 된다. 영적 감각기관이 작동하기 때문이다. 특정한 신비적 현상에 의지하면 안 된다. 하나님은 영혼으로 하여금 하나님의 말씀인지 확신하게 하신다. 그러나 이 경험을 가진 이가 그렇지 못한 이에게 설명할 순 없다. 신령한 것은 신령한 감각으로만 분변한다. 육에 속한 이는 이 감각이 없기에 하나님의 증거를 받지 못한다.

결론

우리는 자문해야 한다. '나의 영적 감각은 올바른가?' 잘못되었다면 큰 미혹에 빠진다. 선한 양심의 대답(벧전 3:21)과 삶의 열매, 곧 성령의 열매로 확증한다(롬 8:16). 외적인 모습은 모든 이에게 선한 일을 행하며 악한 일을 금하며 빛 가운데로 걷는 것, 곧 계명을 즐거이 순종하는 것에서 판단될 수 있다. 증거를 가진 이들은 감사의 찬송을 드린다. 우리가 의뢰하는 이를 알게 하시고(딤후 1:12), 그 아들의 영을 우리 마음에 보내셔서 아바 아버지라 부르게 하시며(갈 4:6), 지금도 우리 영과 더불어 하나님의 자녀인 것을 증거해 주시는(롬 8:16) 하나님께 감사할 수밖에 없다.

우리의 찬미는 입술만이 아닌 삶으로 드려져야 한다. 몸으로, 마음으로 하나님께 영광을 드려야 한다(고전 6:20). 모든 생각이나 말이나 행동이 하나님께서 그리스도를 통해 받으실 만한 신령한 제사가 되게 해야 한다.(롬 12:1; 벧전 2:5)

우리 영의 증거 The Witness of Our Own Spirit

> "우리가 세상에서 특별히 너희에 대하여 하나님의 거룩함과 진실함으로 행하되 육체의 지혜로 하지 아니하고 하나님의 은혜로 행함은 우리 양심이 증언하는 바니 이것이 우리의 자랑이라." 고후 1:12

역사적 배경

웨슬리는 약 20여 년의 세월이 흐른 다음 같은 본문으로 이 설교를 작성했다. 이 설교는 1767년 4월 4일 아일랜드의 뉴리(Newry)라는 곳에서 작성했다고 밝히고 있다. 이 설교는 같은 해에 출판되었고 1771년 웨슬리의 설교집 안에 전편의 것과 나란히 포함되었다. 비록 이 설교가 교회 안에서 구두적으로 설교된 흔적은 없지만 전편의 설교와 더불어 믿는 이의 확신 문제를 다루는 중요한 설교임에는 틀림없다.

그렇다면 왜 웨슬리는 또다시 같은 본문으로, 같은 주제를 두 번씩이나 다루고 있는가? 물론 이런 시도가 웨슬리에게 처음은 아니다. 그는 이따금 중요한 논제에 대해 시간의 격차를 두고 반복해 다룸으로써 주제에 대한 강조 효과, 그리고 새로운 정황에서 발생하는 주제의 도전에 대해 적절한 응답을 시도함으로써 시조(時潮)에 적합한 이해의 시도라는 양면적 효과를 거두었다. 이 설교도 마찬가지였다. 전편의 설교는 어떻게 열광주의와 이성주의의 양극단을 피하며 제3의 길을 모색할 것인가에 집중했다. 본 설교 또한 이 문제의 중요성을 상기시키면서 동일한 주제에 천착했다.

그러나 본 설교는 당시 메도디스트 부흥 운동에 대한 비판, 곧 열광주의의 하나라는 비판에 대해 적절한 답을 구하려는 데 더 큰 힘을 기울이고 있다. 즉 우리 안의 확신은 성령의 객관적인 증거 – 성령의 열매 – 로만 확증될 수 있다는 사실을 더욱 강조한다.

설교 읽기를 위한 질문

1. 그리스도를 참으로 믿는 이들의 증거는 무엇입니까?(1) 이 일이 생겨나는 원인은 무엇입니까?(2)

2. 양심은 일반적으로 어떻게 이해됩니까? 그 주된 역할은 무엇입니까?(3) 이것은 다른 이름으로 어떻게 불립니까? 바울에게 있어서 양심은 어떻게 정의됩니까? 그 기능은 무엇입니까?(4-5)

3. 양심이 선악을 판단하는 기준은 이방인과 기독교인에게 각각 달리 적용됩니다. 그것은 무엇입니까?(6)

4. 선한 양심은 무엇을 의미합니까? 이 양심은 다른 말로 무엇이라 말합니까?(행 24:16 참조) 이런 양심을 이루기 위해서 필요한 것은 네 가지로 요약됩니다. 그것은 무엇입니까?(7)

5. 이 같은 선한 양심을 소유하기 위한 바른 기초는 무엇입니까? 이 기초는 어떻게 확립됩니까? 어째서 그렇습니까? 이렇게 될 때 우리는 어떻게 고백하게 됩니까?(8)

6. '세상에서 행했다'는 말의 의미는 무엇입니까?(9-10) 하나님의 거룩함(솔직함)으로 행했다는 의미는 무엇입니까?(11) 또 하나님의 진실함으로 행했다는 의미는 무엇입니까?(12-13) 이 같은 일이 육체의 지혜로 행할 수 없다고 할 때 이 말의 의미는 무엇입니까? 바울은 어떤 의미에서 이 사실에 대한 좋은 실례가 됩니까?(14)

7. 결국 이 세상에서 하나님의 거룩함과 진실함으로 행할 수 있는 힘은 무

엇입니까? 여기서 하나님의 은혜는 구체적으로 무엇을 말합니까? 이런 은혜로 사는 사람은 어떤 증거를 갖습니까?(15)

8. 이 증거를 가진 사람은 어떤 삶을 삽니까? 그 이유는 무엇입니까?(16)

9. 이 기쁨이 아닌 것들 세 가지는 무엇입니까?(17-19) 참된 기쁨은 무엇입니까?(20)

설교 핵심 요약

서론

그리스도를 참으로 믿는 이들은 믿음과 사랑 안에서 기뻐한다(빌 4:4). 이 기쁨의 근원은 무엇인가? 그것은 바로 양심의 증거에서 생겨나는 영혼의 평안과 만족이다. 그렇다면 양심의 증거는 무엇을 의미하는가? 이것이 어떻게 기쁨의 근원이 되는 것인가?

I. 양심

1. 양심이란?

양심에 관한 논의는 많았다. 그러나 그 정확한 의미는 밝혀지지 않았고 오히려 바르지 않은 해석으로 인해 혼란만 야기했다. 그렇다면 양심이란 무엇을 의미하는가? 인간은 생각하는 존재이며 의식적인 존재(conscious being)로, 자기를 의식한다. 자신의 과거와 현재를 의식하며, 자기 자신의 행위나 특성에 대해 돌아볼 줄 아는 존재다.

여기서 자기를 돌아본다는 것은 '옳고 그름을 판단한다'는 의미이기도 하다. 이 판단 능력을 '도덕적 지각'(moral sense)이라 부르기도 한다. 성경은 이 도덕적 지각을 우연한 것으로 보지 않고 하나님께서 모든 영혼 위에 심으신 양심의 능력으로 본다. 양심으로 영혼은 자신의 마음, 삶, 언어, 행동 가운데 옳고 그름을 판단하게 된다.

2. 양심의 판단 기준

그렇다면 양심이 선악을 판단할 때 기준이 되는 것은 무엇인가? 복음을 알지 못하는 사람은 양심 속에 쓰여진 율법(롬 2:15)을 기초로 판단하고, 복음을 아는 이들은 하나님의 기록된 말씀, 곧 신구약 성경의 문서들을 따라 판단한다. 그 문서들은 하나님의 영감으로 쓰였기 때문에 하나님의 온전하신 뜻을 따라 가르치기에 유익하고 때로는 잘못된 것을 책망하고 바로잡기에 합당하다(딤후 3:6). 그래서 성경을 그리스도인의 발밑을 비추는 등불이요 길을 밝히는 빛이라 일컫는 것이다.

3. 선한 양심

양심이 성경의 인도함을 따르게 될 때 우리는 이를 '선한 양심'이라 부른다. 이는 때때로 '거리낌 없는 양심'(행 24:16)이라 칭하기도 한다. 선한 양심이 완성되려면

(1) '거룩하시고 온전하신 뜻'(롬 12:2)을 분명히 알아야 하며

(2) 자신에 대한 참된 지식을 가져야 하고

(3) 마음과 삶, 인격과 행위, 생각과 말이 기록된 하나님의 말씀과 일치해야 하며

(4) 이 일치에 대한 내적인 자각이 이루어져야 한다. 이 내적인 자각이 다름 아닌 '하나님과 사람 앞에서 거리낌 없는 양심'(행 24:16)인 것이다.

4. 선한 양심을 가지려면

그렇다면 선한 양심, 곧 거리낌 없는 양심을 어떻게 해야 가질 수 있는가? 바른 기초에 기반하는 것 외에는 길이 없다. 이 기초가 바로 예수 그리스도다(고전 3:11). 예수 그리스도를 기초를 삼았다 함은 바로 산 믿음 가운데 그분 안에서 사는 자를 의미한다. 내 마음에 계시된 아들을 믿는 믿음 안에서 사는 이가 아니면 예수 그리스도를 기초로 한 것이 아니다.

믿음만이 눈에 보이지 않는 것들의 증거요 확신이며 실증인 것이다. 믿음

으로 우리는 이해하고 하나님의 빛을 받으며 하나님의 법의 기이한 것을 본다(시 119:19). 믿음으로 율법의 탁월함과 순수함, 높이, 깊이, 길이, 넓이를 이해하고, 믿음으로 그리스도의 얼굴에 나타난 하나님의 영광(고후 4:6)을 보고, 우리 자신을 거울 보듯이 알게 된다. 이웃을 사랑하는 것, 약속의 성취가 믿음으로만 가능하다.

다시 말해 우리 영혼과 하나님의 거룩하고 완전하신 율법과의 온전한 일치, 곧 거리낌 없는 양심은 믿음으로만 성취될 수 있다. 이 사실을 자각함으로써 '나 자신의 지혜가 아닌 하나님의 은혜로 그분이 주신 거룩함과 진실함으로 행했다고 양심이 증거한다.'

II. 양심의 증거

1. 참된 행위

우리의 '행위'는 매우 포괄적이다. 영혼에 관계된 일, 육체에 관계된 일을 포함한 모든 내적·외적인 일들을 의미한다. 이 행위는 '세상 안에서' 이루어진 일인데(고후 1:12), 우리의 영혼을 파괴시키려 "삼킬 자를 찾아 두루 다니는"(벧전 5:8) 세상에서 행한 것이다.

우리의 참된 행위는 첫째, 솔직함(simplicity)으로 행하는 것이어야 한다. 순수한 의도, 곧 '성한 눈'으로 행하는 것이다. 하나님께만 집중하는 것이며 하나님의 영광을 향하며 그분의 의지만을 따르려는 단순한 마음으로 행하는 것이다. 둘째, 진실함으로 행하는 것이어야 한다. 솔직함이 '의도'를 의미하는 것이라면, 진실함은 그 실천을 의미한다. 하나님을 향한 단순한 마음으로 실천하는 것이다.

우리의 모든 행위가 하나의 궁극적 목표를 향해 나아가는 것, 모든 생활에서 하나님을 향해 똑바로 움직여 가는 끊임없는 운동이다. 그렇기에 '하나님의 진실'과 동의어다. 따라서 솔직함과 진실함으로 행하는 것은 인간의 지혜로는 불가능하다. 사도 바울은 인간의 지혜를 갖춘 자였으나(갈 1:14; 빌 3:6) 솔직함과 진실됨으로 행할 수 없었다.

2. 참된 행위는 성령의 능력으로만

하나님의 은혜로 말미암지 않고서는 솔직함과 진실함의 행위는 불가능하다. 하나님의 기뻐하시는 뜻을 따라 우리 속에서 의욕을 일으키시는(빌 2:13) 성령의 능력으로만 가능할 뿐이다. 하나님의 용서하시는 은총이 우리 영혼에 나타나자마자 성령의 능력이 인간에게 불가능한 일들을 실행하게 한다. '그리스도로 말미암아' 우리를 강하게 하시는 사랑의 빛과 능력 안에서 우리는 모든 것을 행할 수 있다. 육신의 지혜로는 도무지 가질 수 없는 '세상에서의 솔직함과 진실함으로 행할 수 있게 되었다'는 양심의 증거(고후 1:12)를 가지게 되는 것이다.

III. 그리스도인의 기쁨

1. 양심의 증거가 있는 사람에게는 기쁨이 있다.

양심의 증거가 있는 이는 마음이 주를 찬양하며 영혼이 구주를 높이고(눅 1:46~47) 기쁨으로 가득 차 있다. 왜 그런가? 아무런 공로 없는 내 영혼을 이 구원의 자리로 인도했음을 알기 때문이다. 성령이 내 안에서 나의 영에게 내가 그리스도의 지체요 하나님의 자녀요 천국의 상속자라는 사실을 증거해 주기 때문이다. 내 마음의 모든 것이 하나님만을 바라보는 밝은 눈이 되었음을 의식하기 때문이다. 정욕과 욕망과 자기 자신을 십자가에 못 박아 버리고(갈 5:24) 하늘만을 생각하여(골 3:2) 하나님 외에는 아무것도 바라지 않기 때문이다. 내 안에서 하나님의 형상이 회복되었기(창 1:26) 때문이다. 부르심을 받은 그 부르심에 합당하도록, 즉 악을 멀리하고 선을 행하며 오직 하나님만을 따른다는 사실을 양심이 증거하기 때문이다. 내 모든 행위가 하나님 안에서 행해지고 그 길을 따르기에 부족함이 없으며 하나님의 은혜로 좌로나 우로나 치우치지 않고 그 길을 걸을 수 있기 때문이다.

2. 이 기쁨은 무조건적이다.

결코 외적 조건에 따른 기쁨이 아니다. 육체의 건강이나 일의 성공, 재물의 획득 등으로 인한 기쁨과는 다르다. 그것은 핍박을 당해도 온 몸이 상해도 어떤 외적 어려움이 있어도 기쁨 안에 머물 수 있는 그런 기쁨이다. 이 기쁨은 영혼이 깨어 있는 데서 오는 기쁨이요, 영적 지각이 생겨 보이지 아니하는 그분을 보는(히 11:27) 기쁨이지, 양심의 둔감함 가운데 있는 무지의 기쁨이 아니다. 또 이 기쁨은 순종으로 얻어지는 기쁨이다. 하나님을 사랑하고 계명을 지키는 데서 오는 기쁨이다.

그러나 여기서 우리가 오해하지 말아야 할 것이 있다. 그것은 이 기쁨이 계명을 지키는 것에서 연유되는 것은 아니라는 사실이다. 이미 은혜로 인해 우리 주 그리스도와 연합하여 살고 이 은혜의 계약을 따라 사는 데서 오는 기쁨이고, 우리 마음속에 살아 계시는 분으로 인해 영원한 생명을 누리는 데서 오는 기쁨이다.(롬 5:21)

결론

양심의 증거가 함께하는 사람은 참으로 축복받은 사람이다. 그는 참 기쁨을 누리는 자이기 때문이다. 이 양심의 증거는 그리스도를 믿는 믿음으로만 주어진다. 산 믿음 가운데 그분 안에서 살라. 그리하면 선한 양심으로 인해 끊임없는 양심의 증거를 소유하게 될 것이고 기쁨으로 충만한 삶을 살게 될 것이다.

은총의 수단 The Means of Grace

> "만군의 여호와가 이르노라 너희 조상들의 날로
> 부터 너희가 나의 규례를 떠나 지키지 아니하였도
> 다 그런즉 내게로 돌아오라 그리하면 나도 너희에
> 게로 돌아가리라 하였더니 너희가 이르기를 우리
> 가 어떻게 하여야 돌아가리이까 하는도다." 말 3:7

역사적 배경

웨슬리에게 있어서 구원의 사건은 하나님의 사랑이 만들어 내는 은총의 사건이다. 그러므로 우리에게 가장 중요한 질문은 '우리가 어떻게 하나님의 은총을 입는가' 하는 것이다. 하나님께서 우리에게 은총을 베푸시는 방식은 절대적으로 자유롭다. 그분은 자신이 원하는 방식대로, 원하는 때에 은혜를 베푸신다. 하지만 하나님께서는 몇 가지 통상적인 통로 또한 준비해 두셨다. 그것이 바로 은총의 수단이다. 웨슬리에게 나타난 은총의 수단은 한 번에 정립된 것이 아니라 세월이 흐르면서 더욱 정교해져 갔다. 설교 '은총의 수단'은 은총의 수단에 대한 비교적 초기의 이해를 보여 주고 있다.

이 설교는 웨슬리의 모라비안들과 정숙주의자들과의 초기 논쟁의 주제와 깊은 관련이 있다. 그들과의 논쟁 초점은 교회의 의식들과 구원의 확신과의 관계 설정에 있었다. 웨슬리 저널의 네 번째 발췌본(1739~41)은 그가 이 문제에 대해 깊이 숙고했으며 모라비안들과 확연히 다른 견해를 갖고 있음을 분명히 보여 준다. 웨슬리는 말라기 3장의 본문을 1741년까지 여섯 차례 설교했다. 이 설교는 1746년 그의 첫 설교집에 수록된 이후 모든 설교집에 등장한다. 1746년경 메도디스트는 이미 꽤 큰 그룹으로 성장했다. 그러나 아직이 그룹 안에는 교회의 외적 의식들이 영적 생활에 방해가 된다고 생각하는 사람들이 있었다. 그들은 자신들을 참다운 복음주의자로 간주하며 성령의 세례를 물세례나 성만찬 혹은 다른 종교적 행위들보다 압도적인 요소로 생각했다. 그들 중에는 이미 메도디스트 정숙주의자라 할 수 있는 사람들도 출현하여 교회의 외적 의식들을 무의미한 것으로 치부하기도 했다.

웨슬리의 설교는 바로 이들을 향한 것이었고 그들에게 은총의 수단의 중요성을 다시금 각성시키기 위한 것이었다. 웨슬리가 페터레인 신도회와 결별하고 파운더리에서 새로운 신도회를 구성하여 지도하기 시작한 이래 그의 초지일관된 입장은 '구원의 확신'을 강조하는 동시에 은총의 수단으로써 교회의 외적 행위들을 가치 있게 활용해야 한다는 것이었다. 이 설교는 바로 이런 입장을 정교하게 설명하였다.

설교 읽기를 위한 질문

1. 은총의 수단들이 오늘날에도 여전히 필요한 근거는 무엇입니까?(I.1) 은총의 수단을 대하는 두 가지 형태의 오류는 무엇입니까?(II.2-5)
2. 은총의 수단은 무엇으로 정의할 수 있습니까? 은총의 수단에는 어떤 것들이 있습니까?(II.1)
3. 은총의 수단이 참된 가치를 지니기 위한 조건은 무엇입니까?(II.2-6)
4. 은총의 수단이 실제로 유용하게 되는 첫 번째 길은 무엇입니까?(III.1) 이에 대한 성경적 근거는 무엇입니까?(III.2-6) 그 두 번째 길은 무엇입니까?(III.7) 성경 탐구의 유익은 구체적으로 무엇입니까?(III.7-10) 그 세 번째 길은 무엇입니까?(III.11) 이에 대한 성경적 근거는 무엇입니까?(III.11-12)

5. 은총의 수단을 무력화시키려는 시도가 많습니다. 이들의 다섯 가지 반대 논거는 무엇입니까? 이 논거들이 헛됨을 어떻게 알 수 있습니까?(IV)

6. 은총의 수단들은 실제로 어떤 순서로 영혼에게 적용됩니까?(V.1) 이 순서가 적용될 수 있는 영혼의 상태는 각각 어떻게 다릅니까?(V.2) 여기에 주의해야 할 사항은 무엇입니까?(V.3)

7. 은총의 수단을 사용할 때 명심해야 할 네 가지 사항들은 무엇입니까?(V.4)

설교 핵심 요약

서론

'오늘날에도 은총의 수단이 필요한가?' 이 질문을 제기하는 이들은 영생과 불멸의 길, 곧 복음이 밝혀진 오늘날에는 은총을 받기 위한 규례(ordinance)가 필요하지 않다는 전제를 가지고 있다. 이 질문은 합당하지 않다. 사도시대 이후 그리스도인들은 그리스도께서 우리의 영혼 안에 은혜를 전달하실 어떤 외적인 수단을 정하셨다는 데 동의했고, 그들은 이를 끊임없이 실천해 왔다. 믿는 이들은 물건을 서로 통용하고(행 2:44) 서로 교제하며 떡을 떼며 기도하기에 매우 힘썼다.(행 2:42)

그런데 은총의 수단이 오늘날에도 여전히 필요하다고 생각하는 사람들조차 은총의 수단을 그릇 사용하기도 한다. 이 잘못은 두 가지 형태로 진행된다. 첫째는 은총의 수단을 오용하는 것이다. 은총의 수단은 수단 그 자체임에도 목적으로 잘못 알고 사용하는 것이다. 믿음 생활을 '하나님의 형상을 따라 마음을 새롭게 하는 것'이 아닌 '외적인 행위 자체'로 착각하는 것이다. 그들은 거짓 없는 믿음을 가지고 깨끗한 마음에서 우러나오는 사랑으로 하나님을 전심으로 사랑하며 이웃을 자신처럼 사랑하는 것(마 22:37, 39), 그리고 하나님의 능력을 믿는 믿음(골 2:12)으로 교만, 분노, 악한 욕망에서 깨끗함을 받는 것이 은총의 수단을 행하는 최종 목표임에도 은총의 수단 자체가 마치 목표인양 은총의 수단을 행하는 것이다. 이는 은총이 아닌 저주를 가져다주었다. 마음과 삶의 변화를 가져오기는커녕 이전보다 더 지옥의 자녀가 되고 마는 결과를 가져왔다.

또 다른 오류는 은총의 수단을 경시하는 것이다. 은총의 수단을 오용하는 것을 반대하면서 이 반대를 극단으로 끌고 나가 무시하는 것이고 내적 종교의 중요성을 강조하면서 외적 수단을 경시하는 것이다. 이런 주장을 하는 사람들은 예배드리는 자는 신령과 진정으로 드리는 것이어야 하고, 외적 예배는 헛된 것이고, 하나님의 외적인 규례들은 내적 성결이 없으면 무익하며, 특히 외적인 규례들이 내적인 거룩함을 대신할 때는 하나님께 혐오스러운 것이 된다(신 7:25)는 주장을 매우 설득력 있게 제시한다. 그러나 이런 주장을 극단적으로 밀고 나가면 은총의 수단은 아무 필요가 없다고 주장하는, 은총의 수단의 경시라는 또 다른 큰 위험을 초래한다. 그렇다면 은총의 수단은 무엇이며, 우리는 그것을 어떻게 사용해야 하는가?

I. 은총의 수단

1. 은총의 수단이란?

은총의 수단은 하나님의 정하신 외적 표식들, 말씀, 혹은 행위다. 이들은 하나님께서 선행은총, 칭의의 은총, 성화의 은총을 베푸시기 위해 사용하시는 통상적인 통로다(Outward signs, words, or actions, ordained of God, and appointed for this end, to be the ordinary channels whereby he might convey to men, preventing, justifying, or sanctifying grace). 이 용어는 이미 오랫동안 영국 교회 안에서 사용되어 왔다. 영국 교회는 이 은총의 수단을 주신 하나님께 감사할 것을 가르쳐 왔는데, 성례전을 '내적 은혜의 외적인 표상이며 그것을 받는 수단'(an outward sign of inward grace, and a means whereby we receive the same)이라고 명백히 하고 있다. 은총의 수단에는 은밀한 기도, 대중기도, 성경 탐색, 성찬식 등이 포함된다.

2. 은총의 수단이 참된 수단이 되려면?

(1) 믿음으로만

은총의 수단이 지니는 가치는 그것이 실제로 '믿음'이라는 궁극적인 목적에 봉사하고 있는가에서 결정된다. 이 목적에서 이탈하게 될 때 무용하며 헛것이 되고 만다(사 40:17). 즉 은총의 수단은 하나님에 관한 지식과 사랑, 참된 믿음에 부응 않고 이에 대치하는 대용물이 될 때 혐오스럽고 가증한 것이 된다. 그 어떤 거룩한 수단이라도 하나님의 영에서 분리되어 있다면 전혀 유익하지 않으며 오히려 해가 되는 것이다.

(2) 하나님의 역사가 함께하실 때만

은총의 수단은 외적 행위다. 이것은 하나님의 역사가 없이는 약하고 무가치한 것이 된다(갈 4:9). 어떤 종류의 수단이든지 그것 자체에 고유한 힘이 있다고 판단하는 것은 성경도, 하나님의 능력도 모르는 것이다. 기도의 말들, 성경의 문자들, 성찬에서의 떡과 포도주 그 자체에는 아무런 능력이 없다. 이 모든 것을 의미 있게 만드시는 이는 하나님 한 분뿐이다(약 1:17). 모든 은혜는 하나님에게서 나온다. 하나님이 함께하시기에 수단들은 '은총의 수단'이 되는 것이다.

그렇지만 우리가 기억해야 할 것은 하나님은 그런 수단들이 없을지라도 그 같은 은혜를 베푸실 수 있는 분이라는 사실이다. 어떤 수단이 하나님의 의지를 좌지우지할 수 없다. 하나님 자신이 그 수단을 가치 있게 하실 때에만 가치가 있게 될 뿐이다. 하나님은 '어떠한 수단으로도' 혹은 '수단에 의지하지 않고도' 자신이 원하시는 바를 행하실 수 있기 때문이다.

(3) 그리스도의 피를 통해서만

은총의 수단이 죄를 속량하는 것이 아니다. 죄인이 하나님과 화해할 수 있는 것은 오직 한 길, 그리스도의 피를 통해서 이루어질 뿐이다. 우리의 죄와 더러움을 씻을 다른 물은 존재하지 않는다. 오직 그리스도를 신뢰함으로써 그분의 피의 공로를 통해서만 가능하다.

3. 그릇된 사용

불행히도 은총의 수단이 남용되고 있다. 이러할 경우, 능력은 사라지고 형식만 남은 믿음(딤후 3:5)이 되고 만다. 이는 멸망의 길이다. 그리스도께서 아직 그들의 마음에 계시되지 않았음에도 그들은 은총의 수단을 열심히 사용함으로 이미 그리스도인이라 착각한다. 은총의 수단을 통해 언젠가는 거룩하게 될 것이라는 그릇된 꿈을 꾼다. 은총의 수단을 사용함으로 하나님께서 자신들을 거룩하게 하시거나 자신들이 하나님께 받아들여질 것이라는 착각에 빠져 있다. 구원은 하나님의 선물이다. 은총의 수단에 의지하는 이들은 "너희가 은혜로 구원을 얻은 것이라"(엡 2:5, 8)는 말씀을 이해하지 못한다. 우리가 죄에서 구원받는 것, 정죄함과 죄의 세력에서 구원받는 것, 하나님의 형상으로 회복되는 일은 우리 자신의 행위나 공적 혹은 가치 때문이 아니고 값없이 주어진 은혜, 곧 사랑하는 아들의 공로를 통해 주시는 하나님의 순수한 사랑에 의한 것이다. 즉 구원은 우리 자신이나 피조물의 능력, 지혜로 이루어지는 것이 아니다. 그것은 모든 것을 이루시는(고전 12:6) 성령의 은혜와 능력(롬 15:13)에 의한 것이다.

그렇다면 어떻게 해야 이 은혜에 이를 수 있는가? '믿음으로' 이 은혜를 받는다. 이 믿음은 '하나님을 갈망함으로써' 주어진다. 하나님을 어떻게 기대하고 기다리는가? 은총의 수단을 통해서 대망한다!

II. 하나님의 은혜

은총의 수단은 하나님을 갈망하는 길이다. 하나님의 은혜를 갈망하는 이들은 성경이 이르는 대로 정해진 수단에 의해 갈망해야 한다. 성경이 가리키는 은총의 수단을 잘 사용함으로 하나님의 은혜를 열망해야 한다. 은총의 수단에는 다음과 같은 것들이 있다.

1. 기도

산상수훈에서 주님은 참된 믿음이 무엇인가를 가르치신 후에 이렇게 강조하셨다. "구하라 그리하면 너희에게 주실 것이요 찾으라 그리하면 찾아낼 것이요 문을 두드리라 그리하면 너희에게 열릴 것이니 구하는 이마다 받을 것이요…."(마 7:7~8) 하나님의 은총은 값비싼 진주다(마 13:46). 이 진주를 찾기 위해서는 구하고 찾고 문을 두드리는 일을 계속해야 한다. 즉 기도를 지속해야 한다. 기도는 성령을 받는 수단이다(마 7:9~11). 끈질기게 구하면 하나님은 은총을 베푸신다. 무엇보다 성령을 부으신다. 낙심하지 않으면서 기도한다면 하나님은 반드시 들어주신다.(눅 18:1~5)

기도는 믿음 안에서 이루어져야 한다(약 1:7). 그러나 이 믿음은 이신칭의의 믿음과는 다른 믿음이다. 그것은 '조금도 흔들리지 않고 의심하지 않음'을 의미한다. 이 둘 간의 차이에 대한 인식은 다음의 모순을 설명하는 열쇠다. 즉 '믿음이 없으면 듣지 않으신다'는 가르침과 '믿음을 간구하라'가 그것이다. '믿음이 없이 어떻게 믿음을 구할 수 있는가?' 이 설명에서 앞의 믿음은 '조금도 흔들리지 않고 의심하지 않음'이며, 뒤의 믿음은 '의로움을 가져다주는 믿음'이다.

기도는 믿음으로 칭의에 이른 사람뿐 아니라 모든 이들에게 열린 하나님의 은총의 수단이다. 하나님의 은혜를 원하는 자는 모두 기도를 통해 그것을 갈망해야 한다.

2. 성경 탐색
성경은 그리스도 예수 안에 있는 믿음으로 말미암아 구원에 이르는 지혜를 주시는 하나님의 은총의 수단이다(딤후 3:15). 성경은 하나님의 감동으로 된 것이다. 그렇기에 교훈과 책망과 바르게 함과 의로 교육하기에 유익하다(딤후 3:16). 성경을 탐구함으로 하나님의 사람으로 온전하게 되며 모든 선한 일을 행할 능력을 갖추게 된다(딤후 3:17). 성경은 모든 이들에게 유익하다. 이미 하나님의 자녀된 이들뿐 아니라 어두움에 있는 이들에게도 유익하다. 어두움 속에서 마음속에 빛이 비추이기를 바라는 모든 이들은 성경을 탐구해야 한다.(벧후 1:19)

3. 성만찬

하나님의 은혜가 더해지길 기대하는 사람은 주님이 친히 제정하신 성만찬에 참여해야 한다(고전 11:23~26). 이는 하나님과 천사들과 사람들 앞에서 주님의 죽으심을 '공개적으로' 기념하는 것이다.

성찬식에는 '자기를 살핀 연후에' 참여해야 한다(고전 11:28). 이는 단순한 권유가 아닌 강력한 명령이다. 이 명령은 믿음으로 이미 평화와 기쁨이 충만한 이들에게, 또한 자신의 죄를 깊이 느끼며 그 무거운 짐을 견딜 수 없는 이들에게 주어진 것이다. 잔은 그리스도의 피에 참예하는 것이고, 떡은 그리스도의 몸에 참예하는 것이다. 떡을 먹고 잔을 마시는 일은 우리를 위해 한 번 찢기신 그리스도의 몸과 한 번 흘리신 그리스도의 피에 믿음으로 참예하는 일이다. 성만찬이라는 가시적 수단을 통해 하나님께서는 우리 영혼 속에 모든 영적인 은혜, 곧 성령 안에서 의와 평강과 희락을 전달하신다.

III. 은총의 수단을 반대하는 논리들

은총의 수단에 대한 수많은 반대가 일어났다. 반대자들의 논리는 초신자들로 하여금 진리에서 떠나게 하고 참된 믿음의 길을 걷는 이들을 위장하여 속이고 괴롭힘으로써 그들의 믿음을 파선시킨다.

이들의 논리에는 어떤 것들이 있으며 이에 대해 우리는 어떤 답을 제시할 수 있는가?

1. 첫 번째 반대 논리

이것은 은총의 수단에 대한 확고한 신뢰 없이는 그것들을 사용할 수 없다고 하는 것이다. 이에 대해 제시할 수 있는 답변은 이렇다. 은총에 대한 확고한 신뢰는 필요하다. 그것이 이 방법을 통해 하나님의 은혜를 갈망하지 않고서는 그 은혜에 이를 수 없다는 의미이면 더욱 그렇다. 그러나 이 신뢰가 생길 때까지 그들을 사용할 수 없다고 말하는 것은 잘못되었다. 성경 어디에도 이렇게 말하는 곳은 없다.

2. 두 번째 반대 논리

은총의 수단을 사용하는 것은 일종의 구원을 행위로 얻으려는 시도라는 것이다. 이에 대해 우리는 이렇게 말할 수 있다. '행위로 구원을 얻는다'고 했을 때 그 행위는 모세 율법의 의식적 행위를 말하는 것이다. 그러나 하나님 께서 정하신 방식으로 하나님의 은혜를 기대한다는 것은 여기서 말하는 행위가 아니다. 은총의 수단을 행함은 하나님의 제정하신 방식에 따라 은혜로 나아가려는 것일 뿐이다. 이는 구원은 나의 어떠한 행위 때문이 아니라 독생 자의 공로와 고난과 사랑에 의한 것임을 결코 잊지 않는다. 독생자만이 언제나 하나님이 기뻐하시는 분임(마 3:17)을 아는 지식에 기초해 있다.

3. 세 번째 반대 논리

그리스도만이 유일한 은총이므로 다른 수단은 필요치 않다는 것이다. 이것은 명백한 말의 유희다. 기도가 은총의 수단이라 말할 때 기도는 하나님의 은총이 전달되는 매개를 의미하는 것이다. 그러나 그리스도가 은총의 수단이라는 것은 그 의미가 다르다. 그분만이 은혜를 피로 사신 유일한 은혜의 원천임을 의미하는 것이다. 그분이 아니고서는 하나님의 은총의 보좌 앞에 갈 길이 없음을 의미하는 것이다. 즉, 기도 등의 은총의 수단들은 하나님이 은총을 베푸시기 위해 '기능적으로' 선택한 통로라는 의미지만, 그리스도가 은총의 수단이라는 것은 하나님의 은총이 그분으로부터 준비되고 그분을 믿음으로만 은총에 참여할 수 있는 '절대적 근거'로서의 수단을 의미한다.

4. 네 번째 반대 논리

이것은 "성경이 이미 구원을 대망하도록 지시했는데 굳이 수단이 필요한가? 잠잠히 있음(시 62:1), 수동적 기다림(사 33:2)이면 충분하지 않은가?"라고 말하는 것이다. 이에 대해 우리는 이렇게 답할 수 있다. 구원은 하나님의 선물이기에 앙망해야 한다. 그런데 어떻게 앙망하는가? 아무것도 하지 않으며 앙망할 수는 없지 않은가? 하나님은 앙망의 길을 은총의 수단을 통해 제시해 주셨다. 이사야는 그분의 정하신 길(주의 심판하시는 길)에서 그분을 기다렸으며(사 26:8), 다윗도 주의 '정하신 길'을 따르기로 결심했다(시 119:33). 모세가 홍해를 앞두고 '가만히 서서' 하나님께서 행하시는 구원을 보라고 했을 때도 그는 힘을 다하여 앞으로 나아갔다(출 14:10~11, 13, 15~16). 여호사밧 왕이 아람의 군대에 직면하여 기도했을 때 하나님은 두려워 말고 "마주 내려가라"고 명하셨다(대하 20:2~5, 14~17). 즉 우리는 하나님의 정하신 수단을 통해서 하나님의 은혜를 바라야 한다.

5. 다섯 번째의 반대 논리

이는 "우리가 초등학문에서 그리스도와 함께 죽었는데 세상의 의문에 복종해야 하는가?(골 2:20) 그리스도와 함께 죽은 자에게 더 이상의 규례는 무의미하지 않는가? 그리스도인은 규례에서 자유하지 않는가?"라고 주장하는 것이다. 이에 대한 답변은 이렇다. 여기서 말하는 '의문'이나 '규례'는 유대교에서 파생된 것들이다. 이에 대해서 그리스도인은 분명 자유하다. 이것들은 붙잡지도, 맛보지도, 만지지도 말아야 한다(골 2:21). 그러나 은총의 수단은 이 같은 유대인의 의문이나 규례가 아니다. 하나님이 은혜를 베풀기 위해 정하신 통상적 통로다.

IV. 은총의 수단의 사용 방식

1. 사용 순서

(1) 듣는 것

하나님께서 우리 가운데 찾아오셨음에도 인간은 어리석음으로 인해 자기의 갈 바를 알지 못한다. 우리 안에 오시는 하나님은 설교와 대화, 혹은 두려워할 만한 섭리적 사건 등을 통해 우리를 만나시기도 한다. 그러므로 우리는 우리 가운데 오신 하나님을 발견하기 위해 심령의 귀를 활짝 열고 들어야 한다. 죄인들은 깨우시는 하나님의 음성을 듣고 장차 올 진노를 피해야 한다.(마 3:7; 눅 3:7)

(2) 성경을 살피는 일

심령에 들려오는 하나님의 음성을 듣게 되면 영혼은 놀라 그 메시지가 사실인가 하여 성경을 살피기 시작한다.

(3) 묵상

하나님의 음성을 듣고 성경을 읽을수록 더욱더 그 의미를 상고하게 되며 확신에 이르기 시작한다. 이는 말씀을 깊이 묵상하는 데로 이끌며 성경 말씀을 설명해 주는 다른 책들 읽기를 즐겨 하게 된다.

(4) 기도

하나님의 음성을 듣고 성경을 묵상하면 할수록 죄의식의 화살이 영혼 속에 깊이 박혀 영혼은 기도하기 시작한다. 물론 두려움과 부끄러움 때문에 무엇을 말할지 모르는 단계이긴 하지만 말로 다 할 수 없는 신음(롬 8:26)일지라도 하나님께 마음을 토로한다. 지존무상하며 영원히 거하시는 하나님께서(사 57:15) 자기 같은 죄인에게 눈길 돌리시는 것 자체를 의심하기에 믿음이 깊은 이들과 함께 기도하길 원한다.

(5) 성찬

하나님의 음성을 듣고 성경을 살피기 시작한 영혼은 깊은 묵상에 이르고 기도하게 된다. 이 기도에 이른 사람은 성찬에 주목한다. 그는 스스로를 돌아본다. '그리스도는 성찬을 제정하시고 이렇게 행하라 하셨지만 나는 그렇게 행하지 못하고 있다. 나는 식탁에 합당치 않다. 나는 가치가 없는 존재다.' 이런 갈등과 내적인 투쟁을 한 후에 그는 마침내 이 상황을 타개한다. 주님의 성찬에 나아오는 것이다. 그는 "네 믿음이 너를 구원하였으니 평안히 가라"(눅 7:50)고 말씀하시기까지 하나님께서 제정해 주신 은혜에 이르는 길, 곧 듣고 읽고 묵상하고 기도하고 주님의 성찬에 참여하는 일을 계속한다.

2. 믿음의 분량에 따라 적절하게 사용해야 한다.

(1) 잠에 빠져 있는 죄인

듣는 일에 집중해야 한다. 집회 참석이나 대화의 자리에 참여하도록 한다.

(2) 죄의 짐을 느끼기 시작한 사람

하나님의 말씀을 듣고 읽고 명상하는 일이 중요하다. 또 경건 서적을 읽는 일도 죄의식을 심화시키는 데 도움을 준다. 같은 입장에 있는 이들과의 교제도 도움이 된다.

(3) 죄로 인한 고뇌와 비애에 사로잡힌 사람

이런 사람은 자기 영혼을 하나님께 쏟아 붓도록(삼상 1:15) 권면하는 것이 중요하다. 항상 기도하고 낙망치 않도록(눅 18:1) 해야 한다. 하나님을 두려워하는 다른 이들과 '함께' 기도하도록 한다.

(4) 주님의 은총을 갈망하는 사람

성찬으로의 초대가 이루어져야 한다. 이상의 과정을 거쳐 영혼은 하나님의 은총의 보좌 앞으로 나아가게 된다. 그런데 하나님의 은총으로 나아가는 것 또한 하나님께서 자신의 자비로우심을 따라 우리에 앞서 예비하신 것이라는 의미에서 '선행적 은총'이다.

(5) 은총의 수단의 적용은 이 순서에 반드시 고정되지 않는다.

경우에 따라 여러 수단이 동시에, 혹은 앞뒤의 순서와 관계없이 적용될 수 있다. 반드시 지켜야 할 규칙은 '언제나 기회 있는 대로 하나님의 정하신 수단을 사용하라'는 것이다. 하나님께서 어떤 수단을 통해 은총을 베푸실지 모르기 때문이다.

결론

은총의 수단을 사용함에 있어서 명심해야 할 점이 있다.

첫째, 하나님은 모든 수단을 뛰어넘으신다는 사실이다. 하나님은 무슨 일이든지 원하시는 때에 하실 수 있다. 정하신 수단 중에 어떤 것으로도, 또 그 수단에 얽매이지 않고도 영혼에게 은혜를 전달하실 수 있다.

둘째, 수단 자체에는 아무 능력이 없다는 사실이다. 그 자체는 보잘것없고 죽은 것이며 공허하다. 그것을 사용한다고 해서 어떤 공적이 생기거나 그 자체가 하나님을 기쁘시게 하는 것이 아니다. 하나님께서 명하시므로 믿고 행할 뿐이다. 하나님께서 지시하셨기 때문에 이를 통해 하나님의 은혜를 갈망할 뿐이다. 단순히 이루어진 행위 그 자체(opus operatum)에는 아무 유익이 없고, 모든 공적은 그리스도의 보혈로 귀속될 뿐이다. 하나님의 영 외에는 구원의 능력이 없으며 하나님을 신뢰하는 것 외에는 영혼에 은혜를 전달할 길이 없다. 이 말은 하나님을 신뢰하는 이는 모든 은총의 수단과 단절되더라도 하나님의 은혜에서 끊어지지 않는다는 것을 의미한다.

셋째, 무엇보다도 은총의 수단을 사용할 때 하나님께 시선을 집중시켜야 한다. 모든 외적인 수단에서 시선을 떼고 오직 하나님의 영의 능력과 그 아들의 공로로 마음을 모아야 한다. 그 행위 자체에 집착하는 것, 그것에 매이는 것은 무익하다. 은총의 수단은 하나님만을 바라보기 위한 수단일 뿐이다. 모든 것 위에 하나님께만 눈길을 두어야 한다(엡 4:6). 수단에 집착하여 목적을 상실하는 것은 어리석은 일이다. 수단 그 자체가 아니라 의와 참된 성결(엡 4:24)로 우리의 영혼을 새롭게 하기 위해 사용할 뿐이다. 이 외의 목적으로 사용되는 것은 '배설물이며 찌꺼기'일 뿐이다.

마지막으로 수단을 사용한 후에 잊어버려야 한다. 수단을 사용한 후에 무슨 큰일을 한 것처럼 스스로 만족하고 있지 않은지 조심하라. 하나님께 온 마음을 드릴 때 수단 자체에 시선을 머물 수가 없다. 그는 그 수단에 마음을 전혀 두지 않았기에 있었는지도 모를 것이다. 하나님만을 찬양하고 그분의 영광을 노래할 뿐이다.

설교13

마음의 할례 The Circumcision of the Heart

"오직 이면적 유대인이 유대인이며 할례는 마음에 할지니 영에 있고 율법 조문에 있지 아니한 것이라 그 칭찬이 사람에게서가 아니요 다만 하나님에게서니라." 롬 2:29

역사적 배경

이 설교는 1733년 1월 1일 옥스퍼드 성메어리교회에서 행했던 설교, '그리스도의 할례의 축제'(The Feast of the Circumcision of Christ)를 1748년 그의 설교집에 편입하기 위해 보완한 것이다. 1733년 이 설교를 작성할 때는 약 한 달 전인 1732년 12월 9일 '포그의 주간저널'(Fog's Weekly Journal)에 '메도디스트라 불리는 이단 종파주의자들에게'라는 공개 편지가 게재된 직후였다. 이 문서의 등장은 사람들에게 메도디스트들에 대하여 좋지 못한 인상을 남겼다. 이에 대한 설명의 필요를 느낀 웨슬리는 이 설교에 많은 힘을 기울였다. 초안을 잡는 데만 무려 30시간을 들였으며 동료들에게 설교를 보여 주며 정교하게 다듬었다. 그 결과 웨슬리는 이 설교 이후에 2년 반 동안 6개의 대학에서 설교를 하는 유명 인사가 되었다. 이 설교는 웨슬리의 핵심 사상, 곧 기독교인의 완전 사상을 담고 있다. 그는 여기에서 완전을 하나님과 이웃을 향한 완전한 사랑으로 이해하였다. 이 사상은 이 설교에서 처음 공식화되었기에 일종의 웨슬리 완전 사상의 이정표라 할 수 있다. 웨슬리는 1748년 네 권으로 된 자신의 설교집에서 두 번째 책 안에 이 내용을 배치시켰다.

이 설교에는 후에 웨슬리가 강조하게 될 '오직 믿음'의 사상을 제외한 모든 구원론이 포함되어 있다. 이 말은 그의 구원론이 1730년 초반에 이미 어느 정도 완성되어 있음을 의미한다. 비록 하나님 형상의 상실이라는 의미보다는 영적인 병의 원인으로 언급되긴 하지만 원죄에 대한 인식이 분명하게 드러나 있고, 예수 그리스도의 대속적 공로만이 구원의 근거라는 확고한 입장을 고수하고 있다. 이 설교는 1746년 작성된 '믿음에 의한 칭의'라는 설교와 짝을 이룰 만큼 내적 연관성을 유지하고 있다.

설교 읽기를 위한 질문

1. 가장 근본적인 성경적 가르침을 설교하는 이들을 새로운 것을 가르치는 자로 인식하는 오류가 의미하는 바는 무엇입니까?(서론 1항) 참된 진리의 가르침은 자연적 인간에게 어떻게 인식됩니까?(서론 2항) 마음의 할례는 영적으로 인식되는 진리 중 하나입니다. 마음의 할례란 무엇을 의미합니까?(서론 3항)

2. 마음의 할례가 이루어진 상태는 어떠합니까?(I.1) 마음의 할례를 이루기 위해 필요한 덕목은 무엇입니까?(I.2)

3. 겸손이 의미하는 바는 무엇입니까?(I.2-4) 겸손이 안내하는 곳은 어디입니까?(I.5)

4. 믿음은 무엇입니까?(I.6, 7) 믿는 사람의 모습은 어떻게 나타납니까?(I.8) 믿음이 인도해 가는 곳은 어디입니까?(I.9)

5. 소망을 품은 사람은 그 소망의 완성을 위해 무엇을 합니까?(I.10) 여기에 한 가지 부족한 것은 무엇입니까?(I.11)

6. 하나님을 사랑한다는 의미는 무엇입니까?(I.11-13)

7. 하나님으로부터 난 자, 곧 마음의 할례를 받은 자의 표징은 무엇입니까?(II)

설교 핵심 요약

서론

가장 근본적인 성경적 가르침을 설교하는 이들을 새로운 것을 가르치는 자로 인식하는 오류가 있다. 이는 사람들이 믿음의 본질에서 멀리 떨어져 있다는 사실의 증명이다. 참된 가르침이 선포되면 이상한 것이라 하고 도대체 무슨 뜻인지 모르겠다(행 17:20)고 반응한다. 그들은 예수 그리스도와 부활, 그리고 이 사건의 필연적 결과로서 '이 세상에 대하여 죽고 전적으로 하나님을 향해 살아야 한다'는 기본 진리를 이해하지 못한다.

이 진리는 자연적 인간에게는 수수께끼다. 그는 이 세상에 대해서는 산 자고 하나님에 대해서는 죽은 자이기에 하늘 사건을 이해하지 못한다. 나아가 하나님의 진리를 왜곡 해석하여 쓸데없고 무익하다고 말한다. 단순하고 확실한 하나님의 말씀을 외면하고(고전 2:14) 어리석은 것으로 치부하고 만다. 영적인 것을 전혀 알지 못하는데, 이는 영적인 감각이 죽어 있기 때문이다. 때문에 하나님의 지혜와 능력을 알지도 받아들이지도 않는다.

'마음의 할례'에 관해서도 동일한 잘못을 범한다. 마음의 할례는 무엇인가? 법조문이 아닌 영에 의하여 마음에 받는 할례다(롬 2:29). 이는 영적으로만 인식될 수 있는 진리로, 그리스도를 참되게 믿음으로 하나님께 받아들여진 상태를 의미한다. 마음의 할례는 몸에 가하는 외적 할례나 세례가 아니다. 창조주이신 하나님의 형상대로 새롭게 된 혼과 마음과 영의 올바른 상태를 의미한다. 이는 영적으로만 인식될 수 있으며, 이 할례를 받은 자는 세상에 대해서는 어리석은 자요 죽은 자가 될 수밖에 없고, 오직 하나님께로부터 착하고 성실한 종이라는 칭찬을 받는 표지다.(마 25:21)

I. 마음의 할례

마음의 할례란 한마디로 '거룩함'을 의미한다. 아버지께서 온전하신 것처럼 온전하게 되는 것으로 죄로부터 깨끗함을 받는 것, 영과 육의 더러움에서 깨끗함을 받는 것이다. 이 마음의 할례가 외부로 드러날 때는 회개, 믿음, 소망, 사랑의 모습으로 나타난다.

1. 먼저 회개로 시작된다.

(1) 회개는 자신에 대한 바른 판단을 의미한다.

이는 자신의 부패한 본성을 아는 것이다. 참된 회개는 부패한 본성이 만들어 내는 자기 자신에 대한 그릇된 평가, 즉 교만과 아집에서 자기의 마음을 깨끗하게 하는 것이다. 부패한 본성은 '나는 …이다'라는 헛된 망상을 만들어 내지만(계 3:17) 회개는 나의 실상, 곧 '비참하고 눈멀고 벌거벗은 모습'을 본다. 우리는 죄와 공허 덩어리지만 자신의 혼란과 무지로 인해 이를 알지 못하고(지의 혼란), 욕구의 노예가 되며(정의 혼란), 그릇된 행위로 나아가게 됨(의지의 혼란)을 인식하게 한다.

(2) 이런 인식에 도달한 사람은 자신의 무력함을 알게 된다.

부패한 본성의 회복을 스스로 꾀할 수 없음을 알게 되며, 하나님의 영의 도움 없이 자신을 완전히 갱신하는 것은 불가능하며 이러한 시도가 오히려 죄에 죄를 더하는 것임을 깨닫게 된다. 그러므로 세상 사람들로부터 받는 판단에 아무 거리낌이 없고(고전 4:3) 칭찬에도 마음을 두지 않는다. 심지어 같은 그리스도인들의 평가에도 흔들리지 않는다. 그는 자신이 무가치한 존재이며 무력한 존재임을 알기에, 그의 눈은 오직 자비로우신 하나님만을 향할 뿐이다.

2. 참된 회개는 믿음으로 나아간다.

(1) 복음을 믿고 의지한다.

자기를 명확히 아는 이는 하나님의 은혜로 말미암아 우리에게 주어진 복음을 전적으로 믿고 의지하게 된다. 이 믿음은 눈먼 자의 가장 좋은 안내자며, 흑암 속에 있는 자들의 가장 확실한 빛이자, 어리석은 자의 완전한 교사다. 아무리 견고한 성이라도 무너뜨릴 수 있는 하나님의 강한 무기다(고후 10:24). 부패한 본성에서 만들어진 편견과 이 세상 위에 터 닦은 어리석은 지혜(고전 1:20)를 단번에 허물어뜨리는 무기다. 하나님의 영으로 말미암는 참된 지식에 대적하여 일어나는 온갖 망상, 장애물들을 쳐부수고 이러한 것들을 그리스도 안에서 못 박는 것이다.

(2) 믿는 자는 무엇이든지 가능하다.

믿는 자는 마음의 눈이 밝아져 '어떻게 살아야 할 것인가'를 안다(엡 1:18). 하나님의 영광을 위해 사는 것이 참 삶임을 알고, 그의 몸과 영혼을 다른 이들로 하여금 진리에 인도하도록 헌신하기를 즐거워한다. 하나님의 권능의 크심(엡 1:19)이 어떠한가를 느끼고 그리스도를 죽은 자 가운데서 살리신 것처럼 하나님께서 우리 안에 계신 하나님의 영으로 살리심을 경험하게 된다(고전 3:16). 결국 믿는 자는 세상을 이기는(요 5:4) 자가 된다.

(3) 믿음이란

일차적으로 진리에 대한 동의라 할 수 있다. 그리스도 예수께서 죄인을 구원하러 오셨다는 사실(딤전 1:15), 우리 죄를 자신의 몸에 온전히 지우신 사실(벧전 2:24), 또 우리 죄뿐 아니라 온 세상의 죄를 대속하기 위한 제물이 되셨다는 사실(요일 2:2)에 대한 동의다. 하지만 믿음은 단순한 동의에 그치는 것이 아니라 우리 마음의 내적 확신으로 연결되어야 한다. 죄인인 나를 향한 하나님의 그 크신 사랑에 대한 거룩한 확신이며, 지금도 우리 가운데 성령으로 역사하시는 하나님의 긍휼에 대한 확실한 신뢰인 것이다. 이 확신과 신뢰는 우리로 하여금 그리스도와 하나 되어 교제하는 단계로 이끌어 간다. 이제 우리는 그 안에서 살고 그리스도는 우리 안에 살게 되는 것이다.

이렇게 믿음 안에 사는 사람은 죄의 사슬에서 해방되고, 선한 양심이 회복되며, 죽은 행실에서 떠나며(히 9:14), 죄에 복종하지 않고, 하나님께 온전히 산 제사로 드리게 된다. 하나님의 능력 속에서 늘 세상을 이기며 살게 되는 것이다.

3. 회개를 통해 믿음에 이른 사람은 심령에 소망이 넘친다.

(1) 성령과 그 자신의 영의 증거

믿음으로 마음의 할례를 받은 이는 그 영이 하나님의 자녀임을 증거한다. 하나님의 영이 그 영과 더불어 증거하기 때문이다. 하나님의 영은 그의 마음이 하나님을 향하여 바로 서 있으며 생명의 길을 걷고 있음을 확증하기 때문에 하나님의 긍휼하심으로 최후까지 그 길을 걸을 것을 확신한다.

(2) 소망이 넘치는 삶

하나님의 좋은, 곧 그들을 위한 영광의 면류관을 받을 것이라는 소망의 원천이 된다. 그래서 그들은 이 세상 물결의 한복판에서도 흔들리지 않는다. 즉 교만과 아집이 만들어 내는 허상에 귀 기울이지 않으며 흔들리지 않는다. 먼 대양을 통찰하는 눈이 있기에 순간순간의 파도 일렁임에 속지 않는다. 자신 앞에 있는 경주를 어려운 것으로 생각하지 않지만 그것을 간과하지도 않는다. 다만 그때 그때의 진실된 모습에 최선을 다할 뿐이다. 그들은 지속적인 훈련으로 자신을 단련한다. 어둠의 행위를 행하지 않고 육체로 말미암은 모든 부정한 것들을 버리고, 더 나아가 하나님의 거룩한 영이 살아 계시는 성전의 삶을 기뻐한다.

4. 소망은 또다시 사랑의 삶으로 열매를 맺는다.

(1) 사랑은 율법의 완성

온전함에 이르려면 믿음과 소망에 사랑을 더해야 한다. 사랑이 율법의 완성이요 종결이기 때문이다(롬 13:10). 하늘과 땅 위의 가장 귀하고 완전한 율법은 이것이다. "네 마음을 다하고 목숨을 다하고 힘을 다하고 생각을 다하여 주 너의 하나님을 사랑하라." 하나님을 사랑하는 것은 유일하고도 영원한 목적이다. 우리에게는 이 하나의 사실만이 필요하다(눅 10:42). 이 사랑에는 두 마음이 없다. 세상이나 세상 것들을 사랑하면서, 곧 육신의 정욕, 안목의 정욕, 이생의 자랑에 힘을 기울이며 하나님을 사랑할 수는 없다. 이들은 교만과 아집과 피조물에 애착을 갖는 것으로 말미암은 허상이며 하나님의 참된 것과는 서로 섞일 수 없는 것이기 때문이다(요일 2:15~16). 하나님을 향한 온전한 사랑만이 우리를 온전하게 만든다.

(2) 이웃 사랑으로

하나님을 향한 사랑은 자연스럽게 이웃 사랑을 향해 나아간다. 사랑의 본성이 그러하기 때문이다. 하나님을 향한 사랑은 하나님의 인류를 향한 사랑과 동일하다. 즉, 하나님을 사랑하는 자는 이 사랑으로 말미암아 이웃 사랑으로 진행해 나간다. 하나님을 사랑하면서 이웃의 아픔을 외면하는 것은 있을 수 없는 일이다. 하나님을 사랑하는 자는 진정 이웃을 사랑하게 된다.

II. 마음의 할례받은 자의 삶

마음의 할례를 받은 자의 삶의 모습은 어떠한가? 다음의 뚜렷한 특징이 나타난다.

1. 진심으로 회개한 자

그는 자신의 진정한 모습을 본다. 죄로 물든 모습, 본래적인 의에서 이탈되어 부패하고 육신적인 생각으로 가득 차 하나님의 법에 복종하지 않는 자기(롬 8:7)를 끊임없이 바라본다. 그는 자신 안에는 어떤 행복도 없으며 끊임없는 고통과 심판의 위협 속에 있음을 알고 두려움에 떤다. 이 문제를 극복할 수 있는 능력이 내 안에, 피조 세계 안에, 세상 안에는 없음을 알고 하나님에게서 오는 은총만이, 그분을 의지할 때에만이 이 문제에서 벗어날 수 있음을 안다.

2. 믿는 자

감각, 욕망, 격정, 자연적 이성으로 인도받기를 거절하고, 다시 말해 자연적 인간의 시각을 버리고 믿음의 눈으로, 하나님 안에서의 시각으로 살아간다. 보이지 않는 그분을 보는 것처럼(히 11:27) 한 걸음 한 걸음 나아간다. 그리스도 안에서, 그분의 시각으로 살아간다. 복음은 이 믿음의 길을 통해서만 경험되는 것이다. 믿음과 행위의 창시자, 그 완성도 그리스도의 영으로만 가능할 뿐이다. 그리스도의 영이 없으면 그리스도의 사람이 아니다(롬 8:9). 그리스도의 영만이 하나님을 향해 죽은 영을 살리시고 하나님을 향해 다시 살게 한다.

3. 소망으로 가득 찬 자

마음의 할례를 받은 자는 자기 앞에 놓인 상과 면류관을 보고 하나님의 영광에 참여할 것을 바라면서 기뻐한다(롬 5:2). 현재의 수고는 장차 올 상급이 되고, 환난은 영원하고 큰 영광이 된다. 이것은 좁은 문으로 들어가는 것과 같다(마 7:13). 이 일은 한순간에 그치는 것이 아니라 날마다 십자가를 지는 심정으로(눅 9:23) 행해야 할 끊임없는 자기부정을 의미한다. 자기의 옛 의견, 성열, 기질을 제기하여 흠 잡힐 것이 없도록 영과 혼과 몸을 완전히 순결하게 하는 과정이다. 바울의 삶이 그랬다. 그는 그리스도를 위해 약한 자가 되었고 모욕을 당했으며 궁핍과 박해와 곤궁을 기뻐했다(고후 12:10). 그는 표징과 기사와 이적(히 2:4)에 충만했고 셋째 하늘에까지 이르렀으나(고후 12:2) 끊임없이 자기를 부인했다. 소망이 이루어질 때까지 목표를 향해 자기를 부인하며 달음질했다.

4. 사랑으로 충만한 자

사랑은 우리가 달려가야 할 목표다. 육신의 정욕, 안목의 정욕, 이생의 자랑을 완전히 끊어버리고 육체와 혼과 영혼을 하나님을 향한 열렬한 사랑으로 바꾸어야 한다. 사랑이 없으면 우리는 하나님에 대해 죽은 자요, 어떤 아름다운 말이나 능력이나 이웃을 향한 희생 모두 무익한 것이 된다. 마음의 할례를 받은 자의 완성은 사랑으로 드러난다.

그는 하나님께 드릴 사랑을 다른 피조물과 나누지 않는다. 하나님 이외의 그 어떤 것도 개입시키지 않는다. 한 가지 마음으로 모든 삶에서 하나님의 영광을 확고히 바라본다. 이것이 바로 그리스도의 마음이다. 이 마음은 하나님과의 관계 이외의 것을 추구하지 않으며 하나님께서 기뻐하시는 일만을 행하며 무슨 일을 하든지 오직 하나님의 영광을 위해서만 하는(고전 10:31) 마음이다.

결론

우리는 진정 마음에 할례를 받은 온전한 그리스도인인지, 아니면 외적인 할례만 받은 이름만의 그리스도인인지 스스로 점검해야 한다.

진심으로 회개했는가? 믿음의 삶을 살고 있는가? 소망이 넘치는 삶을 살고 있는가? 사랑으로 충만한 삶을 사는가? 만일 이 질문들에 '예'라고 답할 수 없다면 의와 거룩함을 온전히 입는 마음의 할례를 위해 마음을 하나님의 제단 위에 거룩한 산 제물로 드려야 한다.

설교14

거듭남의 표적들 The Marks of the New Birth

"바람이 임의로 불매 네가 그 소리는 들어도 어디서 와서 어디로 가는지 알지 못하나니 성령으로 난 사람도 다 그러하니라." 요 3:8

역사적 배경

웨슬리는 이 설교를 통해 '거듭남'(New Birth)이라는 다른 설교에서 아직 해명되지 않은 거듭남과 세례와의 관계를 보다 철저하게 해명해 들어간다. 그는 '세례와 함께 시작되는 거듭남'(baptismal regeneration)이라는 영국 성공회의 가르침 속에서 성장했다. 때문에 항상 세례(유아 세례라 할지라도)를 통해 어떤 일인가 일어난다고 믿었으며, 기독교 성례로서 그 우선적 가치와 필연성을 부여하는 것이 타당하다고 생각했다. 이러한 관점은 그로 하여금 자연스럽게 '믿는 자의 세례'(believer's baptism), 곧 세례 전에 회개가 꼭 필요하다는 관점을 거절하게 했다.

그러나 1738년 올더스게이트 체험으로 통칭되는 그의 종교적 체험은 이런 관점과는 다른 방향으로 이끌어 갔다. 그는 거듭남의 사건을 물세례 자체보다 칭의와 확신이라는 관점과 연결지으려 했다. 즉 거듭남에 있어서 '물세례가 필요한가 그렇지 않은가' 하는 문제에 집착하지 않고, '하나님의 자녀가 되었는가 그렇지 않은가' 하는 문제와 관련지었던 것이다.

그의 결론은 과거에 세례받았다는 사실이 현재에 그가 하나님의 자녀가 되는 것과는 필연성을 갖지 않는다는 것이다. 웨슬리에 따르면 거듭난 자는 죄를 범하지 않고 심령과 마음에 말할 수 없는 평강을 누릴 실질적 힘을 부여받는다. 그 열매는 심령의 할례를 받은 이들이 맺게 되는 열매들(겸손, 믿음, 소망, 그리고 자비)과 유사한 믿음 소망 사랑이다. 이 본문으로 웨슬리는 1739년 6월 10일 처음 설교한 이후 1757년까지 13회 더 설교한 것으로 알려져 있다. 이 설교는 1748년에 편집된 그의 설교집 제2권에 포함되었으며, 그 이후에 엮어진 모든 설교집 안에 항상 포함되었다.

설교 읽기를 위한 질문

1. 성령으로 난 자와 동일하게 쓰일 수 있는 말에는 어떤 것들이 있습니까?(서론 1항)

2. 거듭난 자의 첫 번째 표적은 무엇입니까? 어째서 이것이 표적이 됩니까?(I.1)

3. 참된 믿음이 아닌 믿음은 어떤 것입니까?(I.2) 참된 믿음은 무엇입니까?(I.3) 참된 믿음의 열매는 무엇입니까?(I.4-7)

4. 거듭난 사람의 두 번째 표적은 무엇입니까?(II.1) 거듭난 자에게 이 소망이 확고한 까닭은 무엇입니까?(II.2-4) 소망을 가진 이에게 '애통함'이 있는 이유는 무엇입니까? 또 그 애통함은 결국 어떻게 됩니까? 그 이유는 무엇입니까?(II.5)

5. 거듭난 사람의 세 번째 표적은 무엇입니까? 그 사랑은 어떻게 나타납니까?(III.1) 하나님을 사랑하는 이의 사랑은 먼저 어디를 향합니까? 그 이유는 무엇입니까?(III.2)

6. 하나님을 향한 사랑의 필연적 결과는 무엇입니까?(III.3-5)

7. 거듭난 자, 곧 성령으로 난 자의 표지가 무엇인지 요약해 봅시다(IV.1) 거듭난 사람인지 어떻게 점검할 수 있습니까?(IV.2) 세례로 우리가 하나님의 자녀인 것을 입증할 수 있습니까?(IV.3)

8. 우리가 거듭나야 하는 이유는 무엇입니까? 웨슬리의 거듭남을 위한 기도문을 깊이 묵상하며 따라해 봅시다.(Ⅳ.5)

설교 핵심 요약

서론

'성령으로 난 자'(a person born of the Spirit)라는 말과 동의어들이 여럿 있다. '거듭난 자', '하나님께로 난 자', '양자의 영을 가진 자' 등이 그것이다. 이렇게 성령으로 거듭난 자가 아니면 하나님 나라를 볼 수 없다(요 3:3). 그렇다면 거듭남이 의미하는 바는 무엇인가?

거듭난 자에 대한 문자적 정의에 집착하는 것을 주의해야 한다. 오히려 우리는 거듭난 사람에게 나타나는 그 실제적인 내용, 다시 말해 그 표적이 무엇인가를 물어야 한다.

I. 첫 번째 표적: 믿음

1. 거듭난 자의 첫 번째 표적은 '믿음'이다.

믿음은 거듭남을 가능하게 하는 '근거'이기에 거듭난 자의 표적은 바로 믿음이라 할 수 있다. 거듭남의 사건이 어떻게 일어나는가? 그것은 '혈통'(natural descent), '육정'(human decision or a husband's will)으로 되는 일이 아니다(요 1:13). 그것은 전적으로 하나님이 이루시는 일이기에 우리는 하나님으로부터 새로 난다고 말해야 한다. 이렇게 하나님께로 나는 방식이 '믿음'이다. 하나님께로서 난 자는 예수께서 그리스도이심을 믿는 자다(요일 5:1). 그 이름을 믿는 이에게는 하나님의 자녀가 되는 특권을 주셨기에(요 1:12) 우리는 믿음으로 말미암아 그리스도 예수 안에서 하나님의 아들로 거듭나는 것이다.(갈 3:26)

2. 그렇다면 거듭남을 가능하게 하는 믿음은 무엇인가?

(1) 믿음이 아닌 것

참된 믿음이 무엇인가를 알기 위해서 참된 믿음이 아닌 것이 무엇인가를 먼저 물을 필요가 있다. '예수는 그리스도시다'라는 명제에 대한 단순한 '동의,' 혹은 신앙 신조나 신구약 성경에 포함된 내용들에 대한 지적인 동의가 참된 믿음이 될 수 없다. 하나님에 관한 내용, 기적의 증거에 대한 동의도 참된 믿음은 아니다. 만일 이런 것이 참된 믿음이라면 마귀들도 하나님의 자녀라고 할 수 있지 않겠는가? 마귀들도 예수께서 그리스도이심을 믿었고 성경을 믿었지만 그들은 거듭난 자도, 하나님의 자녀도 아니었다. 그들은 그러한 믿음에도 불구하고 큰 날의 대심판을 받기 위해 어두움의 쇠사슬에 여전히 묶여 있지 않은가(유 1:6). 이런 믿음은 죽은 믿음에 불과하다.

(2) 참된 믿음

그렇다면 거듭남의 표지로서 참된 믿음은 무엇인가? 참된 믿음은 단순한 동의나 이해가 아니라 하나님께서 '그 마음 안에 역사하시는 내적 변화'(disposition)다. 그것은 그리스도의 공로를 통해 죄가 용서되며 그가 하나님의 사랑에 용납되었다는 확고한 신뢰다. 무엇보다도 자기를 버리는 것이며, 그리스도 안에서 발견되기 위해 '육체의 신뢰'(빌 3:4)를 남김없이 거부하는 것이고, 자기 공로나 어떤 형태의 자기 의에 의지하지 않고 잃어버린 자, 불쌍한 영혼, 정죄된 자, 절망에 빠진 자로 하나님 앞에 나아오는 것을 의미한다. 입이 있어도 말할 것이 없는 입을 봉한 자로서, 죄에 대한 깊은 절망을 안고 구원은 오직 그리스도에게서 나온다는 확신과 구원에 대한 열망으로 하나님의 은총 앞으로 나아오는 것이다. 즉 우리가 믿음으로 말미암아 하나님께로 났다고 하는 그 믿음은 믿음에 관한 신조들을 '시인할 뿐 아니라'(동의) 우리 주 예수 그리스도를 통해 나타나신 하나님의 사랑을 진실한 마음으로 확신하는 것이다.(확신)

(3) 참된 믿음은 참된 열매를 맺는다.

이 믿음에는 필연적으로 열매가 따른다. 열매는 죄를 이기는 능력을 갖게 되는 것이다. '죄를 이기는 능력'은 먼저 외적 죄를 이기는 능력이다. 참된 믿음의 소유자는 모든 악한 말과 행실을 이긴다. 그리스도의 피가 '죽은 행실로부터 양심을 깨끗하게 하도록' 역사하기 때문이다. 요한일서 3, 5장은 외적 죄를 이기는 믿음의 능력을 잘 요약해 주고 있다. 죄를 짓는 자는 마귀에 속한 자다. 그러나 "하나님께로부터 난 자마다 죄를 짓지 아니하나니."(3:8~9) 하나님께로부터 나신 자가 저를 지키시기에 악한 자가 하나님께로서 난 자를 만지지도 못한다.(5:18)

참된 믿음의 소유자는 내적 죄를 이기는 능력도 갖는다. 믿음은 모든 불경건한 것에서부터 마음을 거룩하게 지키기 때문이다(행 15:9). 내적 죄를 이기는 과정은 로마서 6장에 잘 요약되어 있다. 우리는 원래 죄의 종이었으나 믿음으로 말미암아 죄에서 해방되어 의의 종이 되었다.

믿음의 또 다른 열매는 '평안'이다. 우리 죄가 깨끗이 씻어졌기에 우리는 "주 예수 그리스도로 말미암아 하나님과 평화를 누린다."(롬 5:1) 이 평안은 주님께서 십자가에 못 박히기 바로 전날에 주신 그 평안, 곧 세상이 주는 것과는 다른, 마음에 근심이나 두려움을 남겨 놓지 않는 그런 평안이다(요 14:27). 이 평안은 모든 이해를 초월한 것이며(빌 4:7), 자연인으로는 상상도 할 수 없는 영혼 깊은 데서 우러나오는 참된 것이며, 신령한 사람이라도 표현하기 어렵다. 이 평안은 땅의 권세나 지옥의 세력도 빼앗아 갈 수 없고 파도와 폭풍도 어찌할 수 없다. 풍요와 가난, 건강과 질병, 안락과 고난, 그 어떤 것도 영향을 끼칠 수 없는 평안이다. 참된 믿음의 소유자는 그 평안으로 인해 늘 감사함과 견고함의 삶을 산다.

II. 두 번째 표적: 소망

1. 살아 있는 소망

거듭난 자에게 나타나는 두 번째 표적은 '소망'이다. 이 소망은 '살아 있는 소망'이다. 마귀로부터 말미암은 소망은 교만으로 말미암아 만들어 낸 헛되고 죽은 소망이지만, 믿음으로 말미암은 소망은 참되고 영원한 소망이다. 이 소망은 거듭난 자에게 확고한 것이다. 그것은 성령에 의해 우리 영혼 혹은 양심에 끊임없이 증거된다. 하나님께서 우리 영과 더불어 우리가 하나님의 자녀임을 증거하시는 것이다. 그 증거로 인해 우리는 하나님의 고귀한 것을 이어받는다는 확신을 갖게 된다. "자녀이면 또한 상속자 곧 하나님의 상속자 요 그리스도와 함께 한 상속자니."(롬 8:17)

2. 거룩한 애통

소망을 가진 자에게 애통함이 따를 수 있다. 거듭난 자에게는 소망의 열매가 있지만 그 소망을 이룰 때까지 영적 투쟁은 계속된다. 애통하는 것, 곧 거룩한 슬픔이 뒤따를 수 있다는 말이다. 하지만 보혜사가 오셔서 기쁨으로 노래할 수 있다. 그 기쁨을 뺏을 자는 없다(요 16:22). 잠시 근심할 수는 있으나 오히려 크게 기뻐하게 된다. 믿음의 연단으로 마침내 칭찬과 영광과 존귀를 얻게 된다. 마침내 말할 수 없는 기쁨을 누리게 된다(벧전 1:3~8). 이 기쁨은 형언할 수 없는 것인데, 성령 안에서의 기쁨이기 때문이다. 기쁨을 가진 자에게 세상의 환난은 아무 해를 끼치지 못한다. 멸망, 궁핍, 고통, 지옥, 죽음조차도 비웃게 되는데, 이는 사망과 지옥의 열쇠를 가지신 하나님 안에서 하늘 보좌의 음성을 듣기 때문이다.(계 21:3~4)

III. 세 번째 표적: 사랑

1. 하나님 사랑

거듭난 자에게 나타나는 세 번째 표적은 '사랑'이다. 사랑은 믿음과 소망보다 더 중요한 열매라 할 수 있다. 거듭난 자는 성령을 통해 하나님을 향한 사랑의 갈망을 가진 이들이다. 아들의 영이 임할 때 그 마음은 아버지를 갈망한다. 즉 '아바 아버지'라 부른다.(갈 4:6)

거듭난 자는 먼저 사랑의 아버지를 통해 '일용할 양식'을 찾는다. 성숙해져 가면 갈수록 하나님께서 이미 필요한 모든 것을 허락하셨다는 사실을 알게 되고(요일 5:15), 하나님 자체를 갈망한다. 하나님 자체가 그들의 기쁨이요 방패요 큰 상급이 되며, 그분이 그 영혼의 양식이요 음료가 되며, 마침내 충만하게 누리게 되어 기쁜 입술로 찬양하게 된다(시 63:5). 그는 그분의 아들 또한 사랑한다. 하나님께로서 난 자는 그에게서 난 독생자 예수를 사랑하게 된다(요일 5:1). 그의 영이 주님과 완전히 하나 되어 감에 따라 하나님을 더욱 사랑한다.

2. 이웃 사랑

하나님을 사랑하기에 이웃을 사랑한다. 하나님께서 만드신 모든 영혼, 심지어 우리와 원수된 이들까지도 사랑하되 나 자신보다 더 사랑한다. 내가 너희를 사랑한 것처럼 너희도 사랑하라는 하나님 말씀(요 13:34)이 그 안에서 실현된다.

형제 사랑은 하나님의 자녀인 것을 알게 되는 '핵심적 증거'다. 하나님을 향한 사랑의 영이 우리에게 있고 이 영은 이웃을 내 몸처럼 사랑하는 사랑으로 나아가기 때문이다. 사랑은 하나님께로부터 나왔고 그렇기에 사랑으로만 하나님께로 난 자임을 확증할 수 있는데(요일 4:7), 하나님을 사랑하는 자는 결국 이웃을 내 몸과 같이 사랑하게 된다(요일 5:3). 거듭난 자의 이웃 사랑은 선한 일에 모든 힘을 기울이는 것(딛 2:14)으로 구체화되는데, 그는 모든 이들에게 할 수 있는 대로 선을 행하되 다른 이를 위해 자신의 모든 것이 소진되는 것을 기뻐한다. 그러나 그는 이 세상의 어떤 것으로 보상받기를 원하지 않는다. 오직 의인의 부활(눅 14:14)로만 만족할 뿐이다.

IV. 그대, 거듭났는가?

우리가 거듭났음을 어떻게 알 수 있는가? 다음 질문에 '그렇다'고 답할 수 있어야 한다.

'그리스도를 믿는 믿음이 있는가?' 그렇다면 그는 믿음으로 죄를 이긴 자요, 평안을 누리고 있다. '하나님의 영이 우리 영과 더불어 하나님의 자녀임을 증거함이 있는가?' 그렇다면 그는 하나님이 주시는 소망으로 인해 늘 기

뻔하다. '하나님을 극진히 사모하고 이웃을 내 몸처럼 사랑하는가?'

세례를 받았다고 거듭남을 보증하는 것은 아니다. 세례받았음이 우리가 하나님의 자녀임을 말하지 않는다. 세례받은 후에도 삶에 아무런 변화가 없고 여전히 죄에 머무는 경우가 얼마나 많은가? 죄에 머무는 한 그는 마귀의 자녀다(요 8:44). 주님은 이들에게 경고하신다. "독사의 자식들아 너희가 어떻게 지옥을 판결을 피할 수 있겠느냐."

거듭남이 없이는 지옥의 판결에서 피할 수 없다. 그는 죄와 허물로 죽은 자다. 우리는 거듭남의 진리를 알지 못하는 이웃의 비참한 현실을 외면해서는 안 된다. 우리 또한 그들과 다르지 않은 처지에 있었던 사람들이었으나 순전히 하나님의 은총으로 하나님의 자녀가 되지 않았는가? 우리에게 은총이 임했듯 그들에게도 은총이 임할 가능성은 얼마든지 있다.

결론

모든 사람은 거듭나야 한다. 거듭나지 않고서는 하나님 나라를 볼 수 없기 때문이다. 그 표적이 있는가 자신을 돌아보라. 여기 거듭남을 위한 기도가 있다.

"아멘. 주님, 예수여! 당신의 얼굴을 다시 찾는 준비된 심령을 가진 이들에게 다시금 '양자의 영'을 부으소서. 그리하여 아바 아버지라 부를 수 있게 하옵소서. 이제 당신의 이름을 믿음으로 하나님의 자녀가 되게 하옵소서. 당신의 보혈로 인해 죄 용서함을 받고 구원함을 입었음을 알게 하옵시며, 하나님의 자녀가 되었음으로 죄에 승리하게 되었음을 알게 하옵소서. 새로이 태어나게 하심으로 산 소망을 갖게 하셔서 당신이 거룩한 것처럼 그들도 거룩하게 하옵소서. 하나님의 자녀이기에 사랑과 영광의 영이 그 안에 머물게 하옵시고, 육신과 영혼의 죄악에서 깨끗케 하옵시며, 하나님을 두려워함으로 완전한 성화에 이를 수 있게 인도하옵소서. 아멘."

설교 15

하나님으로부터 난 자들의 위대한 특권
The Great Privilege of Those That are Born of God

"하나님께로부터 난 자마다 죄를 짓지 아니하나
니 이는 하나님의 씨가 그의 속에 거함이요 그도
범죄하지 못하는 것은 하나님께로부터 났음이
라." 요일 3:9

역사적 배경

웨슬리는 '거듭남의 표적들'(The Marks of the New Birth)이라는 설교에서
'무죄의 완전'(sinless perfection)이라 할 수 있는 완전론을 표명한 후 이에 대
한 오해의 가능성이 있음을 감지했다. 그리하여 좀 더 분명한 설명을 할 필
요를 느꼈고 본 설교는 바로 그러한 취지에서 기록된 것이다. 이 설교에서
웨슬리는 '죄'와 '실수', 달리 말하면 '고의적으로(voluntary) 범하는 죄'와 '알
지 못하고(involuntary) 범하는 죄' 사이의 구분을 명확히 함으로써 제기된 문
제를 해결하고 있다. 두 설교가 내적으로 서로 연관되어 있다는 점에서 함께
읽는 것이 유익할 것 같다.

웨슬리는 이 설교에서 먼저 칭의와 거듭남을 분리하고 있다. 그에 따르면
칭의는 '관계적인 변화'(a relative change)이지만 거듭남은 '실질적인 변화'(a
real change)이다. 칭의는 하나님께서 우리를 위해(for us) 무엇인가를 행하심
으로 생긴 관계의 변화(a change in relationship)다. 하지만 거듭남은 하나님께
서 우리 안에서(in us) 무엇인가를 행하심으로 생긴 상태의 변화(a change in
change)다.

거듭남의 사건은 칭의와 마찬가지로 하나님의 은혜로 주어지는 사건이지만 서로 동일한 것은 아니다. 칭의는 짧은 시간에 발생하나 거듭남의 완성, 즉 내적 거룩함의 성취는 일생을 두고 우리 안에서 이루어지는 일이다. 이 과정에서 믿음은 언제나 필연적 요소다. 즉 믿음이 없이는 칭의도, 거듭남도 없다.

웨슬리는 이 설교에서 '영적 감각'(a spiritual sensorium)으로서의 믿음 이해를 더욱 발전시킨다. 웨슬리는 이런 생각들을 기초로, 본 설교의 주요 주제가 되는 '거듭난 자는 죄를 범하지 않는다'는 논지를 밀고 나간다. 웨슬리의 죄에 대한 이해는 사색적이거나 개념적 진술이 아닌 현실적인 관점에서 이루어진다. 그는 죄를 외적 행위, 곧, 하나님의 계명에 대한 실질적이고 고의적인 위반으로 받아들인다. 이런 의미에서 거듭난 이는 죄를 범하지 말아야 하며(do not), 또한 죄를 범할 수도 없다.(cannot)

그렇다면 거듭난 이가 죄를 범하는 경우는 어떻게 설명할 수 있는가? 이에 대해 웨슬리는 '스스로를 지키지 않았기 때문'이라고, 곧 믿음 안에 거하지 않았기 때문이라고 말한다. 믿음으로 자신을 지키지 않았기 때문에 영적 태만을 불러오고, 이는 믿음의 상실을 야기하게 되며, 결국은 범죄에 자신을 내어놓게 된다는 것이다. 웨슬리는 이 설교에서 믿음의 태만이 믿음의 상실을 가져오고 끝내 범죄에 이르게 되는 과정을 매우 구체적으로 진술해 나간다. 이것은 웨슬리가 "한 번 구원을 입은 자는 항상 구원을 입는다"(once saved always saved)는 가르침에 반대했음을 의미한다. 즉, 웨슬리는 믿는 자의 타락 이론을 옹호하면서 동시에 그 타락의 과정을 정교하게 설명해 나가고 있는 것이다.

요한일서 3장 9절을 기반으로 한 이 설교는 메도디스트 부흥운동의 초기 시절부터 구두 설교 형태로 지속되었다. 첫 설교는 1739년 9월 23일에 행해졌으며 그 마지막 출현은 1756년 11월경이었다. 이 설교는 '거듭남의 표적들'(The Marks of the New Birth)이라는 설교와 함께 1748년에 두 번째 설교집 안에 포함되었다.

설교 읽기를 위한 질문

1. 칭의와 거듭남 사이의 관계에 대한 일반적인 이해는 어떠했습니까?(서론 1항) 이 양자의 관계는 어떻게 이해해야 합니까?(서론 2항)

2. 하나님께로서 난 사람이란 어떤 사람입니까?(I.1) 하나님에게서 난 사람과 육신의 탄생을 서로 비교해 봅시다.(I.2-10)

3. 하나님께로부터 난 자는 어떤 상태에 있습니까?(Ⅱ.1) 이런 사람은 죄를 짓지 않는다는 의미는 무엇입니까?(Ⅱ.2)

4. 하나님으로부터 난 자가 범죄한 사실들이 있습니다. 이 예를 누구에게서 찾을 수 있습니까?(Ⅱ.3-6) 이들이 범죄한 이유는 무엇입니까?(Ⅱ.7)

5. 하나님으로부터 난 자가 범죄에 이른 대표적인 경우가 다윗입니다. 그의 범죄가 어떻게 이루어졌습니까?(Ⅱ.8) 은총에서 죄로 퇴보하는 과정은 어떻게 진행됩니까?(Ⅱ.9) 이런 과정을 베드로를 통해 설명해 봅시다.(Ⅱ.10)

6. 죄가 믿음의 상실에 앞섭니까, 아니면 범죄 후에 믿음을 잃는 것입니까? 유혹은 언제나 우리 가운데 있습니다. 이 유혹에 승리하는 길은 무엇입니까?(Ⅲ.1)

7. 거듭난 자 속에서 하나님의 생명이 의미하는 바는 무엇입니까? 우리는 어떻게 반응해야 합니까?(Ⅲ.2) 우리의 반응이 왜 중요합니까?(Ⅲ.3) 그러므로 거듭난 자는 어찌해야 합니까?(Ⅲ.4)

설교 핵심 요약

서론

칭의와 거듭남, 이 둘은 일반적으로 동일한 사건을 달리 표현하는 것으로 이해되어 왔다. 칭의의 순간에 모든 죄는 소멸되고 하나님으로부터 다시금 태어난다는 것이다. 이러한 가르침은 신중히 재고되어야 한다. 칭의와 성화, 양자는 구별되어야 한다. 칭의와 거듭남은 동시적 사건이지만 동일한 것은 아니다. 그렇다면 어떻게 다른가? 칭의가 '관계적인 변화'라면 거듭남은 '실제적인 변화'다. 칭의가 하나님께서 '우리를 위해' 역사하심으로 '우리를 의로운 자로 인정하시는 사건'이라면, 거듭남은 '우리 안에' 역사하심으로 '우리를 실제로 의로운 자로 변화시키는 것'이다. 칭의는 하나님에 대한 우리의 외적 관계의 변화를 야기한다. 즉 죄로 인해 하나님과 원수되었던 우리가 하나님의 자녀가 된 것이다. 거듭남은 죄로 물든 우리의 영혼을 깊이 변화시켜 하나님의 거룩한 백성이 되는 성품을 갖도록 하는 것이다. 칭의가 죄를 제거하는 것이라면 거듭남은 죄를 이기는 것이다.

양자를 명확하게 구분하지 않으면 많은 혼란을 초래한다. 특히 '하나님께로서 난 자는 누구든지 죄를 범하지 않는다'는 가르침에서 많은 혼란이 야기되었다. 이 문제를 깊이 들여다보기로 하자.

I. '하나님께로부터 났다'는 말의 의미

하나님께로부터 났다는 말의 의미는 무엇인가? 이것은 세례와 같은 외적 의식을 의미하지 않는다. 이것은 성령의 역사로 이루어지는 내적 변화요, 존재 양식의 변화다. 하나님께로부터 나는 순간, 즉 거듭난 순간부터 그는 이전과는 전혀 다른 방식으로 산다.

1. 우리 몸의 탄생 이전과 이후

(1) 탄생 이전

우리 몸의 탄생 과정은 거듭남의 가장 좋은 비유가 될 것이다. 아기가 뱃속에 있을 때를 생각해 보라. 뱃속의 아기는 공기를 호흡하며 살지만 감각들이 아직 발달되어 있지 않아 온전히 듣지 못하고 보지도 못한다. 바깥 세계와 거의 교섭을 하지 못하는데, 외부세계를 감각할 수 있는 기관들은 가지고 있으나 아직 잠자는 상태여서 세계에 대한 올바른 인식이 불가능하다. 바깥 세계를 인식하지 못하는 것은 그 세계가 멀리 떨어져 있어서가 아니다. 오히려 세계에 의해 둘러싸여 있지만 감각기관이 아직 베일에 가려져 굳게 닫혀져 있기 때문이다.

(2) 탄생 이후

이런 아이가 태어나면 상황이 완전히 돌변한다. 아기는 힘이 생겨 몸의 운동이 본격화되고 잠들어 있던 감각기관들이 깨어난다. 눈은 빛을 감지하게 되고 이로 말미암아 빛 자체는 물론 빛이 드러내는 모든 사물을 인식하게 된다. 귀 또한 열려 다양한 소리를 인식한다. 즉, 모든 감각기관이 깨어나 세계와 교섭하기 시작하며 사물에 대한 지식을 획득한다.

2. 거듭나기 이전과 이후

(1) 거듭나기 이전

이 변화는 거듭나기 전과 거듭난 후의 상태를 매우 잘 묘사해 준다. 거듭나기 전에는 모든 생명이 하나님 안에서 살고 움직이며 존재하지만(행 17:28) 그 하나님을 알 수 없다. 하나님을 감지하지 못하고 그분이 영혼과 늘 교섭하고 계심을 알지 못한다. 하나님의 숨결이 없이는 세상의 그 어떤 영혼도 존재할 수 없건만 영혼은 하나님에 대해 전혀 알지 못한다. 하나님은 높은 곳에서 그를 부르시고 계시지만 듣지 못한다.(시 58:5)

하나님의 일도 인식하지 못한다. 영적인 눈이 닫혀 있어 깊은 어두움의 상태에 있기 때문이다. 영적 세계에 대한 지식이 전무하다. 그것은 영적 세계가 먼 곳에 있어서 그런 것이 아니다. 아니 이미 그 중심에 있음에도 잠들어 있어 감지할 수 없다. 영적 감각이 없이는 영적 세계를 알 수 있는 방법이 없고 하나님의 일을 이해할 수도 없다.

(2) 거듭난 이후

그러나 거듭나게 되면 상황은 완전히 달라진다. 영혼 전체가 하나님을 느끼고 체험으로 그분을 인식한다. 그리고 다음과 같이 외칠 수밖에 없다. "당신은 나의 침상 곁에 또는 나의 길 가까이에 계십니다." "나는 당신을 내가 걷는 길 어디서나 느낍니다." "당신은 나의 전후를 두르시며 내게 안수하셨나이다."

그는 하나님의 영으로 인해 생명의 호흡을 시작하게 되는데, 하나님께로부터 오는 숨결을 하나님께 돌린다. 믿음으로 호흡을 받으며 사랑과 기도와 찬송으로 되돌려 올린다. 새로운 영적 호흡으로 영적 생명은 유지되고, 나아가 영적 능력과 활동과 감각이 날마다 증가한다. 모든 영적 감각이 열려 하나님과 그분의 일에 대한 지식을 더하여 간다. 비로소 참다운 '이해의 눈'이 열려 그는 보이지 아니하는 그분을 보게 된다(히 11:27). 그는 믿는 자들을 향하신 하나님의 능력과 사랑의 크심이 어떠한지를 알게 되며, 하나님께서 그 크신 사랑으로 말미암아 우리에게 독생자를 주셨으며 그를 믿는 이들을 자녀로 삼으신 사실을 알게 된다. 하나님의 용서하시는 사랑과 그분의 귀하고 큰 약속(벧후 1:4)을 분명히 감지하게 된다.

이제 그는 그리스도에 나타난 영광의 빛을 인식한다. 귀가 열려 하나님의 음성을 듣게 되고 하늘의 부르심을 듣고 순종한다. 모든 영적 감각기관이 깨어 있음으로 하나님과의 깊은 교제로 나아가게 된다. 하나님의 빛과 음성, 하나님을 아는 지식과 사랑에 막힘이 없기에 성령으로 난 사람은 하나님 안에 있고 하나님은 내 안에 계시는 놀라운 삶을 살게 된다.

II. 하나님께로부터 난 자

1. 그는 죄를 범하지 않는다.

거듭난 자, 곧 하나님으로부터 난 자는 끊임없이 그 영혼 속에 하나님의 생명의 숨, 하나님의 영의 은총을 믿음으로 받는 자요, 받은 은혜를 끊임없는 사랑과 찬송과 기도로 돌려보내는 자다. 이 '씨가 그 사람 속에 있는 한' 하나님께로부터 난 자이기에 결코 죄를 지을 수 없다.

'죄'는 무엇을 의미하는가? 죄는 자발적이고 실제적으로 행해지는 하나님의 계명을 위반하는 행위다. 하나님께로부터 난 자, 곧 믿음으로 하나님의 사랑에 거하고, 기도와 찬송과 감사로 하나님께 돌리는 자는 죄를 범할 수 없다. 그리스도로 말미암아 하나님을 믿고 하나님을 사랑하며 그 마음을 하나님께 쏟아 붓는 사람은 하나님께서 금하시고 기뻐하시지 않는 일을 자발적으로 행하지 않는다. 그의 속에 뿌려진 씨, 곧 하나님을 향한 사랑의 마음을 품은 자는 의도적으로 하나님이 기뻐하지 않는 일을 행하지 않는다.

2. 그도 범죄할 수 있다.

그렇다면 거듭난 자, 곧 하나님께로부터 난 자도 범죄하는 실질적인 사례들은 무엇인가? 하나님의 영이 우리 영과 더불어 하나님의 자녀임을 증거하는 사람들이 실제의 삶에서 하나님의 계명을 지키지 못하는 범죄의 경험을 호소하지 않는가? 성경에서조차 하나님께로부터 난 이들이 하나님께서 금하신 계명을 위반하는 것은 도대체 어찌된 일인가?

다윗은 그 대표적인 인물이었다. 그가 하나님께로부터 난 자라는 데 이의가 없다. 그는 하나님을 알았으며 믿음 가운데 굳건히 서서 하나님께 영광을 돌렸다(롬 4:20). 하나님을 사랑하는 마음으로 충만했고(시 23:1, 34:1) 감사와 찬양과 기도를 쉬지 않고 드렸다(시 118:28). 그런데 죄를 범했다. 그는 간통과 살인이라는 무서운 죄를 저질렀다. 성령의 은혜가 충만했던 시대에, 복음을 통해 '생명과 썩지 않음을 보이신 후'(딤후 1:10)에도 이런 일은 벌어졌다. 신약의 바나바의 예가 그러했다. 그는 성령의 특별한 지시를 받을 정도로 성별된 자였다(행 13:1~4). 그러나 하나님이 맡기신 사명, 곧 바울의 사역을 돕는 일을 거절했다. 마가 요한을 동행시킨다는 이유로(행 5:28) 바울과 다투고 그를 떠나는 잘못을 범했다. 이 일은 성령을 거스른 죄에 해당하는 범죄였다. 주님의 으뜸가는 제자 중 하나인 베드로는 어떤가? 그는 사도 중의 사도요 주님의 총애를 받았던 이었다. 그런데 안디옥에서 이방 사람들과 음식을 먹고 있을 때 야고보가 보낸 사람들이 온다는 소식을 듣고 할례받은 이들로부터 이방인과 음식을 함께 먹는다는 사실을 지적받을까 하여 미리 자리를 피했다. 이것은 그에게 내려진 하나님의 명령, 곧 음식으로 인해 사람을 정

죄치 말라는 명령을 어긴 것이었다.(갈 2:11~12; 행 10:28)

이러한 정황들은 누구든지 하나님께로부터 난 자는 죄를 짓지 않는다는 말씀과 어떻게 합치될 수 있겠는가?

3. 범죄의 원인은?

(1) 스스로 지키지 않았다.

"하나님께로부터 난 자는 범죄하지 않는다"는 말씀은 확실한 진리다. 그러나 하나님께로부터 난 자라 하여 범죄로부터 자유로운 것은 아니다. 우리는 이 말씀의 전후를 세밀히 살펴보아야 한다.

"하나님께로부터 난 자는 다 범죄하지 아니하는 줄을 우리가 아노라 하나님께로부터 나신 자가 그를 지키시매 악한 자가 그를 만지지도 못하느니라."(요일 5:18) 이 구절에서 "하나님께로부터 나신 자가 그를 지키시매"의 의미를 풀어 설명하면 '하나님께로부터 난 자는 스스로를 지키는 한 범죄치 않는다'는 뜻이다. 여기서 우리는 하나님께로부터 난 자가 범죄하는 것은 '스스로를 지키지 않았기 때문'임을 알 수 있다. (King James Version에는 이 구절이 다음과 같이 되어 있다. "We know that whosoever is born of God sinneth not; **but he that is begotten of God keepeth himself,** and that wicked one toucheth him not." 여기서 굵은 글씨체로 된 부분을 개역개정판은 이렇게 번역한다. "하나님께로부터 나신 자가 그를 지키시매" 이 번역에서 불필요하게 경어체를 쓰는 바람에 지키는 주체가 마치 하나님인 것으로 나타나 있다. 정확하게는 '하나님께로 난 자'다. 따라서 굵은 글씨체의 문장은 '하나님으로 난 자가 스스로를 지키는 한'으로 번역하는 것이 더 정확하다.)

(2) 스스로 지키지 않은 자의 범죄

그렇다면 '스스로를 지키지 않았다'는 것은 무엇을 의미하는가? 이 말은 하나님으로부터 난 자가 믿음 안에 거하지 않았다는 것이다. 스스로를 지키지 않은 것, 즉 믿음 안에 거하지 않을 때 하나님께 난 자라도 범죄로 나아가게 되는데, 이는 다음과 같은 단계를 밟아 진행된다.

단계1: 소극적인 내적 죄(negative inward sin, 꺼리면서도 따라가는)에 빠져 든다. 이는 자신 속에 주어진 하나님의 선물을 불 일듯 일으키지 않고(딤후 1:6), 언제나 깨어 기도하지 않으며(눅21:36), 하나님께서 부르신 그 부르심의 상을 얻으려 목표를 향해 달려가지 않는 것(빌 3:14)으로 나타난다.

단계 2: 적극적인 내적 죄(positive inward sin, 죄를 적극적으로 도모하는)로 나아간다. 마음이 이미 악한 데로 기울어져 있어서 악한 욕정과 기질에 끌려가는 단계다.

단계 3: 믿음의 파산(a loss of faith)에 이른다. 용서하시는 하나님을 보지 못하게 되며 하나님을 향한 사랑을 상실하게 된다.

단계 4: 범죄로 나아가는 단계다. 결국 육신에 속한 이들과 아무런 차이가 없게 되며 실제적인 죄를 범하게 된다.

이상의 과정을 좀 더 세분화해 보면 하나님의 자녀는 다음의 여덟 단계를 통해 범죄로 나아가게 된다.

단계 1: 거듭남으로 사랑을 불러일으키고 승리하게 하는 거룩한 씨앗 (divine seed)이 영혼 안에 머문다. 하나님의 은혜로 인해 '자기를 지키는' 단계라 할 수 있다(요일 5:18). 더 이상 죄를 짓지 않는 단계 다.(요일 3:9)

단계 2: 유혹의 발생 단계다. 이 유혹은 세상으로부터, 육체로부터, 마귀 로부터 온다. 어느 하나만이 아닌 복합적인 유혹의 형태를 띠기도 한다.

단계 3: 성령이 경고하는 단계다. 하나님의 영은 우리 영에게 위험 신호를 즉각 알리고 깨어 기도하라고 권고한다.

단계 4: 유혹과 타협하는 단계다. 스스로를 지키지 않고 깨어 기도하지 않 기에 유혹에 타협하고 어느 정도 양보하기 시작한다.

단계 5: 성령께서 슬퍼하시는 단계다. 점점 믿음이 약해지는 단계며, 그것 의 가장 뚜렷한 징후라 할 수 있는 하나님에 대한 사랑이 식어지는 단계다. 성령께서 깊이 근심하신다.

단계 6: 성령께서 근심하는 단계를 넘어 직접 질책하는 단계다. 성령은 악한 길에 들어선 영혼을 향해 견책하고 돌아서 참된 길로 나아갈 것을 호소한다.

단계 7: 성령을 소멸하는 단계다. 성령의 견책과 호소에 귀를 막고 오히려 유혹하는 자의 달콤한 음성에 귀를 기울인다.

단계 8: 믿음과 사랑을 상실하는 단계다. 악한 욕구에 자신을 내어줌으로 믿음과 사랑이 사라진다. 결국 하나님과의 단절로 인해 육체로 되돌아가게 되고 범죄의 길로 나아간다.

(3) 스스로 지키지 않은 자의 실제적인 예

우리는 하나님께로 난 자가 범죄로 나아가는 실제적인 예들을 앞에서 언급한 사람들을 통해 구체적으로 본다. 다윗이 그 대표적 예다. 분명 하나님께로서 난 자였다. 믿음으로 하나님을 보았으며 참으로 하나님을 사랑했다. 그의 입술에는 찬양이 끊이지 않았다(시 73:25). 그러나 그가 밧세바를 보았을 때 욕정이 발했고 유혹에 노출되었다. 하나님의 영은 즉각적으로 경보발령을 내었고 다윗은 경고의 음성을 들었다. 그러나 그는 유혹에 타협했고 그의 영은 오염되었다. 여전히 하나님을 볼 수 있었으나 그 전과는 달리 이미 희미해진 상태였다. 온 힘과 열정이 아니었다. 하나님의 영은 깊이 슬퍼했고 죄가 문에 엎드려 있음을 계속하여 경고했다. 그러나 이미 유혹에 점령당한 마음은 하나님의 영의 소리를 희미하게 만들었고 마침내는 귀를 막았다. 이제 다윗이 보는 것은 하나님이 아닌 금지된 대상이었다. 마침내 육신의 본성이 은혜를 뒤덮었다. 다윗의 마음의 눈은 다시 닫히고 하나님은 시야에서 사라졌다. 믿음을 통한 하나님의 사귐이 사라지니 사랑 또한 함께 사라졌다. 그는 전장의 말처럼 육체의 소욕을 채우는 데 전력을 다했던 것이다.

즉 하나님께로 난 자가 믿음으로 스스로를 지킬 때는 죄를 짓지도 않고 지을 수도 없지만, 그렇게 하지 않으면 믿음은 파산되고 온갖 종류의 죄의 노예로 팔려갈 수가 있는 것이다.

(4) 스스로 지키지 않는 것은 태만에서

하나님께로 난 자의 범죄는 믿음으로 자기를 지키지 않는 '태만'에서 시작된다. 태만은 '죄를 이기는 믿음'의 파선을 초래하고 마침내 범죄에 이르게 한다. 말하자면 의인이 믿음으로 살지 않기 때문에 죄 사함의 믿음까지 파괴되고 죄를 범하게 되는 것이다. 믿음은 자라나 '사랑으로 역사하는 믿음'으로 성장하고 이렇게 성장한 사랑의 믿음은 영혼으로 하여금 더욱 깨어 기도하게 하여 내적·외적인 죄를 완전히 이기게 한다. 유혹은 언제나 있는 것이다. 그러나 우리의 마음이 하나님을 향한 사랑으로 가득 차 눈이 하나님께만 고정되어 있으면 유혹은 발붙일 틈이 없다. 마음이 하나님을 향한 사랑으로 채워져 있지 못할 때 우리의 눈은 하나님을 떠나게 되며, '엑셀코메노이'(eccelkomenoi), 곧 욕망에 이끌려 마음이 하나님이 아닌 것으로(피조물로) 끌려가는 상태가 된다. 이것이 '태만'의 상태다.

태만의 상태는 믿음의 상실을 초래하며 유혹에 굴복하는 '델레아조메노이'(deleasomenoi) 상태로 나아가게 된다. 이는 어떤 외적 죄라도 범할 수 있는 준비된 상태, 곧 죄가 문 앞에 엎드린 상태다.

결론

하나님께로 난 자, 곧 거듭난 자 속에는 하나님의 거룩한 씨가 있다. 이 씨는 다름 아닌 '성령의 끊임없는 감동'(the continual inspiration of God's Holy Spirit)이다. 이 성령의 감동으로 하나님께서 영혼 속에 숨을 불어넣으시는 것이다. 이것은 하나님의 끊임없는 임재이기도 하다. 그것은 하나님께서 우리를 사랑하시고 용서하시는 활동을 의미한다. 이는 오직 믿음으로만 감지될 뿐이다. 믿음은 그분을 향한 사랑, 찬송, 기도를 끊임없이 돌려드리는 행위이며, 그리스도 안에서 거룩한 산 제사로 마음의 생각, 입술의 말, 손의 모든 행동, 육체와 혼과 영을 모두 드리는 것이다. 이 영혼의 반응은 하나님의 생명을 존속시키고 키워내는 데 절대적으로 필요하다.

반응하지 않으면 하나님은 영혼 위에 계속 반응하지 않으심을 명심해야 한다. 하나님께서 먼저 우리에게 역사하시는 것은 사실이다. 하나님이 우리를 먼저 사랑하시고 우리에게 자신을 드러내신다. 우리가 멀리 있을 때에 하나님은 당신에게 부르시고 우리의 마음을 비추신다. 그러나 우리를 먼저 찾으신 하나님을 사랑하지 않는다면, 그분의 음성을 듣지 않는다면, 하나님께로부터 눈을 돌려 하나님의 빛을 외면한다면, 하나님의 영의 활동은 점점 사라질 것이다. 하나님의 영은 점차로 물러나 우리를 어두움에 두게 된다.

그러므로 근신하는 마음으로 구원을 이루어야 한다. 믿음으로 스스로를 지켜야 한다. 서 있는 자는 넘어지지 않도록 조심해야 하며(고전 10:21), 믿음 위에 굳게 선 자라 해도 내적인 죄에 빠지지 않도록, 그리하여 믿음이 파선되지 않도록 끊임없이 경계해야 한다(딤전 1:19). 깨어 하나님 앞에 마음을 쏟고 언제나 기도하며 찬송하고 감사해야 한다. 그리하면 믿음이 강건해지며 하나님을 향한 사랑으로 심령이 채워질 것이며, 결코 내적인 죄에 틈을 내어 주지 않고 죄에 승리하게 될 것이다.

산상설교 | Upon Our Lord's Sermon on the Mount: Discourse I

> "예수께서 무리를 보시고 산에 올라가 앉으시니
> 제자들이 나아온지라 입을 열어 가르쳐 이르시되
> 심령이 가난한 자는 복이 있나니 천국이 그들의
> 것임이요 애통하는 자는 복이 있나니 그들이 위로
> 를 받을 것임이요." 마 5:1~4

역사적 배경

주님의 산상설교는 교회가 존재해 온 이래 '믿음의 핵심을 담고 있는 가르침'으로 늘 관심의 대상이 되어 왔다. 웨슬리와 밀접한 관련이 있던 17, 18세기에도 예외는 아니었다. 1644년 헨리 해먼드(Henry Hammond)가 언급했듯이 산상설교는 '기독교 정신의 축약'(an abstract of Christian philosophy)으로 간주되었고 이에 관한 많은 연구서와 해설서들이 쏟아져 나왔다. 이중에서 웨슬리가 많은 영향을 받은 것들은 오프스프링 블랙올 주교(Bishop Offspring Blackall)의 '산상설교에 관한 87가지 실제적인 가르침들'(Eighty-Seven Practical Discourses Upon Our Saviour's Sermon on the Mount), 존 노리스(John Norris)의 '실천적 가르침'(Practical Discourses), 제임스 블레어(James Blair)의 '우리 구세주의 거룩한 산상설교'(Our Saviour's Divine Sermon on the Mount), 존 카디널 보나(John Cardinal Bona)의 '하늘 가는 길의 안내'(Guide to Eternity), 그리고 벵겔(Bengel), 풀(Poole), 헨리(Henry) 등의 주석서들이다. 웨슬리의 산상설교는 이들의 산상설교에 관한 전통적 해설에 많은 빚을 지고 있는 것이 사실이다. 그러나 웨슬리는 결코 이들의 해석에만 머무르지 않는다. 그는 자신이 깨닫고 구축한 하늘 가는 길의 큰 틀에서 산상설교를 창의적으로 재해석해 나간다.

주님께서 베푸신 산상수훈의 본문은 마태복음 5~7장에 등장한다. 웨슬리는 이 본문을 기초로 모두 13편의 설교를 작성하였다. 이 13편의 설교들은 하나의 묶음으로 기획된 것이 아니라 한 편 한 편 따로 작성된 것이다. 그러나 그 내용에 있어서는 분리되어 있지 않고 '하늘 가는 길'이라는 주제를 중심으로 하나의 묶음으로 이루어져 있다. 웨슬리는 스스로 1759년 11월 17일 존 다운스(John Downes)에게 보낸 편지에서 자신의 산상설교가 '영원한 구원에 이르는 핵심 내용'(Indispensably Necessary to Eeternal Salvation, 하늘 가는 길)을 고스란히 담고 있음을 강조하면서 이 점을 분명히 밝히고 있다. 즉, 산상설교 13편의 각 설교는 각자의 메시지를 지니고 있지만 하늘 가는 길이라는 산상설교 전체 주제와 관련돼 있는 것이다. 이런 점을 고려할 때 웨슬리의 산상수훈을 읽을 때 한 편씩 따로 읽더라도 전체 주제를 염두에 두고 읽는 것이 바람직하다.

웨슬리는 마태복음 5~7장이 세 가지 주제로 나눠져 있다고 반복해서 강조하였다. 즉 ⑴ 참된 믿음의 의미 ⑵ 외적 행위를 참되게 하는 의도의 순수성 ⑶ 참된 믿음의 방해물들이다.

웨슬리에 따르면, 산상 수훈은 상호 연관성을 가지면서 뒷부분이 앞부분을 보강하고 해설하는 식의 독특한 구조를 이루고 있다. 마태복음 5장의 전반부는 참된 믿음의 본질에 대해, 후반부는 믿음에 대한 그릇된 견해들이 무엇인지 다루며, 6장은 우리의 외적 행위를 유발하는 내적 동기를 지적하면서 참된 행위를 이루기 위해서는 그 무엇과도 섞이지 않는 순수한 마음이어야 함을 강조하고 있다. 7장은 믿음생활을 방해하는 몇 가지 장애물들에 대해 설명한 후 산상설교 전체에 대한 결론을 내리고 있다.

웨슬리의 13편의 산상설교는 각 장마다 비슷한 분량으로 배분돼 있다. 5장에는 다섯 편의 설교가, 6장과 7장에는 각각 네 편의 설교가 배분되어 있다.

각 설교의 주제들을 요약하면 다음과 같다.

마태복음 5장 – 참된 믿음의 의미

산상설교 Ⅰ : 팔복 중 처음 두 가지 복에 관하여

산상설교 Ⅱ : 팔복 중 세 번째 복에서 다섯 번째 복까지

산상설교 Ⅲ : 나머지 세 가지 복에 관해

산상설교 Ⅳ : 하늘 가는 길은 함께 가는 길

산상설교 Ⅴ : 율법과 복음의 관계에 대해

마태복음 6장 – 외적 행위를 참되게 하는 의도의 순수성

산상설교 Ⅵ : 의도의 순수성에 관해

산상설교 Ⅶ : 금식에 관해

산상설교 Ⅷ : 재물을 탐하는 것에 관해

산상설교 Ⅸ : 두 주인을 섬기는 것에 관해

마태복음 7장 – 참된 믿음의 방해물

산상설교 Ⅹ : 믿음의 내적 장애물 – 타인을 심판하는 것에 관해

산상설교 ⅩⅠ : 믿음의 외적 장애물 1 – 넓고 쉬운 길에 관해

산상설교 ⅩⅡ : 믿음의 외적 장애물 2 – 거짓 선지자에 관해

산상설교 ⅩⅢ : 결론 – 듣고 행하라

마태복음 5~7장을 기초로 한 웨슬리의 설교는 청년 시절부터 나타난다. 1725년 11월 21일 빈지(Binsey)라는 곳에서 마태복음 6장 33절을 본문으로 하여 설교했으며, 산상설교 Ⅷ은 1736년에 작성한 것으로 보인다. 산상설교 는 웨슬리 사역에 일대 전환기를 마련한 설교로도 꼽는다. 웨슬리가 1739 년 4월 1일 브리스톨의 니콜라스 거리에서 모이던 신도회에서 택한 설교가 바로 산상설교였기 때문이다. 메도디스트 운동이 본 궤도에 올랐던 1739년 에서 1746년 사이 웨슬리는 산상설교와 관련한 설교를 무려 100회 이상 집 중했고, 이 설교들을 다양한 형태로 보급하려 했다는 사실은 그가 산상설교 를 얼마나 중시했으며 이 가르침이 메도디스트라 불린 사람들에게 얼마나

중요한 의미를 가졌는지를 단적으로 보여 준다. 산상설교들은 1748년에 발간된 웨슬리의 두 번째 설교집에 수록되었다. 이 중 산상설교 XII은 1750년에 출판된 세 번째 설교집에 '거짓 선교자들을 삼가라'(A Caution against False Prophets)라는 제목으로 별도로 수록되었다.

웨슬리의 산상설교는 비평학적 관점이나 역사적 상황의 진술과는 아무런 관련이 없다. 그는 주님의 산상설교를 통해 '하늘 가는 길'을 찾았고, 이 하늘 가는 길을 설교라는 매개를 통해 다른 이들과 나누고자 했을 뿐이다. 따라서 우리가 웨슬리의 산상설교를 제대로 읽는 길은 웨슬리가 마음속에 둔 소원을 동일하게 가지는 것, 즉 '하늘 가는 길을 알고자 하는 소원'을 품는 것이라 할 수 있다.

설교 읽기를 위한 질문

1. 예수께서 산에 올라가 입을 열어 가르쳤습니다. 이때 입을 여신 분은 어떤 분입니까?(서론 1, 2항) 그분이 가르치신 내용은 무엇입니까?(3항) 가르치신 대상은 누구입니까?(4-6항) 그가 가르치신 내용이 중요한 이유는 무엇입니까?(7항) 이 가르침을 베풀 때 어떤 심정으로 행하셨습니까?(8항) 이 말씀을 가르치신 주님의 권위는 어떠합니까?(9항) 산상수훈은 마태복음 5~7장에 기록되어 있습니다. 이 내용을 세 부분으로 주제별로 나누어 봅시다.(10항)

2. 마태복음 5장은 크게 두 부분으로 나누어집니다. 그중 전반부 팔복은 어떻게 이해될 수 있습니까?(I.1) 그 첫 단계는 무엇입니까? 때때로 마음의 가난이 물질적 가난과 혼동됩니다. 이러한 논리의 근거가 되는 바울의 가르침, 곧 "돈을 사랑함이 모든 악의 뿌리"는 어떻게 해석해야 합니까?(I.2, 3)

3. 마음의 가난이 뜻하는 바는 무엇입니까?(I.4) 이런 사람은 무엇을 알며

무엇을 느낍니까?(I.4-6) 마음이 가난함이 겸손의 덕과는 어떻게 다릅니까?(I.7, 9) 바울은 이에 대해 어떻게 가르칩니까?(I.8) 마음이 가난한 자가 기댈 것은 무엇입니까?(I.10) 마음이 가난한 자에게 주어지는 축복은 무엇입니까?(I.11)

4. 하늘나라에 대한 초보적 지식을 가진 사람의 상태는 어떠합니까? 그러나 이 상태가 오래가지 않기 때문에 주님은 무엇이라 말씀하셨습니까?(II.1) '애통함'이 의미하는 바는 무엇입니까?(II.3) 애통하는 마음에 주어질 축복은 무엇입니까?(II.4, 5)

5. 하나님의 자녀들이 겪어야 할 또 다른 형태의 애통은 무엇입니까?(II.6) 세상 사람들이 이러한 애통함을 이해하지 못하는 이유는 무엇입니까?(II.7) 애통하는 이들이 해야 할 일은 무엇입니까?(II.8)

설교 핵심 요약

서론

예수께서 산에 올라가 군중 앞에 앉으셨고 제자들은 그 곁으로 나아왔다. 주님께서 '입을 열어' 가르치시기 시작했다. 이 표현은 어떤 장엄한 가르침이 베풀어지는 상황을 설명할 때 사용되었다.

1. 입을 여신 분은 누구신가?

그는 피조물에 관한 모든 권한을 가지신 분이다. 우리의 통치자로서 그의 왕권은 영원하시다. 그는 입법자로서 그가 제정한 모든 법을 집행하셔서 구하기도, 심판하기도 하신다. 그는 하늘 아버지의 지혜자로서 인간의 근본과 그 구성과 하나님과의 관계, 인간 상호간의 관계를 다 아시며 하나님이 지으신 만물과의 관계도 아신다. 그는 사람을 하나같이 사랑하시며 그의 자비는 모든 피조물에게까지 미친다. 그는 사랑의 하나님으로서 영원한 영광의 자리를 떠나 자기를 비우셨다. 그는 하나님께로부터 나와 모든 인간에게 하나님의 뜻을 선포하시고 하나님께 다시 돌아가신 분이시다. 그는 세상에 오심으로 맹인의 눈을 뜨게 하고 어두움에 빠진 이들에게 빛을 주신다. 그는 하나님의 크신 선지자로, 하나님께서 오래전에 그의 오심을 선포하셨고 "누구든지 내 이름으로 전하는 내 말을 듣지 아니하는 자는 내게 벌을 받을 것"(신 18:19)이라 말씀하신 그분이다. 그는 베드로가 일찍이 "그 선지자의 말을 듣지 아니하는 자는 백성 중에서 멸망받으리라"(행 3:23)고 한 그분이다.

2. 그가 가르치신 것은 무엇인가?

바로 '하늘 가는 길'이다. 그가 가르치신 길 외에는 다른 길이 없고, 다른 길은 멸망으로 인도하는 길이다. 그는 아버지 하나님께 받은 바 말씀을 있는 그대로, 더하고나 빼지 않고, 진실되이 가르치셨다. 그가 가르치신 내용은 영원한 권위를 지닌다. 그의 길은 다른 그릇된 가르침을 드러내고 일거에 무력화시킨다.

3. 누가 그 가르침을 받는가?

어떤 이들은 이 말씀이 그 당시 사도들만을 대상으로 했다고 주장한다. 그러나 주님은 그런 언급을 하신 적이 없다. 가르침의 대상은 사도들만이 아니었다. 만일 그랬다면 산을 찾을 필요가 없었을 것이고 다락방이면 족했을 것이다. 가르침을 받은 이들은 '군중'이었다. 가르침을 받기 원하는 모든 이들이었다고 할 수 있다. 즉 그의 가르침은 산 위에 오른 이들뿐 아니라 모든 인간, 모든 인종, 심지어 그 당시에 나지 않았던 오는 세대의 사람들을 포함한 모든 인류였다. 어떤 이들은 이 가르침이 일반인에게 적용하기 어려운 것이라고 주장한다. 그러나 그렇지 않다. 이 교훈은 누구에게나 적용할 수 있는 보편적 가르침이다.

이 가르침은 권위 있는 것이었다. 그것은 율법학자의 가르침과는 다른 권위를 드러냈고 훌륭한 믿음의 성인들의 그것과도 다른 권위를 드러냈다. 이 차이는 어디에서 나타났는가? 예수 그리스도는 지혜의 주인이었고, 율법학자나 믿음의 성인들은 지혜의 종이었기 때문이다. 특히 산상수훈은 다른 어떤 정황에서의 가르침보다 신적 권위가 있었다. 그것은 주님께서 믿음에 대한 내용 전부를 한꺼번에 가르치신 유일한 곳이기 때문이다. 유사한 것이 모세가 시내산에서 받은 십계명이다. 그러나 이것은 그림자일 뿐 새로운 영광에 의해 사라질 과거의 것이었다.(고후 3:10)

이 가르침은 사랑 가운데 주어졌다. 불이 타오르고 어둠과 폭풍에 싸인(히 12:18) 곳에서 선포하신 것이 아니고 하늘에서 번개나 우뢰나 불로 말씀하신 것도 아니다. 고요하고 잔잔한 음성으로 말씀하심으로 하늘의 길을 안내했을 뿐이다. 그러나 그분의 권위는 율법학자, 모세나 선지자, 어느 선생의 가르침과는 근본적으로 달랐다. 그분의 가르침은 모두 존재의 존재이신 여호와요, 영원한 복의 소유자요, 만유 위에 계신 하나님 자신의 가르침이었다.

산상수훈은 독특한 구조를 가지고 있다. 그것은 상호 연관성을 가지고 있다. 뒷부분은 앞부분을 보강하고 해설하는 식이다. 산상수훈 전체는 모두 세 부분으로 나누어진다. 마태복음 5장의 전반부는 참된 믿음의 본질에 대해 여덟 가지 국면으로 다루고, 후반부는 믿음에 대한 그릇된 견해를 담고 있다. 6장은 우리의 외적 행위를 유발하는 내적 동기를 언급하면서 그것은 그 무엇과도 섞이지 않는 순수한 것이어야 함을 강조한다. 7장은 믿음 생활을 방해하는 몇 가지 장애물들을 지적하고 산상설교 전체에 대한 결론을 포함하고 있다.

마태복음 5장의 전반부에 해당하는 부분을 '팔복'이라 부른다. 팔복이 의미하는 바에 대해서는 여러 견해가 있으나 그중 대표적인 것은 ⑴ 그리스도인이 언약의 땅으로 여행하는 중에 밟아야 하는 단계, ⑵ 그리스도인의 삶에 적용할 원칙들이라는 것이다. 우리가 이런 견해들을 수용 못할 이유는 없다. 한마디로 이 부분은 참된 믿음의 본질을 내포하고 있다. 이 내용을 면밀하게 분석해 보면 이곳에는 가난한 마음에서 완전에 이르는 믿음의 전체 단계가 포함돼 있으며, 이 단계들은 낮은 단계의 은혜에서 높은 단계의 은혜로 전개되어 나아가는 양상을 띠고 있다. 그러나 여기서 유의할 것은 단계가 진전될 때 이전 단계가 포기되는 것이 아니라는 것이다. 이미 얻은 바를 굳게 잡고 그리스도 예수 안에서 주시는 최고의 축복을 얻기 위해 달려가는 그런 구조로 이루어져 있다.

I. 마음이 가난한 이가 복이 있나니

1. 마음이 가난한 자

예수님은 자신 앞에 앉은 이들 대부분이 가난한 이들임을 아셨기에 이들이 겪고 있는 물질적 가난의 문제를 영적 문제로 전환시켜 말씀하셨다. 예수님이 말씀하신 마음의 가난은 물질을 포기하는 것, 즉 돈을 경멸하고 청빈의 덕을 세우는 것이 아니다. 마음이 가난하다는 것은 다음의 세 가지 의미를 갖는다.

첫째는 자기의 죄를 아는 자다. 자기 속에 선한 것이 없고 악하고 가증스러운 것밖에 없다는 사실, 모태로부터 문둥병과 같은 죄로 뒤덮여 있는 채로 태어났다는 사실, 죄가 영혼에 퍼져 있고 영혼의 전체 기능을 부패시켰다는 사실, 죄의 뿌리로 인해 악의 열매를 양산한다는 사실을 아는 것이다. 둘째는 죄책감을 느끼는 자다. 그는 악한 생각, 행위와 말로 인해 형벌을 받을 수밖에 없다는 것을 알고 자신이 범한 극소량의 죄라도 영원히 꺼지지 않는 지옥의 저주에 해당한다는 것을 안다. 무엇보다도 하나님의 은총으로 우리에게 구원의 길로 오신 주님을 믿지 않은 죄의 중압감을 뼈저리게 느끼고(히 2:3), 믿지 않음으로 이미 심판을 받은 것이며 하나님의 진노가 그 위에 있음을 안다. 셋째는 자신 안에 있는 그 어떤 것으로도 죄를 해결할 수 없음을 아는 자다. 그는 그 무엇으로도 하나님 앞에 나아갈 수 없음을 알며 하나님의 계명을 다 지킬 수도 없거니와 지킨다 해도 이미 범한 죄를 해결할 길이 없음을 안다. 사람으로는 불가능함을 안다. 그러므로 그가 할 수 있는 말은 "주여 나를 구하소서"라는 탄식뿐이다.

요컨대 마음의 가난은 자신의 죄를 인식하는 것이며 죄의 결과를 두려워하는 것이며 동시에 우리의 무력을 느끼는 것이다. 이것은 '겸비의 덕'과는 다르다. 이보다 더욱 심각한 것이다. 겸비의 덕은 자기를 스스로 낮추는 것으로, 원래의 모습보다 자신을 더 낮추는 인위적인 성격을 띤다. 그러나 마음의 가난은 철저한 자기 인식이며 참된 자기를 있는 그대로 인식하는 것이다. 나 자신의 부족과 죄와 정죄받은 인간임과 가장 불행한 존재임을 철저하게 인식한다는 점에서 참된 회개와 동일한 의미다.

로마서 1~3장의 가르침의 핵심은 바로 이 마음의 가난에 도달하는 것이다. 1장은 하나님의 진노가 이방인에게 드리워져 있음을 밝히고 있고(1:18), 2장은 유대인들도 이방인보다 나을 것이 없고 모두 하나님의 정죄 아래 있다는 사실을 밝힌다. 3장은 온 세상은 하나님의 저주와 심판 아래 있다는 사실을 논증하고(롬 3:19), 인간은 자력으로 구원할 길이 없음을 선포하면서 이와는 본질적으로 다른 구원의 길을 제시한다(롬 3:20). 로마서의 가르침은 한 목표를 향해 나아간다. 즉 사람들의 교만을 꺾고 스스로 무엇인가를 이룰 수 있다는 기대(겸비의 덕이라는 것까지도)를 철저히 분쇄하며 완전한 죄인으로 정죄받은 자요 무력한 존재임을 자각하게 하여 자신들의 모든 것을 포기하게 하여 구원자 되신 그리스도께 의지하도록 하는 것이다.

그러므로 우리는 잠에서 깨어나야 한다. 깨어 자신을 알아야 한다. 우리가 죄악 중에 지어졌으며, 모친이 죄 중에 잉태했음을 뼈저리게 느껴야 한다. 선악을 분변하기도 전에 죄 위에 죄를 쌓았으며 하나님의 영원한 심판을 면할 수 없다는 사실을 인정해야 한다. 자신을 구원할 수 있다는 망상을 포기하고 내 죄를 지시고 친히 십자가에 매달리신 그리스도의 피로 씻음을 받고 전능하신 성령에 의해 거듭나기를 전심으로 바라야 한다. 그때에 비로소 "마음이 가난한 사람들은 복이 있다"는 사실을 알게 될 것이다.

2. 마음이 가난한 자가 누릴 복

어떤 복을 누리는가? 하늘나라를 소유한다. 하늘나라란 "먹는 것과 마시는 것이 아니요 오직 성령 안에 있는 의와 평강과 희락"이다(롬 14:17). 성령 안에서의 의는 '인간 영혼 안에 있는 하나님의 생명'이요, '그리스도 안에 있는 마음'이며, '우리 영혼 안에 새겨진 하나님의 형상'이다. 이것은 하나님과의 완전한 교제로 요약된다. 성령 안에서의 화평은 하나님과의 화평이며 그리스도의 피로 말미암아 하나님이 용납하신다는 확신 아래 우리 심령이 누리는 즐거운 평안이다. 하나님의 자녀로서의 확신이 늘 함께함으로써 하나님의 사랑에서 끊어질 수 없다는 확신에서 오는 평안이다. 성령 안에서의 기쁨이란 과거의 죄에 대한 용서뿐 아니라 미래의 면류관의 약속으로 인한 기쁨이다. 이 기쁨은 하나님의 보좌에서 흘러나오는 기쁨이다.

마음이 가난한 자는 이 하늘나라를 소유한다. 이것은 우리가 아직 죄인되었을 때 어린양의 피의 대가로 준비된 것으로 우리 가까이에 있다. 의와 평화와 기쁨의 왕국이 바로 우리 안에 있다.

죄인임을 깨닫는가? 세상 죄를 지고 가는 어린양을 보라! 전적으로 거룩치 못한 자이며 아무것도 할 수 없음을 느끼는가? 우리의 모든 죄를 위해 화해자가 되신 그리스도를 바라보라. 다만 그리스도 예수를 믿으라. 그러면 죄가 소멸될 것이다. 그분의 보혈이 우리의 모든 죄와 더러움을 씻을 것이다. 용감하게 믿음으로 나아오라!

II. 애통하는 자는 복이 있나니

1. 애통하는 자

(1) 가난한 마음에서 더 나아가야

가난한 마음은 아직 천국의 초보 상태다. 이로 인해 칭의에 이르렀지만 아직 완성은 아니다. 내적으로 참된 변화가 일어나야 한다. 우리는 이렇게 평온무사할 때 '주님께서 나의 산을 견고케 했다'고 생각하는 오류를 범한다. 죄가 완전히 정복된 것으로 여겨지고 작은 죄도 짓지 않으며 시험과 유혹에서 안전하다고 스스로 여기고, 희열과 사랑의 수레 위에 드높이 앉아 있다고 착각하면서 독수리가 창공을 나는 기쁨을 만끽하기도 한다. 그러나 주님은 이러한 승리의 상태가 오래가지 못할 것임을 아시고 이렇게 말씀하신다. "애통하는 사람은 복이 있다. 그들이 위로를 받을 것이다."

⑵ 애통이란

여기서 말하는 '애통'은 슬픔을 의미하는데, 이것은 세상에서의 불행이나 어려움 때문에 겪는 슬픔을 지칭하는 것이 아니다. 주님은 이런 슬픔보다 더 근원적인 슬픔을 가진 이들에게 관심을 두신다. 애통하는 사람이 겪는 슬픔이란 하나님의 선한 일, 용서의 말씀, 내세의 능력을 맛본 이들 안에 일어나는 슬픔이다. 이 슬픔은 하나님이 그에게 얼굴을 숨기심으로 일어나는 영혼의 슬픔이요, 떠난 줄 알았던 죄와 시험이 다시금 밀려들고 영혼을 우겨 쌀 때 느끼는 슬픔이다. 우리의 원수가 "그대의 하나님은 어디에 계신가? 그대가 말하던 천국의 기쁨은 어디에 있는가? 죄 사함을 받았다고 하는 그 약속은 어디에 있는가? 용서받았다는 사람의 삶이 왜 이다지 거룩한 삶을 살지 못하는가?" 하고 도전해 올 때, 이에 대해 자신 있는 응답을 할 수 없는 영혼이 느끼는 슬픔이며, 믿음의 난파를 당해 마지막 상태가 처음 상태보다 더 못한 상태로 전락할까 두려움에 떠는 슬픔이다.

더 깊고 의미 있는 애통이 있다. 인류의 죄와 불행으로 말미암는 애통, 이웃과 더불어 함께 우는 애통, 특히 믿음이 연약한 이들을 위한 애통이 그것이다. 이는 일종의 대속적 애통으로, 영혼을 멸망의 구렁텅이로 이끌어 가는 이들을 향한 애통이며 그들이 하나님의 영원한 집을 찾지 못하고 그 길로 나아가는 것을 보는 애통이다.

2. 애통하는 자는 복이 있다.

그런데 주님은 애통하는 자는 복이 있다고 말씀하신다. 왜 그런가? 그것은 분명 견디기 어려운 고통이다. 그러나 이 고통은 장차 올 영광에 비하면 아무것도 아니다. 하나님의 자녀는 세상의 환란에 지지 않아야 하고, 세상 죄악의 달콤한 유혹에 다시 돌아가지 말아야 한다. 세상의 위로를 찾지 말고 애통하며 주님의 은혜를 더욱 구해야 한다. 이렇게 애통하는 이는 성령을 통해 역사하시는 하나님의 사랑을 다시 발견할 것이다. 애통하는 이에게는 사랑하는 성령의 참된 위로가 있을 것이다. 모든 회의와 공포가 사라지고 영원한 기업의 소망과 은혜로 말미암은 참 위로를 받을 것이다. 하나님의 성령의 능력이 그에게 머물러 그 무엇도 그리스도 안에 있는 하나님의 사랑에서 끊을 수 없다.(롬 8:35~39)

주님은 "조금 있으면 나를 보지 못하겠고 또 조금 있으면 나를 보리라"고 말씀하신 데 대해 제자들이 혼란스러워하는 것을 보며 이 말씀의 뜻을 밝히신다. "진실로 너희에게 이르노니 너희는 곡하고 애통하겠으나 세상은 기뻐하리라 너희는 근심하겠으나 너희 근심이 도리어 기쁨이 되리라 여자가 해산하게 되면 그때가 이르렀으므로 근심하나 아기를 낳으면 세상에 사람 난 기쁨으로 말미암아 그 고통을 다시 기억하지 아니하느니라 지금은 너희가 근심하나 내가 다시 너희를 보리니 너희 마음이 기쁠 것이요 너희 기쁨을 빼앗을 자가 없으리라."(요 16:19~22) 이 말씀은 애통해하는 이들에게 큰 위로가 된다. 애통은 생명을 잉태한 동안 갖는 '근심'과 동일한 것이라는 사실이다. 그러나 생명을 낳은 후에는 말할 수 없는 기쁨을 누린다.

결론
하나님의 지혜는 감추어져 있다. 가난한 마음이나 애통은 세상 사람들에게 불필요하고 어리석은 것으로 보인다. 그러나 이것들은 무익하거나 헛된 것이 아니라 참으로 고귀한 것이다. 하늘과 지옥은 엄연히 실재하며 영혼들은 그 끝을 향해 나아가고 있다. 자신을 보라. 자신 앞에 놓인 멸망의 낭떠러지를 보라. 이 참혹한 결과를 피할 수 없는 자신의 무력함을 보라. 하나님의 은총의 손길을 보라. 하나님 나라가 그의 것이다.

울라! 주님이 우리 눈에서 눈물을 씻길 때까지 울라. 주님의 위로가 임할 때까지 울라. 다른 이들의 영혼을 위해 울라. 멸망을 향해 걸음을 옮기고 있는 그들을 위해 울라. 주님께서 위로할 것이다.

산상설교 II — Upon Our Lord's Sermon on the Mount: Discourse II

"온유한 자는 복이 있나니 그들이 땅을 기업으로 받을 것임이요 의에 주리고 목마른 자는 복이 있나니 그들이 배부를 것임이요 긍휼히 여기는 자는 복이 있나니 그들이 긍휼히 여김을 받을 것임이요." 마 5:5~7

설교 읽기를 위한 질문

1. 애통함으로 하나님의 위로를 받은 자의 상태는 어떠합니까? 그의 입술은 무엇이라 외치게 됩니까?(I.1)

2. 온유함과 관계없는 상태는 어떤 상태입니까?(I.2) 온유함은 어떤 상태를 말합니까?(I.3) 이 온유함의 상태가 하나님과 나 자신과 타인을 향할 때 어떤 형태로 나타납니까?(I.4) 온유한 자는 주님에 대해 어떤 태도를 취하게 됩니까? 악에 대해서, 여러 욕구들에 대해서, 증오 분노 공포 등의 바람직하지 못한 감정들에 대해서는 어떤 태도를 갖습니까?(I.5)

3. 온유의 덕은 성장해 나갑니다. 이를 위해 어떻게 해야 합니까?(I.6) 온유의 덕은 어느 정도까지 성장해 가야 합니까?(I.7-11) 온유함에 대한 하나님의 축복은 무엇입니까? 어떻게 이 일이 가능합니까?(I.12) 땅을 얻는다는 또 다른 의미는 무엇입니까?(I.13)

4. 다음은 우리 영혼을 파멸로 이끄는 여러 형태의 장애물들과 이 장애물들을 치유할 수 있는 도구들을 열거한 것입니다. 빈칸을 채워 봅시다.

장애물	치유의 도구
교만	가난한 마음
	애통
분노 조급함 불만	

이런 장애물들이 제거될 때 나타나는 자연적이고 순결한 욕구는 무엇입니까? 이런 사람에게 어떤 복이 주어집니까?(Ⅱ.1)

5. '의'는 무엇입니까?(Ⅱ.2) '의에 주리고 목마르다'는 말이 지니는 세 가지 의미는 무엇입니까?(Ⅱ.3) 이런 사람을 만족시킬 수 있는 것은 무엇입니까?(Ⅱ.4) 이런 사람에게 복이 있는 이유는 무엇입니까?(Ⅱ.5) 의를 향한 기갈을 느낀 이가 해야 할 일은 무엇입니까?(Ⅱ.6)

6. 하나님의 생명으로 충만한 이에게 일어나는 일은 무엇입니까? 주님은 이들에게 어떤 말씀을 하셨습니까? '긍휼'은 어떤 마음입니까? 이와 같은 뜻으로 쓰일 수 있는 말은 무엇입니까?(Ⅲ.1)

7. 바울은 이 사랑의 가치를 어떻게 평가합니까?(Ⅲ.2) 고린도전서 13장에 나타나는 사랑의 속성에는 어떤 것들이 있습니까?(Ⅲ.3-17) 이런 사랑을 베푸는 사람에게 임할 복은 무엇입니까?(Ⅲ.17) 사랑의 삶을 살아가는 이들이 직면하는 어려움은 무엇입니까? 소망이 없는 곳에서 살아가는 사랑의 사람은 어떤 믿음으로 살아가야 합니까?(Ⅲ.18)

설교 핵심 요약

서론

가난한 심령, 애통해하는 심령에 이어 등장하는 심령은 온유함과 의에 굶주린 마음, 그리고 긍휼히 여기는 심령이다. 이들 심령들에는 그에 합당한 복이 따른다.

I. 온유한 자는 복이 있다

1. 온유한 자

(1) 온유함

'온유함'(meekness)이란 무엇을 의미하는가? 우선 온유함과 거리가 먼 것들이 무엇인가 살펴볼 필요가 있다. 그것은 악에 무감각하고 선악을 분별하지 못하며 근심이 없는 상태를 의미하는 것이 아니다. 여러 가지 형태의 생의 충격에 감각이 없는 것도 아니다. 온유함은 오히려 인간 정서의 올바른 자리매김이다. 곧 억압 혹은 제거된 인간의 정서가 아니라 그것을 올바로 자리 잡게 하는 것인데, 우리의 영이 하나님의 영의 인도함을 받는 상태라 할 수 있다.

이 마음은 우리 마음에 평강을 가져다주기에 어떤 삶의 조건에서도 평형을 유지하고 좌로나 우로나 치우치지 않는 그런 상태다. 그러므로 온유한 심령을 가진 이는 하나님에 대해 순종하게 되고 다른 이들에게는 평정심을 가지고 대한다. 즉 그는 하나님의 뜻이 무엇이든지 인내하며 순종하게 되는데, "주의 뜻이 이루어지이다"라는 태도를 견지한다. 또한 그는 다른 사람을 대할 때 어떤 외적인 조건에 얽매이지 않고 마음의 평정 상태에서 대한다. 이것이 외적으로는 '부드러움'의 모습으로 나타난다.

(2) 온유함은 악을 이기고 선에 이르게 한다.

온유함은 모든 것을 합력케 하여 선에 이르게 한다. 악을 냉철하게 분별하지만 그 악에 끌려가지 않고 극복한다. 열심과 열정을 하나님의 뜻에 적합하게 조절하고 선용한다. 증오, 분노, 공포 등의 정서조차도 죄를 극복하는 데 선용한다.

(3) 온유함은 성장한다.

이 온유함은 정지되어 있는 것이 아니라 자라난다. 특히 '연습'은 온유함을 성장하게 하는 가장 효과적인 방식이다. 연습을 통해 하나님을 향한 인내의 순종이 강화되고 이웃을 향한 사랑의 인내도 증가한다. 날마다 연습하면 온유함은 성장해 온전히 하나님의 뜻에 부합하기까지 이르게 된다.

2. 온유한 자는 복이 있다.

온유한 자는 하나님의 복을 누린다. 모든 의심의 안개가 걷히고 두려움과 근심의 물결이 잔잔해지며 하나님 안에서 기쁨을 누리게 된다. 이들은 이렇게 외치게 된다. "온유한 자는 복이 있나니 그들이 땅을 기업으로 받을 것임이요."(마 5:5)

'땅'의 유업이 의미하는 바는 세상 가운데서의 승리의 삶이며 동시에 앞으로 올 땅, 즉 요한에게 계시된 첫 부활 이후의 천년 왕국, 새 세상에서의 승리를 의미한다. 온유한 이들은 하나님의 백성의 마음을 온전히 갖춘 자로서, 이 땅에서뿐만 아니라 앞으로 올 첫 부활의 주인공이 되고 그리스도의 제사장이 되어 천 년을 통치하게 된다.

II. 의에 주리고 목마른 자는 복이 있다

1. 의에 주리고 목마름

믿는 이는 성장하게 된다. 가난한 마음으로 만 악의 뿌리인 교만이 제거되고, 애통하는 마음으로 믿음을 영혼에 뿌리내리지 못하게 방해하는 경솔함과 사려 깊지 못함을 해결한다. 온유함으로 분노, 조급함, 불평 등의 죄악들을 치유한다. 이런 과정을 거쳐 모든 영적 장애물이 제거될 때 하나님께서 심어주신 가장 자연스럽고 순결한 갈망이 솟아나오게 된다. 다시 말해 의에 주리고 목마르게 된다.

여기서 말하는 의란 무엇인가? 그것은 바로 하나님의 형상이요 그리스도 예수 안에 있는 마음이며 하나님을 사랑하고 이웃을 사랑하는 마음이다. 이 의를 향한 영혼의 기갈은 강렬하다. 이 마음이 싹트면 하나님의 형상대로 새로이 지음받으려는 생각 안으로 모든 것이 잠긴다. 하나님과 하나됨을 갈구하는 것이다.

영적 기갈은 일단 한번 시작되면 채워질 때까지 지속되는데, 영적인 양식 이외로는 채워지지 않는다. 이것은 명예, 지식 등 이 땅의 어떤 것으로도 채울 수 없으며 오직 '의' 외에는 만족을 줄 수 없다. 이 갈증은 어떠한 종교적 행위로도 채울 수 없다. 종교의 핵심적인 세 가지 요소, 즉 남에게 해를 끼치지 않는 것, 선한 일을 행하는 것, 은총의 수단을 준수하는 것으로도 이 의의 갈증을 해소할 수 없다. 종교적 행위를 성실히 준수하는 것으로 좋은 신앙인은 될 수 있다. 그러나 그의 영은 이것으로 만족하지 않는다. 얇고, 형식적이고, 완전치 못한 것들로 영적 기갈을 채우기에는 역부족이다. 참된 영적 양식은 아니며 더 나아가야 한다.

영혼이 갈구하는 것은 하나님 안에 그리스도와 함께 감추인 생명이며, 주님과 하나 되는 연합이며, 아버지와 아들과의 사귐을 가지는 것이며, 하나님이 빛 가운데 행하심처럼 빛 가운데 행하는 것, 그분의 순결처럼 순결하게 되는 것이다. 하나님 안에서 쉼을 얻기까지 참된 안식이란 없다.

2. 의에 주리고 목마른 자는 복이 있다.

의에 주리고 목마른 자는 복이 있다. 어떤 복인가? 의에 주린 자는 결국 배부를 것이다. 진실로 갈망하는 자는 의와 참된 거룩함으로 채워질 것이다. 하나님께서는 지극한 복을 내리시며, 은혜에 은혜를 더할 것이며, 하늘의 떡과 만나로 만족케 하실 것이기 때문이다. 하나님의 기쁨의 강에서 한 번 마시면 다시 목마르지 않는 생명의 물을 영원토록 마실 것이다.

의를 갈망하는가? 구하라! 세상 사람들은 이해하지 못할지라도 그분에게 이처럼 호소해야 한다. "주 예수님, 나를 긍휼히 여기소서. 나로 하여금 당신의 거룩함처럼 거룩한 삶을 살게 하소서." 우리는 어째서 양식 아닌 것을 위해 은을 달아주며 배부르지 못할 것을 위해 수고하는가? 흙에서 행복을 바라는가? 세상의 것에서 무엇을 찾고자 하는가? 하나님의 의, 이 외의 것은 분토같이 버리라.

하나님의 형상을 회복하기 위해 갈망하는 이는 복이 있다. 경건의 능력, 영과 생명의 종교를 찾는 이는 복이 있다. 하나님 안에, 하나님이 그 안에 머물기를 갈망하는 이는 복이 있다. 그들은 배부를 것이기 때문이다.

III. 긍휼히 여기는 자는 복이 있다

1. 긍휼히 여기는 자

(1) 긍휼히 여김

의를 갈망하는 자는 배부를 것이다. 그는 이제 하나님의 생명으로 충만하다. 하나님의 생명으로 충만하면 할수록 죄와 허물로 죽은 자들에 대해 더 큰 관심을 기울인다. 즉, 이웃을 향한 긍휼의 심령을 갖게 된다는 말이다. '긍휼히 여기는 마음'(mercy)은 불쌍히 여기는 마음을 의미하는데, '형제애' 혹은 '이웃 사랑'으로 전환될 수 있는 말이다. 이 마음씨를 가진 이는 하나님을 모르는 이, 하나님을 사랑하지 않는 영혼에 대해서도 경멸 대신 동정과 연민을 가진다.

(2) 긍휼히 여긴다는 것

긍휼히 여김의 구체적인 내용은 사도 바울이 고린도전서 13장에서 진술했던 '사랑'의 내용과 동일하다. 사람의 방언과 천사의 말을 할지라도 사랑이 없으면 울리는 징과 요란한 꽹과리와 같고 예언의 능력을 가져도, 모든 신비한 세계를 보아도, 산을 옮길 만한 믿음이 있어도 아무것도 아니다. 비록 자신의 모든 소유를 나누어 준다 해도, 내 몸을 불사르게 한다 해도, 사랑이 없으면 무용하다. 이 마음은 모두 열네 가지 속성으로 표현할 수 있다.

속성 1: 오래 참는다. 모든 사람의 약함, 무지, 과오, 취약함, 사악함, 연약한 믿음 등을 참되 오래 참는다. 원수라도 그들이 주릴 때에 먹을 것을, 목마를 때에 마실 것을 줌으로 그들의 머리 위에 '사랑의 숯불'을 놓는다,

속성 2: 온유하다. 사람들에게 부드럽고 온화하게 대한다. 특히 어려움을 당하는 이들에게 극진한 애정과 관심으로 대하되 지체 없이 위로하고 보살핀다.

속성 3: 시기하지 않는다. 사랑은 악한 성품인 '시기'와는 정반대 속성을 가진다. 사랑은 상대가 누구이든, 하나님의 은혜가 함께 내리기를 바라며, 이 세상과 오는 세상의 좋은 선물이 함께하길 바란다. 자

신이 받은 축복을 남들도 받기를 간절히 바라고, 심지어 자신이 받지 못한 것이라 해도 다른 사람은 받아서 자기보다 더 축복받기를 바란다. 이 사랑이 크면 클수록 모든 이가 다 같이 하나님의 축복을 누리는 것을 기뻐하고 그들이 누리는 축복에 대해서 티끌만큼의 시기심도 갖지 않는다.

속성 4: 자랑하지 않는다. 이 말의 의미는 성급한 판단을 하지 않는 것이다. 남이 한 일을 과소평가하거나 가혹한 판단을 내리지 않는다. 다른 사람을 향한 험담을 쉽사리 믿지 않고 신중하게 판단한다.

속성 5: 교만하지 않는다. 사랑하는 자는 모든 교만을 몰아내며 진실한 자신을 돌아본다. 자신은 아무것도 아니며 지극히 작은 자이며 모든 이의 종이라는 마음을 갖고 형제들을 자기보다 낫게 여긴다.

속성 6: 무례히 행치 않는다. 사랑은 결코 폭력적이지 않다. 다른 사람을 기쁘게 하는 것에 관심을 둔다. 무엇보다 그의 영혼이 구원에 이르도록 돕기를 기뻐한다. 자신의 영적·물질적 이익을 뒤로 하고 영혼들을 죽음에서 구원하는 일을 최우선시 한다. 모세의 경우가 좋은 예다. 그는 백성의 구원을 위해 기도하되 자신의 이름이 생명책에서 제외되기를 불사하고 그리했다(출 32:31~32). 바울도 좋은 예다. 그는 형제를 위해 그 자신이 저주를 받아 그리스도에게 끊어질지라도 기뻐했다.(롬 9:13)

속성 7: 성내지 않는다. 자신이 당하는 부당하고 불공정한 대우에 대해 분노하지 않는다. 시련을 당할 때도 그저 예수만을 바라보며 그 사랑 안에 거함으로 모든 것을 이긴다.

속성 8: 타인의 악을 기억하지 않는다. 다른 사람들의 악을 모르지는 않는다. 오히려 더 명확히 안다. 그러나 그것을 마음에 품지 않는다. 악을 기억하지 않고 그것을 흉내 낸다든지 혹 은연중 그 악을 따르는 일을 하지 않는다.

속성 9: 불의를 기뻐하지 않는다. 불의를 보면서 그 결과를 상상하며 기뻐하지 않고 원수가 자신이 저지른 불의로 인해 당하는 비참한 결과를 보면서 기뻐하지 않는다. 오히려 그런 일을 보는 것, 듣는 것을 마음 아파하고 생각조차 않으려 하며 영원히 기억에서 잊어버렸으면 한다.

속성 10: 진리를 기뻐한다. 이 진리는 '영적인 진리'를 의미한다. 구체적으로는 마음과 삶의 성화를 의미한다. 이 진리가 어디에서 발견되든지 기뻐한다. 자신의 반대자라 해도 그의 의견이나 행동에서 이런 진리가 발견되면 환영한다.

속성 11: 모든 것을 덮어 준다. 남의 불의를 기뻐하지 않기 때문에 그것을 드러내는 것도 기뻐하지 않는다. 누구의 악을 보거나 알게 될지라도 그것을 따르지도 않지만 드러내지도 않는다. 형제의 과오나 실수를 드러내지 않으며 그 형제를 권면하기 위해서만 본인에게 직접 말한다. 남의 잘못을 고자질하거나 험담하는 것, 쑥덕공론하는 것을 죄로 간주하여 이에 관계하는 것을 두려워한다. 그러나 한 가지 예외가 있다. 다른 이의 악을 공개함으로 하나님의 영광이 드러날 때나 이웃에 유익이 될 경우다. 이런 경우에도 몇 가지 전제할 조건이 있다. 첫째, 범법자에게 사랑의 동기를 가져야 한다. 둘째, 막연한 관념이 아닌 실제적으로 하나님의 영광을 드러내고 이웃에 유익이 되는지 살펴야 한다. 셋째, 이 수단은 다른 방법이 전혀 없을 때 최후의 수단이어야 한다. 넷째, 마지못해 사용하는 것이어야 한다. 다섯째, 차라리 말하지 않는 것이 나았을 것이라는 생각을 끝까지 고수하며 사용해야 한다.

속성 12: 모든 것을 믿는다. 무엇이나 상대에게서 흠이 아닌 최선의 것, 최고의 것을 찾는다. 무죄와 진실을 믿으며 혹 잘못이 있다 할지라도 회개하고 돌아올 것을 믿는다. 인간의 무능력을 늘 염두에 두고 남의 허물을 용서하기를 좋아해야 하며, 부득이하게 정죄할 경우에는 될 수 있는 대로 가볍게 한다.

속성 13: 모든 것을 바란다. 어떤 이에게 잘못이 있다고 인정되더라도 고의가 아니었기를 바라고 불가피한 상황에 의해 이끌려 갔기를 바란다. 모든 것이 명백하게 범죄의 사실이 드러났을지라도 회개하고 하나님께 돌아올 것이라 바란다.

속성 14: 모든 것을 견딘다. 아무리 불공평하고 악랄하고 잔인한 일을 당한다 해도 능히 이긴다. 도저히 참을 수 없다고 말하지 않는다. 그에게 능력 주시는 분의 도우심이 있기에 참고 또 참는다.

2. 긍휼히 여기는 자는 복이 있다

이렇게 긍휼히 여기는 자는 복이 있다. 그들이 긍휼히 여김을 받을 것이기 때문이다. 하나님의 사랑만이 그가 이웃에게 베푼 사랑에 대한 완전한 보상이다. 형세를 사랑하는 그 사랑에 비교할 수 없는 크신 사랑으로 하나님은 그를 사랑한다. 하나님은 긍휼히 여기는 자에게 창세로부터 준비된 나라에서 영원하고 큰 영광을 누리는 축복을 준다.

그러나 불행히도 긍휼, 곧 사랑이 식고 있다. 교회 안에서조차 사랑이 식고 있다. 살인, 미움, 거짓, 억압, 강도 등의 죄악이 기독교 도시라고 하는 도시 안에서 판치며 시기, 질투, 분노, 불화의 죄악이 기독교인 가정 안에서도 넘쳐나고 있다. 교회 또한 예외가 아니다. 내적 갈등과 불화에 몰두하느라 죄인을 구원하기는커녕 그들을 지옥으로 인도하며 성도의 피에 취해 있다. '땅의 음녀들과 가증한 물건들의 어미, 큰 바벨론'(계 17:5)이 되어 가고 있다. 심지어 교회는 권력과 결탁해 다른 이들을 피 흘리기까지 박해하는 잔인한 박해자가 되어 가고, 교인들끼리 분노와 분쟁과 악의로 대하고 정죄하고 판단하기에 바쁘다.

사랑의 약속은 실패하지 않는다. 세상을 사랑으로 넘치게 하는 것은 하나님의 뜻이다. 이 땅 위에 불의가 멈추고 의가 강물처럼 넘치는 그때가 온다. 그때에는 그리스도께서 우리를 사랑하신 것처럼 그들도 서로 사랑하게 될 것이다. 이웃을 내 몸과 같이 사랑하게 될 것이다. 그들의 영혼은 사랑으로 넘쳐흘러 냉랭함과 거룩하지 못한 모든 것은 이 사랑의 화로 속에서 사라질 때가 온다. 그때 그들은 사랑의 세계에서 영원무궁토록 다스리게 될 것이다.

결론

거룩한 슬픔, 곧 애통해하는 심령이 하늘 가는 길을 멈추지만 않는다면 그는 마침내 온유함에 이른다. 그리스도의 마음과 자신의 심령 상태가 조화를 이루게 되는 것이다. 온유한 자는 하나님 한 분만을 간절히 원한다. 그분의 형상을 온전히 본받기를 진실로 바라는 것이다. 즉 의에 주리고 목마르다. 이런 갈망은 채워진다. 하나님은 자신을 향해 이렇게 주리고 목마른 이에게 채워 주실 것이기 때문이다.

그런데 하나님 한 분만을 갈망하는 이는 골방으로, 사막으로 숨어 들어가지 않고 이웃으로 향한다. 하나님은 사랑이시기 때문이다. 하나님을 진심으로 찾는 이는 사랑을 갈망하는 이요, 그렇기 때문에 이웃을 향한 사랑의 실천으로 기꺼이 나아간다. 하나님의 사랑은 바로 이웃 사랑의 실천을 통해 체험되고 키워져 나간다.

설교 18

산상설교 Ⅲ Upon Our Lord's Sermon on the Mount: Discourse Ⅲ

"마음이 청결한 자는 복이 있나니 그들이 하나님을 볼 것임이요 화평하게 하는 자는 복이 있나니 그들이 하나님의 아들이라 일컬음을 받을 것임이요 의를 위하여 박해를 받은 자는 복이 있나니 천국이 그들의 것임이라 나로 말미암아 너희를 욕하고 박해하고 거짓으로 너희를 거슬러 모든 악한 말을 할 때에는 너희에게 복이 있나니 기뻐하고 즐거워하라 하늘에서 너희의 상이 큼이라 너희 전에 있던 선지자들도 이같이 박해하였느니라." 마 5:8~12

설교 읽기를 위한 질문

1. 긍휼, 곧 이웃 사랑에 대해 주님께서 찬사를 아끼시지 않은 이유는 무엇입니까? 이웃 사랑의 근원은 무엇입니까? 하나님을 향한 사랑이 지속되기 위해서 필요한 것은 무엇입니까?(I.1)

2. 마음이 깨끗한 사람은 어떤 사람입니까?(I.2, 3) 마음을 깨끗하게 하기 위해 어떤 결단을 내려야 합니까? 이런 결단에 이르는 데 도움을 주는 두 가지는 무엇입니까?(I.4)

3. 마음의 깨끗함과 신성한 결혼 생활 사이에 어떤 유사성이 있습니까?(I.5) 마음이 깨끗한 자에게 주어질 복은 무엇입니까?(I.6) 이들이 하나님을 보게 되는 통로는 어디입니까?(I.6-8) 하나님을 보기 어려운 사람은 누구입니까? 왜 그렇다고 생각합니까?(I.9, 10) 이러한 사실들이 의미하는 바는 무엇입니까?(I.11)

4. 마음의 가난, 애통함, 온유함, 의에 주리고 목마름, 긍휼히 여김, 마음의 청결 등 내적 성결이 외적으로 표현되면 무엇으로 나타납니까?(Ⅱ.1, Ⅲ.1) '화평'은 무엇을 의미합니까?(Ⅱ.2) '화평케 하는 일'의 협의의 의미와 포괄적 의미는 무엇입니까?(Ⅱ.3-5) 화평케 하는 일은 영적인 일도 포함되어 있습니다. 그것이 무엇입니까?(Ⅱ.6) 이와 같은 일을 행하는 자에게 주어지는 복은 무엇입니까?(Ⅱ.7)

5. 긍휼로 가득 차 화평케 하는 하나님의 자녀들을 세상은 어떻게 대합니까? 이렇게 핍박받는 이들에게 주님은 무어라 말씀하셨습니까?(Ⅲ.1)

6. 세상에서 핍박을 받게 되는 사람은 누구입니까?(Ⅲ.2) 핍박받는 이유는 무엇입니까?(Ⅲ.3) 누가 하나님의 자녀를 핍박합니까?(Ⅲ.4) 핍박의 방식은 어떠합니까?(Ⅲ.5) 하나님의 자녀는 세상의 핍박에 대해 어떻게 대처해야 합니까?(Ⅲ.9-13)

7. 팔복에 관한 가르침은 어떤 태도로 받아들여야 합니까?(Ⅳ)

설교 핵심 요약

I. 마음이 청결한 자는 복이 있다

긍휼은 이웃 사랑이며 율법의 완성이자 계명의 완성이다. 사랑 없이는 모든 것이 무가치하다. 그런데 이 사랑은 하나님의 사랑에 근거해야 한다. 이 하나님 사랑은 어떻게 지속적으로 가능한가? '마음이 청결한 것'이다. 주님은 말씀하신다. "마음이 청결한 자는 복이 있다."

1. 마음이 청결한 자

청결한 마음을 가진 이는 어떤 사람인가? 그는 예수의 보혈에 대한 믿음으로 모든 거룩치 못한 성정, 육과 영의 모든 더러움이 씻긴 자요, 하나님을 향한 사랑으로 완전한 거룩함에 이른 자다. 더 구체적으로 말하면 마음의 가난함으로 모든 교만과 아집에서 깨끗함을 입은 자로 하나님으로부터 죄 사함을 받고 영혼의 거듭남을 이룬 자고, 지속적인 성화 과정을 통해 온유함으로 모든 육의 욕정과 혼의 생각이 영의 생각에 의해 조화를 이룬 자다. 의에 주리고 목마름으로 영혼 전체가 하나님을 더욱 사랑하고자 하는 자며, 마음과 뜻과 정성을 다해 하나님을 사랑하고 이웃을 내 몸처럼 사랑하는 자다. 한마디로 그는 '마음'이 '순결'로 충만한 상태다.

2. 마음이 청결한 자는 복이 있다.

하나님을 보게 되기 때문이다. 그는 믿음으로 하나님을 본다. 하나님께서는 아버지 자신과 아들 성령과 더불어 가장 친밀한 교제를 나누신다. 하나님은 이들과 항상 동행하시며 얼굴의 광채를 드러내신다. 청결한 마음의 소유자가 가진 소원은 '하나님의 영광'을 보는 것이다.

그는 만물을 통해 하나님을 본다. 모든 피조물을 통해서도 하나님을 투명하게 본다. 어디서나 하나님을 본다. "구름으로 자기 수레를 삼으시고 바람 날개로 다니시는"(시 104:3) 하나님을 보며, 비를 예비하시고 수확을 풍성케 하시는(시 104:14) 하나님을 본다. 지혜로 만물을 다스리시며 말씀으로 만물을 보존하시는 하나님을 본다. 그는 또한 자신 안에서 하나님을 본다. 자신의 영과 육체 위에 임하시는 하나님을 본다. 하나님의 권능의 손길이 자신 위에 계셔서 선한 일을 하게 하심을 본다. 영과 육을 돌보시되 그의 머리카락의 수까지 세심을 본다. 삶 전체를 돌보시고 인도하시는 하나님을 본다.

그는 은총의 수단 위에 임하시는 하나님을 본다. 예배를 드릴 때, 은밀한 골방에서 기도할 때, 하나님의 말씀을 상고할 때, 그리스도의 보내심을 받은 이들의 복음 선포를 들을 때, 그리스도가 다시 오실 때까지 성찬을 받을 때 임하시는 하나님을 본다. 그분의 얼굴을 볼 것이며 친구와 이야기하는 것처럼 대화한다.

그러나 이러한 '하나님 봄'은 한시적이고 제한적이다. 이것은 영원한 나라에서 하나님의 진면목을 보기 위한 예비적 준비에 불과하다.

하나님은 어디에나 언제나 계신다. 만물 중에도 계시고 우리 안에도 계신다. 이 하나님을 보는 자는 복이 있다. 누가 하나님을 볼 수 있는가? 언제 어디서나 계신 하나님을 볼 수 있는 자는 마음이 청결한 자다.

II. 화평케 하는 자는 복이 있다

지금까지 논의해 온 여섯 가지 복의 목록을 통해 어떤 사람이 하늘의 복을 누릴 수 있는지 알아보았다. 다시 말해 '참된 그리스도인이 어떤 사람인가에 대해' 논의해 왔다.

이제 남은 두 가지 복의 목록은 하늘의 복을 누리는 이들의 삶에 관한 논의가 될 것이다. 좀 더 상세하게 말하면 지금까지는 우리의 내적 거룩함에 관련된 주제들 곧 마음의 가난, 애통, 온유, 의의 갈망, 긍휼, 마음의 청결에 대한 것들이었다. 이제부터는 이 내적 거룩함이 어떻게 외적 삶으로 나타나게 되는지 살펴볼 차례로, 남은 두 가지 복이 바로 그것이다.

여기서 염두에 둘 것은 '마음의 청결'이 내적 거룩함과 외적 삶을 연결하는 다리 역할을 하고 있는 사실이다. 마음의 청결은 내적 거룩성이 외적으로 표출되는 통로, 곧 마음의 청결을 만들어 내며 이 마음에서 외적인 거룩한 삶이 시작되는 것이다.

1. 화평케 하는 자

(1) '화평'의 의미

'화평'의 의미는 무엇인가? 원어로는 '에이레네'(eirene)다. 이 말의 의미는 현세나 영원한 세계에서 누리게 되는 영육간의 복락이다. 하나님께서 사랑하시는 자를 위해 준비하신 신령한 복과 세상의 복을 다 포함하는 개념이다.

그러므로 '화평케 하는 자'는 두 가지 측면에서 의미를 갖는다. 첫째는 영적인 의미인데, 이는 지옥의 불이 영혼 안에 타오르지 않도록 하고 이미 타올랐다면 이것을 누그러뜨리며 마침내 소멸시키고자 하는 사람이다. 이미 화평이 있는 곳에서는 그것을 더욱 격려하여 확대시키려 하고, 화평이 상실된 곳에는 그것을 회복시키고자 노력하는 자다. 이런 의미에서 하나님의 자녀는 모두 화평케 하는 자로 부름 받은 이들이다. 둘째는 일반적인 의미인데, 그는 하나님 사랑과 인류 사랑에 가득 차 있어서 기회 있는 대로 모든 사람에게 선과 사랑을 실천하는 자다. 그는 사람들의 구체적인 필요에 대해서도 최선을 다해 도우며 전심을 다해 이 일을 행하기를 기뻐한다. 이웃에게 선한 일을 행할 때 사람을 바라보는 것이 아니라 주님께 하듯 행하는데, 그가 바라는 것은 사람들의 칭찬이 아니라 하나님으로부터의 '착하고 신실한 종'이라는 평가다.

(2) 화평케 하는 자

그렇지만 화평케 하는 자의 우선적 관심은 영적인 일이라 할 수 있다. 참된 화평은 하나님과 화해케 하는 일이라는 것을 알기 때문이다. 이 일의 완성은 오직 하나님만이 가능하다. 인간의 마음의 변화는 하나님의 영혼의 치료 없이는 불가능하다. 그러나 이 같은 하나님의 일은 사람을 통해서 하신다. 하나님은 화평케 하는 자들을 통해 다른 인간에게 도움을 주시며 능력을 베푸시며, 복과 사랑을 내리신다. 그런 의미에서 화평케 하는 자는 하나님의 도구다. 그는 하나님이 주신 은혜의 분량대로 부지런히 죄인을 권면하고 멸망의 넓은 길로 나아가는 이들을 구원의 길로 이끌며, 어두움에 머물면서 지식이 없어 죽음의 길로 나아가는 이들에게 빛을 주고, 약한 자는 붙들어 주는 사람이다. 좁은 문으로 들어온 이들의 여정을 계속 하도록 지지하고 격려하며, 믿음의 터를 가진 이들에게는 그들 안에 있는 하나님의 은사를 북돋워 주고, 은혜 안에서 자라 예수 그리스도의 장성한 분량에 이르도록, 그리하여 영원한 하나님 나라에 들어가도록 돕는다.

2. 화평케 하는 자는 복이 있다.

화평케 하는 자는 복이 있다. 그는 하나님의 자녀라 불릴 것이기 때문이다. 하나님은 그에게 양자의 영을 풍성히 내릴 것이며 자녀로서 누릴 축복을 아끼지 않을 것이다. 마침내 그는 모든 천사와 사람들에게 하나님의 자녀라 일컬음을 받게 될 것이다. '자녀'는 바로 하나님의 상속자가 됨을 의미하는데, 그리스도와 함께 하나님 나라를 상속받는 것을 의미한다.

참된 그리스도인의 삶은 화평케 하는 삶으로 드러난다. 그의 관심은 자신이 하나님의 자녀가 되어 하나님과 화평을 이루었듯이 다른 이들도, 심지어 다른 피조물까지도 하나님과 화평을 이루는 데 자신을 기꺼이 내어 놓는다.

III. 의를 위하여 핍박을 받는 자

화평을 만드는 자는 참으로 귀한 사람이다. 그는 온전함에 이른 사람이기 때문이다. 그러나 그는 이 세상에서 핍박을 피할 수 없다. 세상이 악하기 때문이다. 하지만 그에게 하늘의 복이 있다고 말할 수 있다. "하늘나라가 그의 것이 될 것이기 때문이다."

1. 핍박을 받는 자

(1) 의로운 사람은 핍박을 받는다.

의인은 핍박을 받게 된다. 의로운 사람은 누구를 말하는가? 그는 영에 따라 난 사람(갈 4:29), 죽음에서 나와 영생으로 옮긴 이(요일 3:13~14), 세상에 속하지 않은 사람이다(요 15:18). 요약하면 앞의 일곱 가지 복을 누리는 사람이다. 우리는 이들을 의로운 사람이라 한다.

육신에 속한 이들, 즉 세상은 이들을 싫어하고 미워한다. 왜 그런가? 의롭기 때문이다. 거듭났기에, 경건한 삶을 살기에, 세상에 속하지 않았기에 박해를 받는다. 마음이 가난하기에 세상은 말할 것이다. 어리석다고, 약하여 쓸모없다고. 애통하기에 세상은 말할 것이다. 비관적이고 사람을 우울하게 만들려 흥을 깨는 사람이라고. 온유하기에 세상은 말할 것이다. 줏대 없고 못난이라고. 의에 주리고 목마르기에 세상은 말할 것이다. 광신자요 허깨비에 홀린 사람이요 신비를 맹목적으로 추구한다고. 긍휼의 사람이기에 세상은 말할 것이다. 사회를 혼란시키며 사회의 공의를 훼손한다고. 마음이 청결하기에 세상은 말할 것이다. 너무 청결해서 융통성이 없고 하나님의 자비를 짓밟는다고. 화평케 하는 사람이기에 세상은 말할 것이다. 세상의 질서를 무시하여 세상을 혼란하게 한다고.

(2) 누가 핍박하는가?

핍박하는 사람들은 누구인가? 그들은 육정을 따라 나고 성령을 따라 나지 않은 사람들이요, 예수 안에서 경건한 삶을 살기 원치 않는 이들이며, 죽음에서 생명으로 옮기지 못한 이들이다. 그들은 형제를 사랑하지 않는 이들이요, 하나님의 사랑과 용서를 모르는 이들이다. 이들이 하나님의 자녀를 핍박하는 것은 이들을 지배하고 있는 세상의 영이 하나님께로서 오는 영과 정반대이기 때문이다. 세상에 속한 이와 하나님께로서 난 자는 애초부터 함께할 수 없기에 세상에 속한 이들은 하나님의 자녀를 핍박할 수밖에 없다.

(3) 핍박받는 것은 이상한 일이 아니다.

그러므로 하나님의 자녀는 핍박이 올 때 이상히 여길 필요가 없다. 핍박은 주님의 자녀로 지닐 표지일 뿐이다. 오히려 핍박이 없으면 참 자녀가 아니라는 반증이다. 하늘 가는 사람에 대해서는 이중적 평가가 따른다. 하늘 가는 길의 동반자들로부터는 겸손한 자요 하나님과 사람들을 사랑하는 자라는 말을 듣지만, 세상 사람들에게는 '폐물', '찌꺼기' 같은 자(고전 4:13)라는 취급을 받는다. 이방인의 수가 충족되기 이전에, 혹은 지금이라도 하나님은 특별한 섭리에 따라 핍박을 중지시키기도 하신다. 그러나 일반적으로는 이 핍박을 허용하신다. 세상에 속하지 않는 한 세상 사람들로부터의 선한 대우를 기대할 수 없다(요 15:19). 잠시간 그들의 필요에 따라 하나님의 자녀를 선대할 수 있으나 결코 지속되지 않는다.

(4) 핍박에 대한 대처법

하나님의 자녀에게 필연적인 핍박에 우리는 어떻게 대처할 것인가? 무엇보다도 자초하지 않아야 한다. 주님께서 말씀하신다. "이 동네에서 너희를 박해하거든 저 동네로 피하라."(마 10:23) 피할 수 있으면 가능한 피하라. 생명을 던져 의로움을 지켜야 할 경우가 아니라면 피하는 것이 바람직하다.

그러나 핍박을 완전 모면할 수 있다고는 생각하지 말라. 종이 주인보다 낫지 않다는 가르침(요 15:20)은, 주님이 핍박을 당하신 것처럼 그의 자녀에게도 핍박은 필연적임을 말해 준다. 핍박을 모면하려는 것은 하나님의 자녀가 아니라는 표지다. 하나님의 자녀는 의를 위해 핍박을 받는다.

2. 핍박받는 자는 복이 있다.

(1) 하나님 나라가 그들의 것이다.

그는 핍박으로 인해 하나님으로부터 복을 받는다. 그들에게는 '하나님 나라'가 약속되어 있다. 하나님의 자녀는 주를 위해 핍박받는 것을 도리어 기뻐해야 한다. 그것은 핍박 때문이 아니라 하나님의 자녀의 마음과 삶에 맺어지는 거룩함의 열매 때문이고, 지금 당하는 고난은 장차 다가올 영원하고 크나큰 영광과 족히 비교할 수 없기 때문이다.

(2) 핍박하는 자에 대해서

핍박하는 자에 대해서는 온유와 겸손으로 대하라. "오른편 뺨을 치거든 왼편 뺨을 돌려대라"는 주님의 말씀을 기억해야 한다. 사랑과 자비로 대하라. 주님은 "원수를 사랑하라"(마 5:43)고 말씀하셨다. 저주하는 자를 축복해야 한다. 미워하는 자를 참된 사랑으로 대해야 한다. 핍박하는 자들을 위해 기도해야 한다. 마음을 돌이킨 자들을 받아들이고 포용해야 한다(마 18:22). 왜 그래야 하는가? 하나님의 자녀는 하늘에 계신 아버지께서 완전하신 것처럼 완전으로 나아가는 이들이기 때문이다.

결론

산상수훈에 나타난 종교가 바로 기독교의 참된 모습이다. 이 숭고한 근본 정신을 한시라도 잊지 말고 마음 안에 새겨 넣어야 한다. 우리를 부르신 하나님의 거룩하심과 같이 거룩하게 되고 하늘에 계신 아버지의 완전하심처럼 우리 또한 그렇게 되기까지 쉬지 말고 앞으로 나아가야 한다.

산상설교 IV Upon Our Lord's Sermon on the Mount: Discourse IV

"너희는 세상의 소금이니 소금이 만일 그 맛을 잃으면 무엇으로 짜게 하리요 후에는 아무 쓸 데 없어 다만 밖에 버려져 사람에게 밟힐 뿐이니라 너희는 세상의 빛이라 산 위에 있는 동네가 숨겨지지 못할 것이요 사람이 등불을 켜서 말 아래에 두지 아니하고 등경 위에 두나니 이러므로 집 안 모든 사람에게 비치느니라 이같이 너희 빛이 사람 앞에 비치게 하여 그들로 너희 착한 행실을 보고 하늘에 계신 너희 아버지께 영광을 돌리게 하라." 마 5:13~16

설교 읽기를 위한 질문

1. 팔복을 누리는 사람은 하나님의 형상대로 새로워진 사람입니다. 예수님은 이런 사람의 이상적인 모델이십니다. 우리가 인간 예수에게서 볼 수 있는 사실은 무엇입니까?(서론 1항) 우리가 이런 경지에 이를 때 빠지게 되는 유혹은 무엇입니까?(서론 2, 4항) 이에 대한 주님의 가르침은 무엇입니까?(서론 5항)

2. 기독교가 공동적 종교라는 말이 의미하는 바는 무엇입니까?(I.1) 홀로 고요히 있는 시간을 갖는 것은 우리의 믿음 생활에 유익합니다. 그러나 그 한계는 어떠해야 합니까?(I.2) 그 이유는 무엇입니까?(I.3-7)

3. 그리스도인의 삶이 세상으로부터의 단절이 아니라 '맛을 내는 것'임을 주님께서는 어떻게 말씀하셨습니까? '맛 잃은 소금'의 의미는 무엇입니까? 이런 소금은 어찌됩니까?(I.8, 9)

4. 소금이 아무런 티를 내지 않고 조용히 맛을 드러내는 것처럼 그리스도 인 됨도 그러할 수 있다는 주장은 그릇됩니다. 그 두 가지 이유는 무엇 입니까?(Ⅱ.2-4) 이에 대한 주님의 가르침은 무엇입니까?(Ⅱ.5) 기독교는 공동적 종교여야 합니다. 그러나 사탄은 무엇을 가르칩니까? 우리는 어떻게 대처해야 합니까?(Ⅱ.6, 7)

5. 다음은 기독교의 공동적 성격을 부인하는 이론들과 그에 대한 적절한 반론을 정리한 것입니다. 다음 빈칸을 완성해 봅시다.(Ⅲ)

기독교의 공동적 성격을 부인하는 이론들	적절한 반론
참된 믿음은 인간의 영혼이 하나님과 합일하 는 것이기에 외적 행위는 무가치하다. 하나님 은 번제, 곧 형식과 외식을 기뻐하지 않는다.	참된 믿음에 대한 정의는 옳다. 그러나 그렇기에 고립되어야 하 는 것은 아니다. 오히려 진정한 믿음은 자연히 외부로 가지를 뻗 게 되어 있다. 이 가지는 마음에 내린 뿌리와 동일한 것이다.
사랑은 율법의 완성이며 계명의 종결이기에 사랑이 우선되어야 한다.	
믿음의 내적 문제의 중요성은 정말 중요하다.	
영적 삶을 중심으로 하는 것, 외적인 여러 상 황에서 벗어나 오직 하나님을 향한 명상에 전 념하는 것이 낫다는 주장. 바울도 염려에서 벗 어나(고전 7:32) 분요함 없이 주만을 섬기는 것 (고전 7:35)을 추천하지 않았는가?	
수년 동안 공동적으로 행한 외적인 행위에도 불구하고 전보다 향상되거나 유익이 없었다.	
영혼의 구원을 모르는 이에게 선행은 무익하 다. 영혼을 변화시키는 이는 오직 하나님이시 다. 무지한 영혼에게 선행을 베푸는 노력을 기 울이는 것은 진주를 돼지에게 주는 것과 같다.	
죄인의 회개를 위해 노력해 보았지만 효과가 없었다. 오히려 그들을 불쾌하게 했을 뿐이다. 우리가 잘 믿는 것이 더 중요하다.	

6. 그리스도인은 세상에 소금의 맛을 내고 빛을 드러내야 합니다. 이 일은 어떻게 가능합니까? 이렇게 하는 근본적인 목적은 무엇입니까?(Ⅳ.1, 2) 이 일을 행할 때 주의해야 할 것은 무엇입니까?(Ⅳ.3) 이 일을 이루기 위해서 우리는 구체적으로 무엇을 해야 합니까?(Ⅳ.4)

설교 핵심 요약

서론

하나님의 형상의 회복은 참으로 큰 축복이다. 예수 그리스도는 회복된 하나님의 형상의 영광이 어떠한가를 우리에게 드러내셨다. 그분은 "하나님의 영광의 광채, 그의 본체의 형상"(히 1:3)을 여실히 드러내셨다. 많은 이들이 이 영광을 사모하며 세상의 사물로부터 얽매임을 끊고 물러나 하나님과의 온전한 교통을 추구한다. 육체적 활동을 무시하고 믿음의 문제 외에 대해서는 무관심하며 오직 하나님과의 깊은 교제에 몰입한다. 그러나 이는 사탄의 궤계다. 광명한 천사로 변장한 사탄의 달콤한 유혹이다. 주님은 말씀하신다. "너희는 세상의 소금이니 소금이 만일 그 맛을 잃으면 무엇으로 짜게 하리요." 하나님의 자녀는 세상으로부터 분리될 수 없다. 오히려 세상의 소금이 되어야 한다. 빛이 되어야 한다.

I. 기독교는 '공동적 종교'다

1. 기독교는 공동적 종교

기독교는 결코 '고립된 종교'가 아니다. 오히려 고립될 때 기능을 상실한다. 공동적 종교이기에 공동체를 떠나서는 존재할 수 없다. 고독이나 잠시간의 물러감은 믿음 생활에 있어서 꼭 필요하다. 우리는 조석으로 물러나 고요하게 하나님과의 사귐을 가져야 한다. 그러나 이 고요한 사귐은 홀로 머물기 위함이 아니라 공동체로 귀환하기 위한 것임을 기억해야 한다. 앞에서 살펴본 팔복 또한 고립된 곳에서 홀로 추구할 것들이 아니라 공동적 삶의 현실 안에서 추구해야 할 미덕들이다. 팔복 중의 하나인 온유함도 함께 나눌 공동체의 필요함을 전제하고 있으며 화평케 하는 것도 마찬가지다. 홀로 고독 속에서 은둔하는 것은 팔복의 덕의 존립을 위태롭게 한다.

2. 기독교 공동체는 세상의 빛과 소금

여기서 '공동체'는 그리스도인들만의 공동체를 의미하는 것이 아니다. 그리스도인들은 죄를 짓는 이들과 벗하는 것에 주의해야 한다. 그러나 그렇다고 그리스도인들과의 교제에만 머물러서는 안 된다. 그리스도인들은 세상 사람들 가운데 있어야 하고, 그들과 친분을 나누고 교제하는 것은 불가피하고 필연적이다. 즉 기독교인의 실존은 세상 안에서 사람들과 어우러져 사는 것으로, 세상 안에서 소금이요 빛이 되어야 하는 존재다.

3. 소금은 맛을 내야 한다.

소금의 맛은 보존되어야 된다. 소금이 맛을 잃게 되면 사람들에게 짓밟히고 버림받듯이, 영혼이 세상 안에서 아무런 맛을 내지 않으면 사람들에게도 짓밟히고 하나님께도 버림받는 비참한 지경에 빠질 것이다.

그렇다면 영혼이 그 맛을 잃은 이들은 누구인가? 한 번 하늘의 빛이 비추인 사람으로, 예수 그리스도의 얼굴에 나타난 영광의 빛이 마음에 조명된 사람이다. 그는 그리스도를 믿음으로 죄의 용서함을 받고 하나님과 인간을 온전히 사랑함을 알며 성령의 역사함을 통해 온유, 겸손 등의 열매를 맺은 경험이 있는 자다. 그러나 그는 스스로를 지키지 못해 타락하고 말았다. 그는 또다시 회개하고 새로워질 수 없다. 하나님의 아들을 십자가에 다시 달아 욕을 보인 자이기 때문이다.(히 6:6)

복음의 말씀을 들은 적 없는 이, 믿음의 초보에 있는 이는 여기서 제외된다. 그는 잠시 뒤로 미끄러졌다가 앞으로 나아갈 수 있기 때문이다. 이들은 위험천만하나 아직 절망적인 상황은 아니다. 그를 위해 변호해 주시는 분이 있기 때문이다(요일 2:1~2). 이들도 뒤로 미끄러지지 않도록 경계해야 하지만 하늘의 빛을 온전히 맛본 사람은 더욱 그러해야 한다(히 3:13). 비취임을 받은 이가 그 맛을 잃게 되면 다시는 기회가 없기 때문이다.

II. 믿음은 드러날 수밖에 없다

은밀하게 맛을 내듯이 그리스도인들도 은밀하게 세상 가운데에서 맛을 낼 수 있지 않을까? 아니다. 그리스도인의 맛은 드러날 수밖에 없다. 그는 세상의 빛이기 때문이다. 그리스도인의 거룩한 품성은 하늘의 해와 같다. 온유와 겸손의 덕은 감추려야 감출 수 없이 밖으로 드러나며, 사랑 또한 숨길 수 없다. 사랑이 있는 한 그는 사랑할 수밖에 없다. 이는 켜져 있는 불이 꺼지기 전까지는 드러날 수밖에 없는 것과 같은 이치다. 그리스도인은 자신의 빛을 숨기려야 숨길 수 없다. 그리스도의 복음의 빛을 드러내는 것은 등불을 켜서 등경 위에 두어야 하는 것처럼 자연스런 일이다. 그러므로 세상과의 접촉을 끊고 은둔 생활을 해야 한다는 것은 거짓된 가르침이다. 믿음의 사람들은 세상 안에서 복음의 진리의 맛과 빛을 드러내야 한다.

III. 기독교의 공동성을 반대하는 이유들

기독교가 홀로 고립된 종교가 아니라는 사실을 받아들이지 않는 사람들이 여전히 있다. 그들의 주장과 부당함에 대해 요약해 보면 다음과 같다.

주장 1: 참된 믿음은 인간의 영혼이 하나님과 합일하는 것이기에 외적 행위는 무가치하다. 하나님은 번제, 곧 형식과 외식을 기뻐하지 않는다.

– 이 주장에 대한 답변: 참된 믿음에 대한 정의는 옳다. 그러나 그렇기에 고립되어야 하는 것은 아니다. 오히려 진정한 믿음은 자연히 외부로 가지를 뻗게 되어 있다. 이 가지는 마음에 내린 뿌리와 다르지 않고 동일하다.

주장 2: 사랑은 율법의 완성이며 계명의 종결이기에 우선되어야 한다.

- 이 주장에 대한 답변: 옳은 이야기다. 그러나 이 사랑은 믿음과 선행을 기초해야 한다. 외적인 사랑의 행위와 수고를 동반할 때만이 참된 사랑이다.

주장 3: 내적인 믿음은 무엇보다도 중요하다.

- 이 주장에 대한 답변: 맞다. 그러나 이것은 믿음의 외적 행위들과 분리될 수 없다.

주장 4: 영적 삶을 중심으로 해야 한다. 여러 외적인 상황에서 떨어져 오직 하나님을 향한 명상에 전념하는 것이 낫다. 바울도 염려에서 벗어나(고전 7:32) 분요함 없이 주만을 섬기는 것(고전 7:35)을 추천하지 않았는가?

- 이 주장에 대한 답변: 경배하는 자가 신령과 진정으로 예배드림은 맞다. 그런데 이 말의 진정한 뜻은 다음과 같다. 1) 인간의 영이 오직 영만이 받아들일 수 있는 방식으로 예배드리는 것, 2) 하나님을 지혜와 공의, 거룩함과 순결을 기뻐하시는 분으로, 그리고 자비로우시고 은혜로우시며 오래 참으시고 그리스도 안에서 우리의 죄와 허물을 용서하시는 분이심을 믿는 것, 3) 마음과 뜻과 목숨과 힘을 다해 하나님을 사랑하는 것, 그분이 기뻐하시는 바를 말하고 행하는 것. 즉, 신령으로 예배한다는 것은 요약하면 그의 외적 계명을 지키는 것도 포함하는 것으로, 우리의 영과 육을 다해 그분을 영화롭게 하며 모든 일을 통해 하나님께 영광을 돌리는 것이라 할 수 있다.

주장 5: 수년 동안 공동적으로 행한 외적인 행위에도 불구하고 전보다 향상되거나 유익한 것이 없었다.

- 이 주장의 부당성: 이 주장에 일리가 있다. 그러나 이것은 수단과 방법을 목적으로 오인한 데서 온 것이다. 외적인 종교 의식들을 목표 그 자체로 삼음으로써 생긴 문제다. 그렇지만 이들을 은총의 수단으로만 사용한다면 많은 유익이 있다. 이 외적·의식적 행위들은

우리 영혼의 갱신과 참된 거룩함을 얻으려는 목적을 위한 수단으로만 사용해야 한다.

주장 6: 영혼의 구원을 모르는 이에게 선행은 무익하다. 영혼을 변화시키는 이는 오직 하나님이시다. 무지한 영혼에게 선행을 베푸는 노력을 기울이는 것은 진주를 돼지에게 주는 것과 같다.

– 이 주장에 대한 답변: 1) 베풂은 주님의 명령이다. 이를 게을리하는 것은 영원한 심판에 처할 죄다. 2) 영혼의 변화는 하나님의 몫이다. 그러나 하나님은 이 일을 '사람을 통해' 이루신다. 3) 하나님은 서로 다른 지체들을 붙들고 돕게 함으로 함께 자라게 하신다. 4) 우리는 우리와 함께 있는 형제를 향한 하나님의 뜻을 모른다. 판단은 우리의 몫이 아니다. 다만 형제를 위해 기도하고 그에게 할 수 있는 모든 것을 다해야 한다.

주장 7: 죄인의 회개를 위해 노력해 보았지만 효과가 없었다. 오히려 그들을 불쾌하게 했을 뿐이다. 잘 믿는 것이 더 중요하다.

– 이 주장에 대한 답변: 일리가 있다. 때때로 우리의 관심이 그로 하여금 더 좋지 않게 했을 수도 있다. 그러나 우리 주님은 결코 포기하시지 않았다. 결과는 하나님께 맡기셨다. 이는 우리의 책임이 아니다. 그 결과는 하나님의 계획 안에 있다. 영혼을 건지려는 시도는 그리 쉽사리 결실을 맺는 것이 아니다. 마음을 가다듬고 계속 해야 한다. 일곱 번이 아니라 일곱 번씩 일흔 번이라도 해야 한다. 내 힘으로는 감당할 수 없으나 하나님께서 반드시 하신다는 믿음의 확신 가운데 행해야 한다.

IV. 빛을 비추라

우리가 가진 빛을 사람 앞에 비추어야 한다. 우리가 가진 겸비함, 온유, 영적 세계에 대한 관심, 참된 거룩함의 추구, 하나님 안에서의 참된 행복, 모든 인류를 향한 지극한 사랑을 나타내 보여야 한다. 우리 영혼에 비췬 이 귀중한 빛을 우리가 만나고 대화하는 모든 이들에게 비추어야 한다. 이 빛을 우리의 행위로, 모든 이에게 베푸는 선행으로, 의를 위해 받는 고난으로 비추어야 한다. 하늘에서의 상이 크다. 이를 바라보며 기뻐하고 즐거워하라.

우리의 빛을 어떻게 다른 사람에게 비추는가? 무엇보다도 믿음을 통해 비출 수 있다. 믿음은 감추어서도 감출 수도 없다. 무슨 칭찬이나 유익을 바라서가 아니다. 유일한 목적은 우리의 빛을 보고 사람들이 그 영광을 하늘 아버지께 드리게 하는 것이다. 허위가 아닌 진실의 빛을 비추라.

우리 입술에서 거짓을 없애고 허위의 빛이 아닌 안과 밖이 동일한 참된 빛을 비추어야 한다. 그들 중 더러는 더욱 완악하게 되어 반대할 수도 있다. 그러나 실망하거나 놀라지 말라. 그들 중에는 우리의 빛으로 인해 하나님께 영광을 돌릴 사람도 있다.

우리를 통해 하나님께서 영광을 받으신다는 이 한 가지 목적을 위해 전진하라. 이는 고군분투가 될 수도 있고, 핍박을 경험할 수도 있는 길이다. 그러나 부끄러워하거나 좌절하지 말고 앞을 향해 나아가라. 우리가 가진 빛을 경건과 자선의 삶을 통해 비추라. 이 목표를 위해 세상을 향한 관심에서 눈을 떼고 하나님만을 향해 시선을 고정하고 주어진 모든 것을 활용하라. 주 안에서 우리의 수고는 결코 헛되지 않을 것이다.

결론
진실한 그리스도인은 산 속이나 사막에 숨어 들어가 홀로 하늘의 영광과 기쁨을 만끽하는 데 머무르지 않는다. 이웃들과 더불어 살아가지만 세상에 함몰되지 않고 오히려 세상에 소금의 맛과 빛을 드러낸다. 즉 하늘을 소유한 하나님의 자녀는 세상과 관계하면서 살아가지만 하나님으로부터 오는 능력을 공급받아 그 세상을 변화시키며 살아간다.

산상설교 V Upon Our Lord's Sermon on the Mount: Discourse V

"내가 율법이나 선지자를 폐하러 온 줄로 생각하지 말라 폐하러 온 것이 아니요 완전하게 하려 함이라 진실로 너희에게 이르노니 천지가 없어지기 전에는 율법의 일점 일획도 결코 없어지지 아니하고 다 이루리라 그러므로 누구든지 이 계명 중의 지극히 작은 것 하나라도 버리고 또 그같이 사람을 가르치는 자는 천국에서 지극히 작다 일컬음을 받을 것이요 누구든지 이를 행하며 가르치는 자는 천국에서 크다 일컬음을 받으리라 내가 너희에게 이르노니 너희 의가 서기관과 바리새인보다 더 낫지 못하면 결코 천국에 들어가지 못하리라." 마 5:17~20

역사적 배경

산성설교 V에서 웨슬리는 율법과 복음의 문제에 집중한다. 율법은 우리로 하여금 복음에 집중하도록 하며, 복음은 율법의 요구를 완전히 성취하도록 이끈다. 웨슬리는 우리의 의는 서기관과 바리새인의 의보다 나아야 한다는 예수님의 가르침에 전적으로 동의한다. 그는 우리가 지켜야 할 계명을 세 가지로 요약하는데, 이들은 신도회 총칙에서 핵심을 이루는 내용과 일치한다. 즉 1) 악을 피하는 것 2) 선한 일을 하는 것 3) 하나님이 정하신 의례에 참여하는 것(은총의 수단을 사용하는 것)이다. 이러한 외적 행위들(율법의 의)은 그리스도인들에게 반드시 준수되어야 한다.

설교 읽기를 위한 질문

1. 예수님의 가르침에 대한 두 가지 상반된 반응은 무엇입니까? 주님의 뜻은 무엇입니까?(서론 1, 2항)

2. 예수님이 오시면서 폐기된 법은 무엇입니까?(I.1) 예수님이 폐기하시지 않은 법은 무엇입니까?(I.2) "내가 율법이나 선지자를 … 완전하게 하려 함이라"의 의미는 무엇입니까?(I.3, 4)

3. 예수님은 도덕법에 관해 이렇게 말씀하셨습니다. "진실로 너희에게 이르노니 천지가 없어지기 전에는 율법의 일점 일획도 결코 없어지지 아니하고 다 이루리라." 여기서 도덕법은 어떻게 된다고 하셨습니까?(II.1)

4. 율법과 복음과의 관계는 어떻습니까?(II.2) 영원하고 거룩한 율법을 이룰 수 있는 길은 무엇입니까?(II.3) 이런 관점에서 볼 때 '새로운 계시'에 대해 무어라 말할 수 있습니까?(II.4)

5. 율법에 대한 주님의 확고한 가르침은 무엇입니까?(III.1) 율법 조항 중 가장 작은 것 하나라도 어기는 것이 야기하는 결과는 무엇입니까?(III.2) 어떻게 '율법을 어기도록' 가르칩니까? 그 결과는 무엇입니까?(III.3)

6. 율법을 어기거나 어기도록 가르치는 세 종류의 사람들은 누구입니까? 이 중 가장 주의해야 할 사람은 누구입니까? 왜 그렇습니까?(III.4-8)

7. 믿음과 율법, 칭의와 성화간의 관계는 어떠해야 합니까? 믿음의 역할이 무엇인지 숙고해 봅시다.(III.9)

8. 율법학자와 바리새인은 어떤 사람입니까?(IV.1, 2) 그들의 '의'는 무엇을 의미합니까?(IV.3-5) 이들의 의를 통해 우리가 배워야 할 것은 무엇입니까?(IV.6-9) 그리스도인의 의는 이보다 '나은 것'입니다. 어떤 면에서 그렇습니까?(IV.10, 11)

9. 그리스도인의 삶은 어떠해야 합니까?(IV.12, 13)

설교 핵심 요약

서론

예수님의 가르침은 새로운 것이었다. 그분이 많은 멸시와 조롱과 핍박을 당한 이유 중 하나는 그분의 가르침이 새로운 것이었기 때문이다. 유대인들은 그들이 알던 내용보다 더 심오하고 파격적인 예수님의 가르침에 이질감을 느꼈다. 유대인들은 예배의 의식과 경건의 모습을 가르쳤으나 주님은 신령과 진정으로 드리는 예배, 경건의 참 능력을 가르치셨던 것이다.

예수님의 가르침은 분명 새로운 가르침이었다. 그러나 그렇다고 그것이 쉬운 길이라는 뜻은 아니다. 사람들은 옛 종교를 폐지하고 하늘 가는 길에 대해 더 수월한 가르침을 기대했다. 그렇지만 주님은 옛 종교의 폐지나 그대로의 존속을 추구하시지 않았다. 오히려 그분은 옛 종교의 참된 완성의 길을 제시하셨다.

I. 폐기된 법과 지속될 법

1. 폐기될 법

의식과 제도에 관한 모세의 율법은 폐기되었다. 바울과 바나바(행 15:5), 베드로(행 15:10)가 이렇게 가르쳤다. 사도들, 장로들, 온 교회는 믿는 이들로 하여금 이 모세의 율법을 지키게 하는 것은 그들의 영혼을 얽매는 것이며 이 짐을 지우지 않는 것이 성령의 뜻임을 분명히 했다.(행 15:22~28)

2. 지속되어야 할 법

그러나 도덕법(moral law)은 지속되어야 한다. 주님은 십계명에 포함되었고 선지자들에 의해 재강조된 도덕법을 그 일부라도 폐기하신 적이 없다. 이 법은 변하지 않는 하늘의 법이라 영원히 없앨 수 없다. 불순종하는 인간을 제지하기 위해 일시적으로 만든 의식과 제도의 법과는 달리 이 법은 인간의 마음판에 새긴 영원한 법이기 때문이다.

주님은 이 도덕법을 완성하러 오셨다. 그러나 주님께서 하셨던 일은 우리에게 율법의 모든 짐을 지워 준수하도록 하는 것이 아니었다. 도덕법을 '우리 안에' 굳게 세우려 하신 것이다. 주님은 율법에 대한 올바른 의미와 중요성을 우리 심령에 새기기 위해 오셨다. 주님의 가르침은 새로운 것이 아니다. 그것은 태초부터 있던 것이요, 창조와 함께 인간의 영혼에 주어진 것이요, 그후에 율법과 선지자에 의해 증거된 것이다. 주님은 바로 이 율법을 내신 분으로, 율법의 참된 의미와 중요성을 친히 드러내신 것이다. 이로써 율법은 완성되었으며 변경되거나 폐기될 수 없다.

II. 율법과 복음

1. 복음은 율법을 폐기하지 않는다.

'복음이 등장하면' 율법이 사라진다고 말하는 이들이 있다. 이는 잘못된 이야기다. 복음이 와도 율법은 없어지지 않는다. 천지가 없어지기까지는 '일점일획'도 없어지지 않는다. 율법과 복음 사이에는 모순이 없다. 복음을 지키기 위해 율법을 폐기하든지, 율법의 존속을 위해 복음이 폐기되어야 하는 그런 관계가 아니다. 오히려 양자 사이에는 모순 없이 잘 조화가 된다. 동전의 양면과 같다고 보아야 한다. 이렇게 보면 율법이며 저렇게 보면 복음이란 말이다. "네 마음을 다하고 … 너희 하나님을 사랑하라"(마 22:37; 신 6:5)는 말씀은 계명이라는 측면에서는 율법에 속하나 약속이라는 측면에서 보면 복음의 핵심이다. 다시 말해 복음은 약속의 형태를 띤 율법의 계명에 지나지 않는다. 무엇이든 하나님의 거룩한 법으로 명령한 것이면 복음의 빛에서 볼 때 다 복되고 보배로운 약속인 것이다.

2. 율법과 복음의 관계

그렇다면 율법과 복음의 관계는 구체적으로 어떻게 설명되는가? 율법은 복음으로 인도하고 복음은 율법을 완성할 수 있도록 지도한다. 율법은 하나님과 사람을 사랑하고 온유하고 겸손하고 거룩한 자가 되도록 요구한다. 우리는 이 요구를 완전히 따를 수 없다. 그러나 하나님은 우리에게 능력을 주심으로 이 요구를 완전히 행할 수 있도록 약속하셨다. 우리는 이 약속을 믿음으로 받아서 율법의 완성에 이를 수 있게 된다. 다시 말해 그리스도 예수에 대한 믿음을 통해 율법이 요구하는 의를 이룬다.

성경에 기록된 모든 명령, 곧 계명은 '숨겨진 약속'이다. 하나님께서는 이 약속을 이루시기 위해 우리에게 새 언약, 곧 "내가 나의 법을 그들의 속에 두며 그들의 마음에 기록하리라"(렘 31:33; 히 10:16 참조)는 말씀을 주셨다. 이 말씀은 바로 하나님이 명령하신 것(계명)을 우리로 하여금 이루게 하시겠다는 약속이다. 예를 들어 "쉬지 말고 기도하라 항상 기뻐하라 내가 거룩하니 너희도 거룩하라"고 명령하셨다면, 그분이 '우리 안에서' 역사하셔서 이 명령을 성취하시겠다는 약속인 것이다.

새로운 계시는 없다. 많은 이들이 성령의 지시라며 하나님의 명령을 바꾸거나 대치하려는 시도를 벌였다. 이들이 주장하는 새로운 계시란 없다. 영원불변한 하나님의 말씀은 이미 우리에게 완전히 계시되었고 완성되었기 때문이다. 하나님께서 복음을 통해 무엇인가를 주셨다면 그것은 하나님이 주신 계명을 우리가 믿음으로 이룰 수 있도록 하신 것이다.

III. 율법을 폐기하려는 자

1. 주님은 율법을 완성하기 위해 오셨다.

주님이 오신 것은 율법을 폐기하려 하심이 아니다. 오히려 율법을 완성하러 오셨다. 주님은 복음을 통해 율법이 추구했던 생명과 영생을 우리에게 주시려고 오신 것이다. 때문에 주님은 계명의 지극히 작은 것이라도 어긴 사람은 율법 전체를 범한 것으로 간주하여 하늘나라에 합당치 않은 자로 여기셨다. 사람들은 죄를 무거움과 가벼움, 많고 적은 것으로 나누지만 하나님의 거룩한 성품에는 죄의 경중, 다수가 중요한 것이 아니라 죄의 유무가 중요하다. 하나님은 티끌만 한 죄라도 용납하지 않으신다.

계명을 어기는 것은 자신만의 문제가 아니다. 다른 사람들에게 자신처럼 계명을 어겨도 된다는 그릇된 신호를 보내는 것이다. 말하자면 계명을 어기는 것은 다른 사람에게도 종용하는 누룩인 셈이다. 하늘나라에서는 이런 사람을 가장 작은 자라 여긴다. 이 말씀은 하늘나라에 그의 자리가 없다는 의미다. 아무런 분깃도 없을 것이고 성령 안에서 의와 평화와 기쁨을 가지지 못할 것이다. 물론 장차 나타날 하나님의 영광에도 참여하지 못한다.

2. 교회 지도자는 주의해야 한다.

교회 지도자, 즉 사역자들과 목회자들에게는 막대한 책임이 있다. 이들의 책임은 실로 막중한데, 그들은 자신뿐만 아니라 다른 이들에게도 큰 영향을 미치기 때문이다. 사역자나 목회자의 범죄는 심각하다. 자기뿐 아니라 다른 이들까지 멸망으로 이끌어 가는 살인자가 되기 때문이다. 그들 중에는 일반적으로 존경을 받는 이들도 있다. 이들은 사소한 계명은 어기지 않는다. 크고 중요한 계명, 곧 '경건의 능력'을 부인하고 '허리를 동이고 불을 항상 켜고 준비해야 할 것을 권하는 계명'을 어긴다. 사람들을 편안하게 해 줌으로, 잠을 계속 자도록 함으로써 영혼을 해친다. 그들 중에는 노골적으로 율법을 비방하는 이들도 있다. 그들은 "복음은 율법과 관계없다", "우리의 할 일은 오직 한 가지 일, 믿는 일이다", "율법의 어떤 조항도 우리와는 관계없다"고 가르친다. 그러면서도 하나님의 나라를 확장하며 그리스도의 참된 복음을 전한다고 확신한다.

참으로 큰 죄악을 범하는 이들이다. 입맞춤으로 예수를 팔아넘긴 유다의 키스와 같은 죄악이다. 복음의 이름으로 율법을 폐기하려는 것은 주님을 배신하는 것이다.

3. 믿음은 율법의 요구를 성취한다.

믿음의 역할은 무엇인가? 믿음은 참으로 소중하다. 우리는 하나님의 은혜로 인해 믿음으로 말미암아 구원을 얻기 때문이다(엡 2:8). 회개하는 죄인에게 주 예수를 믿으라 외쳐야 한다(행 16:31). 그러나 이 믿음은 '사랑으로 역사하는 믿음'(갈 5:6)으로 이어져야 한다. 정죄함과 죄의 권세에서 '실제적으로 벗어나는' 살아 있는 믿음이어야 한다. "믿으면 구원을 얻는다"는 말은 믿으면 거룩함을 입는 변화 없이 죄에서 벗어나 하늘나라에 갈 것이라는 의미가 아니다. 그것은 '믿으면 거룩해질 것이다'라는 의미다. 믿을 때 그분으로부터 오는 능력을 통해 죄에 승리하게 될 것이며 모든 힘을 다하여 하나님과 이웃을 사랑하게 될 것이라는 의미다. 이때부터 우리는 말과 삶으로 사람들을 가르치게 될 것이며 천국에서 가장 큰 자라 불리게 될 것이다. 이것이 아니면 그것이 무엇으로 이름 불리든지 구원의 믿음이 될 수 없다. 멸망으로 인도하는 것이요 평화를 가져다주지 못한다.

IV. 바리새인과 서기관들의 의보다 나아야 한다

1. 바리새인과 서기관들의 의

서기관들은 당대의 현자(scholar)였고 바리새인들은 거룩함을 추구하던 자들이었다. 이들의 '의'는 다른 사람처럼 토색, 불의, 간음하지 않았고 일주일에 두 번 금식하였으며 소득의 십일조를 드린 것이었다. 토색, 불의, 간음은 그 시대의 사람들이 보편적으로 행하던 일들이었으나 그들은 이 시대 풍조에 물들지 않고 공정하고 정직한 삶을 살았다.

일주에 두 번 시행한 금식은 모세가 돌판을 받은 것을 기념한 월요일 금식과 이스라엘의 황금 송아지 예배를 보고 격분하여 돌판을 깨뜨린 것을 기념하는 목요일 금식을 의미한다. 시간은 오후 3시부터 저녁 제사를 드릴 때까지인데, 이때 성전의 일을 돕거나 기도와 토라 선지서 등을 묵상했다. 이들이 드린 소득의 십일조는 아주 작은 것이라 할지라도 예외 없이 적용되었다. 십일조를 제사장과 레위인들에게 드릴 뿐 아니라 또 다른 십일조를 자신보다 가난한 이들을 위해 바쳤고 동일한 양을 구제 사업에 썼다. 결국 그들은 십오조를 썼다. 그들의 의는 일반인이 생각하는 것보다 훨씬 엄격한 것이었다. 그들 중에는 이 의를 위선적으로 지키는 이들도 있었으나 대부분 신실하게 지켰다. 그들은 의의 실천에 엄격했기에 자신들이 다른 이들보다 의롭다고 확신했다.

2. 바리새인과 서기관들의 의보다 나아야 한다.

(1) 우리는 그들의 의보다 나은가?

예수님은 복음을 믿는 자는 이 같은 바리새인과 서기관들의 의보다 나아야 한다고 말씀하셨다. 우리는 자신을 향해 진지하게 물어야 한다.

'우리는 과연 그들보다 나은가? 진실로 다른 사람들과 다른 삶을 사는가?' : 세상 풍조에 따르지 않고 구원에 온 힘을 기울이는가? 세상의 그릇된 흐름에 분연히 맞설 용기가 있는가? 양심에 어긋난 일을 하지 않고 양심에 따라 행했다고 말할 수 있는가? 외적인 죄를 범하지 않도록 처절한 투쟁을 하는가? 토색, 불의, 간음 등의 불의를 피하고 있는가?

'은총의 수단을 부지런히 사용하는가?' : 매주 두 번씩 금식하며 모든 제사에 열심으로 참여한 그들보다 나은가? 공적 기도, 사적 기도 생활, 성경 읽기에 있어서 그들보다 나은가? 주의 성만찬에 최선을 다해 정성을 다해 참석하는가?

'십일조와 구제에 최선을 다하는가?' : 우리는 과연 그들의 구제에 필적할 만한가? 수입과 전 재산의 십의 오까지를 내어 놓겠는가? 악을 행하지 않고 선을 행하며 은총의 수단을 부지런히 사용하는 일에 바리새인과 서기관보다 과연 나은가?

(2) 우리의 의가 그들의 의보다 낫지 아니하면

주님은 우리의 의가 그들의 의보다 낫지 아니하면 '결단코' 하나님 나라에 들어갈 수 없다 말씀하신다. 그리스도인의 의는 그들의 의보다 낫고 또 나아야 한다. 서기관 바리새인의 의는 율법을 부분적으로 지킬 수 있었지만 전체적이지는 않았다. 예를 들어 안식일에 이삭을 비벼 먹는 일은 하지 않았지만(제4계명 엄수) 하나님의 이름으로 맹세하는 일(제3계명)은 범했다. 그들 중 어떤 이는 율법 전체를 잘 조화시켜 엄수하기도 했지만 그 내적 변화로까지는 나아가지 못했다. 그들은 죄의 외면, 죄의 잎사귀, 죄의 열매를 떨쳐버리려 했지만 죄의 뿌리까지 제거하는 데에는 이르지 못했다.

그리스도인의 의는 외형적 생활만이 아닌 영혼 깊이 변화를 이룬다. 그것은 내면에서 우러나오는 의인 것이다. 마음의 가난, 애통, 온유, 의에 대한 목마름, 이웃 사랑, 청결한 마음, 이 모든 것은 그리스도인이 추구하는 근원적이고 내적인 의다.

결론

그리스도인들은 서기관들과 바리새인의 의에 미칠 수 있도록 힘써야 한다. 은총의 수단을 적극 실천하라. 힘이 미치는 대로 기도하고 금식하라. 성찬에 참여하길 힘쓰며 성경을 읽고 주야로 묵상하라. 말씀 들을 기회를 늘 찾으라. 선을 행하라. 최선을 다해 구제에 힘쓰라. 굶주린 자에게 먹이며 헐벗은 자를 입히며 병든 자를 돌보라. 갇힌 자를 위로하라. 힘 있는 대로 자비를 베풀라. 모든 계명을 있는 힘을 다해 지켜야 한다. 그리스도인들은 서기관들과 바리새인의 의보다 더 나아가야 한다.

무엇보다 마음을 지키라. 마음이 가난한 이가 되라. 자신의 실체를 바로 알며 하나님께 전적으로 돌이키라. 자신이 티끌 같은 존재임을 깨닫고 그리스도를 통해 나타난 하나님의 사랑에 온전히 귀의하라. 살아 계신 하나님을 간절히 사모하며 그분의 형상 닮기에 힘쓰며 그분만으로 만족해야 한다. 생명을 다해 이웃을 사랑하라. 이로써 바리새인과 서기관의 의를 능가할 수 있다. 이것은 단순히 그들의 의보다 나음을 의미하는 것이 아니라 질적으로, 내용적으로 차원이 전혀 다른 그런 의다. 이 의로써 우리는 하늘나라에서 크다 일컬음을 받게 될 것이다.

산상설교 VI Upon Our Lord's Sermon on the Mount: Discourse VI

"사람에게 보이려고 그들 앞에서 너희 의를 행하지 않도록 주의하라 그리하지 아니하면 하늘에 계신 너희 아버지께 상을 받지 못하느니라 그러므로 구제할 때에 외식하는 자가 사람에게서 영광을 받으려고 회당과 거리에서 하는 것 같이 너희 앞에 나팔을 불지 말라 진실로 너희에게 이르노니 그들은 자기 상을 이미 받았느니라 너는 구제할 때에 오른손이 하는 것을 왼손이 모르게 하여 네 구제함을 은밀하게 하라 은밀한 중에 보시는 너의 아버지께서 갚으시리라 또 너희는 기도할 때에 외식하는 자와 같이 하지 말라 그들은 사람에게 보이려고 회당과 큰 거리 어귀에 서서 기도하기를 좋아하느니라 내가 진실로 너희에게 이르노니 그들은 자기 상을 이미 받았느니라 너는 기도할 때에 네 골방에 들어가 문을 닫고 은밀한 중에 계신 네 아버지께 기도하라 은밀한 중에 보시는 네 아버지께서 갚으시리라 또 기도할 때에 이방인과 같이 중언부언하지 말라 그들은 말을 많이 하여야 들으실 줄 생각하느니라 그러므로 그들을 본받지 말라 구하기 전에 너희에게 있어야 할 것을 하나님 너희 아버지께서 아시느니라 그러므로 너희는 이렇게 기도하라 하늘에 계신 우리 아버지여 이름이 거룩히 여김을 받으시오며 나라가 임하시오며 뜻이 하늘에서 이루어진 것 같이 땅에서도 이루어지이다 오늘 우리에게 일용할 양식을 주시옵고 우리가 우리에게 죄 지은 자를 사하여 준 것 같이 우리 죄를 사하여 주시옵고 우리를 시험에 들게 하지 마시옵고 다만 악에서 구하시옵소서 (나라와 권세와 영광이 아버지께 영원히 있사옵나이다 아멘) 너희가 사람의 잘못을 용서하면 너희 하늘 아버지께서도 너희 잘못을 용서하시려니와 너희가 사람의 잘못을 용서하지 아니하면 너희 아버지께서도 너희 잘못을 용서하지 아니하시리라." 마 6:1~15

설교 읽기를 위한 질문

1. 마태복음 5장에 담긴 내용은 크게 두 가지로 요약될 수 있습니다. 그것은 무엇입니까?(서론 1항) 6장의 주제는 무엇입니까? 이 주제가 적용되어야 하는 두 가지 영역은 무엇입니까?(서론 2항)

2. 자비의 실천에는 어떤 것들이 있습니까?(I.1) 자비를 행함에 있어서 주의해야 할 원칙은 무엇입니까?(I.2, 3) "구제할 때에 오른손이 하는 것을 왼손이 모르게 하라"는 말의 의미는 무엇입니까? 구제를 숨기지 않아야 하는 특별한 경우는 무엇입니까? 남이 모르게 행하는 구제의 결과는 무엇입니까?(I.4)

3. 경건의 실천을 행할 때 주의해야 할 원칙은 무엇입니까?(II.1, 2) 경건의 실천 중에 기도는 대표적인 것입니다. 기도할 때 경계해야 할 것은 무엇입니까? 그 이유는 무엇입니까?(II.1) 기도는 어떻게 해야 합니까?(II.3, 4) 이방인의 기도와 하나님의 자녀의 기도는 어떻게 다릅니까?(II.4, 5)

4. 주님은 우리에게 기도의 본보기를 주셨습니다. 주기도문이 바로 그것입니다. 이 기도문은 어떤 의미에서 완전합니까?(III.1, 2) 주기도문의 내용은 세 부분으로 이루어져 있습니다. 그것은 무엇입니까?(III.3)

5. '서언'에 해당하는 부분은 어떤 내용입니까?(III.3) '아버지'라는 호칭은 기도를 받으시는 분이 어떤 분임을 설명해 줍니까?(III.4) '우리' 아버지라 했습니다. 이때 '우리'는 어떤 의미를 포함합니까?(III.5) 이 아버지가 '하늘에 계신 분'이라 할 때 그 의미는 무엇입니까?(III.6)

6. 주기도문의 두 번째 부분은 '기원'입니다. 모두 여섯 개의 기원을 포함하고 있는데, 그것은 무엇입니까?(III.7-15)

7. '아버지의 이름'이 의미하는 바는 무엇입니까? 이 이름이 거룩히 여김을 받기를 기원한다는 것은 무엇을 뜻합니까?(III.7) 이것이 "나라이 임

하옵소서"라는 기원과는 어떤 관련이 있습니까? 하나님의 나라는 어떻게 이루어집니까?(Ⅲ.8) "뜻이 하늘에서 이루어진 것 같이 땅에서도 이루어지이다"라는 기원은 언제 하게 됩니까? 이 기원에 대한 일반적인 이해는 무엇입니까? 이 기원의 참된 의미는 무엇입니까?(Ⅲ.9, 10)

8. 이상의 세 가지 기원의 공통점은 무엇입니까? 앞으로 남은 세 가지 기원은 누구를 위한 기원입니까?(Ⅲ.11)

9. "오늘 우리에게 일용할 양식을 주시옵고"라는 기원에 내포된 '양식'의 의미는 무엇입니까?(Ⅲ.11) 여기에서 '오늘'과 '주시옵고'라는 말의 뜻은 무엇입니까?(Ⅲ.11-13) "우리에게 죄 지은 자를 사하여 준 것 같이 우리 죄를 사하여 주시옵고"라는 기원에서 '우리의 죄'와 '사함'이라는 말의 의미는 무엇입니까?(Ⅲ.13) 이 기원 앞에 어째서 "우리에게 죄 지은 자를 사하여 주는 것"이 배치되어 있습니까?(Ⅲ.14) 마지막 기원은 "우리를 시험에 들게 하지 마시옵고 다만 악에서 구하시옵소서"입니다. 여기서 '시험'의 의미는 무엇입니까? 왜 우리는 시험에 들지 않게 구해야 합니까? '악에서'라는 말은 어떻게 이해해야 합니까?(Ⅲ.15)

10. 주기도문의 결론에 해당하는 '송영'입니다. 이 송영의 목적은 무엇입니까?(Ⅲ.6)

설교 핵심 요약

서론

마태복음 5장은 참된 그리스도인에게 요구되는 내적 성품들에 관한 것이요, 우리 심령을 거룩하게 만드는 것들이다. 이 같은 심령의 거룩함에서 나오는 하나님의 자녀의 표현들을 하나님께서는 기쁘게 받으신다. 하나님의 자녀들의 '행동' 또한 마찬가지다. 어떠한 행동이든지 하나님께 헌신하는 거룩한 심정으로 할 때, 그것은 하나님께 받아들여진다. 그 결과가 하나님의 자녀가 아닌 이들의 것과 외형상 동일할지라도 하나님의 자녀의 행위만을 기뻐하신다.

마태복음 5장이 요구하는 내적 성품을 갖춘 하나님의 거룩한 자녀는 모든 행위에 공통점이 있다. 바로 '의도의 순수성'을 가지고 있다는 사실이다. 주님은 경건의 실천이나 자비의 실천과 같은 은총의 수단을 사용함에 있어서 의도의 순수성을 찾으신다. 의도의 순수성은 은총의 수단이 참된 수단이 되게 하는 핵심이기 때문이다.

I. 자비의 실천(Works of Mercy)

1. '자비의 실천'

'자비의 실천'이란 무엇인가? 그것은 다른 사람의 유익, 즉 육신이나 영혼을 위해 행하는 모든 일들을 일컫는다. 여기에는 구제, 굶주린 자를 먹이는 일, 헐벗은 자를 입히는 일, 나그네를 대접하고 병자를 돌보는 일, 악인을 견책하고 착한 이를 격려하고 고무하는 일 등이 포함된다.

2. 자비의 실천은 은밀해야

자비의 실천은 사람들에게 칭찬받기 위해 행하는 것이 아니다. 조금이라도 나의 영광을 구하는 동기로 행한다면 하나님으로부터의 상은 없다. 외식하는 자는 자기의 영광을 구하려 행하고 더 많은 이에게 알리기 원한다. 인간의 칭찬은 얻을 수 있겠지만 하나님의 상은 기대하지 말아야 한다.

자비의 실천은 오른손이 하는 것을 왼손이 모르게 해야 한다. 이는 남이 볼까 두려워하라는 의미가 아니라 될 수 있는 대로 은밀히 하라는 뜻이다. 물론 여기에 예외는 있다. 더 많은 선행을 고무시키기 위해서나 우리의 착한 행실을 보고 사람들이 하나님께 영광이 되게 할 경우 공개해도 된다. 이 경우를 제외하고는 남이 모르게 은밀히 행해야 한다. 은밀히 행하는 구제를 하나님은 다 아시고 현세 혹은 내세에서 갚아 주실 것이다.

II. 경건의 실천(Works of Piety)

1. 경건의 실천

경건의 실천은 교회가 오랫동안 행해 왔던 거룩한 일들, 곧 성경 읽기, 기도, 금식, 성만찬 등이 포함된다. 이들이 우리에게 익숙한 것이라 하여 진부한 것으로 무시해서는 안 된다. 이들은 하나님의 은총의 보좌로 나아가도록 하나님께서 친히 제정해 주신 귀중한 은총의 '수단들'이며, 이를 통해 우리에게 풍성한 은총을 부어주시기 때문이다.

2. 은총의 수단을 오용하지 말아야 한다.

사람의 칭송을 받기 위해 은총의 수단을 활용하는 것은 그 출발이 잘못된 것이다. 세상의 어떤 보상을 기대하는 것은 '의도의 순수성'을 이미 상실한 것이기에 하나님을 조금도 기쁘시게 할 수 없다. 이것은 경건의 실천들에 대해서도 마찬가지다.

예를 들어 경건의 실천 중 기도에 대해 생각해 보자. 기도할 때 우리는 위선 혹은 불성실한 기도를 경계해야 한다. 무의미한 말을 되풀이하는 기도도 멀리해야 한다. 기도는 진심을 하나님께 토로하는 것이어야 한다. 하나님과의 사귐을 목적으로 우리의 마음과 정성을 다해 기도해야 한다. 사람들에게 보이려고 의도적으로 하는 기도는 그 응답을 기대할 수 없다. 그는 자기의 상을 이미 받았기 때문이다.

은총을 맛본 이들은 자신이 필요한 모든 것을 하늘 아버지께서 이미 알고 계시다는 사실을 확신한다. 하나님이 모르시는 것에 대해 무엇을 알리려 하는 것이 기도가 아니다. 기도는 필요한 것을 마음에 간직하고 그 필요를 채워 주시는 하나님을 계속 의지하는 것이다. 하나님을 감동시키고 설득하여 무엇을 얻는 것이 기도가 아니다. 기도는 우리의 필요를 아시는 하나님, 그 필요를 채우려 하나님께서 준비하신 선물을 기쁨으로 받을 수 있도록 마음을 기대감으로 준비하는 일이다.

Ⅲ. 주기도문

주기도문은 예수님께서 "이렇게 기도하라"(마 6:9)고 말씀하시며 우리에게 친히 주신 기도의 표준이다. 이 기도는 하나님의 영광과 나 자신과 모든 피조물을 위한 기도의 내용을 다 포함하고 있을 뿐 아니라 기도하는 자의 의무, 곧 순결함과 거룩함, 하나님께서 우리에게 요구하시는 것, 그분이 기뻐하실 만한 것, 이웃에게 덕이 되는 것 등을 포함하고 있다.

주기도문의 구조는 세 부분으로 되어 있는데, 머리말과 여섯 가지의 기원, 송영이 그것이다. 이 내용을 자세히 살펴보자.

1. 머리말

영문으로 된 주기도문은 '우리 아버지'(Our Father)로 시작한다. 우리 아버지는 어떤 분이신가? 창조주요, 우리 존재의 근원이시다. 우리를 흙으로 빚으시고 생기를 불어넣으신 분이시다. 그렇기에 그는 우리의 기도를 들으신다. 우리를 지키시는 분이시다. 그는 날마다 그가 주신 생명을 붙드신다. 끊임없는 사랑으로 생명과 호흡과 모든 것을 주신다. 우리의 아버지시다. 우리는 그리스도를 믿음으로 그분의 자녀가 되었다. 그의 아들의 영을 우리 마음에 보내서서 우리로 하여금 '아바 아버지'라 부를 수 있게 하셨다. 아버지 하나님은 언제나 우리의 기도를 들어주신다. 그래서 우리는 쉬지 않고 기도할 수 있다. 그런데 이 아버지는 '나'만의 아버지가 아닌 '우리'의 아버지이시다. 즉 모든 이의 하나님, 온 우주의 아버지이시다. 그는 차별 없이 모든 인간을 사랑하시고 자비를 베푸시며 그를 경외하고 그 아들을 통해 자신을 믿고 의지하는 자를 기뻐하신다.

이 아버지는 '하늘에 계신다'(who art in heaven). 높은 곳에 좌정하셔서 하늘과 땅의 모든 것을 감찰하신다. 그의 눈은 창조물 전체를 꿰뚫어 보시며 모든 창조물의 시종을 영원 전부터 영원까지 아신다. 하나님은 만유의 주시요 통치자시요 만유를 주관하시고 운행하시는 분이다.

하늘은 그의 보좌가 있는 곳으로, 존귀와 영광으로 둘러싸여 있다. 그분의 영광과 존귀가 있는 곳이면 그 어디나 하늘이 된다. 모든 피조물은 그의 지혜와 능력에 압도되어 "깊도다 하나님의 지혜와 지식의 풍성함이여"(롬 11:33)라고 찬양하지 않을 수 없다.

2. 기원

기원 1: 이름이 거룩히 여김을 받으시오며(hollowed by Thy name)

이 기원은 여섯 가지 기원 중 첫째다. 하나님의 이름은 하나님 자신, 곧 하나님의 성품을 의미한다. 그분의 존재와 속성, 완전성이 그 이름에 다 포함된다. 그분의 이름은 야훼, 곧 그 무엇으로 표현할 수 없는 위대한 이름이다. 요한은 "알파와 오메가 … 처음과 나중 … 지금도 계시고 전에도 계시고 장차 오실 이"라 표현했으며, "스스로 있는 자"(출 3:14) 외에는 표현할 길이 없는 분이다. 전능자로서 모든 물질 세계의 유일한 동인이다. 보이거나 보이지 않는 모든 피조물의 활동의 원천이다. 하나님의 전능한 능력이 없이는 모든 존재의 활동은 유지될 수 없다. 지혜자로서 이분에 의해 모든 만물의 질서가 부여되고 유지된다.

이분은 삼위일체시다. 하나 안에서 삼위를 보며 삼위 안에서 한 몸을 본다. 창조와 관련해서 히브리어는 'The Gods created'라 칭하고 있는데 하나님은 복수로 동사로는 다수 구조로 되어 있어 이미 삼위일체 하나님의 이름을 포함하고 있다. 이 사실은 선지자와 사도들을 통해 증거되었다.

이 이름은 마땅히 거룩히 여김을 받아야 한다. 모든 이들이 하나님을 있는 그대로 알게 되기를 기도하는 것이다. 하늘과 땅의 모든 존재들, 천사와 같은 영적 존재들에 의해 하나님께서 지극한 존경과 사랑과 영광을 받게 되기를 기도하는 것이다.

기원 2: 나라이 임하옵시며(Thy Kingdom come)

두 번째 기원은 앞의 기원과 밀접한 관계가 있다. 즉, 하나님의 이름이 거룩히 여김을 받기 위해서 하나님의 나라가 임해야 한다. 이 나라는 회개하고 복음을 믿을 때 임한다. 종말에 하나님이 그의 아들에게 열방을 유업으로 주어 그의 소유가 땅 끝까지 이르게 하실 때(시 2:8), 모든 나라가 그 앞에 무릎 꿇고 섬기게 될 때, 이방인의 충만한 수가 들어와 이스라엘이 구원을 얻게 될 때, 바로 그때에 주님이 왕권을 가지고 영광스런 옷을 입으시며 모든 영혼에게 만왕의 왕으로 나타나게 된다. 우리는 기도해야 한다. "주 하나님께서 시간을 재촉하옵소서. 은혜의 나라가 임하게 하시며 이 땅의 만국을 다스리옵소서. 온 인류가 주님을 왕으로 모시고 그의 이름을 진실로 믿는 이들이 의와 평강과 기쁨과 거룩함과 행복으로 채워지게 하시고 여기에서 하늘나라로 옮겨져 그곳에서 주님과 함께 영원히 다스리게 하옵소서"라고.

기원 3: 뜻이 하늘에서 이룬 것 같이 땅에서도 이루어지이다(Thy will be done on earth as it is heaven).

세 번째 기원이다. 이 기원은 두 번째 기원과 밀접하게 관련되어 있다. 하나님 나라가 임하심으로 믿음 안에서 그 나라가 우리 안에 거하게 되는 것이다. 이 기도는 하나님의 뜻에 전적으로 복종하기 위한 우리의 기도라 생각하기 쉽다. 그러나 이 기도는 이 같은 수동적 자세가 아닌 하나님의 뜻에 대한 적극적 순종을 위한 기도다. 천사의 순종을 보라. 그들은 언제나 하나님의 뜻을 실행하며 그분을 섬긴다. 그들의 모든 행위는 하나님의 명령과 계획과 거룩한 뜻을 이루기 위한 것이다. 하나님의 모든 뜻을 하나님을 기쁘시게하는 방식으로 행한다. 이 기원은 모든 인류가 천사처럼 기쁜 마음으로 하나님의 뜻을 행하게 해 달라는 기원이다. 즉 모든 인간이 하나님의 거룩하시고 기뻐하시는 뜻만을 행하게 해 달라는 기원이다.

기원 4: 오늘날 우리에게 일용할 양식을 주옵시고(Give us this day our daily bread)

네 번째 기원이다. 앞의 세 가지가 모든 인류를 위한 기원이라면, 앞으로의 세 가지 기원은 자신을 위한 기원이라 할 수 있다. 그러나 나 자신만을 위한 것이 아니라 또 다른 나인 이웃과 이 땅의 전체 교회를 위한 것이다. 여기서 '양식'은 영과 육의 모든 요구를 의미한다. 즉 '썩어질 양식'과 함께 '신령한 식물'도 포함한다. 초대교회에서 인식되었듯이 성만찬을 의미하기도 한다. '오늘날'이라는 말은 여러 의미로 해석될 가능성이 있다. 가장 자연스런 해석은 '오늘에 충분할 정도'로 보는 것이 타당하다. 우리는 당연한 권리로서 하나님께 무엇을 요구할 수 없다. 다만 값없이 주시는 은총을 바랄 뿐이다. 우리는 일용할 양식을 위해 최선을 다해 열심히 일해야 한다. 그러나 이것을 공로로 삼을 수는 없다. 모든 것이 값없이 은혜로 주어지기 때문이다.

이 기도는 '오늘'을 위한 기도이기도 하다. 우리는 내일 일을 염려할 것이 없다. 매일을 하나님의 영광을 위해 살도록 예비된 선물로 받아들여야 한다. 오늘의 저녁을 생의 마지막 시간처럼 간주하고 그것을 넘어 영원을 바라보아야 한다.

기원 5: 우리가 우리에게 죄 지은 자를 사하여 준 것 같이 우리 죄를 사하여 주옵시고(Forgive us our trespasses, as we forgive those who trespass against us)

다섯 번째 기원이다. "우리의 죄를 사하여 주옵소서." 하나님의 은총은 넘치지만 이 은총을 가로막는 것은 우리의 죄다. 그러므로 죄의 용서를 구하는 것은 반드시 포함되어야 할 기원 중의 하나다. '죄'는 '빚'을 의미한다. 우리의 끊임없는 범죄는 하나님을 향해 끊임없이 쌓는 빚을 의미한다. 하나님께서 빚을 갚으라 말씀하신다면 그 빚을 감당할 자는 아무도 없다. 우리는 전 재산을 탕진한 자들이기 때문이다. 법대로 실행된다면 우리는 손과 발이 묶인 채 형을 집행하는 자에게 넘겨져야 한다. 우리의 빚은 청산되어야 한다. 그럴 때 우리를 속박하고 있던 쇠사슬이 풀리고 죄의 권세에서 자유하게 된다. 그리스도 예수 안에서 더 이상 정죄함이 없다. 그리스도 안에 있는 이들은 그리스도로 말미암아 율법의 의가 완성되었기 때문에 이제는 육을 따라 살지 않고 성령을 따라 살게 된다.

그런데 이 기도는 '우리가 우리의 죄를 사하여 준 것 같이'라는 말이 전제

되어 있다. 우리가 용서받는 정도는 우리가 남을 용서하는 그릇과 관련이 있다는 말이다. 남의 죄를 용서할 때 하나님께서 나의 죄를 용서하신다는 말이다. 만일 다른 사람을 용서함에 있어서 찌꺼기를 남긴다면 우리를 향한 하나님의 용서도 그러할 것이다. 전심을 다해 완전한 용서를 할 때 하나님의 완전한 용서를 경험하게 된다. 형제의 죄를 용서함 없이 내 죄의 용서를 바라는 것은 어리석고 위선적인 기도가 되고 만다. 우리는 용서받고 싶은 대로 남을 용서해야 한다.

기원 6: 우리를 시험에 들게 하지 마옵시고 다만 악에서 구하옵소서(Lead us not into temptation but deliver us from evil).

여섯 번째 기원, 곧 마지막 기원이다. 여기서 '시험'(temptation)은 시련이라는 뜻과 죄를 짓도록 충동하는 유혹의 이중적 의미를 갖는다. 야고보 사도에게도 두 가지 형태의 시험이 등장한다. 즉 "시험을 참는 자는 복이 있다"(약 1:12)는 것은 전자의 의미고, "사람이 시험을 받을 때에 내가 하나님께 시험을 받는다 하지 말지니 ⋯ 오직 각 사람이 시험을 받는 것은 자기 욕심에 끌려 미혹됨이니"(약 1:13~14)는 후자의 의미다. 본문의 시험은 바로 후자의 의미다. 물고기가 미끼에 유혹되듯이 마귀의 꾐에 빠져 시험에 든 상태다. 우리는 이런 유혹에 이끌려가지 않도록 기도해야 한다. 더 근본적인 것은 '악에서' 구함을 받는 것이다. 여기서 '악'은 악한 자, 곧 마귀요 세상을 능력으로 다스리는 자다. 여기서 구원함을 입는 것은 하나님의 자녀가 되는 것이다. 하나님의 자녀는 근원적으로 마귀의 손에서 구원함을 받은 사람들이다. 그러나 그의 강력한 유혹은 계속된다. 이를 이길 수 있는 힘을 하나님께로부터 공급받기 위해 기도해야 한다.

3. 송영

주기도문은 이렇게 마친다. "나라와 권세와 영광이 아버지께 영원히 있사옵나이다"(For thine is Kingdom, the power, and glory, forever and ever). 여기서

'나라'는 하나님의 통치가 미치는 모든 것, 즉 존재하는 모든 것, 영원한 것을 의미한다. '권세'는 이 영원한 나라를 다스리는 권세이며, 하나님은 뜻하시는 모든 것을 다 하실 수 있다는 의미의 능력이다. '영광'은 하나님이 그의 능력과 그의 나라로 인해 마땅히 받으셔야 할 찬송이다. 하나님이 영원 전부터 시작하신 놀라운 사역은 앞으로도 영원히 계속될 것이다.

결론

마태복음 5장이 참된 그리스도인에게 요구되는 내적 성품들, 곧 하늘 가는 길에 관한 내용을 고스란히 보여 주고 있다면, 6장의 '기도'와 '구제'는 이 하늘 가는 길에 이르기 위해 우리가 해야 할 구체적인 수단이라 할 수 있다. 이는 하나님의 은총의 보좌로 나아가는 길이라는 점에서 '은총의 수단'이라 할 수 있다. 즉 기도와 구제는 은총의 수단으로서 '경건의 행위'와 '자비의 행위'인 셈이다.

그런데 이 은총의 수단은 하나님께 헌신하는 거룩한 심정으로 할 때에만 하나님께 받아들여진다. 다시 말해 하나님은 경건 행위나 자비 행위와 같은 은총의 수단을 사용함에 있어서 의도의 순수성을 찾으신다. 오직 하나님을 향하는 순수한 마음을 가지고 은총의 수단을 열심으로 실천하라. 그리하면 하나님께서 무한한 은총을 부으실 것이다.

설교 22

산상설교 Ⅶ Upon Our Lord's Sermon on the Mount: Discourse Ⅶ

"금식할 때에 너희는 외식하는 자들과 같이 슬픈 기색을 보이지 말라 그들은 금식하는 것을 사람에게 보이려고 얼굴을 흉하게 하느니라 내가 진실로 너희에게 이르노니 그들은 자기 상을 이미 받았느니라 너는 금식할 때에 머리에 기름을 바르고 얼굴을 씻으라 이는 금식하는 자로 사람에게 보이지 않고 오직 은밀한 중에 계신 네 아버지께 보이게 하려 함이라 은밀한 중에 보시는 네 아버지께서 갚으시리라." 마 6:16~18

설교 읽기를 위한 질문

1. 창세부터의 사탄의 흉계는 무엇이었습니까?(서론 1-3항) 이 흉계가 금식에 관해서는 어떻게 전개되었습니까? 금식에 대한 올바른 태도는 어떠해야 합니까?(서론 4항)
2. 금식은 무엇을 의미하며 그 종류에는 무엇이 있습니까?(Ⅰ)
3. 금식의 목적 다섯 가지는 무엇입니까?(Ⅱ.1-6) 금식은 하나님의 축복을 끌어 오기 위한 수단이 아닙니다. 그러나 하나님은 금식하는 자에게 축복하기를 기뻐하십니다. 어떤 축복들을 베푸셨습니까?(Ⅱ.7-10) 우리가 금식을 해야 하는 가장 큰 이유는 무엇입니까? 금식을 통해 하나님께서 우리에게 주시려고 하는 것은 무엇입니까?(Ⅱ.11)
4. 금식을 반대하는 이들이 있습니다. 이들이 반대하는 이유는 무엇입니까? 이들의 반대에 대해 어떻게 반론을 제시할 수 있습니까?(Ⅲ)

5. 참된 금식을 위한 일곱 가지 원리는 무엇입니까?(Ⅳ)

설교 핵심 요약

서론

창세 때부터 사탄은 동일한 계략을 펴 왔다. 그것은 율법적 의와 믿음의 의를 분리시키는 것이다. 이것이 극단화 될 때에 나타나는 두 가지 양상은 '율법주의'와 '율법폐기주의'다. 전자는 선행과 종교적 행위를 과대하게 의지하는 것이고, 후자는 믿음에만 의지함으로써 선행이나 종교적 행위를 무시하는 것이다. 이러한 태도는 은총의 수단에 대해서도 마찬가지로 나타난다. 은총의 수단에 대한 과대평가 혹은 과소평가의 위험이 있다. 하나님께서 주신 은총의 수단을 잘 활용하면 큰 유익이 있지만 잘못 사용하면 오히려 큰 해가 된다는 점에서 '은총의 수단을 어떻게 사용하는가'에 대한 올바른 이해가 필요하다. 본문은 은총의 수단 가운데 하나인 금식에 대한 올바른 이해가 어떠해야 하는지 밝히고 있다.

I. 금식의 의의, 종류, 빈도

유대인들에게 금식은 음식을 먹지 않는 것을 의미한다. 여기에 다른 행위들, 예를 들어 재를 뿌리거나 베옷을 입는 일이 첨가되기도 한다. 그러나 그들은 몸을 상하게 하는 일과 금식을 엄격하게 구분했다. 그 같은 일은 이방인들이 행하던 일이었기 때문이다. 절식도 금식의 일종이었다. 절식은 허약한 이들을 위한 금식의 일환으로, 소량의 음식을 섭취하거나 박한 음식을 섭취하였다. 다니엘과 세 친구가 행한 금식이 일종의 절식이었다.

금식하는 기간은 40일에서 반나절까지 다양한 기간을 정하였다. 유대인은 7월 속죄일 같은 날을 법정 단식일로 정해 금식을 행했다. 초대교회도 특정한 날, 예를 들어 부활절 이전에 이틀 혹은 일주일간, 매주 목요일과 토요일, 사순절 기간, 예수 승천일 전 3일간, 특정 축제일의 철야 시, 성탄절 이외의 매주 금요일 등에 금식을 행했다. 민족이 위기를 당했을 때 행하는 비상시기 동안의 금식도 있었다.(대하 20:1~3; 렘 36:9)

II. 금식의 목적

금식을 행한 이유는 무엇인가? 크게 다섯 가지 정도의 이유가 있었다.

첫째, 슬픔이나 두려움 등의 강렬한 감정의 지배 아래 있을 때(사울의 예 - 삼상 28:15~20, 바울의 예 - 행 27:33, 다윗의 예 - 삼하 1:12) 행하는 것으로, 죄에 대한 심각한 각성이 일어났을 때나 자신의 죄악으로 인해 하나님의 진노에 대한 큰 두려움을 느낄 때, 하나님을 대면했을 때 행했다.

둘째, 하나님께서 허락하신 것을 남용 혹은 무절제하게 사용함으로 범죄했을 때 행하는 금식이다. 폭음, 폭식, 쾌락에의 탐닉 등을 뉘우치며 행하는 것이라 할 수 있다.

셋째, 과도한 욕구를 다스리기 위해 행하는 것이다.

넷째, 하나님께서 주신 것을 그릇되게 사용한 데에 대한 자기 견책의 의미로 행하는 것이다.

다섯째, 은밀한 기도를 위해, 하나님께 집중하기 위해 행하는 것이다. 금식은 기도를 간절한 간구로 이끌고 양심을 민감하게 하며 죄악에 물든 세상을 바로 보게 한다. 하나님을 더욱 열망하며 거룩한 마음을 갖게 한다.

금식은 하나님의 축복을 위한 인위적인 수단이 될 수 없다. 그러나 하나님께서 금식을 통해 많은 축복을 허락하시는 것도 사실이다. 금식하는 죄인에게 진노를 거두신다. 아합 같은 죄인을 축복하시고(왕상 21:27~29) 이방인을 향한 심판을 철회하시기도 했다(욘 3:5~10). 금식하는 백성에게 축복을 아끼지 아니하시며(삿 20:26~28; 삼상 7:6~10; 에 8:21; 느 1:4, 11), 금식하는 일꾼의 길을 인도하신다(행 13:1~3, 행 14장). 또한 기도와 금식하는 이에게 마귀를 굴복시킬 믿음을 허락하신다. 금식은 분명 물질적 축복의 통로인 동시에 영적 축복의 통로다(욜 2:12~29). 그러므로 기회 되는 대로 기쁨으로 금식을 수행해야 한다. 그럴 때 숨은 일도 보시는 아버지께서 갚아 주실 것이다.

III. 금식에 대한 반대와 그에 대한 변론

금식에 반대하는 이들이 있다. 이들은 다양한 이유로 금식을 반대한다. 반대 중에 대표적인 것은 무엇이며, 이 반대들이 왜 옳지 않은지에 대한 변론을 다음과 같이 정리할 수 있다.

반대 1: 음식물이 아니라 죄 자체를 금해야 한다.

변 론: 물론 죄를 금해야 한다. 그러나 금식도 동시에 해야 한다.

반대 2: 금식보다 금해야 할 것은 욕구다.

변 론: 금식은 욕구를 자제하도록 돕는다. 성품이나 정욕을 금해야 하며 동시에 금식도 해야 한다.

반대 3: 금식을 수없이 했지만 유익이 뭔지 모르겠다.

변 론: 금식이 도움이 안 된 것은 금식이 무용해서가 아니라 잘못 사용했기 때문이다. 특히 남이 모르게 은밀하게 할 때 은밀히 보시는 하나님께서 갚으신다.

반대 4: 하나님께는 금식이 하찮은 것에 불과하다.

변 론: 아니다. 금식은 그리스도께서 친히 실천했고 권고했던 귀중한 것이다.

반대 5: 금식이 이렇게 좋은 것이라면 가끔 행할 일이 아니라 늘 해야 하는 것 아닌가?

변 론: 할 수 있는 한 자주 행하면 좋다. 그러나 횟수 자체가 문제가 아니라 하나님께 마음을 두고 온전히 매달리는 금식을 행하는 것이 중요하다.

반대 6: 금식은 비상한 시기에 행할 은총의 수단이 아닌가?

변 론: 비상한 시기에도 금식이 필요하다. 그러나 그것이 평상시의 금식의 가치를 대신할 수는 없다. 금식은 평상시와 비상시 어느 때고 필요한 은총의 수단이다.

IV. 금식의 방법

금식을 어떻게 행해야 하는가? 다음과 같은 원칙이 적용될 수 있다.

첫째, 하나님께 집중하라. 오직 그의 영광을 드러내기 위해 행하라. 그에게 죄를 고백하며 은총을 바라는 심정으로 행하라. 세상에 보이려 하지 말고 은밀한 곳에 계신 아버지께 집중하라.

둘째, 금식을 공적으로 삼지 말라. 우리가 금식을 행하기에 은혜를 받는 것이 아니다. 하나님의 은총으로 인해 받을 뿐이다. 금식은 하나님께서 우리에게 값없이 주시기로 약속하신 축복을 내리시기 위해 하나님 자신이 제정하신 은총의 방식임을 명심하라.

셋째, 외면적 금식 자체가 하나님의 은총을 이끌어 내는 것이 아니다(사 58:5). 외면적 금식은 괴로움만 줄 뿐 아무 유익이 없다.

넷째, 자신에게 적합하도록 금식을 적용하라. 몸을 상하게 해서는 안 된다. 그러나 절제해야 할 때, 몸을 핑계로 금식을 회피하거나 미식에 탐닉해서는 안 된다.

다섯째, 금식은 하나님의 뜻에 따라서 하는 근심으로 인도되어야 한다.

여섯째, 간절한 기도와 더불어 해야 한다. 금식과 함께하는 중보의 기도는 역사하는 힘이 크다.

일곱째, 구제와 동시에 해야 한다. 이웃의 육과 영을 위한 선한 일과 더불어 하는 금식은 하나님께서 더욱 받으실 만하다.

결론

금식은 하나님께서 정하신 귀중한 은총의 수단이다. 하나님의 은총에 더 가까이 다가서기 위해 금식을 실천하는 데 게으르지 말아야 한다. 그러나 금식을 행할 때 순수한 의도를 견지해야 한다. 우리의 의의 수단으로 삼으려 하는 어떤 시도도 배격해야 하며, 하나님의 은총만을 간절히 구하는 심정으로 임해야 한다. 순수한 의도로 임하는 금식은 역사하는 힘이 크다.

산상설교 Ⅷ Upon Our Lord's Sermon on the Mount: Discourse Ⅷ

"너희를 위하여 보물을 땅에 쌓아 두지 말라 거기는 좀과 동록이 해하며 도둑이 구멍을 뚫고 도둑질하느니라 오직 너희를 위하여 보물을 하늘에 쌓아 두라 거기는 좀이나 동록이 해하지 못하며 도둑이 구멍을 뚫지도 못하고 도둑질도 못하느니라 네 보물 있는 그 곳에는 네 마음도 있느니라 눈은 몸의 등불이니 그러므로 네 눈이 성하면 온 몸이 밝을 것이요 눈이 나쁘면 온 몸이 어두울 것이니 그러므로 네게 있는 빛이 어두우면 그 어둠이 얼마나 더 하겠느냐." 마 6:19~23

설교 읽기를 위한 질문

1. 은총의 수단들은 '참된 신앙에서 뻗어 나오는 가지'라고 할 수 있습니다. 이들은 어떻게 행해져야 합니까?(1) 이에 대해 예수님이 하신 말씀은 무엇입니까? '눈이 성하다'는 말씀이 뜻하는 바는 무엇입니까?(2)

2. 눈이 성한 이는 '온 몸이 밝게 됨', 곧 참되고 거룩한 빛으로 충만하게 된다고 했습니다. 이 빛이 가져다주는 세 가지 결과는 무엇입니까?(3-5)

3. '눈이 나쁘다'의 의미는 무엇입니까?(6) 그 결과는 어떻습니까?(7, 8) 눈을 나쁘게 하는 가장 일반적인 것은 무엇입니까?(9, 10) 재물 축적이 무조건 나쁜 것은 아닙니다. 재물 축적이 필요한 경우는 언제입니까?(11)

4. 재물 축적이 문제가 되는 것은 무엇 때문입니까?(12-14) 부자가 되려고 힘쓰는 것 자체가 문제가 되는 것은 어떤 이유 때문입니까?(15) 누가 이

런 사람들이 처한 위험을 있는 그대로 지적할 수 있습니까?(16) 재물을 지닌 사람이 깨달아 영생을 구할 때 성경의 답변은 무엇입니까?(17-26)

5. 이 세상에서 그리스도인의 삶은 어떠해야 합니까?(27)

설교 핵심 요약

서론

은총의 수단들은 참된 신앙에서 뻗어 나오는 가지다. 이들은 순수한 의도에서 행해야 한다. 즉 '순수한 의도'는 은총의 수단을 진정한 은총의 수단이 되게끔 하는 시금석이다.

I. 눈은 몸의 등불

눈은 '의도', '의지', '마음씨'라 할 수 있다. 눈과 육체의 관계는 의도와 영혼의 관계와 동일하다. 눈이 육체를 이끌어 가듯, 우리의 영혼은 의도에 이끌려 간다. 우리 영혼의 눈은 오직 하나님을 사랑하고 모든 힘을 다해 섬기며 그분만을 바라는 상태여야 한다. 우리는 이와 같은 상태를 '눈이 성하다'라고 말한다. "네 눈이 성하면", 곧 우리의 마음을 하나님께 고정한다면 영혼은 순수한 의도에 의해 인도되며 참되고 거룩한 빛 가운데로 나아간다. 이 과정을 좀 더 구체적으로 말하면 1) 하나님에 관한 것을 밝히 알게 되고 2) 거룩함으로 나아가며 3) 여기에는 행복이 뒤따른다.

"네 눈이 나쁘면", 이 나쁜 눈의 상태는 우리의 마음이 하나님을 향하지 않는 것을 의미한다. 나쁜 눈을 가지면 몸이 어두움에 빠진다. 땅에 것을 추구하며 성령을 근심하게 한다. 결국 멸망과 불행으로 나아가게 된다.

II. 재물을 땅에 쌓는 것에 관해

재물을 땅에 쌓으려 애쓰는 일은 우리의 눈을 나쁘게 하는 대표적인 것이다. 물론 재물을 땅에 쌓아 두는 것도 필요하다. 성실히 일하여 저축하고 빚지지 않아야 한다. 의식주를 위해 저축해야 하며 가족을 위해서도 저축해야 한다. 문제는 필요한 것 이상을 모으려 애쓰는 것이다. 시간과 정력을 재물 쌓는 일에 소비하는 것은 이 땅에서 사라질 것에 매여 있는 것이다.

부자는 하늘에 가기 어렵다. 부자가 되려고 이 땅의 재물에 마음이 팔려 있기 때문이다. 부 자체를 정죄하는 것이 아니라 부자가 되려고 의도적이고 계획적으로 애쓰기 때문이다. 누가 이들에게 복음을 전할 수 있는가? 그는 부에 마음을 두는 것이 아니라 오직 그리스도만을 따르며 하나님 외에 다른 것을 바라지 않는 자다. 부자가 깨달아 영생을 구하기도 한다. 이들에게 부에 관해 다음과 같이 전해야 한다.

첫째, 교만한 마음을 가지지 말라. 부나 지위로 평가함이 아니라 하나님께 대한 지식과 사랑의 기준으로 바라보아야 한다. 둘째, 재물에서 오는 도움이나 행복을 기대하지 말라. 재물은 하나님 나라에 대하여 아무런 능력이 없다. 오히려 하루아침에 사라질 수 있는 허망한 것이다. 우리는 오직 하나님 한 분에게만 도움과 행복을 기대할 수 있다. 셋째, 재물을 불리는 데 마음을 쓰지 말라. 필요 이상의 재물을 자식을 위해 남기거나 자신을 위해 낭비하는 것은 어리석다. 넷째, 남는 재물을 그대로 쌓아 두지 말라. 이웃을 위해 쓰라.(잠 19:17; 빌1:18~19)

언제나 선을 행하며 덕을 끼치는 생활을 하라. 거저 받았으니 거저 주어 재물을 하늘에 쌓아야 한다. 필요에 따라 나누어 주고 가난한 자, 굶주린 자, 헐벗은 자, 나그네, 병자, 고아, 과부를 도우라. 초대교회의 사람들처럼 누구 하나도 자기 것이라 하지 않아야 한다(행 4:32). 이 모든 것도 공로가 아니다. 오직 예수 그리스도만이 구원의 기초요 조건이 되신다.

결론

우리가 해야 할 일은 주님께서 우리를 맞아 주실 때까지 하늘만을 향하는 성한 눈으로 꾸준히 선을 행하는 일이다.

산상설교 IX Upon Our Lord's Sermon on the Mount: Discourse IX

"한 사람이 두 주인을 섬기지 못할 것이니 혹 이를 미워하고 저를 사랑하거나 혹 이를 중히 여기고 저를 경히 여김이라 너희가 하나님과 재물을 겸하여 섬기지 못하느니라 그러므로 내가 너희에게 이르노니 목숨을 위하여 무엇을 먹을까 무엇을 마실까 몸을 위하여 무엇을 입을까 염려하지 말라 목숨이 음식보다 중하지 아니하며 몸이 의복보다 중하지 아니하냐 공중의 새를 보라 심지도 않고 거두지도 않고 창고에 모아들이지도 아니하되 너희 하늘 아버지께서 기르시나니 너희는 이것들보다 귀하지 아니하냐 너희 중에 누가 염려함으로 그 키를 한 자라도 더할 수 있겠느냐 또 너희가 어찌 의복을 위하여 염려하느냐 들의 백합화가 어떻게 자라는가 생각하여 보라 수고도 아니하고 길쌈도 아니하느니라 그러나 내가 너희에게 말하노니 솔로몬의 모든 영광으로도 입은 것이 이 꽃 하나만 같지 못하였느니라 오늘 있다가 내일 아궁이에 던져지는 들풀도 하나님이 이렇게 입히시거든 하물며 너희일까보냐 믿음이 작은 자들아 그러므로 염려하여 이르기를 무엇을 먹을까 무엇을 마실까 무엇을 입을까 하지 말라 이는 다 이방인들이 구하는 것이라 너희 하늘 아버지께서 이 모든 것이 너희에게 있어야 할 줄을 아시느니라 그런즉 너희는 먼저 그의 나라와 그의 의를 구하라 그리하면 이 모든 것을 너희에게 더하시리라 그러므로 내일 일을 위하여 염려하지 말라 내일 일은 내일이 염려할 것이요 한 날의 괴로움은 그 날로 족하니라." 마 6:24~34

1. 오늘날의 그리스도인의 상태는 어떠합니까?(1, 2) 두 주인을 섬기는 것은 어떤 의미에서 어리석은 일입니까?(3)
2. 하나님을 섬긴다는 것이 의미하는 네 가지 사실은 무엇입니까?(4-7)
3. 재물을 섬긴다는 것이 의미하는 네 가지 사실은 무엇입니까?(8-11)
4. 하나님과 재물을 동시에 섬기는 것이 불가능한 이유는 무엇입니까?(12-14)
5. 그러므로 우리는 하나님 한 분만을 섬겨야 합니다. 하나님 한 분만을 섬긴다는 의미는 어떻게 요약될 수 있습니까?(15)
6. 하나님 한 분을 섬긴다는 말이 현실 생활과는 어떻게 조화될 수 있습니까?(16) 주님은 우리가 무엇을 먹을까 입을까 염려하고 근심하는 것을 책망하십니다. 그 이유는 무엇입니까?(17-19) 우리가 온 마음을 써야 할 것은 무엇입니까?(20-23)
7. 하나님의 자녀는 내일 일을 염려할 필요가 없습니다. 내일 일을 염려하지 않는다는 말의 구체적 의미는 무엇입니까?(24-27) 내일 일을 염려하지 않는 자의 삶은 어떠해야 합니까?(28-29)

설교 핵심 요약

서론

오늘날 우리 그리스도인의 상태는 어떠한가? 불행히도 여호와를 경외하면서 그 아로새긴 우상도 섬기는 상태(왕하 17:33)라 아니할 수 없다. 예배를 드리지만 자기들의 신을 섬기는 상태요, 하나님을 섬기나 동시에 세상의 신을 섬기는 상태다. 결국 우리의 상태는 '두 주인을 섬기는 상태'인 것이다.

이런 삶은 양쪽을 동시에 섬기는 것 같으나 실상은 어느 한쪽을 극진히 위하고 다른 편을 업신여기는 것이다. 우리는 이런 삶을 지속해선 안 된다. 두 주인이 아닌 한 주인을 섬겨야 한다.

I. 하나님을 섬긴다

하나님을 주인으로 섬긴다는 말의 의미는 무엇인가?

첫째, 하나님을 믿는 것이다. 그리스도를 통해 자신과 화목하게 하신 이, 사랑과 용서의 하나님으로 믿어야 한다. 그분이 아니면 아무것도 할 수 없음을 믿어야 한다. 모든 영혼의 주님으로 인정해야 하며 모든 일의 목적이 되심을 믿어야 한다.

둘째, 하나님을 사랑하는 것이다. 사랑한다는 것은 몸과 마음을 다해 하나님을 바라는 것이며, 그분 안에서 행복을 찾고 그분으로만 즐거워하며, 그분 안에서 안식을 누리는 것을 의미한다.

셋째, 하나님을 본받는 것이다. 그분을 영과 진리로 본받아야 한다. 그분의 사랑을 본받아 이웃을 사랑해야 한다.

넷째, 그분의 뜻에 순종하는 것이다. 몸과 영을 바쳐 그분을 영화롭게 하는 것이요, 계명을 지키고 성심으로 준행하는 것이며, 그리스도를 통해 거룩한 산 제사가 되는 것을 의미한다.

II. 재물을 섬긴다

재물을 섬긴다는 의미는 무엇인가?

첫째, 재물을 신뢰하고 이것에 모든 것을 건다. 세상의 재물을 통해 자신의 안위와 행복을 구하는 일이다.

둘째, 세상을 사랑하는 것이다. 세상에서 기쁨을 찾고 거기에 마음을 쏟는 것인데, 이 일은 헛된 일일 수밖에 없다.

셋째, 세상을 본받는 일이다. 자신의 삶을 세상에 합당하도록 맞추는 것이다. 땅에 얽매인 생각과 관능적 충동에 기초해 사는 것이다.

넷째, 세상에 복종하며 사는 것이다. 세상 풍습을 좇고 세상의 삶의 방식에 맞춰 산다.

III. 하나님과 재물을 동시에 섬기는 것

하나님을 섬기는 것과 재물을 섬기는 것은 너무 다른 길이다. 그러므로 이 둘 사이를 오가며 섬기는 사람에겐 평강이 있을 리 없다. 하나님을 두려워만 하고 진심으로 섬기지 않는다면 하나님이 주시는 복을 누릴 수 없다.

둘을 동시에 섬기는 길은 없다. 이는 한 손으로는 건설하고 다른 한 손으로는 허무는 행위요, 한편으로는 죄를 미워하고 다른 한편으로는 사랑하는 행위다. 둘 중 하나를 선택해야 한다. 그렇지 않으면 삶 자제가 모순덩어리가 된다. 재물을 사랑하며 하나님을 사랑할 순 없다. 그 누구도 세상에 속하며 하늘에 속할 순 없다.

IV. 주 하나님만을 섬겨야 한다

하나님 외에는 아무것도 추구하지 않으며 알지도 사랑하지도 않아야 한다. 무엇을 먹을까 입을까 아무 염려를 하지 않아야 한다. 이는 현실에 무관심하라는 뜻이 아니다. 가족의 생계를 위해 일해야 하며 빚지지 말아야 하는데 마음을 쓰는 것은 당연하다. 여기서 말하는 '염려'는 마음속에서 우러나오는 걱정과 불안이다. 앞날의 결핍을 앞당겨 걱정하는 것이다. 이것은 하나님을 향한 믿음이 없을 때 생기는 현상이다. 모든 것을 주신 하나님을 의지하는 자는 결코 염려하지 않는다. 믿음이 작은 자는 걱정하며 염려한다. 그래서 염려는 믿음 없는 이방인의 뚜렷한 특징이 되는 것이다.

먼저 하나님의 나라를 구해야 한다. 독생자 예수님의 아버지 하나님만을 관심의 대상으로 삼아야 한다. 그분이 우리 안에서 통치하시도록 해야 한다. 이럴 때 '의'가 주어진다. 이 의는 하나님과 이웃을 사랑하는 것인데, 그리스도를 통해 우리에게 거저 주시는 선물이다. 오직 성령의 감동과 역사로 그리스도를 통해 주신다. 이 의를 소유한 자에게는 하나님 나라가 임한다. 하나님 나라는 우리 안에 아로새겨진 하나님의 형상 자체다. 이 나라를 소유하면 모든 것을 더하여 주신다. 결코 염려할 일이 없다.

그러므로 하나님을 섬기는 자는 내일 일을 염려하지 않는다. 내일은 우리의 몫이 아님을 잘 알기 때문이다. 그는 하나님이 내일을 주시면 그와 더불어 필요한 것도 채우심을 확신한다. 내일 일을 현재의 잘못에 대한 핑계거리로 삼지 않는다. 즉 내일 일이 해결되면 오늘 잘하겠다는 핑계를 대지 않는다. 지금 여기에서 하늘을 향한 삶을 산다.

결론

우리는 오직 '오늘'을 살아야 한다. 어제와 내일은 아무것도 아니다. 오직 지금 이 시각을 선용해야 한다. 성경은 이 사실을 이렇게 증언한다. "청년이여… 네 청년의 날들을 마음에 기뻐하라."(전 11:9) 다만 이 시간, 바로 이 시간을 누려라. 눈을 변함없는 하나님께 고정하라. 하나님만을 섬겨라.

산상설교 X   Upon Our Lord's Sermon on the Mount: Discourse X

"비판을 받지 아니하려거든 비판하지 말라 너희가 비판하는 그 비판으로 너희가 비판을 받을 것이요 너희가 헤아리는 그 헤아림으로 너희가 헤아림을 받을 것이니라 어찌하여 형제의 눈 속에 있는 티는 보고 네 눈 속에 있는 들보는 깨닫지 못하느냐 보라 네 눈 속에 들보가 있는데 어찌하여 형제에게 말하기를 나로 네 눈 속에 있는 티를 빼게 하라 하겠느냐 외식하는 자여 먼저 네 눈 속에서 들보를 빼어라 그 후에야 밝히 보고 형제의 눈 속에서 티를 빼리라 거룩한 것을 개에게 주지 말며 너희 진주를 돼지 앞에 던지지 말라 그들이 그것을 발로 밟고 돌이켜 너희를 찢어 상하게 할까 염려하라 구하라 그리하면 너희에게 주실 것이요 찾으라 그리하면 찾아낼 것이요 문을 두드리라 그리하면 너희에게 열릴 것이니 구하는 이마다 받을 것이요 찾는 이는 찾아낼 것이요 두드리는 이에게는 열릴 것이니라 너희 중에 누가 아들이 떡을 달라 하는데 돌을 주며 생선을 달라 하는데 뱀을 줄 사람이 있겠느냐 너희가 악한 자라도 좋은 것으로 자식에게 줄 줄 알거든 하물며 하늘에 계신 너희 아버지께서 구하는 자에게 좋은 것으로 주시지 않겠느냐 그러므로 무엇이든지 남에게 대접을 받고자 하는 대로 너희도 남을 대접하라 이것이 율법이요 선지자니라." 마 7:1~12

설교 읽기를 위한 질문

1. 다음 빈칸을 채움으로 산상수훈 전체의 내용을 개관해 봅시다. (1-3)

본문	내용
마태복음 5장	믿음의 본질
마태복음 6장	
마태복음 7장	

2. 주님께서 경계하신 참된 믿음의 첫째 걸림돌은 무엇입니까?(4) 이 걸림돌에 대한 경계는 언제 어디서 누구에게 필요합니까?(5, 6) 하나님의 자녀를 비판하는 세상 사람들이 해야 할 일은 무엇입니까?(7)

3. '비판'의 의미는 무엇입니까?(8) 주님께서 비판을 정죄한 것은 무엇에 대한 것입니까?(9, 13)

4. 그리스도인이 타인의 잘못을 판단해야 할 때가 있습니다. 과오를 저지르지 않기 위해 취할 수 있는 지혜로운 접근 방식은 무엇입니까?(14)

5. 하나님의 자녀는 하늘의 빛을 받아 하늘의 거룩한 비밀을 소유한 사람들입니다. 그렇지 못한 사람들을 대하는 주님의 가르침은 무엇입니까?(16-17) 그들로부터 물어뜯기는 일이 있을 때라도 할 수 있는 일이 있습니다. 그것은 무엇입니까?(18)

6. 하나님을 향한 기도의 응답은 누가 받게 됩니까? 응답받는 기도는 어떤 기도입니까?(19-20) 기도가 강력한 효력을 지니기 위해 먼저 해야 할 일은 무엇입니까? 이것을 뒷받침하는 주님의 가르침은 무엇입니까?(21, 22) 이 가르침의 소극적 의미와 적극적 의미는 무엇입니까?(24, 25) 이 가르침을 가능하게 하는 근본적인 힘은 어디에서 옵니까? 믿음과 사랑의 관계에 대해 묵상해 봅시다.(27)

설교 핵심 요약

서론

산상수훈이라고 일컫는 마태복음 5~7장은 장마다 강조하는 내용이 다르다. 5장이 참된 믿음의 본질에 대한 것이라면 6장은 이 참된 믿음이 어떻게 유지될 수 있는가에 대한 것인데, 그것은 바로 순전하고 거룩한 의도가 된다. 7장은 참된 믿음을 방해하는 장애물이 무엇인가 하는 것이다. 본문은 '남을 심판하는 것'이 참된 믿음을 지키는 데 얼마나 큰 장애물인지 다룬다.

I. 남을 심판하지 말아야 한다

그리스도인은 남을 심판하지 말아야 한다. 그래야 하나님의 심판을 받지 않기 때문이다. 이것은 모든 하늘 가는 길에서 염두해야 할 중대한 규범이다. 남을 심판하는 일은 참으로 해독이 크다. 남을 판단함으로 자신의 영혼은 물론 타인의 영혼에도 심각한 타격을 주기 때문이다.

우리는 남을 심판하기 전에 자신의 눈 속에 있는 들보를 보아야 한다. 저주받을 죄에 완전히 물들어 있음에도 불구하고 회개하지 않는 것, 교만함, 완고한 아집, 우상으로 점철된 세상을 사랑하고 있는 자신을 먼저 보아야 한다. 이런 '들보'를 갖고 있는 자신이 형제에게 티끌을 빼준다고 하는 것은 잘못되어도 한참 잘못된 일이다. 자신을 주목해야 한다. 강퍅함의 들보, 교만의 들보, 아집의 들보, 세상을 사랑하는 마음의 들보를 빼야 한다.

II. 남을 심판하는 것

1. 남을 심판한다는 의미

험담과 심판은 다르다. 험담은 그 자리에 없는 사람의 흠을 드러내어 말하는 것이고, 심판은 그 사람이 있든 없든 관계없이 그 사람에 대해 판단하는 것을 의미한다. 이 '판단'은 그 사람에 관해 말하는 것이 아니라 그 사람을

'악평'하는 것이다. 그 사람의 잘못을 판단하는 것 자체는 문제가 되지 않는다. 그 사람을 '사랑 없이 비평하는 것'이 문제다. 심판하는 마음은 결국 '사랑의 결핍'이라 할 수 있다. 사랑은 '남의 악행을 결코 기억하지 않는다.'

2. 왜 심판하지 말아야 하는가?

심판에는 세 가지의 결정적인 잘못이 내포되어 있는데, 첫째는 무죄한 자를 정죄하는 것이요, 둘째는 무죄한 자를 정죄함에도 유죄한 자의 죄보다도 심하게 정죄하는 것이며, 셋째는 뚜렷한 증거 없이 정죄하기 때문이다. 그러나 심판하지 않고 살 수는 없다. 인간이 사람과 사물에 대해 판단하는 것은 불가피한 일이다. 특히 타인의 명백한 잘못을 보면서 외면하는 것은 그리스도인의 태도가 아니다. 권면하고 책망하여 옳은 길로 인도해야 한다. 문제는 올바른 심판이다.

3. 올바른 심판에 이르는 길

(1) 올바른 심판에 이르는 단계들

우리가 어떻게 올바른 심판에 도달할 수 있는가? 다음 세 단계를 거치는 것이 필요하다.

1단계: 단 둘이 있는 곳에서 충고하라.

2단계: 한두 사람을 데리고 가서 지적하라.

3단계: 교회에 말하라.

(2) 심판할 때의 유의 사항들

이 단계를 밟을 때 항상 유의해야 할 것들이 있다.

첫째, 결과를 하나님께 맡기는 것이다. 둘째, 내 눈의 들보를 뺀 후 다른 이의 티끌을 빼야 한다. 나를 먼저 살펴보아야 한다. 셋째, 자신에게 해가 되지 않도록 지혜롭게 해야 한다. 예를 들어 하늘의 기쁨을 체험한 이가 다른 이들에게 이 기쁨을 전할 때 결과가 좋지 않으면 자신이 상처를 입기도 한다. 거룩한 것을 섣불리 개에 던져 물릴 수도 있다는 말이다.

III. 심판보다는 기도를

이들을 개선할 방법은 기도뿐이다. 기도하는 이에게 응답이 있다. 그러므로 자신과 남을 위해 기도해야 한다. 기도로 꾸준히 구하면 하나님의 온전한 형상을 회복하게 된다. 구하라! 구원이 이루어지고 하나님을 온전히 닮을 것이다. 구하라. 은총의 수단에 열심을 다하라. 값진 진주가 주어진다. 믿음, 소망, 사랑의 결실을 맺는다. 계속해서 구하라. 그리하면 거룩함과 하늘의 문이 열린다. 찾고 두드리라. 하나님의 형상을 얻고 의의 문이 열릴 것이다. 악한 아비도 자녀에게는 좋은 것을 준다. 하물며 순결하고 자비로우신 하나님께서 좋은 것을 주시지 않겠는가! 이 좋은 것은 성령이다. 성령 안에는 좋은 것이 다 있다. 하나님은 성령을 통해 좋은 것을 아낌없이 주신다.

결론

우리는 심판이 아닌 사랑을 위해 부름 받았다. 하나님은 사랑하는 자를 사랑하신다. 대접받고자 하는 대로 남을 대접하는 것이 율법과 예언서의 정신이다. 남을 사랑하는 일은 사랑받는 사람을 위한 것일 뿐 아니라 나를 위한 것이라는 점에서 은총의 수단이다.

어떻게 사랑할 것인가? 무엇보다 남의 입장에 서는 것이 중요하다. 이런 삶을 살 때 그는 참 이스라엘인이라 칭함을 받는다. 이것은 하나님을 사랑함으로 가능하다. 우리는 그리스도를 믿을 때 사랑의 동력을 얻는다. 하나님이 우리를 사랑하시기에 우리가 하나님을 사랑하고 또 이웃을 내 몸처럼 사랑하게 된다. 이 사랑이 더욱 하나님의 은혜에 이르게 하며(사랑하며) 다른 이를 사랑하게 한다. 여기서 우리는 이런 결론을 내리게 된다. '사랑이 사랑을 낳는다.'

설교26

산상설교 XI Upon Our Lord's Sermon on the Mount: Discourse XI

"좁은 문으로 들어가라 멸망으로 인도하는 문은
크고 그 길이 넓어 그리로 들어가는 자가 많고 생
명으로 인도하는 문은 좁고 길이 협착하여 찾는
자가 적음이라." 마 7:13~14

설교 읽기를 위한 질문

1. 참된 믿음의 길에 들어간 이에게는 내·외적으로 장애물이 있습니다.
   내적 장애물은 교만을 바탕으로 하여 남을 판단하는 일입니다. 그렇다
   면 외적 장애물은 무엇입니까? 이 장애물을 극복하기 위해 실천해야
   할 두 가지는 무엇입니까?(서론 1항)

2. 멸망으로 인도하는 길의 두 가지 특징은 무엇입니까?(I.2, 5) 이 길이 넓
   고 크다는 사실이 의미하는 바는 무엇입니까?(I.2-4) 그 길로 가는 이
   가 많다는 말은 무엇을 뜻합니까?(I.6) 왜 이 길로 가는 사람이 많습니
   까?(II.1)

3. 하늘 가는 길의 두 가지 특징은 무엇입니까?(II.2, 4) 이 길이 '작고 좁은'
   이유는 무엇입니까?(II.2, 3) 그 길을 찾는 사람이 적은 이유는 무엇입니
   까?(II.4)

4. 하늘 가는 길이 아닌 멸망의 길로 향하는 이들이 많은 이유는 무엇입니
   까?(II.5-10)

5. 그러므로 주님은 우리에게 어떻게 권고하십니까?(III.1) 좁은 문으로 들

어가려 애썼지만 하늘에 이르지 못한 이유는 무엇입니까?(Ⅲ.2, 3) 우리
는 언제 어떻게 좁은 문으로 들어가길 애써야 합니까?(Ⅲ.4)

6. 나 자신의 어떤 점을 돌아보아야 합니까?(Ⅲ.5) 좁은 문으로 들어가기를
애쓰는 이들이 해야 할 일은 무엇입니까?(Ⅲ.6)

설교 핵심 요약

서론

마태복음 7장 1~12절은 참된 믿음 생활에 들어간 이후에 내면에서 일어
나는 믿음의 장애물에 관한 내용, 즉 판단하는 일에 대해 경계하고 있다.

7장의 나머지 부분은 바깥에서 도전해 오는 믿음의 장애물에 관한 것으
로, 다음 두 가지 내용에 대해 집중 조명하고 있다. 하나는 '넓고 쉬운 문'에
관한 것이고, 다른 하나는 '거짓 선지자들'에 관한 것이다. 이 중 지금의 본문
은 넓고 쉬운 문에 해당하는 것이다. 지옥으로 인도하는 길은 그 길이 크고
넓고 찾는 이가 많지만, 하늘 가는 길은 작고 좁아 그 길을 찾는 이가 적다.

I. 지옥으로 향하는 길

1. 죄의 길이다.

지옥으로 향하는 길은 죄의 길이다. 죄는 지옥의 문이며 악은 멸망의 길
이다. 그런데 죄의 문은 크고 악의 길은 넓다. 여기서 '크다', '넓다'는 의미는
죄의 '범위'가 광범위함을 의미한다. 죄는 하나님의 계명을 범하는 것으로 그
범위가 참으로 크다. 수많은 계명 중 한 계명도 제외 없이 지켜야 하며, 계명
을 수행할 때 방법과 정황이 옳아야 하며, 근본정신에 완전히 부합되어야 하
기 때문이다. 예를 들어 간음의 행위를 행하지 않아야 하지만, 마음의 간음
조차도 범하지 말아야 한다.

우리 중 누가 계명을 이렇게 완전히 지킬 수 있겠는가? 누가 이 죄의 범위

를 벗어날 수 있겠는가? 죄의 범위가 이토록 크고 넓은 데다가 우리가 죄를 범할 성향 또한 크고 넓다는 점에 더 큰 문제가 있다. 우리의 심령은 죄를 범하는 데 발 빠르도록 부패되어 있다. 우리 심령은 하나님과의 적대관계에 있어 정욕과 교만과 아집과 세상을 사랑하는 일에 물들어 있다. 이 같은 죄의 뿌리에서 수많은 죄악의 가지가 뻗어 나오기에 우리는 범죄하는 일에 발 빠를 수밖에 없다. 죄의 범위가 무한정인 데다가 우리의 심령 또한 언제나 죄를 범할 준비가 되어 있으니 죄악은 만연될 수밖에 없다. 누룩처럼 번져 있다. 어느 곳에 가도 있으며 심지어는 복음이 전해진 곳에도 만연하다. 죄악의 숫자를 세는 것보다 빗방울 개수나 바닷가의 모래 개수를 세는 것이 쉬울 정도로 죄가 만연되어 있다.

2. 많은 이들이 이 길로 간다.

이 길로 가는 자가 많은 것은 당연하다. 우리는 여기저기에서 범죄하는 자를 쉽게 목도할 수 있다. 복음이 전파된 곳도 예외는 아니다. 겉으로는 그럴듯하나 속으로는 온갖 죄악들이 판을 치고 있다. 경건의 모양은 있으나 그 속은 죄로 오염된 것이 현실이다. 남녀노소가 다 이 길로 가기 때문에 그렇지 않은 사람이 오히려 이상할 지경이다. 그러나 이 길은 죽음의 길이요 멸망의 길이다. 이 길은 하나님의 저주가 기다리는 길이요 하나님의 심판이 예정된 길이다. 그야말로 지옥으로 향하는 길이다.

II. 하늘 가는 길

1. 좁다.

하늘 가는 길은 작고 좁다. 그렇기 때문에 부정한 것은 이 길을 통과할 수 없다. 죄인이 죄에서 용서받기 전에는 들어갈 수 없는 길이다. 외적 죄와 원죄에서 용서받는 것으로는 부족하다. 속사람이 변화받아야 하며 마음이 새로워져야 들어갈 수 있는 길이다. 가난한 마음의 문, 애통의 길, 온유의 길, 의에 굶주림의 길은 좁다. 자비의 길, 거짓 없는 사랑의 길, 깨끗한 마음의 길, 모든 이에게 선대하는 일, 의를 위해 핍박 받는 길은 좁다.

2. 찾는 이가 적다.

좁을 뿐 아니라 찾는 이가 적다. 이방 세계에서 가르치고 있는 '정직의 길' 조차 찾는 이가 적다. 다른 사람이 자기에게 하길 원치 않는 것을 자기도 남에게 하지 않는 이도 적다. 말의 실수가 없는 이도 적다. 하나님의 형상대로 새로워지길 갈구하는 이는 더욱 적다. 하나님과 사람을 전심으로 사랑하는 이는 더더욱 적다.

하늘 가는 길은 한마디로 대세를 거스르는 삶이다. 멸망의 길은 대세지만 생명의 길은 역류다. 사회는 대세를 선이라 추앙하고 역류를 악이라 주장하기에, 멸망의 길로 가는 이들은 사회에서 부와 권력을 누리고 생명의 길을 가는 이들은 가난하고 비천을 벗으로 삼는다. 멸망의 길은 그럴듯해 보이고 좋아 보이지만 생명의 길은 비참하고 고통이 따른다. 멸망의 길은 은과 금이 있는 풍요의 길이지만 생명의 길은 궁핍한 가난의 길이다.

III. 좁은 문으로 들어가기를 힘쓰라

우리는 대세가 아닌 역류의 길을 가야 한다. 좁은 길을 가야 한다. 그 길이 생명의 길이요, 하늘 가는 길이기 때문이다. 좁은 길을 가기 위해서는 '온 힘을 기울여야 한다!' 있는 힘을 다해 좁은 길을 가야 한다. 그래도 들어가지 못할 수도 있다. 주인이 때가 되면 그 문을 닫기 때문이다. 좁은 문조차도 닫힐 때가 오기 때문이다.

우리는 기회 있을 때 모든 힘을 다해야 한다. '오늘 이날'에 힘을 써야 한다. 호흡이 있는 지금에 힘을 써야 한다. 굳은 결심으로 멸망의 자리를 떠나 생명의 길로 나아가야 한다. 한 가지 마음으로 나아가야 한다. 하늘을 향한 성한 눈으로 나아가야 한다. 놀라지 말고 그 길로 달려가야 한다. 그 길을 달려 나갈 때 우리는 그곳에 수많은 천사들과 하늘의 자녀들의 모임과 의인들 (히 12:22~23)이 있음을 알게 된다.

결론

좁은 길을 기뻐하라. 부요한 심령을 경계하고 가난한 심령을 기뻐하라. 세상의 인기를 경계하고 거룩한 고독을 기뻐하라. 세상의 위안을 경계하고 하나님이 예비하신 안식을 기뻐하라. 온 마음을 하나님께 향하고 쉬지 말고 기도하고 하나님의 형상으로 온전히 변화될 때까지 온 힘을 다해 애쓰라. 악은 모양이라도 버리고, 다른 이에게 최선을 다해 선을 행하며, 모든 일에 있어서 자신의 뜻을 버리고 십자가를 지라. 하늘 가는 길을 위해 오른손을 베고 오른 눈을 빼고 세상 재물과 친구, 그리고 이 땅의 모든 것을 잃을 각오를 하라. 그리하면 그대는 마침내 하늘에 이를 것이다.

산상설교 XII Upon Our Lord's Sermon on the Mount: Discourse XII

"거짓 선지자들을 삼가라 양의 옷을 입고 너희에게 나아오나 속에는 노략질하는 이리라 그들의 열매로 그들을 알지니 가시나무에서 포도를, 또는 엉겅퀴에서 무화과를 따겠느냐 이와 같이 좋은 나무마다 아름다운 열매를 맺고 못된 나무가 나쁜 열매를 맺나니 좋은 나무가 나쁜 열매를 맺을 수 없고 못된 나무가 아름다운 열매를 맺을 수 없느니라 아름다운 열매를 맺지 아니하는 나무마다 찍혀 불에 던져지느니라 이러므로 그들의 열매로 그들을 알리라." 마 7:15~20

설교 읽기를 위한 질문

1. 하늘 가는 사람들에게 다가드는 외적인 도전은 잘못된 길로 인도하는 이들의 삶의 시범과 각양각색의 유혹입니다. 이 도전을 이기기 위한 또 하나의 가르침은 무엇입니까?(서론 1-3항)
2. 거짓 선지자를 판단하는 기준은 무엇입니까?(I.1-5) 거짓 선지자는 어떤 사람입니까?(I.6)
3. 거짓 선지자는 어떤 모습으로 우리에게 다가옵니까?(II)
4. 우리는 어떻게 거짓 선지자를 판별해 낼 수 있습니까?(III.1-4)
5. 우리는 이들을 어떻게 대해야 합니까?(III.5) 거짓 선지자들이 베푸는 설교나 성례에 대해 어떤 태도를 취해야 합니까?(III.6-9)
6. 거짓 선지자들을 향해 어떤 경고와 권면을 줍니까?(III.10-14)

설교 핵심 요약

서론

대개의 사람들은 크고 넓은 길로 향한다. 이것이 대세라고 하면서 자신들이 가는 길을 정당화한다. 그러나 실상은 지옥을 향한 길임을 알아야 한다. 하나님은 파수꾼을 세워 그 길의 위험을 알리며 이 세대를 본받지 말라고 경고하신다. 하나님의 신실한 파수꾼들은 사람들을 좁은 길, 하늘 가는 길로 인도하는 이들이다. 거짓 선지자들은 이들과 다르다. 그들은 하나님의 이름을 빙자하며 사람들을 멸망의 길로 인도한다. 그들은 우박 재앙에 남은 곡식을 먹어 치우는 메뚜기 같은 이들이다.

I. 참 선지자와 거짓 선지자

누가 참 선지자며 누가 거짓 선지자인가? 참 선지자는 성경이 이르는 대로 가르치는 자요, 거짓 선지자는 성경을 자기주장에 맞게 곡해하는 자다(벧후 3:16). 참 선지자는 하늘 가는 길을 가르치는 자지만, 거짓 선지자는 하늘 가는 길을 바로 밝히지 못하는 자다. 참 선지자는 좁은 길을 가르치는 자요 거짓 선지자는 크고 넓은 길을 가르치는 자다. 참 선지자는 가난, 애통, 온유, 의의 갈망, 하나님 사랑과 이웃 사랑, 구제, 그리스도를 위한 수난 등 하늘 가는 참된 길로 가르치지만 거짓 선지자는 교만, 혈기, 명예욕, 세상 쾌락의 탐닉, 이웃에 대한 몰인정, 선행에 대한 무관심, 의로 인한 수난의 기피, 의를 위한 박해의 기피를 가르치며 이것이 하늘 가는 길인 것처럼 왜곡한다.

II. 거짓 선지자의 접근 방식

거짓 선지자는 외양상 매우 그럴듯하기 때문에 속기 쉽다. 그들은 양의 탈을 쓰고 다가오지만 속은 엉큼한 이리다. 때론 유익한 사람이라는 인상을 준다. 선한 일을 위해 택함을 받은 자라고 스스로를 포장하기도 한다. 심지어 두루 다니며 마귀에게 눌린 자를 고치기 위해 왔다고 말한다.

더욱 주의해야 할 것은 신앙심 깊은 자의 모습을 띠기도 한다는 것이다. 신앙의 열렬한 수호자의 모습을 띠기도 하고 교회 지도자의 권위를 내세우기도 하며 사랑이 넘치는 모습을 띠기도 한다. 그들의 외양이 어떻든 그들은 사람들에게 하늘 가는 길이 아닌 길을 가르치고 사람들을 멸망으로 이끄는 사탄의 장자다.

III. 참 선지자와 거짓 선지자 판별법

우리는 어떻게 참 선지자와 거짓 선지자를 가려낼 수 있는가? 스스로를 포장하는 거짓 선지자들 가운데 참 선지자들을 어떻게 알아볼 수 있는가? 우리는 그들이 맺은 '열매'로 판별할 수 있다. 좋은 나무는 좋은 열매를 맺고 좋지 않은 나무는 좋지 않은 열매를 맺을 수밖에 없다.

그렇다면 참 선지자인지 거짓 선지자인지를 가려내기 위해 살펴보아야 할 열매란 무엇인가? 그것은 먼저 그들이 가르치는 도리가 그들 자신의 삶에 어떤 영향을 주는가를 살피는 것이다. 그들의 삶은 모든 일에 있어서 성결한가? 그들은 그리스도 안에 있는 마음을 소유하고 있는가? 그들이 그리스도의 발자취를 따르고 있는가? 그들은 온유 겸손하고 인내하며 하나님과 사람을 사랑하는가? 다음으로 그들의 가르침을 듣는 이들에게 변화가 있는가를 살피는 것이다. 그들의 가르침을 들은 이들의 삶에 거룩한 변화가 있는지를 보면 그들이 참 선지자인지 아닌지 알 수 있다. 참 선지자의 가르침은 사람들을 지옥 길에서 하늘 가는 길로 전환하게 만들지만, 거짓 선지자의 가르침은 사람들을 지옥의 음부로 인도한다.

그런데 이렇게 참 선지자와 거짓 선지자를 가려내기 위해 그들의 열매를 살필 때 유의해야 할 것이 있다. 그것은 이 열매가 한 번만이 아니라 지속적으로, 자연적으로 맺어지고 있는지 주의 깊게 살피는 일이다. 거짓 선지자는 순간적인 열매로 살피는 자의 눈길조차 현혹시키기 때문이다.

IV. 거짓 선지자를 조심해야

우리는 거짓 선지자를 조심해야 한다. 그들은 양의 탈을 쓰고 우리에게 나타나서 양떼를 해치고 멸망으로 이끈다. 그들은 하늘 가는 길을 알지 못하니 사람들을 인도할 수 없을 뿐 아니라 하늘 가는 길을 말한다 하더라도 말만 하고 실행하지 않는다.

그들의 말을 듣지 말라. 그들은 때때로 교회 안에서, 더욱이 지도자로 행세하기 때문에 그들의 말 자체는 듣지 않을 수 없다. 그들의 설교나 성례를 피할 수 없다. 따라서 그들의 말이 아니라 하나님의 말씀에 귀를 기울여 그 말씀을 듣고 행해야 한다. 더불어 우리는 어떤 사람을 거짓 선지자로 쉽게 판단하는 오류를 범하지 말아야 한다. 그 열매를 보고 신중하게 판단하되 확실한 증거가 있을 경우 조용히 물러나 유익한 말만 가려듣는 지혜가 필요하다. 즉 듣는 일에 조심하되 그 도리가 참된 것인가를 분별해야 하는 것이다. 무엇을 듣든지 '율법과 증거'에 비추면 그 말의 진위가 드러날 것이다. 듣고 잘못된 것이라 판단되면 피하라.

결론

거짓 선지자들은 지금도 우리 가운데서 하나님 이름을 빌려 하나님이 말씀하셨다고 거짓 증언한다. 그들은 사람들 앞에서 천국 문을 닫고 자신도 들어가지 않은 채 의에 주리고 목마른 자들에게 지나친 의는 피하라 가르치면서 우리 영혼을 마귀에게 인도하려 애쓰고 있다.

하나님은 분명 그들을 심판하실 것이다. 그들은 죄악 중에 죽을 것이고 하나님은 그 핏값을 찾으실 것이다. 좋은 열매를 결코 맺지 못하니 하나님은 그들을 찍어버리실 것이다.

우리 가운데 거짓 선지자들의 길을 가는 이가 있는가? 이제 그 길을 더 이상 가지 말라. 자신에게 화가 되고 다른 이들에게도 화가 되는 그 길을 고집하지 말라. 기회는 있다. 주님 앞에 엎드리라. 먼지와 재 가운데 하나님께 부르짖으라. 내 영혼을 소생케 하고 사랑으로 역사하는 믿음을 내리시며 믿음의 참된 길들을 걷도록 해 달라고 간절히 구하라. 그리하면 그리스도의 영광의 신이 임해 하나님의 참 선지자가 될 것이다. 입에서 나오는 하나님 말씀은 반석을 부스러뜨리는 방망이가 될 것이고, 자신의 삶은 날마다 거룩한 성령의 열매를 맺게 될 것이다.

산상설교 XIII Upon Our Lord's Sermon on the Mount: Discourse XIII

"나더러 주여 주여 하는 자마다 다 천국에 들어갈 것이 아니요 다만 하늘에 계신 내 아버지의 뜻대로 행하는 자라야 들어가리라 그 날에 많은 사람이 나더러 이르되 주여 주여 우리가 주의 이름으로 선지자 노릇 하며 주의 이름으로 귀신을 쫓아 내며 주의 이름으로 많은 권능을 행하지 아니하였나이까 하리니 그때에 내가 그들에게 밝히 말하되 내가 너희를 도무지 알지 못하니 불법을 행하는 자들아 내게서 떠나가라 하리라 그러므로 누구든지 나의 이 말을 듣고 행하는 자는 그 집을 반석 위에 지은 지혜로운 사람 같으리니 비가 내리고 창수가 나고 바람이 불어 그 집에 부딪치되 무너지지 아니하나니 이는 주추를 반석 위에 놓은 까닭이요 나의 이 말을 듣고 행하지 아니하는 자는 그 집을 모래 위에 지은 어리석은 사람 같으리니 비가 내리고 창수가 나고 바람이 불어 그 집에 부딪치매 무너져 그 무너짐이 심하니라." 마 7:21~27

설교 읽기를 위한 질문

1. 하늘나라에 가는 이는 어떤 사람입니까? 또 그에 이르지 못하는 사람은 누구입니까?(서론 1-3항)

2. 모래 위에 집을 짓는 이는 어떤 사람입니까? "나더러 주여 주여 하는 자"의 의미는 무엇입니까? 이들이라 할지라도 하늘나라에 이를 수 없는 이유는 무엇입니까? (I.1-5)

3. 주님은 이 말씀을 확증하기 위해 어떤 비유를 드셨습니까? 여기서 '비',

'물', '바람'은 무엇을 의미합니까? 누가 이 시련을 견디지 못하고 영혼의 무너짐을 경험합니까?(I.6)

4. 지혜로운 사람은 어떤 사람입니까?(II.1-3) '비', '물', '바람'과 같은 시련이 다가올 때 지혜로운 사람이 지은 집은 어떻게 됩니까?(II.4)

5. 나 자신은 어떤 기초 위에 집을 짓고 있는지 돌아보아야 합니다. 이때 신중히 검토해야 할 기초는 어떤 것들입니까?(III.1-4)

6. 우리가 경계해야 될 거짓된 믿음은 무엇입니까?(III.5)

7. 우리가 지어야 할 반석 위의 집, 곧 참 믿음은 어떤 것입니까?(III.6-12)

설교 핵심 요약

서론

마태복음 5장은 우리 영혼이 하늘을 갈 수 있는 참 믿음에 대해 설명하고 있다. 6장은 우리가 하늘 가는 동안 가져야 할 마음가짐, 곧 '성한 눈'에 대한 가르침을 포함하고 있다. 산상수훈의 마지막 부분이라 할 수 있는 7장은 하늘을 갈 때 직면하게 되는 내적 방해물, 곧 판단, 넓은 쉬운 길, 거짓 선지자에 대한 경계와 함께 산상수훈 전체의 결론부를 포함하고 있다.

본문은 바로 이 결론부다. 산상수훈의 결론의 요지는 이때까지의 가르침을 듣고 진실되게 행하라는 것이다. 하늘의 가르침, 생명의 말씀을 듣고도 행치 않는 자는 모래 위에 집을 짓는 어리석은 자지만, 듣고 행하는 자는 반석 위에 집을 짓는 지혜로운 자다.

I. 모래 위에 집 짓는 자

1. 모래 위에 집 짓는 자

'주여 주여 하는 자'가 모래 위에 집을 짓는 자다. 그렇다면 누가 주여 주여 하는 자인가? 그는 주님이 제시한 길 외에 다른 길로 하늘에 갈 줄 아는 자다. 그는 신조를 믿고 신앙고백을 거리낌 없이 한다. 하나님을 찬송하고 그의 구원을 선포하며 하나님의 깊은 것을 천사의 말로 드러내며 심지어 죄인에게 그리스도를 통한 죄 용서를 선포하기도 한다. 그의 삶도 외적으론 흠잡을 데 없다. 더러운 악을 행하지 않고 성경에 금지된 모든 언동을 삼가며 계명을 지키는 데 최선을 다한다. 이웃에게 선행을 베푸는 데에도 열심이다. 한마디로 그는 경건의 삶과 구제의 삶에 힘을 다하며 산다.

2. 하나님 나라에 참여하지 못한다.

그러나 그는 하나님 나라에 참여하지 못할 수 있다. 주의 이름으로 기도하고 병을 고치며 마귀를 축출하기도 하지만, 주님은 그를 도무지 알지 못한다고 말씀하실 수 있다. 주님께서 내게서 물러가라 말씀하실 수 있다.

왜 그런가? 예수님이 말씀하신 의와는 극명한 차이가 있기 때문이다. 실제로는 주님의 거룩한 사랑의 법을 어겼기 때문이다. 주님의 말씀을 듣고도 행하지 않았기 때문이다. 그는 집을 열심히 짓긴 지었으되 모래 위에 지은 것이다. 주님의 말씀을 듣고도 행하지 않은 이는 외부에서 고난, 내적 시험, 교만, 분노, 두려움, 정욕 등이 밀려올 때 영혼이 무너진다.

II. 반석 위에 집 짓는 자

1. 반석 위에 집 짓는 자

'주의 말씀을 실행하는 사람'은 반석 위에 집 짓는 자다. 그는 슬기롭다. 자신을 알고 하나님을 알기 때문이다. 그는 마음이 가난하여 자기의 죄악된 모습을 알고 사랑이 넘치는 하나님께 기대는 것만이 자신의 죄를 사함받는 길임을 안다. 알 뿐만 아니고 사랑의 하나님이 보내신 예수 그리스도를 믿음으로 하나님의 은총을 입는 데까지 나아간다. 진실한 반석이신 그리스도 예수를 기초로 삼고 그분의 피와 의와 고난 위에 집을 짓는다.

그는 온유하여 모든 이에게 오래 참고 인내하며 악을 악으로 갚지 않고 악을 선으로 갚는다. 이 땅에서 살아 계신 하나님만을 갈망하고 사람을 내 몸과 같이 사랑한다. 원수까지도 사랑한다. 모든 이에게 선을 베풀며 이 때문에 박해를 받는다. 장차 올 영광으로 인해 고난을 견디며 늘 기뻐하고 즐거워한다.

2. 무너지지 않는다.

물론 반석 위에 집을 짓는 일에도 시련은 있다. 줄기찬 비와 홍수를 만날 수도 있다. 그러나 기초가 든든하기에 절대로 무너지지 않는다. 땅이 변하든지 산이 요동할지라도, 바닷물이 흉용할지라도 절대로 흔들리지 않는다.

결론

우리는 자신을 향해 진지하게 물어야 한다. '나는 과연 어떤 기초 위에 집을 짓고 있는가?' 혹 모래 위에 집을 짓는 어리석은 사람과 같이 어떤 '주의'나 '제도'나 '흠 없는 생활'이나 '선행'이나 사람들을 구원으로 이끄는 훌륭한 '설교'나 구원을 가져올 수 없는 '그릇된 믿음' 위에 집을 짓고 있는 것은 아닌가?

모래가 아닌 반석 위에 집을 지으라. 먼저 자신을 알라. 죄인임을 밝히 보며 겸비하라. 애통하라. 죄를 슬퍼하고 그 비참함을 보라. 온유하라. 모든 형편에서 하나님의 뜻을 발견하라. 영생의 양식, 곧 '의'를 갈구하라. 오직 하나님만을 바라보라. 복음을 바라보라. 이웃을 네 몸처럼 사랑하라. 거룩함을 완성하라. 경건의 삶을 살라. 자비의 삶을 살라. 성령의 열매를 맺으라. 하나님과 이웃을 온전히 사랑하는 자 되라. 그는 반석 위에 집을 짓는 지혜로운 자다. 이 땅에서 하나님과 동행하는 자가 되며 그분과 함께 영원히 통치권을 누릴 것이다.

율법의 근원, 본성, 성격, 그 쓰임새
The Original, Nature, Properties, and Use of the Law

"이로 보건대 율법은 거룩하고 계명도 거룩하고
의로우며 선하도다." 롬 7:12

역사적 배경

웨슬리는 '믿음만으로'와 '성결된 삶' 사이에서 균형을 유지하려 했다. 하지만 그의 시종여일한 노력에도 불구하고 그의 사후에는 '도덕주의'(moralism)적 성향이 메도디스트 안에 점증하였다. 그러나 웨슬리 당시에는 도덕주의적 경향의 위험성보다는 반대의 극단, 곧 율법폐기주의(antinominianism)의 위험성이 더 심각한 문제였다. 모라비안은 바로 이 입장을 취하고 있었고 메도디스트 안에서도 이 입장을 고수하는 이들이 있었다. 제임스 허비(James Hervey), 윌리엄 커드워스(William Cudworth)가 대표적인 인물들이었다. 1740년대에 웨슬리는 진젠돌프와 커드워스와 이 문제에 대해 긴 토론을 진행했었다. 토론의 요점들은 1745년 메도디스트 컨퍼런스의 수기 회의록에 질문과 답변 형태로, 그리고 웨슬리가 커드워스의 입장을 반박하기 위해 출판한 소책자들에 잘 요약되어 있다.

그러나 그 후 약 5년간의 저널의 기록들이 말해 주듯이 웨슬리 자신은 이 문제들에 대해 명쾌한 결론을 내리지 못했다. 이 때문에 13편의 산상수훈 설교에 덧붙여 세 편의 설교를 준비했으며 여기에서 율법과 복음의 상호 관련성에 대해 그의 깊은 성찰을 제시하고 있다. 그에 따르면 율법의 기원은 하나님 형상의 잔여물로서 내적으로 타고난 도덕성(man's inborn moral sense as an aspect of the residual imago Dei)이고, 율법의 본성은 모세의 율법을 그대로 구현한 기독론적인 것이며, 율법의 속성은 거룩함, 의로움, 선함이며, 율법의 용법은 죄를 깨닫게 하는 것, 죄를 회개하게 하는 것, 그리고 신자의 삶을 견인케 하는 삼중적 용법이다. 이 설교는 구두 설교를 위한 것이라기보다는 가르침을 주기 위한 소논문에 가깝다. 실제로 로마서 7장 12절의 본문으로 어디에서든 설교한 흔적이 나타나지 않는다. 이 설교는 1750년 설교집의 세 번째 책에 수록되었다.

설교 읽기를 위한 질문

1. 바울이 율법이라는 말을 썼을 때 그 의미는 무엇입니까?(서론 1, 2항) 모세의 율법은 폐기되었지만 도덕법은 폐기되지 않고 새로운 차원에서 성취된다는 사실을 바울은 어떠한 비유를 들어 설명하였습니까?(서론 2, 3항)

2. 율법(도덕법)은 어디로부터 기원됩니까?(I.1-4) 이 율법은 죄로 인해 타락한 후손들에게 어떻게 전달되었습니까?(I.5-6)

3. 율법, 곧 도덕법은 어떤 본성을 가집니까?(II)

4. 율법의 속성을 완전히 표현하는 일은 불가능합니다. 그러나 율법이 지니는 속성을 제한적으로 표현해 볼 수는 있습니다. 그 세 가지는 무엇입니까?(III)

5. 율법의 세 가지 용법은 무엇입니까?(IV.1-3)

6. 복음이 올 때 율법과의 관계가 끝났다고 합니다. 이 말의 참된 의미는 무엇입니까?(IV.3-7)

7. 율법을 비난하고 판단하는 일은 큰 죄를 범하는 것입니다. 율법에 대한 참된 태도는 어떠해야 합니까?(IV.8-10)

설교 핵심 요약

서론

율법이라고 말할 때 사람들은 모세로부터 유래되어 유대교에 정착된 종교의식적 법이나 로마의 법 등을 자연스럽게 떠올린다. 그러나 바울이 율법을 말할 때는 이런 법을 말하는 것이 아니라 사람이 어떻게 살아야 하는가를 밝혀 주는 '도덕법'을 의미한다. 바울은 이 율법을 깊이 성찰했는데, 그가 이해한 율법은 이 땅에서 육체의 삶을 살아갈 때 필요한 것이었다. 마치 결혼한 여자가 남편이 살아 있는 동안에는 법으로 남편에게 매여 있다가 남편이 죽으면 남편의 법에서 풀려나듯이, 육체로 있는 동안만 유효하고 육체가 죽고 영이 살게 되면 이 율법의 효용가치는 소멸되는 것이다. 우리는 그리스도로 말미암아 더 이상 육체의 종이 아니며 율법에서 해방되었다.

본래 율법은 죄의 정체를 폭로하기 위한 것이었다. 예를 들어 율법이 "탐내지 말라"고 말함으로써 우리는 비로소 탐내는 것이 무엇인지 알게 되는 것이다. 율법은 숨어 있는 죄의 뿌리까지도 드러내는데 방식은 죄가 스스로 드러내게끔 하는 것이다. 더 구체적으로 말하자면 죄를 배양시켜 스스로 그 정체를 드러내게 하는 것이다. 죄는 그 모양을 갖출 때까지는 정체를 알 수 없다. 계명이 등장할 때 숨겨져 있는 죄가 우리 속에서 온갖 탐심을 일으키고 있는 것이 그 계명으로 인해 분명히 드러나게 된다. 율법이 없다면 죄는 죽은 것이나(숨겨져 있는 것) 다름없다. 죄는 율법을 통해 한층 더 참모습을 드러내게 된다.

이 같은 죄의 폭로가 있고서야 우리는 나 자신이 죄에 얽매여 죽은 자임을 알게 된다. 또 죄에 관한 심각한 성찰에 이르렀을 때 우리는 하나님의 은혜만이 우리를 구원할 길임을 깨닫게 된다. 이 생명의 길로 나아가 우리를 얽아맸던 것에 대하여 나 자신이 죽게 되면 율법에서 자유하게 된다. 그러므로 율법도, 계명도 거룩하고 의롭고 선한 것이다.

I. 율법의 기원

1. 율법의 기원

율법의 시작은 언제인가? 율법, 즉 도덕법은 모세에게서 시작된 것이 아니다. 훨씬 이전 노아, 에녹 이전, 심지어는 창조 이전의 영원에까지 거슬러 올라간다. 하나님께서는 인간에게 사물을 파악할 수 있는 이해력과 어떤 것을 택하고 어떤 것을 거부할 수 있는 자유를 주셨다. 이와 더불어 하나님은 유한한 존재에게 주어질 수 있는 완전한 표준으로서 율법을 주셨다. 이 율법은 바로 하나님께서 처음 인간에게 부여하신 도덕적 차원의 하나님의 형상이었다. 이 도덕적 차원의 하나님의 형상은 의와 거룩함이었다. 율법을 주신 이유는 이를 순종함으로써 인간의 본성이 완전해지며 공의의 하나님께서 때를 따라 주실 더 높은 상을 받을 수 있도록 한 것이다.

율법은 돌판이나 썩어 없어질 물체 위에 쓴 것이 아니라 하나님의 손가락으로 인간의 마음에 쓰신 것이었다. 이는 율법이 멀리 떨어져 있거나 이해할 수 없는 어려운 것이 되지 않고 늘 가까이 있는 것, 하늘의 태양처럼 밝은 빛으로 드러나게 하기 위함이다.

2. 율법의 파괴와 회복

이 같은 하나님의 뜻과는 달리 인간은 자기의 욕심을 따라감으로써 율법을 깨뜨렸고 마음에서 지워버렸다. 인간의 이해의 눈은 어두워졌고 하나님의 생명은 낯선 것이 되고 말았다.(엡 4:18)

그럼에도 불구하고 하나님은 인간을 버리시지 않고 사랑하는 아들을 통해 인간과 화해하셨고, 어둡고 죄로 물든 인간의 영혼에 율법을 다시 새겨 놓으셨다. 비록 처음과는 같지 않아도 영혼 안에 '선한 것이 무엇임을 보이셨다'(미 6:8). 이것은 첫 인간뿐 아니라 모든 인류에게 비치는 '참 빛'이다. 하지만 시간이 흐름에 따라 그 빛을 인식하는 능력이 점차 저하되어 갔다.

하나님은 인류 가운데 이스라엘을 택해 율법에 관한 완전한 지식을 주셨다. 그중 가장 핵심적으로 요약된 십계명을 돌판에 새겨 주셨고 자손대대로 가르쳐 지키게 했다. 듣기만 하는 것으로는 율법의 높이와 깊이와 길이와 폭을 가늠하기가 충분치 않았다. 하나님 한 분만이 성령을 통해 계시하실 수 있을 뿐이다. 하나님은 이스라엘과 인류와 더불어 율법에 관한 새로운 언약을 주셨다. 그것은 '하나님의 법을 우리 안에 두는 것이고 마음에 기록하시는 것'이다. 이에 우리는 하나님의 도덕적 형상을 다시금 갖게 된다(렘 31:31, 33). 이 일은 바로 '믿음으로만' 이루어질 수 있다.

II. 율법의 본성

1. 율법은 하나님의 본체다.

'율법'이란 무엇인가? 바울이 말하는 율법은 유대교의 종교의식이나 모세의 율법이 아니다. 율법은 하나님의 의와 거룩함이며, 더 정확히 말하자면 영원에 거하시고 높고 거룩하신 하나님 자신이라고 봐야 한다. 즉 율법은 하나님의 얼굴의 드러나심이요, 하나님의 마음 자체다. 그것은 하나님의 영광의 광채요 본체의 드러난 형상이다. 그러므로 우리의 언어나 표현 방법으로는 율법을 온전히 묘사할 수 없다. 육신에 거하는 한 어린아이처럼 말할 수밖에 없고 온전한 것이 올 때까지 제한적일 수밖에 없다.(고전 13:10~11)

2. 율법은 거룩하다.

율법은 하나님 자신이기에 그 본성 또한 하나님의 본성과 일치한다. 그러므로 율법은 무엇보다도 '거룩하다'고 말할 수 있다. 율법은 거룩한 것이며 순결하고 흠이 없는 것이다. 그렇다. 율법은 모든 죄로부터 순결하며 어떤 악도 근접할 수 없다. 어떤 죄와도 섞일 수 없으며 교제가 불가능하다. 죄가 그 본성에서 하나님과 원수되었듯이 율법과도 원수다. 율법이 죄의 원인이라는 것은 절대 불가능한 가설이다. 실제로 율법이 죄를 불러오지 않았냐고 항변하는 이들이 있다. 이것은 사실이다. 죄는 빛 가운데로 끌어낼 때 더욱 극성을 부린다. 죄는 억누를 때에 더욱 반동한다. 그 이유는 율법이 죄의 원인이 되었기 때문이 아니다. 죄는 율법 앞에서 고스란히 드러나기에 율법으로 인해 죄가 많아지는 것처럼 착각하는 것뿐이다. 율법 앞에서 죄의 변장한 모습이 낱낱이 드러나고 추한 본성이 적나라하게 드러나기에 율법이 죄의 원인인양 착각하는 것이다.

"죄는 계명을 통해 기회를 얻는다"라는 말도 비슷한 맥락이다. 죄는 계명이 요구하는 바를 무시할 뿐더러 오히려 더 적극적으로 죄를 불러들인다. 탐욕을 부리지 말라고 하니 더욱 탐욕을 충동하는 것이다(롬 7:8). 이것이 바로 계명이 들어오자 죄가 살아났다는 말이다. 그러나 죄가 계명을 핑계 삼는다고 해서 율법이 더럽혀질 수 있는 것이 아니다. 이것은 인간의 마음의 악함을 증명하는 것일 뿐이다.(렘 17:9)

3. 율법은 의롭다.

율법의 본성은 하나님의 본성 그대로다. 그렇기에 의롭다. 율법은 의롭다. 즉 율법은 옳고 그름을 명확히 말해 준다. 그것은 사물들의 본성과 적합성과 정확히 일치하며 하나님의 뜻과 일치한다. 따라서 하나님의 기뻐하시는 뜻, 곧 율법은 모든 피조물에게 가장 올바른 것이 된다.

4. 율법은 선하다.

율법은 선하다. 율법의 근원 되신 하나님께서 선하시니 율법은 선하다. 율법의 선포는 하나님의 선하심, 곧 사랑의 발로다. 인간의 총명이 어두워진 이후에 율법을 선포하신 것, 선지자들을 보내어 율법을 선포하신 것, 마침내 아들을 보내셔서 율법을 성취하게 하신 일은 그분의 사랑의 발로다. 율법은 샘물의 근원과 같아서 선과 자비로 가득 차 있고 부드럽고 온유하다. "송이꿀보다 더 달도다."(시 19:10) 본성은 물론 그 효과에서도 선하다. 율법의 열매는 의와 평강과 기쁨이다. 율법은 자체가 의로서, 모든 지각을 뛰어넘는 평강으로 영혼을 가득히 채워 주며 기쁨으로 인도한다. 즉 율법은 우리에게 가까이 있는 하나님 나라며, 우리 안에 거하는 하나님이기에 우리에게 영생을 가져다준다.

III. 율법의 용법

1. 율법의 세 가지 기능

⑴ 죄를 깨닫게 한다.(convince)

이는 성령의 핵심적 사역이다. 성령은 어떤 수단 없이 이 일을 행하실 수 있다. 그러나 하나님이 마련하신 가장 통상적인 방식을 통해 주로 일하시는데, 이는 율법을 통해 죄인들을 깨우는 방법이다. 율법이 양심에 자리 잡기만 하면 바위라도 부수며, 양날이 선 검보다도 예리하게(히 4:12) 허상으로 가득 찬 마음을 꿰뚫는다. 영혼과 심령마저도 찔러 쪼개는 능력이 있다. 율법으로 인해 죄인은 자기를 발견하게 된다. 자기를 감추고 있던 무화과 잎사귀는 찢기어 나가고 사악하고 가난하고 비참하고 눈멀고 벌거벗은 자신을 발견하게 된다. 율법의 밝은 빛 앞에서 죄가 폭로되며 자신이 죄인임을 깨닫게 된다. 입이 다물어지며 하나님 앞에 죄인으로 서게 된다. 이렇게 볼 때 율법의 첫 번째 용법은 '옛 사람을 죽이는 것'이라 할 수 있다. 그가 신뢰하는 모든 것을 허물어뜨리고, 살아 있으나 죽은 자임을 깨닫게 한다.

⑵ 그리스도께로 이끈다.

율법의 첫 번째 용법이 우리로 하여금 죄와 사망의 몸에 처해 있음을 깨닫게 하는 것이라면, 두 번째 용법은 죽은 영혼을 생명으로, 곧 그리스도로 이끄는 것이다. 율법은 사랑으로 생명에 이끌지 않고 강제적 힘으로 이끈다. 그것은 엄하고 단호하다. 그러나 그 원천은 사랑이다. 고통스런 수단을 통해 육신에 대한 신뢰를 깨뜨리며 우리가 신뢰하는 상한 갈대조차도 남김없이 꺾어버림으로써 우리를 영혼의 쓰디쓴 고뇌 속으로 밀어 넣는다. 그러나 깊은 고통 속에서 신음하게 만드는 것은 사랑이다. 이것은 바로 생명의 주 되신 그리스도만을 바라보게 하는 값진 고통이기 때문이다.

⑶ 그리스도 안에 있게 한다.

성령은 믿는 자들에게 하나님과 더 크고 깊게 교통할 수 있게 하는 수단이다. 율법의 이 용법은 칭의받은 이들에게도 깊이 이해되지 못하고 있다. 이들은 "그리스도는 율법의 마침"(롬 10:4)이라는 가르침을 믿고 나간다. 칭의를 위해서는(의를 위해서), 믿는 이들에게 율법은 마지막이다. 율법은 우리를 의롭게 만드는 것이 아니라 의롭게 만드는 은혜 앞으로 인도할 뿐이다. 그러나 율법이 우리를 그리스도로 인도했을 때 할 일이 있다. 그것은 우리로 하여금 계속 그리스도 안에서 머물게 하는 것이다. 율법의 높이, 깊이, 길이, 넓이를 알수록 믿는 이들은 격려를 받아 주님의 사랑의 품에 머물게 된다. 유대교의 의식상의 율법, 곧 모세의 율법은 철폐되었다. 칭의를 얻는 데 있어서도 우리는 도덕법에서 자유롭게 되었다. 그렇지만 칭의 후에도 율법의 말할 수 없이 중요한 기능이 남아 있다. 1) 마음과 삶 안에 남아 있는 죄의 습관을 깨닫게 하여 그리스도의 은혜 안에 머물러야 한다는 사실을 끊임없이 자각시킨다. 2) 우리의 머리 되신 그리스도와 붙어 있어 그분의 능력을 받음으로 율법을 능히 행할 수 있도록 하는 것이다. 3) 주의 율법이 명하시는 것이면 무엇이든 온전히 이룰 수 있기까지 주님께서 은혜 위에 은혜를 부으시리라는 소망을 끝까지 붙들게 한다.

2. 율법 없이 한순간도 지낼 수 없다.

율법이 이상의 세 가지 기능을 발휘한다는 것은 많은 믿는 이들이 경험한 사실이다. 그들은 주의 법이 얼마나 사랑스런지를 알고 그것을 밤낮으로 묵상한다(시 110:7). 그러는 동안 그들은 날마다 신성한 거울을 통해 자신의 죄를 분명히 본다. 점점 더 자신은 티끌과 같은 존재이며 마음과 모든 길이 하나님께 악함을 알게 된다. 동시에 그는 그리스도께 더 가까이 나아감을 알게 된다. 그리고 다음의 말씀의 뜻을 깨닫게 된다. "너는 또 순금으로 패를 만들어 도장을 새기는 법으로 그 위에 새기되 '여호와께 성결'이라 하고 … 이 패를 아론의 이마에 두어 그가 이스라엘 자손이 거룩하게 드리는 성물과 관련된 죄책을 담당하게 하라 그 패가 아론의 이마에 늘 있으므로 그 성물을 여호와께서 받으시게 되리라."(출 28:36, 38)

실제로 한 예를 보자. 우리는 '살인하지 말라'는 율법의 말씀을 듣는다. 이것은 실제로 살인하는 것뿐만 아니라 주님의 가르침대로 '모든 불친절한 말과 생각'을 포함한다. 이 율법을 깊이 들여다볼수록 우리는 자신이 얼마나 부족한가를 알게 된다. 이것을 더 깊게 느낄수록 스스로 이 죄를 감당할 길이 없음을 알게 된다. 그리하여 주님의 피가 우리 죄를 대속하시고 주의 성령이 우리를 온전케 도와야만 한다는 사실을 더 깊이 느끼게 된다.

그리스도 없이 한순간도 지낼 수 없듯이 율법 없이 한순간도 지낼 수 없다. 우리가 그리스도께로 인도되기 위해 율법을 원했듯이 이제는 그리스도 안에 있기 위해 그것을 바라게 된다. 사실상 이 둘은 우리를 서로에게 인도한다. 율법은 그리스도에게로, 그리스도는 율법에게로 우리를 보낸다. 율법의 높이와 깊이가 우리로 하여금 그리스도 안에 계신 하나님의 사랑으로 날아가게 만들고, 그리스도 안에 계신 하나님의 사랑이 우리에게 율법을 금이나 보석보다 더 귀한 것으로 여기게 만든다.

결론

율법을 심판하며 비방하는 것은 형제를 비방하며 심판하는 것과 같은 죄다. 율법을 심판하는 자가 아니라 지키는 자가 되어야 한다. 율법은 하나님으로부터 왔다. 하나님의 완전한 형상이며 거룩하고 의롭고 선한 것이다. 그러므로 우리는 그것을 사랑하고 소중히 여겨야 한다. '율법을 너의 목에 걸고 너의 마음판에 새기라.'(잠 3:3)

그리스도를 가까이하기 원하는가? 율법을 가까이 하라. 율법을 굳게 잡고 율법과 멀어지지 말라. 율법의 모든 의가 우리 안에서 성취될 때까지, 하나님의 모든 충만하심으로 가득 찰 때까지 그리스도인의 자유에 굳게 서라. 이것은 하나님을 온 몸과 마음을 다해 사랑하는 일이다. 율법을 지키고 모든 계명을 따라 흠 없이 살라. 노예의 멍에를 다시 매지 말라(갈 5:1). 죽음이나 지옥보다 죄를 더 미워하라. 그 형벌보다 죄 자체를! 교만과 욕심과 분노의 멍에를 다시 매지 말라. 예수를 바라보라. 그러기 위해서 더욱더 완전한 율법, 자유의 율법을 깊이 들여다보라. 그러면 날마다 우리 주 예수 그리스도의 은혜와 그를 아는 지식 안에서 자라게 될 것이다. (벧후 3:18)

믿음으로 세워지는 율법 ㅣ The Law Established through Faith I

> "그런즉 우리가 믿음으로 말미암아 율법을 파기
> 하느냐 그럴 수 없느니라 도리어 율법을 굳게 세
> 우느니라." 롬 3:31

역사적 배경

웨슬리는 '믿음으로 세워지는 율법'(The Law Established through Faith)이
라는 제목으로 두 편의 설교를 기록했다. 이 두 편의 설교는 하나의 설교 덩
어리를 두 부분으로 나눈 소논문으로 보는 것이 더 정확하다. 처음 논문에서
웨슬리는 율법을 무용한 것으로 만들어 버리는 세 가지 형태의 시도들에 대
해 비판을 가한다. 첫째는 율법에 대해 전혀 설교하지 않는 것이고, 둘째는
믿음이 거룩함의 필요성을 대치해 버리는 것이며, 셋째는 믿음이 있기에 거
룩한 삶 자체가 무용하다는 극단적인 주장이다. 웨슬리는 모라비안과 칼비
니스트, 그리고 영국 안에서 많은 영향력을 끼친 퓨리턴들로부터 율법을 경
시하거나 심지어 무용하다고 주장하는 위험성을 보았다. 그래서 웨슬리는
이 설교에서 믿는 이들이 복음 아래 있는 것을 율법의 의무에서 자유하게 된
다는 논리로 나아가는 것을 경계했다. 그는 종교의식적 법, 모세의 율법 혹
은 도덕적 율법 중에 무엇이든지 칭의를 위한 공로가 되는 것에 대해서는 반
대했다. 그러나 우리가 그리스도 안에 있는 하나님의 은총을 믿음으로 그분
의 자녀로 받아들여지며, 그 믿음은 사랑으로 완성되며 순종과 거룩함을 산
출한다는 것을 시종 주장했다.

두 편의 설교를 통해 웨슬리는 로마서 4장 5절의 "믿으니 의로 인정받았다"는 구절을 해명하는 데 많은 노력을 기울인다. 웨슬리에 따르면 그것은 '선행적 의'(preceding righteousness) – 믿음이 선행한다는 – 를 의미하는 것이지 '결과적 의'(subsequent righteousness) – 의가 믿음을 야기한다는 – 를 의미하는 것은 아니다. 즉, 믿음으로 의롭게 됨은 의로 완성되어 더 이상 그렇게 살 필요가 없다는 의미가 아니라 의로운 삶은 그 순간부터 추구되어야 함을 의미한다. 로마서 3장 31절을 기초로 한 구두 설교는 많지 않았던 것 같다. 1741년에 두 차례 구두 설교를 행했던 것으로 보인다. 이는 앞의 설교와 마찬가지로 1750년에 모아진 설교집 제3권에 포함되어 있다. 이 설교는 율법에 관한 다른 두 편의 설교와 함께(설교 34, 36편) 웨슬리 생전에 네 차례 소책자로 따로 출판되었으며, 1750년 이후에 모아진 설교집 안에 항상 포함되었다.

설교 읽기를 위한 질문

1. 우리가 의롭게 되는 길은 무엇입니까?(서론 1항) 율법의 행위가 아닌 믿음의 행위라 할 때 율법은 믿음으로 인해 폐기해야 하는 문제에 직면하게 됩니다(서론 2, 4항 참조). 이에 대한 바울의 답변은 무엇입니까?(서론 3항)

2. 믿음으로 율법을 무용한 것으로 만드는 시도는 세 가지로 정리해 볼 수 있습니다. 어떤 것들이 있습니까?(I.1, II.1, III.1)

3. 율법을 무용하게 만드는 가장 일반적인 것은 율법에 대한 설교를 하지 않는 것입니다. 그 실제 이유는 무엇입니까?(I.1, 2) 율법을 설교할 필요가 없다고 말하는 이들이 내세우는 근거는 무엇입니까? 이 근거가 잘못된 이유는 무엇입니까?(I.3)

4. 율법을 설교할 이유가 없다는 사실을 성경의 근거를 들어 설명하기도 합니다. 그것은 무엇이며 이에 대한 답변은 무엇입니까?(I.4-12)

5. 율법을 무용하게 만드는 시도 중에 하나는 믿음으로 거룩한 삶을 대신

할 수 있는 것으로 가르치는 것입니다. 이들의 생각은 세 가지 정도로 정리될 수 있는데, 그것은 무엇입니까?(Ⅱ.2)

6. 믿음으로 거룩한 삶의 필요성을 대신할 수 있다고 주장하는 이들의 논리적 근거는 다음 네 가지로 정리될 수 있습니다. 이에 대한 적절한 답변은 무엇입니까? 다음 표를 채워 봅시다.(Ⅱ.3-7)

믿음으로 거룩한 삶을 무용하게 하는 주장들	적절한 답변
우리는 이제 행위가 아닌 은혜의 계약 아래 있기 때문에 율법의 행위에 더 이상 매일 필요가 없다.	
현재의 사람들보다 과거의 사람들이 율법에 더 순종해야 했지 않은가?	
율법의 행위와는 관계없이 믿음으로 의롭다 함을 얻지 않는가?	
경건치 않은 자를 의롭다고 한 것은 오직 믿음이 아닌가?	

7. 믿음으로 율법을 무용하게 만드는 세 번째 주장은 믿음이 있어서 성결하게 살지 않아도 된다고 하는 것입니다. 이 주장의 특징은 무엇입니까? 이 주장에 대한 바울의 반론은 무엇입니까?(Ⅲ.1) '율법 아래 있다'는 의미는 무엇입니까?(Ⅲ.2) '은혜 아래 있다'는 의미는 무엇입니까?(Ⅲ.3)

8. 은혜 아래 있다는 이유로 율법을 무시하는 실제적인 증거들은 무엇입니까?(Ⅲ.4-6) 은혜 아래 사는 사람의 삶은 어떠해야 합니까?(Ⅲ.7, 8)

설교 핵심 요약

서론

사람이 의롭다 함을 입는 것은 율법적 행위의 길이 아니라 믿음에 있다(롬

3:20~28). 그렇다면 율법을 폐기해야 옳지 않은가? 결코 그렇지 않다. 오히려 믿음은 '율법을 굳게 세운다.' 이 주제를 명료하게 하기 위해 먼저 '율법'에 대한 올바른 이해가 필요하다. 바울이 '율법'이라 말할 때에는 두 가지를 염두에 둔 것이다. 첫째는 믿음으로 폐지되는 율법이요, 또 하나는 믿음으로 세우는 율법이다. 전자, 곧 믿음으로 폐지될 율법은 '종교의식'을 의미하는 것이지만 후자, 곧 믿음으로 세워지는 율법은 '도덕법'이다. 바울이 말한 굳게 세울 율법은 바로 이 '도덕법'을 의미하는 것이다. 어떤 이들은 믿음으로 두 가지 율법을 모두 폐기해야 한다고 주장한다. 그러나 도덕법으로서 율법의 폐기는 믿음의 파산을 가져온다는 점에서 이 주장은 매우 경계해야 한다. 이것은 믿음이라는 명목으로 진정한 의미의 율법을 무용하게 만드는 결과를 가져오기 때문이다.

I. 믿음으로 율법을 무용하게 만드는 시도들

믿음을 핑계로 율법을 무용하게 만드는 시도는 믿음을 파선시키는 위험천만한 행위다. 어떤 시도들이 있는가?

1. 율법에 관한 설교를 포기하는 것

많은 이들이 율법을 설교하는 것을 복음의 원수로 간주하는 잘못을 범한다. 이들은 복음은 오로지 그리스도의 고난과 공로만 전하는 것이어야 하며 이렇게 하는 것이야말로 율법의 모든 목적을 충족시키는 길이라 주장한다. 그러나 우리는 율법의 설교도 반드시 필요하다는 점을 기억해야 한다. 율법에 대한 설교 없이 죄를 깨닫는 것은 어려우며, 죄를 깨닫지 않고 복음을 믿기란 불가능하기 때문이다. 물론 복음 자체로도 죄를 깨닫게 할 수는 있지만 이는 복음의 본래 기능이 아니다. 스스로 죄인임을 모르는 이에게 복음을 전하여 구원에 이르게 할 가능성 자체가 없는 것은 아니다. 그러나 이 경우는 매우 희귀하다.

하나님의 보편적 방식은 율법으로 죄인을 스스로 깨닫게 하는 것이다. 스스로 건강하다고 생각하는 이에게 의사의 진료는 무의미하다. 마찬가지로 스스로 온전하다고 생각하는 이에게 그리스도를 소개하는 일은 '돼지에게 진주를 주는 것'과 동일하다. 돼지들에게 진주는 아무 의미 없는 것이고 그저 짓밟힐 뿐이다. 율법은 영혼의 병을 깨닫게 하는 필수 과정이다.

율법을 설교하지 않는 이들도 나름대로 성경적 근거를 대기도 한다. 그러나 이들의 주장은 타당성이 없다. 이들의 주장과 이에 대한 타당한 반론들을 정리하면 다음과 같다.

주장 1: 십자가에 달리신 예수만을 전하는 것, 우리 주 그리스도만 증거하는 것이 설교 아닌가? 이것이 바울의 가르침이 아니던가?

반 론: 1) 바울의 첫 번째 설교 사도행전 13장 39~41절을 보라. 여기에서 바울은 믿음으로 인한 칭의를 증거한다. 그러나 이 설교의 대상 중 대부분이 유대교를 신실하게 믿던 이들이었고, 죄를 깨달은 이들이었다는 점, 그리고 설교 말미에 율법을 활용해 하나님의 심판을 강조하고 있다. 2) 간수에게 행한 전도, 즉 사도행전 17장 22~31절은 이미 회개한 이를 향한 증거였다. 회개한 이에게는 "주 예수를 믿으라"는 메시지가 필요하다. 3) 벨리스 총독에게 전한 메시지(행 24:24~25)는 의와 절제와 장차 올 심판에 대한 것이 먼저였다. 4) 바울의 저작품 전체에는 율법에 관한 가르침이 매우 깊이 폭넓게 등장한다. 그리스도를 전한다는 것은 '악한 자들과 하나님을 잊어버린 자들은 모두 지옥에 빠질 것'이라는 사실을 증거하는 것이며(율법의 선포), 또한 "세상 죄를 지고 가는 하나님의 어린 양을 보라"는 증거로 귀결되는 것을 의미한다. 그리스도를 전한다는 것은 그분께서 말씀하신 모든 약속과 경고와 명령을 전하는 것으로 그분의 말씀 전체를 전하는 것이다. 그분께서 말씀하신 율법 또한 우리가 증거해야 할 핵심적인 메시지다.

주장 2: 그리스도의 공로와 고난에 초점을 모아야 한다.

반 론: 애통하는 영혼을 대상으로 할 때 이런 메시지는 큰 위로가 된다.

그러나 이런 설교의 반복은 힘을 잃게 하며 무기력한 이야기로 전락시킨다. 영도, 생명도 없는 하나의 낭만적 스토리로 전락시킨다. 내 마음을 예리하게 찌르는 이야기, 나를 겸손케 하는 이야기가 빠진 그리스도의 수난은 복음은 물론 율법을 무용하게 만든다.

2. 믿음이 성화의 필요성을 대신한다고 가르치는 것

믿음을 명목으로 율법을 폐기하려는 또 다른 시도는 믿음이 성화의 필요성을 대신한다고 주장하는 것이다. 이 주장은 다양한 형태로 전개되고 있고, 많은 이들이 추종하고 있다. 이들의 주장을 요약하면 1) 그리스도가 오신 이후에는 그 이전보다 성화가 덜 필요하다. 2) 믿음보다 성화의 필요성은 덜하다. 3) 믿는 이들에게보다 믿지 않는 이들에게 더 필요하다. 4) 믿기 전보다 믿은 후에는 자유가 있다. 이 자유는 순종과 성화로부터의 자유다. 이렇게 주장하는 근거는 무엇이며 이에 대한 타당한 반론이 무엇인지 살펴보면 다음과 같다.

주장 1: 우리는 이제 행위가 아닌 은혜의 계약 아래 있기 때문에 율법의 행위에 더 이상 매일 필요가 없다?

반　론: 그렇다. 첫 아담 이외에는 그 누구도 행위의 계약 아래 있은 적이 없다. 아담의 모든 자손은 은혜의 계약 아래 있었을 뿐이다. 그 약속은 그리스도의 공로를 통해 모든 믿는 이에게 은혜를 베푸시는 것이다. 그런데 그러한 믿음은 곧 '순종과 성화를 낳는', '사랑으로 역사하는 믿음'(working by love)이다.

주장 2: 현재의 사람들보다 과거의 사람들이 율법에 더 순종해야 했지 않은가?

반　론: 그렇지 않다. 하나님으로부터 죄 사함을 받은 모든 이들은 순종과 성화된 삶을 살아야 한다. 이것은 율법을 폐기할 이유가 되지 않는다.

주장 3: 율법의 행위와는 관계없이 믿음으로 의롭다 함을 얻지 않는가?

반 론: 맞다. 종교의식이나 도덕법의 행위와는 관계없이 의롭다 함을 입는다. 그런데 이 가르침이야말로 율법 무용론을 방지하는 것이다. 믿음으로 의롭다 함을 입은 이는 열매를 산출하기 때문이다. 외적·내적 성화됨이 따르지 않는 것, 율법에 충실하려는 삶의 자세가 따르지 않는 것은 의롭다 함을 입은 것과 아무 관계가 없다. 믿음으로 의롭다 함을 입은 것은 끊임없이 자기를 내려놓을 수밖에 없다는 사실의 인지이기에, 믿음은 끊임없는 자기부인이기에, 율법의 인도함을 더욱 겸손히 수용하게 되며 더욱 그에 순종하려는 태도로 나아가게 된다. 즉, 믿음은 율법을 무용하게 만들 그 어떤 근거가 되지 않는다.

주장 4: 경건치 않은 자를 의롭다고 한 것은 오직 믿음이 아닌가?(롬 4:5) 이것은 모든 율법 무용론의 주장 가운데 핵심이다.

반 론: 다음과 같은 사실은 확실하다. 1) 하나님께서 용납하시기 전까지 모든 악으로 차 있다. 그러나 그분의 용납하심으로 불경건한 자가 의로운 자가 되었다는 사실 2) 그 시간까지는 선한 일을 할 수 없다. 그러므로 하나님이 용납하시기 전까지 그는 불경건한 자요 그 같은 죄인을 하나님께서 받아들이셨다는 사실 3) 어떤 선이나 의를 행하지 않았음에도 믿음으로 의롭게 여기신다는 사실 4) 그리스도를 믿음으로 마치 그가 모든 의를 이룬 것처럼 간주한다는 사실이다. 사도 바울은 여기서 말하는 의를 결과적 의(subsequent righteousness)로 간주하지 않았다. 즉 행위로 인해 의가 주어진 것으로 이해하지 않았다. 그러므로 믿음 이전에는 '의가 없다.' 칭의 이전에는 성화란 없다. 믿음 후에 의가 오며 성화가 뒤따르는 것이다.

3. 믿음이 있어서 성화의 삶을 살지 않아도 된다는 주장

이 주장은 가장 보편적으로 율법을 무용하게 만드는 방식이다. 원리적인 방식이 아닌 '실질적인 방식'으로 율법을 무용하게 만드는 것이라 할 수 있다. 바울은 이 같은 시도를 이렇게 경계한다. "그런즉 어찌하리요 우리가 법 아래에 있지 아니하고 은혜 아래에 있으니 죄를 지으리요 그럴 수 없느니라."(롬 6:15)

여기서 '법 아래 있다'는 의미는 무엇인가? 1) 종교의식상의 율법을 지켜야만 한다. 2) 모세의 모든 율법을 지키는 것이다. 3) 하나님께서 우리를 받아들이는 조건으로 도덕법을 지켜야 한다. 4) 하나님의 진노와 저주 아래 있으며 영원히 죽을 사형 선고 아래 있다. 죄의식과 정죄의 공포 아래 있다.

'은혜 아래 있다'의 의미는 무엇인가? 이는 '그리스도의 율법 아래 있다'는 말과 같다. 믿음으로 우리는 율법 아래의 조건에서 다 벗어났다. 종교의식과 모세의 율법에서 벗어났고, 하나님의 용납의 조건으로 도덕법을 지킬 의무가 사라졌으며, 하나님의 진노와 저주, 모든 죄책과 정죄에서 해방되었다. 이제는 의무가 아닌 기쁨으로 하나님께서 기뻐하시는 바를 행한다. 곧 하나님의 은혜가 마음을 지배하고 그의 모든 행위가 사랑으로 이루어져 나타나게 하기에 기꺼이 순종한다. 복음적 원리, 다시 말해 자녀로서의 사랑에 의한 순종은 율법적 원리, 곧 노예의 공포로 인한 순종보다 깊고 철저하다.

그러나 불행히도 많은 사람들이 자녀됨의 자유를 하나님의 율법을 무효화시키는 도구로 사용한다. 양심에 각인된 율법에 따라 사는 삶보다도 더 많은 죄를 지으며 은혜 아래에 산다고 스스로를 위로한다. 예전에는 양심에 의해, 율법의 가르침에 의해 하지 않았던 일들을 은혜를 핑계 삼아 기꺼이 행하고 있다.

결론

우리는 하나님의 은혜를 정욕으로 바꾸는 이 같은 일들을 더 이상 진행하지 말아야 한다. 심판이 두려워 하나님의 뜻을 행하는 것이 아니라 하나님을 사랑하기에 그 일을 더 철저히 행해야 한다. 두려움이 아닌 사랑의 동기로 하나님의 법을 따라야 한다.

율법 아래 있을 때에 감히 하지 않았던 일을 이제 은혜 아래에서 절대로 하지 않겠다고 결심하자. 두려움에서 태만의 죄(sins of omission)를 회피했던 것보다 사랑으로 더 적극적으로 그 죄를 피해야 한다. 두려움으로 율법이 권고하는 하나님의 말씀을 듣는 일, 금식과 기도에 애쓰던 것보다 사랑과 하나님께 더 가까이 할 마음으로 이러한 일들에 더욱 힘써야 한다. 믿음으로 율법을 무용하게 하는 삶을 살고 있지 않는가? 있는 열정을 다해 사랑의 삶으로 율법을 완성해야 한다.

믿음으로 세워지는 율법 II The Law Established through Faith II

> "그런즉 우리가 믿음으로 말미암아 율법을 파기하느냐 그럴 수 없느니라 도리어 율법을 굳게 세우느니라." 롬 3:31

역사적 배경

같은 본문과 제목으로 된 두 번째 설교에서 웨슬리는 율법이란 믿음에 의해 굳게 세워진다는 입장을 더욱 구체화한다. 이를 위해 그는 다음 세 가지를 제안한다. 첫째, 설교자는 예수께서 이 땅에 제사장으로, 선지자로, 왕으로 계시며 말씀하셨던 것과 동일한 방식으로 율법을 설명하고 강조해야 한다. 둘째, '믿음만으로'라는 가르침을 율법을 무력화시키는 방향이 아닌 성화의 삶을 더 고양시키기 위한 방향으로 베풀어야 한다. 셋째, 기독교인의 마음과 삶의 성화 없이는 모든 것이 무익하다는 입장을 공고히 해야 한다.

이 설교는 '믿음은 사랑을 위해 존재한다'는 웨슬리의 관점을 매우 명료하게 담고 있다. 이 아이디어는 아마도 안디옥의 성 이그나시우스에게서 큰 영향을 받았던 것 같다. 그는 이렇게 말한 적이 있다. "(기독교인의 삶의) 시작은 믿음이다. 그러나 그 종국은 사랑이다."(에베소인들을 향한 서간, 14:1) 이 설교에서 웨슬리는 전편의 설교에서보다 은혜를 핑계로 율법의 준수를 회피하는 이들에 대해 더욱 강경한 태도를 보인다. 웨슬리에 따르면 은혜 안에 있는 이들은 믿음으로 율법의 의를 성취해야 한다. 이 설교는 앞의 설교와 함께 1750년 설교집에 포함되어 있다.

1. 믿음으로 율법을 무용하게 만드는 세 가지 형태는 무엇입니까?(서론 1항) 율법을 세운다는 의미가 아닌 것은 무엇입니까?(서론 2항)
2. 믿음으로 율법을 세우는 첫 번째 방식은 무엇입니까?(I.1) 이를 위해 어떻게 해야 합니까?(I)
3. 믿음으로 율법을 세우는 두 번째 방식은 무엇입니까?(II.1) 믿음이 어떻게 사랑으로 승화되어 갑니까?(II)
4. 믿음으로 율법을 세우는 세 번째 방식은 무엇입니까?(III.1) 우리의 마음과 삶 속에 어떻게 율법을 세울 수 있습니까?(III.2-4)
5. 은혜 아래 사는 삶의 모습은 어떠해야 합니까?(III.5, 6)

설교 핵심 요약

서론

믿음으로 율법을 무용하게 하는 시도에는 다음의 세 가지 형태가 있다.

첫째, 율법에 대해 설교하지 않는 것이다. 이는 그리스도에 대해 설교하고 복음을 확장하기 위한 것이라는 핑계를 대지만 실제로는 그리스도와 복음을 파괴하는 것이다.

둘째, 직접 혹은 간접적으로 믿음이 성화적 삶의 필요성을 대신한다는 것이다. 그리스도가 오신 이후로 성화의 필요성이 거의 없거나 그 정도가 줄었다는 것이 이 주장의 근거다. 이 주장은 그리스도인의 자유로 인해 성화적 삶의 의무에서 어느 정도 자유하게 되었다고 하는 주장으로 나아간다. 이것은 믿는 자에게 그의 믿음이 의롭다 함을 얻게 한다는 진리를 심하게 왜곡시킨다는 점에서 위험한 주장이다.

셋째, 믿음으로 율법을 무용하게 하는 것을 실제적인 행동으로 옮기는 것에 해당된다. 믿음으로 인해 성화의 삶이 불필요한 것처럼 행동으로 옮기는 것을 의미하는데, 믿음의 파산을 가져온다는 점에서 매우 경계해야 한다.

'믿음으로 율법을 세워야 한다.' 이는 낡은 종교의식적 율법을 세우자는 것이 아니다. 이 법은 영원히 폐지되었다. 주님께서 이를 십자가에 못 박으셨다. 칭의의 전제 조건으로서의 도덕법을 세우자는 것도 아니다. 만일 그렇다면 그 누구도 하나님 앞에 의롭다 할 이가 없다. 바울이 말하는 우리가 세워야 할 율법은 '도덕법'이긴 하지만 칭의의 전제 조건과는 전혀 관계없다.

그렇다면 우리는 어떻게 믿음으로 율법을 굳게 세우는가?

I. '우리가 배운 진리'(doctrine)를 선포하고 가르침으로써

1. 우리가 배운 진리란?

'우리의 교리'란 무엇인가? 주님께서 지상에서 사시는 동안 가르치신 율법 전체와 그 모든 부분을 의미한다. 이는 하나님의 말씀이며 사도들이 성령의 감동을 기록했던 가르침으로, 하나님의 온전하신 가르침이며, 어떤 것도 섞이지 않은 하나님의 순수한 말씀이다.

2. 이 진리를 가르칠 때 율법이 선다.

우리는 교리를 가르침으로 율법을 세운다. 주님과 사도들에 의해 전해진 율법을 높고 깊고 폭넓게 설교함으로써 율법을 세운다. 율법의 문자적 의미, 영적 의미, 전체와 부분을 선포함으로써 율법을 세운다. 계명의 본래적 의도에 유의하여 선포할 때 율법을 세운다. 이 율법의 내용은 깊고 심오하다. 율법은 창조 때부터 숨겨 온 신비이며 이방인에게는 감추어져 있었다. 스스로 현명하다고 하는 유대인들에게도 감추어져 있었다. 이들은 이방인을 향해 율법을 알지 못해 저주받는다고 외치면서도 스스로 율법을 이해하지 못했다. 그들은 그릇의 겉만 닦을 줄 알았지 안을 닦는 일, 의와 자비와 하나님의 사랑을 등한시했다. 그들은 율법의 깊은 영적 의미를 간과했다. 율법의 심오한 의미는 기독교인들에게도 올바로 이해되지 못한 것이 현실이다. 그 결과 율법은 능력이 아닌 형식만 남게 되었다.

3. 율법은 선포되어야 한다.

율법은 선포되어야 한다. 하나님께서 계시하신 모든 것을 선포해야 한다. 우리의 의가 되신 주님을 선포해야 한다. 스스로 이 세상과 화해하신 그리스도 안에 있는 하나님의 은혜, 우리 죄를 위해 상하시고 찔리고 채찍에 맞으신 그분을 증거해야 한다. 그러나 우리의 선포가 여기에 국한되어서는 안 된다. 우리 죄를 지고 가신 대제사장으로서의 그리스도와 함께 선지자로서 우리의 죄를 책망하고 허물을 고쳐 주려 하셨던 그리스도, 왕으로서 우리에게 하나님의 형상을 회복시키려 하신 그리스도를 동시에 전해야 한다.

II. 믿음이 성화적 삶을 가져온다고 선포함으로써

1. 믿음이 사랑의 시녀임을 선포해야 한다.

믿음이 사랑의 삶, 곧 성화의 삶을 가져올 것이라고 선포할 때 율법은 세워진다. 믿음 자체는 '방편'이다. 이는 사랑의 시녀다. 믿음은 영광스럽고 추앙받아야 될 것이지만 그 자체가 목적은 아니다. 사랑이 궁극적 목적이다. 사랑만이 영원히 지속되며 마침내 남게 될 것이기 때문이다. 믿음이 영광스러울지라도 사랑이 오면 그 영광은 더 큰 영광으로 인해 흡수될 것이다. 믿음은 하나님께서 이 영원한 목적을 증진시키기 위해 제정하신 일시적 수단이다. 믿음에 모든 가치를 두고 사랑조차도 믿음으로 대치될 수 있다고 주장하는 것은 크게 잘못된 것이다. 첫 사람 아담은 보이지 않는 것들의 증거로서 믿음을 소유한 적이 없다. 그는 하나님을 직접 대면했고 모든 것을 보았기 때문이다. 하나님과의 관계는 사랑의 관계였을 뿐이다.

2. 믿음은 사랑의 율법을 다시 세우기 위한 것이다.

이것은 하나님의 본래적 계획이었다. 이것은 믿음을 과소평가하는 것이 아니다. 오히려 그 가치를 분명히 한다. 즉, 믿음은 인간이 처음 창조되었을 때 그곳에 있던 사랑을 회복시키려는 하나님의 수단이었다. 믿음 자체에 무슨 가치가 있는 것은 아니다. 그러나 그것은 우리의 마음속에 사랑의 율법을 새롭게 세우려는 목적으로 인도한다. 믿음만이 이 목적을 세우는 유일한 수단이다. 믿음은 사랑에 이르기 위한 말할 수 없이 귀한 축복이며 가치다.

III. 율법을 우리 자신의 마음과 삶 속에 세움으로써

1. 율법은 실천으로 세워진다.

믿음으로 율법을 세우는 일은 실천 없이는 사상누각이나 마찬가지다. 우리는 참된 진리의 가르침으로 율법을 세워야 한다. 율법을 전체적 틀에서 선포해야 하며 그 세세한 내용을 주의 깊게 선포해야 한다. 율법의 영적 의미, 그 신비를 선포하며 그리스도의 모든 직무를 포괄하여 선포해야 한다. 또한 믿음의 본래 기능을 인지하고 사랑의 율법에 종사하도록 해야 한다. 그러나 우리 마음 안에 율법이 세워지지 않는다면 울리는 징과 꽹과리처럼 무익한 것이 되고 만다. 우리에게 아무런 유익이 없다.

2. 율법의 실천은 믿음으로 성취된다.

어떻게 율법을 우리 안에 세우는가? '믿음'을 통해서 가능하다. 믿음으로 살아갈 때 신속하게 성화의 삶으로 나아간다. 보이는 것이 아닌 보이지 않는 것들을 꾸준히 추구하는 동안 우리는 더욱 더 세상에 대해 못 박히고 세상은 우리에게 못 박힌 바 된다. 영혼의 눈을 일시적인 것이 아닌 영원한 것에 향하도록 하고 우리의 애정을 세상에서 멀어지게 하여 위에 있는 것을 향할 때, 의와 성결은 증진되며 율법은 든든히 서게 된다.

한편으로 믿음은 '용서하시는 하나님에 대한 신뢰'다. 이 믿음에 의해 우리 안에 주님의 율법을 세우게 된다. 하나님의 크신 사랑에 감응한 영혼은 이웃을 사랑할 수밖에 없다. '하지 말라'는 계명들(간음, 살인, 도둑질, 거짓 증거, 탐냄 등)은 바로 이웃을 사랑하라는 계명 안에 포함된다. 그러나 사랑은 이렇게 '하지 말라'의 계명으로 만족하지 않는다. 모든 이에게 선한 일을 하도록 재촉한다. 이렇게 사랑은 하나님의 율법을 소극적으로, 그리고 적극적으로 완성한다. 믿음은 율법을 외적으로 완성시킬 뿐 아니라 내적으로도 완성한다. 믿음의 사람은 주님께서 깨끗한 것처럼 자신을 깨끗하게 한다. 분노, 탐욕, 어리석음에서 우리를 깨끗하게 한다.

3. 은혜가 율법을 더욱 소중하게 한다.
은혜 아래 있음이 죄의 핑계가 되어서는 안 된다. 오히려 의를 완성하기 위해 우리가 은혜 가운데 받은 모든 능력을 사용함으로 나 자신 안에 율법을 세워야 한다. 율법을 통한 주님의 사랑의 빛이 내 영혼을 비추고, 우리의 죄를 밝히 보아야 한다. 내가 버린 것, 파괴한 죄를 다시 세우지 않도록 해야 한다. 양심의 소리에 더욱 예민해야 하며 이전에 받았던 빛을 더 증가시키고 여기에 믿음의 빛을 더해야 한다. 전에 주님께서 우리에게 보이신 것은 무엇이든지 깊이 있게 성찰하며, 온유한 양심과 예민한 영적 감각으로 대해야 한다. 아무것도 중요하게 여기지 않고 아무것도 바랄 만한 것으로 여기지 않으며 아무것에도 가치를 부여하지 않고 오직 하나님의 우편에 계신 분만 바라게 된다. 점점 더 죄를 뱀의 얼굴을 피하듯이 피하게 되고 점점 더 하나님의 완전한 거룩함을 소망하게 된다.

결론
더 이상의 죄를 범하지 말라. 율법의 작은 부분이라도 범하지 말라. 태양빛을 통해 모든 것을 환히 볼 수 있듯이, 하나님의 의의 태양은 우리의 숨은 죄마저도 드러낸다. 이 빛에 합당한 삶을 살기 위해 부지런히 행하라. 날마다 빛을 받으며 하나님에 대한 지식과 사랑, 그리스도의 영, 그분의 생명, 부활의 능력을 받도록 열심을 내라. 이미 얻은 지식, 사랑, 생명, 능력을 사용하라. 하나님을 눈으로 보기까지, 믿음이 더 이상 필요 없고 사랑의 법이 영원히 성취될 때까지 믿음에서 믿음으로 계속 전진하고 매일 성장하라.

설교 32

열광주의의 본질 The Nature of Enthusiasm

"바울이 이같이 변명하매 베스도가 크게 소리 내어 이르되 바울아 네가 미쳤도다 네 많은 학문이 너를 미치게 한다 하니." 행 26:24

역사적 배경

웨슬리에게 있어서 열광주의는 건조한 이성주의적 믿음과 함께 치명적인 병으로 간주되었다. '열광주의'라는 희랍어 용어는 '초월적 영(divine spirit)에 의해 사로잡힌 상태'라는 뜻과 맞닿아 있다. 열광주의자들은 이런 상태에 들어가는 것을 가장 기대하지만, 그 반대에 있는 사람들은 이런 상태를 조롱한다. 메릭 카소본(Meric Casaubon)이란 사람은 웨슬리 이전에 이미 열광주의의 부작용에 대해 논문을 쓴 적이 있다. 계몽주의가 확산되던 웨슬리 당시에는 열광주의에 대한 경계심이 점증하고 있었다.

조지 휫필드와 웨슬리가 옥외 집회를 통해 영향력이 확대되어 갈 무렵 두 사람은 사람들로부터 열광주의자가 아닌가 하는 의심을 받았다. 그들은 성령의 역사를 힘주어 설교했기 때문이다. 당시 사람들은 비이성적인 경험에 굶주려 있었지만 성공회는 이런 욕구에 귀를 닫았다. 휫필드와 웨슬리는 이런 시기에 성령의 역사를 강조하며 나섬에 따라 많은 사람들의 호응을 이끌어 내었다.

웨슬리는 어쩌면 열광주의자들 중 한 사람으로 간주할 수 있겠지만 랙(Rack)이 표현했듯이 '사려 깊은 열광주의자'(Rational Enthusiast)였다. 그는 개개인에게 경험되는 하나님의 은총의 체험을 인정했지만 사악한 영에 사로잡혀 엑스터시에 이르는 그런 체험은 철저히 배격했다.

본 설교는 웨슬리의 열광주의에 관한 견해를 명료하게 밝히는 설교다. 여기에서 그는 올바른 열광주의와 그릇된 열광주의에 대한 구분을 하고 따뜻한 감성과 합리적 이성을 조화시키는 믿음의 길을 제시하고 있다. 이 설교는 1750년에 편집된 설교집에 포함되었다.

설교 읽기를 위한 질문

1. 참 신앙인에게는 열광주의적 요소가 어떻게 나타납니까?(1-5) '열광적'이라는 말에 대한 세 가지 관점은 무엇입니까?(6-11)
2. 부정적 의미의 '열광'이 신앙에 적용될 때 어떻게 나타납니까?(12) 어떤 형태로 나타납니까?(13-29)
3. 그릇된 열심의 결과는 무엇입니까?(30-32)
4. 그릇된 열광주의자가 아닌 참된 열광주의자가 되기 위해 어떤 지침을 따라야 합니까?(33-39)

설교 핵심 요약

서론

'열광주의'는 바울 이래로 기독교에 늘 존재해 왔다. 믿음 생활을 상식적으로 할 때에는 이런 이야기가 나오지 않는다. 참 믿음의 길을 가고자 할 때 열광주의적 성향은 불가피하다. 즉 마음의 종교로 나아갈 때, 성령 안에서 의와 평강과 희락을 추구할 때는 열광주의적 성향이 나타날 수밖에 없는 것이다. 땅 위에 있는 모든 것에 대해 죽고, 하나님께 대해서 살 때 '열광적'이라는 말을 들을 수밖에 없다. 보이지 아니하는 하나님, 영의 세계를 보고 사는 사람을 세상이 이해할 리 없기 때문이다. 그러나 그렇다고 참 믿음의 길을 가는 사람이 몰이성적이라는 말은 아니다. 오히려 그는 이성적인 동시에 열광적이라고 말할 수 있다. 그는 이성적인 일상의 삶을 영위하지만 영원함을 추구하는 데 있어서는 열광주의적 요소를 보인다. 이 점을 더욱 명확히 하기 위해 열광주의에 대한 정확한 이해가 요청된다.

I. 열광주의란

'열광주의'의 개념이 모호하게 사용되고 있다. 이를 명확히 하여 사용할 필요가 있다. 이 말의 어원은 '엔두시아스모스'다. 이 말의 의미에 대해 다양한 견해가 존재하는데 대체적으로 다음 세 가지 관점으로 정리될 수 있다.

첫째, 긍정적인 관점이다. 이는 이성과 감각을 일시 정지시킨 상태에서 경험되는 거룩한 충동이나 느낌을 의미한다. 만일 우리가 열광주의를 이런 관점에서 이해한다면 성경의 선지자들과 사도들은 열광주의자로 분류될 수밖에 없을 것이다. 그들은 성령에 힘입어 이성과 감각을 일시 중지시켜 그 감동에 따라 행했기 때문이다.

둘째, 중립적 관점이다. 이 관점은 열광주의를 '열정'으로 해석하는 태도인데, 열정이 새로운 일의 창조적 힘이라는 점에서 도덕적으로 선하거나 악한 것으로 판단할 수 없다.

셋째, 부정적 관점이다. 이는 정신의 무질서인데, 정상적인 이성의 활동을 배제한다는 점에서 일종의 '미친 상태'다. 거짓된 것을 진짜로 확신하는 것이다.

II. 종교적 광신의 본질과 그 종류

종교적 광신은 그릇된 종교적 신념을 광적으로 확신하는 것으로서 매우 위험하다. 하나님에 대해 이야기하지만 그릇된 이해를 진짜로 착각한다. 하나님께 기대해서는 안 될 것을 설정해 놓고 여기에 집착하기도 한다.

종교적 광신은 다양한 형태를 띠는데, 그 대표적인 것들을 나열해 보면 다음과 같다.

첫째, 있지도 않은 은총을 있는 것으로 상상한다. 그리스도를 통해 구속함을 입었다고 착각하는 것이다. 깊은 회개나 철저한 확신이 없는 상태다. 싹이 났지만 흙이 깊지 않아 그 싹이 곧 사라질 상태의 사람이지만 그는 스스로 이미 이루었다고 착각한다. 열심당도 이 부류에 속한다. 최고의 믿음이 있다고 스스로 생각하는 것이다. 경건의 모습만 있고 내적으론 경건함과는 거리가 멀다. 그리스도의 마음에서 먼 사람이다. 오랫동안 그리스도인이라 생각하며 세례를 받고 예배에 열심이며 십일조와 금식을 규칙적으로 해 왔기에 자신은 이미 구원을 얻은 사람이라 착각하는 사람이다. 이들이 교회에서 다수를 차지하기에 자신들의 삶을 정상적으로 간주하고 오히려 참된 그리스도인들을 미친 사람 취급한다.

둘째, 자신들에게 없는 은사를 가지고 있는 것으로 착각한다. 이적의 능력, 병 고치는 능력, 심지어는 죽은 자도 살리는 능력이 있는 것처럼 착각한다. 설교와 기도에 있어서 성령의 능력을 받았다고 스스로 상상하고 매사에 성령의 인도함을 받으며 성령이 말하게 하신 것을 말한다고 착각한다. 때때로 특별한 계시를 받았다고 주장하나 실상은 합리적 근거나 성경적 근거가 없다.

셋째, 어떤 수단에 의지함이 없이 하나님의 능력으로 직접 이룰 수 있다고 주장한다. 물론 하나님은 직접 행하실 수 있지만 그분은 자신이 주신 방도에 따라 행하길 원하신다. 그런데 종교적 광신자는 성경을 읽지 않고 묵상도 안 하며 하나님의 뜻을 이해할 수 있다고 착각한다. 즉 그는 중대한 은총의 수단을 내팽개치고 직접 하나님을 만나겠다고 하는 것이다.

넷째, 하나님의 섭리가 아닌데 하나님의 섭리라고 착각한다. 이 부류는 모든 것이 하나님의 섭리라고 말한다. 아버지의 뜻이 아니면 참새 한 마리라도 땅에 떨어지지 않는다고 주장하기에 얼른 보면 그럴듯하다. 하지만 이것을 핑계로 자신의 모든 일을 하나님의 섭리로 합리화하는 잘못을 범한다.

III. 종교적 광신의 결과

종교적 광신은 무엇보다도 '교만'한 마음을 갖게 한다. 스스로 자신을 높임으로써 하나님의 사랑과 생명에서 멀게 만들며 믿음과 거룩한 삶의 샘물을 말려 버린다. 하나님은 이런 교만한 사람을 물리치시고 오로지 겸손한 사람에게 은혜를 베푸신다. 또한 종교적 광신은 마음을 완고하게 한다. 누구의 이야기도 듣지 않는다. 자신이 옳다고 생각하기 때문이다. 종교적 광신의 끝은 교만과 완고함의 왕, 곧 사탄의 노예가 되게 한다. 그 죄악은 결국 하나님의 무서운 심판을 초래하게 될 것이다.

결론

열광주의의 의미를 잘 알지 못하면 함부로 쓰지 말아야 한다. 함부로 상대를 열광주의자로 모는 것도 주의해야 한다. 타인을 박해하는 열광주의자가 되지 말아야 한다. 종교적 광신에 자신을 얽어매지 말라. 스스로를 높이고 완고하게 만들지 말라. 성령이 우리의 영과 더불어 하나님의 자녀임을 증거하기 전까지 스스로 믿는 자라고 착각하지 말라. 그리스도의 마음으로 그분이 행하신 대로 행하지 않는다면 스스로 그리스도인이라 자고하지 말아야 한다. 있지도 않은 은사를 있는 것처럼 과신하지 말고 하나님의 이름을 가볍게 부르지 말며, 수단과 과정을 통하지 않고 목적을 이룰 수 있다고 생각하지 말아야 한다. 순결하고 거룩한 믿음의 사람이 되기 위해 진정한 열광주의자가 되라.

설교 33

편협한 신앙의 위험 A Caution against Bigotry

> "요한이 예수께 여짜오되 선생님 우리를 따르지 않는 어떤 자가 주의 이름으로 귀신을 내쫓는 것을 우리가 보고 우리를 따르지 아니하므로 금하였나이다 예수께서 이르시되 금하지 말라 내 이름을 의탁하여 능한 일을 행하고 즉시로 나를 비방할 자가 없느니라." 막 9:38~39

역사적 배경

마가복음 9장 본문을 기초로 한 설교는 이곳 말고는 발견되지 않는다. 이러한 사실은 이 설교가 특정한 목적과 장소를 염두에 두고 작성한 매우 의도적인 설교라는 점을 말해 준다. 이 설교의 주요 주제는 제목이 암시하는 대로 '편협함'(bigot, 옹고집쟁이라 번역할 수도 있다)에 대한 주의를 환기시키는 것이다.

이 설교에서 웨슬리는 '우리를 따르지 않는다'는 말의 의미를 제자들의 그룹과 어떤 외적 관계가 없는 다른 시대, 다른 지역, 다른 문화권에 살고 있는 하나님의 종, 그리고 평신도 사역자들이라 정의하면서 이들이 하나님의 복음 사역에 동참하는 한 배척하거나 비난해서는 안 된다고 말한다. 더 나아가 이들의 사역을 지지하고 격려해야 함을 역설한다. 이러한 주장은 메도디스트인들을 열광주의자요 이단 추종자로 몰아붙이는 영국 교회를 겨냥한 것일수도 있다. 이 설교는 다음에 이어지는 설교 '보편적 정신'과 함께 1750년경에 작성한 것으로 보인다.

1. 제자들은 자신들의 무리에 함께하지 않은 사람이 주의 이름으로 귀신을 내쫓는 것을 보고 무엇이라 했습니까? 이에 대한 주님의 답변은 무엇이었습니까?(서론 1, 2 항)
2. 오늘날에도 귀신은 존재합니까? 존재한다면 무엇을 하고 있습니까?(I.2-12) 이 귀신들은 어떻게 쫓겨납니까?(13, 14)
3. '우리를 따르지 아니한다'고 한 말의 의미는 무엇입니까?(II)
4. 귀신이 쫓겨난 증거는 무엇입니까?(III.3) 주님은 이런 사람을 어떻게 대하라 명령하셨습니까? '말리지 말라'의 의미는 무엇입니까?(III.4)
5. 이 일을 행한 사람이 평신도일 경우에는 어찌해야 합니까?(III.5, 6) 평신도가 그리스도의 이름으로 복음을 전하거나 설교하는 일에 대해서는 어떤 입장이어야 합니까?(7-10)
6. 누구든지 하나님을 경외하는 사람은 말리지 말아야 합니다. 이때 말리지 않는 것은 구체적으로 어떤 행동들을 의미합니까?(11, 12)
7. 편협한 신앙의 소유자는 어떤 사람입니까?(IV.1) 우리가 주의할 바는 무엇입니까?(IV.2) 우리가 스스로 살펴야 할 것은 무엇입니까?(IV.3, 4)
8. 말리지 않는 것보다 더 적극적으로 주의 이름으로 귀신을 쫓아내는 사람을 대해야 합니다. 어떻게 그렇게 할 수 있습니까?(IV. 6)

설교 핵심 요약

서론

주님은 어린아이 하나를 내 이름으로 영접하는 자가 나를 영접하는 것이고 나를 영접하는 것이 하나님을 영접하는 것이라고 말씀하셨다. 이 말씀을 마음에 두었던 제자들에게 하나의 도전이 될 만한 일이 생겼다. 제자 그룹에 속하지 않은 사람이 주님의 이름으로 귀신을 쫓아내는 일이 생긴 것이다. 이 사람을 어떻게 대해야 하는지에 대한 문제가 발생한 것이다.

제자들은 주님께 물었다. "우리를 따르지 않는 자, 그리고 주님의 이름으로 귀신을 쫓아내는 자를 영접해야 하나요? 그를 말려야 하나요?" 주님의 대답은 단순하고 명료했다. "말리지 말라!" 우리에게 귀신을 쫓아내는 사건이 계속될 수 있는가? 그리고 주님과 제자와의 대화는 우리에게 어떤 의미를 주는가?

I. 귀신을 쫓아내다

1. 귀신의 존재와 하는 일

오늘날에도 귀신은 존재하는가? 존재한다. 그리고 그들은 여전히 일한다. 성령이 선한 이들의 영혼을 주관하듯이, 악한 영은 악한 이들의 영혼을 주관한다. 악한 영은 공중 권세 잡은 자로 세상을 지배하고 있다. 하나님의 자녀는 하나님 안에서 성령의 인도함을 받으며 살지만, 땅의 사람은 악한 영의 지배를 받으며 세상에 매여 산다.

마귀는 지금도 삼킬 것을 두루 찾아 헤맨다. 불쌍한 영혼을 부지중에 덮쳐 포로로 이끌어 간다. 악한 영혼 속에 거하며 보좌를 만들어 모든 생각과 행위를 자신의 뜻대로 이끈다. 잠시간 그 영혼을 비울 수는 있지만 이내 자기보다 강한 일곱 귀신을 데리고 가 다시 지배할 만큼 영혼을 탈취하는 일에 집요하다. 하나님을 모르는 사람들의 영혼을 지배하고 있으며, 하나님의 형상이 남아 있는 이들을 전적으로 파괴하려 하고 자신의 형상을 닮도록 한다.

2. 귀신의 일의 방식

과거에는 쥐고 있던 영혼의 영과 육에 직접 심한 고통을 주고 드러나게 활동했다. 지금은 이렇게 드러나게 일하는 것이 드물다. 이유는 간단하다. 예전에는 인류를 미신으로 이끌었지만 지금은 불신앙으로 이끄는 것이 효과적이라 판단하기 때문이다. 미신을 일으키는 일은 직접적인 위협이지만, 불신앙을 불러일으키는 것은 교묘한 전술이 필요하다. 현재 귀신, 곧 마귀는 이 두 전략을 동시에 구사한다. 미개한 지역은 전자의 방식을, 문명화된 지역에서는 후자의 전술을 구사한다. 이신론자, 2% 부족한 그리스도인들에겐 후자의 전술을 사용하기 때문에 그들은 마귀가 없는 것으로 착각하며 마귀와 더불어 평화의 공존을 모색한다. 지금 마귀는 날로 교묘해지며 지능화하고 있다. 마귀의 목적은 분명하다. 사람들의 눈을 멀게 하여 그리스도의 복음의 빛이 비치지 못하게 하는 것이다. 이를 위해 세상 것들로 유혹하여 그들의 마음을 세상에 묶어 놓고 교만, 시기, 분노, 미움을 날로 키워 지옥의 자녀가 되게 한다.

가장 도덕적이라 간주되었던 로마인들이 한 예가 된다. 그들의 사회는 가장 고상한 사회인 척했지만 로마서에 기록된 죄악들로 범람했다. 영국은 어떠했는가? 도처에서 거짓 맹세를 하고 술주정뱅이들로 넘쳐났으며 뚜쟁이 간음하는 자들이 판을 치지 않았는가? 예외는 없다. 온 세상은 공중 권세 잡은 자에 의해 지배당하고 있다.

3. 귀신을 쫓는 일

귀신 쫓는 일은 지금도 가능하다. 그리스도의 일꾼에게 주님께서 함께하시면 행할 수 있다. 하나님의 능력이 함께하실 때 죄인은 회개하며 내적이고 외적인 변화가 완전하게 이루어진다. 이 일이 바로 귀신을 쫓는 일이다. 힘센 자가 영혼을 찾아 붙들고 성령을 통해 하나님의 전으로 만든다. 이것이 하나님의 아들이 마귀를 멸하는 사건이다. 달리 말하자면 죄인의 죄에 대한 의식이 밝혀지고 마음이 하나님께 향함으로 성령을 충만히 받아 삶이 거룩해지며 은혜 안에서 자라게 되는 사건인 것이다.

하나님은 이 일을 자신의 일꾼을 통해 이루신다. 하나님만이 귀신을 쫓으시지만 이 일은 하나님이 지목하신 일꾼을 통해 이루어진다. 이렇게 행하는 일을 그리스도의 이름으로 하나님의 능력과 권위로 귀신을 쫓는 것이라 일컫는다. 이 일을 위해 우리가 알지 못하는 일꾼을 보내시기도 한다. 주의 길은 우리의 길과 달라 그분이 하시는 일을 다 알 수 없다. 때로는 강한 자를 부끄럽게 하시려고 약한 자를 택하시기도 한다. 귀신을 쫓는 일은 하나님의 일이시므로 우리가 자랑할 바가 아니다.

II. 우리를 따르지 않는 사람들

'우리를 따르지 않는다'는 말의 의미는 제자들의 그룹과 어떤 외적 관계가 없는 다른 시대, 다른 지역, 다른 문화권에 살고 있는 하나님의 종들을 일컫는 것일 수도 있다. 또 기독교 안의 다른 교파의 사람일 수도 있다. 기독교 안에는 이미 다양한 분파들이 존재한다. 그들은 한 믿음을 갖지만 믿음과 관계없는 일로 분열한 상태다. 믿음이 다른 것이 아니라 그 견해(opinion)가 다른 사람들이라 할 수 있다. 믿음의 실천에 대한 입장이 다른 사람을 일컫기도 한다. 다른 예배 방식을 취하거나 다른 전통을 따르는 경우다.

이단적인 그룹에 속해 있는 이들은 어떠한가? 그들은 그리스도를 믿는다고는 하나 심각하게 왜곡된 형태의 교리를 갖고 있다는 점에서 여기서 말하는 '우리를 따르지 않는 자'의 범주에 넣기는 어렵다.

III. 말리지 말라

1. 말리지 말라.

주님은 우리를 따르지 않는 자들을 '말리지 말라'고 말씀하신다. 그들이 귀신을 쫓아낸 증거가 확실할 때는 더욱 그러하다. 귀신을 쫓아냈다는 증거는 무엇인가? 1) 그 사람이 전에 죄인이었노라 명확하게 인정한다. 2) 이제는 죄인이 아니라 죄를 끊고 거룩한 삶을 산다. 3) 설교를 들은 후 변화가 있었다. 이런 증거가 있는 이의 일은 말리지 말아야 한다. 하나님의 능력을 사용하지 못하게 막지 말아야 한다. 특히 말릴 수 있는 권위가 주어졌을 때 하나님의 일을 막는 일에 그 권위를 사용하지 않도록 주의해야 한다. 이 일은 마귀의 일이기 때문이다.

(1) 평신도라는 이유 때문에 말리지 말아야 한다.

출신을 모르더라도 하나님의 능력이 나타났다면 막지 말아야 한다. 복음을 전하고 설교하는 일은 소명을 가진 이들의 일이지만, 이 일이 전적으로 그들에게만 맡겨진 것은 아니다. 누구든지 그 부름을 받을 수 있다(히 5:4). 아론은 성례를, 다른 이들은 설교를 위해 부름 받았음을 기억하라. 사도행전 8장은 모든 이들에게 설교할 수 있는 권한이 있음을 입증하고 있다. 한 사람이 아닌 수많은 평신도들에게 위임된 것이다.

(2) 안수받지 않은 사람들이 설교하는 것을 말리지 말라.

안수받지 않은 사람들이 설교하는 것을 말리지 말아야 한다. 그러나 설교하는 자는 합당한 '시험'을 거치는 것(딤전 3:10)이 반드시 필요하다. 시험 내용은 그들의 삶에 거룩하고 비난받을 일이 없는지, 교회의 덕을 쌓는 데 꼭 필요한 은사를 소유하고 있는지를 판단하는 것이다.

(3) 하나님을 경외하는 자를 말리지 말아야 한다.

논쟁을 통해, 겁을 주어 못하게 해서는 안 된다. 무시해서도, 나쁘게 이야기해도 안 된다. 이런 식으로 하는 것은 말리는 행위다.

2. 주님의 말씀을 기억하라.

'나를 지지하지 않는 사람은 반대하는 자요, 나와 함께 모으지 않는 사람은 헤치는 것이다.' 중립은 없다. 하나님 편이든지 마귀의 편이든지 둘 중 하나다. 누구든지 귀신을 쫓아내는 사람은 말리지 말고 오히려 힘을 다해 도와야 한다.

결론

'편협한 신앙'을 가지지 않도록 주의해야 한다. 편협한 신앙의 소유자는 우리를 따르지 않는다고 귀신 쫓는 일을 하는 이를 말리는 자요, 우리 파, 우리 주장, 우리 교회, 우리 종교에 너무 집착하여 귀신을 쫓는 일임에도 불구하고 배척하는 자다.

조심해야 한다. 차이가 있다 하여 다른 이가 귀신을 쫓아내는 것을 수용하지 않는 태도, 내 파가 아니라 하여 내 전통 안에 없다고 하여 이런 사람을 막는 것을 조심해야 한다. 우리는 자신을 돌아보아야 한다. 직간접적으로 하나님의 일을 행하는 이들을 금하지 않는가? 그런 사람을 통해 하나님의 역사가 일어나는 것에 대해 섭섭해하지 않는가? 우리 교회에 속하지 않는다고 하여 그의 일에 시비 걸고 왈가왈부하며 괴롭히고 낙심시키고 있지 않은가? 말로나 행동으로 분노, 불친절함을 그들에게 표시하고 있지 않은가? 죄인들이 그의 말을 듣지 않도록 훼방하고 있지 않은가?

말리지 않는 것으로는 부족하다. 더 나아가야 한다. 하나님의 도구가 다양함을 인정하고 그들에게서 나타나는 하나님의 역사를 기뻐하고 감사하며 찬양하라. 그들이 하나님의 일을 행할 수 있도록 격려하라. 그를 좋게 말하고 칭찬하라. 오히려 활동 범위를 넓혀 주어라. 그를 통해 귀신이 쫓겨나는 능력이 나타나도록 기도하라. 누군가가 우리를 말리더라도 우리는 그를 말리지 않도록 하라.

보편적 정신 Catholic Spirit

"예후가 거기에서 떠나가다가 자기를 맞이하러 오는 레갑의 아들 여호나답을 만난지라 그의 안부를 묻고 그에게 이르되 내 마음이 네 마음을 향하여 진실함과 같이 네 마음도 진실하냐 하니 여호나답이 대답하되 그러하니이다 이르되 그러면 나와 손을 잡자 손을 잡으니 예후가 끌어 병거에 올리며." **왕하 10:15**

역사적 배경

웨슬리는 내 그룹, 내 의견을 고집하는 편협한 신앙을 배격하고 보편적 정신을 추구했다. 그러나 그가 말하는 보편적 정신은 '본질'(essentials)을 망각한 방임적·보편적 정신이 아니라 복음의 중심을 견지하는 보편적 정신이다. 즉, 무절제한 사상적 자유를 추구하는 사변적 자유주의나 아무런 의견을 갖지 않는 무정견한 태도가 아니라 기독교의 구원의 도리에 대해 확고한 입장을 가지면서도 사랑을 기초로 하여 다른 의견을 가진 이들을 용납하는 태도를 의미한다.

설교 '편협한 신앙의 위험'과 비슷한 시기, 즉 1750년경에 작성된 본 설교에는 웨슬리의 이러한 입장이 잘 내포되어 있다. 웨슬리는 세 번 더 본문을 기초로 해서 설교한 것으로 알려져 있다. 1755년과 1770년에는 이 설교만 독자적으로 출판되기도 했다.

설교 읽기를 위한 질문

1. 하나님의 자녀들이 사랑해야 할 이유는 무엇입니까?(서론 1, 2항) 우리 가 이 계명을 따르는 데 방해하는 장애물은 무엇입니까?(3, 4항) 하나님 의 자녀들은 이런 장애물에도 불구하고 사랑을 실천해야 합니다. 누가 이런 삶의 표본이 됩니까?(5항)

2. 예후와 여호나답이 어떤 사람인지 살펴봅시다(왕하 8~10장 참조). 예후 가 여호나답을 향해 던진 질문은 무엇입니까? 이 질문에 내포된 특징 일곱 가지는 무엇입니까?(I)

3. 예후가 말합니다. "그러면 나와 손을 잡자." 이 말이 의미하지 않는 바 는 무엇입니까?(II.1, 2) 이 말이 의미하는 바는 무엇입니까?(II.3-8)

4. 여기에서 우리는 보편적 정신(Catholic Spirit)이 무엇인가를 추론할 수 있습니다. 보편적 정신이 아닌 것은 무엇입니까?(III.1-3) 보편적 정신은 무엇입니까?(III.4-6)

설교 핵심 요약

서론

'사랑하라'는 법칙은 보편적인 법칙이다. 하나님께 사랑의 빚을 진 자들에 게는 더욱 그러하다. 사랑해야 함은 처음부터 들은 소식이며(요일 3:11), 그리 스도께서 주신 새로운 계명이기 때문이다(요 13:34~35). 하나님의 자녀에게는 형제를 위해 목숨을 버리는 사랑이 마땅하다. 사랑하지 않는 자는 하나님을 알지 못한다. 왜? 하나님은 사랑이시기 때문이다(요일 4:4~8). 하나님께서 우 리를 사랑하셨다. 그러므로 우리는 서로 사랑해야 한다.

우리 모두는 이 진리를 익히 알고 있다. 그렇지만 이를 실천하지는 못한다. 왜 그런가? 서로 다르기 때문이다. 서로 생각이 다르고 행동이 다르다. 그러나 우리는 이 차이를 넘어 서로 사랑해야 한다. 이 차이가 사랑을 방해하게 해서는 안 된다. 사랑으로 하나 되어야 한다. 예후의 예를 통해 우리는 차이를 넘어 사랑하는 방법을 배우게 된다.

I. 내 마음이 네 마음을 향하여 진실함과 같이 네 마음도 진실하냐

1. 예후와 여호나답

예후는 B.C. 841~814년 약 28년간 북 이스라엘의 제10대 왕으로 통치한 왕이다. 여호나답은 겐 족속, 레갑 족속의 족장으로 지혜가 있고 경건하여 존경을 받았다(왕하 10:15~16). 이 둘은 사마리아의 바알 숭배자들을 진멸할 때 서로 협조하였다(왕하 10:23). 이 일을 행할 때 예후는 여호나답의 개인적 견해를 개의치 않았다. 여호나답은 자기 족속에게 경건한 삶에 대한 확고한 지침을 줄 만큼 확고한 자기 의견을 가진 사람이었다. 예후는 여호나답의 의견을 바꾸도록 강요하지 않고 존중했다. 이처럼 지혜로운 자는 다른 이들이 자신의 의견에 동조하도록 강요하지 않는다. 예후는 여호나답에게 예배의 형식을 묻지 않았다. 북 이스라엘의 예배에 익숙한 예후와 예루살렘을 중심으로 예배를 드린 여호나답 사이에는 분명 차이가 존재했을 것이다. 이 같은 예배 의식의 차이는 행동 양식의 차이를 유발할 수밖에 없다. 예후와 여호나답 사이에는 분명 차이가 존재한다. 그렇지만 이들 중 누구의 의견이 옳은가는 알 수 없다. 자신의 예배 방식을 강요해선 안 된다는 말이다. 형제의 양심을 지배할 권리는 그 누구에게도 없다. 내 믿음이 다른 사람의 믿음의 법칙일 수는 없다. 우리가 물어야 할 중요한 질문은 하나다. "내 마음이 네 마음을 향하여 진실함과 같이 네 마음도 진실하냐?" 즉 배경이나 의견이나 예배 형식이 아니라 '진실한 마음'의 교류다.

2. 질문의 의미

이 질문이 갖는 의미는 무엇인가? 다음 일곱 가지로 정리해 볼 수 있다.

첫째, 당신의 마음이 하나님을 향해 진실한가? 그분의 존재와 완전하심을 믿는가? 그분의 영원성과 무한성, 지혜와 능력을 믿는가? 지금도 능력의 말씀으로 만물을 유지함을 믿는가? 하나님 자신의 영광과 자녀의 행복을 위해 모든 것을 섭리함을 믿는가? 하나님께 속한 모든 일에 대해 신성한 증거와 초자연적 확신을 갖고 있는가? 눈으로 보는 것이 아닌 믿음으로 사는가? 일시적인 것이 아니라 영원을 바라보며 사는가?

둘째, 주 그리스도 안에서 하나님이 만물을 지배하며 축복하셨다고 믿는가? 당신의 영혼 속에 그리스도께서 함께하시는가? 십자가에 달리신 그분을 아는가? 주님이 당신 안에 계시며 당신이 주님 안에 거하는가? 당신의 모든 행위와 의를 부인한 후 하나님의 의에 자신을 복종시켰는가? 믿음으로 말미암은 의를 소유함으로 그리스도 안에서 발견되었는가? 주님을 믿는 믿음으로 선한 싸움을 싸우며 영원한 생명을 붙들고 있는가?

셋째, 믿음은 사랑의 힘으로 채워졌는가? 마음을 다하고 목숨을 다하고 생각을 다하고 힘을 다해 하나님을 사랑하는가? 주님 안에서만 행복을 구하는가? 영혼이 끊임없이 주를 찬양하고 기쁘시게 하는가? 범사에 감사하는 것이 참 기쁨임을 아는가? 하나님께서 당신 영혼의 중심이며 모든 열망의 초점인가? 천국을 사모하며 세상을 티끌같이 여기는가? 세상을 향한 열망을 끊어냈는가? 세상에 대해 못 박혔고 하나님 안에서 살아났는가?

넷째, 내 뜻이 아니라 하나님의 뜻에 따라 행하고 있는가? 하늘에 계신 아버지의 뜻을 행하는 것이 일용할 양식이 되고 있는가? 눈이 성한가? 주님만 바라보는가? 삶의 모든 초점이 주님을 향해, 그분의 영광만을 향해 맞춰져 있는가?

다섯째, 하나님의 사랑이 그분을 경외하고 즐거워하도록 강요하는가? 지옥보다 하나님을 경외하지 않음이 더 두려운가? 하나님의 거룩하심과 완전한 율법을 위반하는 모든 악행을 두려워하는가? 하나님과 인간에게 양심에 거리낌 없이 사는가?

여섯째, 내 마음이 이웃에 대해 진실한가? 자기 몸처럼 사람들을 사랑하는가? 원수까지도 사랑하는가? 불신자들까지도 사랑하는가? 그들을 위해 잠시간 저주받기를 스스로 원하는가? 저주하는 이들을 축복하고 박해하는 이들을 사랑하는가?

일곱째, 행동으로 사랑을 나타내는가? 모든 사람에게 선을 베푸는가? 그들이 필요로 하는 것을 최선을 다해 공급하는가?

II. 그러면 나와 손을 잡자

1. 내 의견에 동조하라는 뜻이 아니다.

이 말은 내 의견에 동조하라는 뜻이 아니다. 그것은 불가능하다. 자신의 의견을 그대로 두고 손을 잡자는 것이다. 이것은 또한 내 예배 형식을 따르라는 것이 아니다. 하나님께 가장 인정받을 수 있는 자신의 방식을 고수하라. 기도, 세례, 성만찬 등 각자의 전통을 따라 하나님을 섬겨라. 차이를 물을 이유도 없다. 그저 손을 잡으면 된다.

2. 이 말의 참된 의미는 나를 사랑하라는 뜻이다.

네 마음이 진실하므로, 즉 하나님과의 관계가 참되므로 우리는 하늘 가는 동료며 하늘 가족이다. 그러므로 사랑하라는 뜻이다. 오래 참음과 진실함으로, 하나님의 한 자녀로 사랑해 달라는 뜻이다. 내가 부족하다 할지라도 그리스도 안에 있는 사랑으로 사랑하라는 것이며, 내 악행을 기억하지 말고 사랑해 달라는 뜻이다.

이는 하나님께 기도할 때마다 기억해 달라는 것이다. 나의 과오와 결점을 위해 기도해 달라는 것이며 내 마음도 진실할 수 있도록 기도해 달라는 것이다. 눈으로 보는 대로가 아닌 믿음으로 살아갈 수 있도록 기도해 달라는 것이다.

3. 또한 나로 하여금 사랑과 선행을 하도록 일깨워 달라는 의미다.

내 영혼의 건강을 위해 충고해 달라는 것이며, 내 뜻을 하나님의 뜻에 앞세울 때 견책해 달라는 것이며, 주님의 도구에 적합하도록 무엇이든지 가르쳐 달라는 의미다.

4. 나아가 말만이 아닌 행동으로 함께해 달라는 의미다.

양심이 이끄는 대로 하나님의 역사에 함께 동참하자는 의미고 누구든지, 어디에 있든지 하나님이 기뻐하시는 일을 행하는 이들과 마음을 함께해 달라는 의미다.

결론

'보편적 정신'은 중요하다. 그러나 이 말은 자주 오해되고 오용되었다. 이는 무절제한 사상적 자유를 추구하는 사변적 자유주의를 의미하는 것이 아니다. 무정견한 사고가 아니며 오히려 기독교의 구원의 도리에 대해 확고한 태도를 가진다. 방임을 일삼는 실천적 자유주의도 아니다. 공중예배, 예배의 방식에 무관심한 것이 아니라 확고한 예배의 정신을 가지고 있다. 믿음의 회중에 무관심하지도 않다. 오히려 회중과 연결되어 있다. 그들과 함께 기도하고 성만찬에 참여하며 예배한다. 가족으로 생각하며 믿음 안에서 서로 일으켜 세우고 돌본다.

참된 보편정신의 소유자는 진리와 믿는 바를 꾸준히 확신하는 자요, 하나님이 기뻐하시리라 생각하는 예배를 확고히 고수하는 자요, 회중과 밀접하게 연결되었기에 자신의 마음을 모든 이에게로 향하고 무차별적으로 사랑하는 자요, 말할 수 없는 온유함으로 그들의 행복을 열망하고 기도하고 위로해 주며 그들을 위해 자신의 생명까지도 내어 줄 준비가 되어 있는 자다.

그대는 이 길을 가고 있는가? 그렇다면 계속 가라. 그렇지 않다면 돌이키라. 완고함을 버리고 보편적 정신의 근원인 하나님 사랑에 자신을 던져라.

설교 35
그리스도인의 완전 Christian Perfection

> "내가 이미 얻었다 함도 아니요 온전히 이루었다 함도 아니라 오직 내가 그리스도 예수께 잡힌 바 된 그것을 잡으려고 달려가노라." **빌 3:12**

역사적 배경

웨슬리에게 '그리스도인의 완전'(Christian perfection)이라는 주제는 비교적 초기부터 나타난다. 예를 들어 1733년 설교 '마음의 할례'에서 웨슬리는 이미 '우리의 아버지께서 완전하신 것처럼 우리도 완전해야 할 것'을 힘주어 강조하고 있다. 이처럼 초기부터 웨슬리의 핵심 사상으로 자리 잡은 그리스도인의 완전은 그의 전 생애를 거쳐 더욱 정교하게 심화되어 간다.

본 설교는 1741년 웨슬리가 그리스도인의 완전이라는 주제를 설교 형태로 기록한 것이다. 이 설교를 기록하게 된 동기는 1740년 말 런던의 깁슨 감독(Bishop Edmund Gibson)과의 대담 때문이었다. 런던 지역은 웨슬리의 메도디스트 운동의 본산이었기 때문에 이 지역을 책임지고 있던 깁슨은 웨슬리의 핵심 주장인 그리스도인의 완전에 대해 알아보아야 했다. 이 대담에서 웨슬리는 완전에 대해 진솔하게 대답했고, 깁슨은 웨슬리의 설명을 듣고 '세상에 공포해도 좋다'는 동의를 했다. 웨슬리는 즉각적으로 그리스도의 완전에 대한 생각을 정리, 설교 형태로 출판하였다. 그렇지만 빌립보서 3장 12절을 기초로 한 설교는 이 설교 외에는 다른 곳에서 발견되지 않는다. 다만 이 빌립보서 본문은 1739년에 기초되고 1742년에 확장 기록된 소논문 '메도디스트의 특성'(The Character of a Methodist)에서 주제 성구로 나타난다. 이 설교는 1750년에 발간한 웨슬리 설교집 3권에 포함되었다.

웨슬리의 완전 사상은 이후로도 지속하여 발전되어 간다. 이 같은 발전 과정은 적어도 1777년까지 계속된다. 이런 발전 과정을 체계적으로 설명한 것이 바로 그의 소논문 '그리스인의 완전에 관한 평이한 설명'(A Plain Account of Christian Perfection)이다. 이 논문은 웨슬리 자신이 작은 제목으로 덧붙여 설명한 바와 같이, 1725년부터 1777년에 이르기까지 그리스도인의 완전에 관한 웨슬리 자신의 이해의 발전 과정을 적시해 놓은 것이다.

설교 읽기를 위한 질문

1. '완전'이라는 주제에 관해 언급하는 것을 꺼리는 것이 일반적 풍토입니다. 그러나 왜 우리는 완전을 언급해야 합니까?(서론 1-3항)
2. 그리스도인들은 완전한 존재가 아닙니다. 어떤 의미에서 그렇습니까?(I.1-8) 그리스도인의 완전이란 무엇입니까?(I.9)
3. 그리스도인의 완전을 말할 때 그 전제는 무엇입니까? 완전하다고 할 수 있는 이 단계의 마지막은 무엇입니까?(II.1)
4. 하나님께로 난 자는 그가 어린아이의 상태라 할지라도 완전합니다. 어째서 그렇습니까?(II.2, 21)
5. 하나님께로 난 자는 죄를 짓지 않는다는 의미에서 완전합니다. 여기서 죄를 짓지 않는다는 의미는 무엇입니까?(II.2-5) 이에 대한 첫 번째 오해는 무엇입니까?(III.6-7) 이에 대한 성경의 답변은 무엇입니까?(II.8) 두 번째 오해는 무엇입니까?(II.9) 그에 대한 성경적 답변은 무엇입니까?(II.9-20)
6. 하나님의 자녀는 악한 생각이나 성품에서 해방되었다는 의미에서 완전합니다. 이렇게 적용할 수 있는 사람들은 누구입니까?(II.21) 악한 생각

에서의 자유는 무엇을 뜻합니까?(Ⅱ.22-23) 악한 성품에서의 해방이 뜻
하는 것은 무엇입니까?(Ⅱ.24-26)

7. 언제, 어떻게 완전한 사람이 될 수 있습니까?(Ⅱ.27-29) 완전을 위해 지
금 해야 할 일은 무엇입니까?(Ⅱ.30)

설교 핵심 요약

서론

'완전'은 거론하기 꺼리는 주제다. 하도 반대자가 많아 아예 꺼내지도 말
라고 한다. 그러나 하나님께서 말씀하신 바를 선택해서 전할 수는 없다. 완
전은 하나님께서 전하라 하신 바이기에 우리는 완전을 증거해야 한다.

본문에서 바울은 온전히 이루지 못했다고 말하면서, 자신이 아직 완전하
지 않은 자임을 말한다. 그러나 동시에 15절에서는 "누구든지 우리 온전히
이룬 자들"이라고 표현한다. 그렇다면 어떤 의미에서 완전하며 또 어떤 의미
에서 완전하지 않은가?

I. 그리스도인은 완전하지 못하다

1. 그리스도인은 완전하지 않다.

(1) 지식에 있어서 완전하지 않다.

그는 세상에 대해서도 알고 하나님의 세계에 대해서도 안다. 하나님의 용
서, 성령의 역사, 섭리하시는 지혜, 하나님이 삶의 현장에서 우리에게 바라
시는 것 등에 대해 깊은 지식을 가지고 있다. 그러나 반대로 알지 못하는 것
도 많다. 하나님, 삼위일체, 하나님의 아들에게서 나타나는 신성과 인성, 하
나님의 크신 일이 나타나는 때에 대해서는 알지 못한다.

(2) 실수를 전혀 하지 않을 만큼 완전하지 않다.

구원의 길에 대해서는 완전하다. 그러나 지엽적인 문제들에 대해서는 실

수한다. 있는 것을 없는 것으로, 없는 것을 있는 것으로 착각하기도 하고 악한 것을 선한 것으로, 악한 자를 선한 자로, 거룩하고 책망할 것이 없는 자를 악한 사람으로 오인하기도 한다. 성경에 대해서 잘못 이해할 때도 있다.

(3) 연약성이 없는 완전은 아니다.

신체적인 연약함이 있고 이해력, 기억력, 말의 사용에 한계가 있다.

2. 그리스도의 완전은 '거룩함'의 다른 표현이다.

그리스도인의 완전은 무지도 없고, 연약성도 없고, 유혹도 없는 그런 완전이 아니다. 그리스도의 완전은 '거룩함'의 다른 표현이다. 그러므로 이 땅에서 절대적인 수준의 완전(perfection of degrees)은 없다. 계속적인 성장을 하는 완전만 있을 뿐이다. 어느 정도에 도달했든지, 어느 정도 완전해졌든지 은혜 안에서 계속 자라야 하는 것이다.(벧후 3:18)

II. 그리스도인은 완전하다

1. 믿음 생활의 단계

믿음 생활에는 몇 가지 단계가 있다.

첫째, 어린아이의 믿음이다. 이는 회개와 죄 용서, 곧 칭의에 이르는 믿음의 단계다.

둘째, 청년의 믿음이다. 하나님의 말씀이 그 안에 있어서 강건한 믿음을 가진 사람이다. 첫 번째 믿음을 통해 죄 사함과 화평을 얻은 이후 영의 증거가 마음속에 거한 까닭에 혼잡케 하는 의심과 두려움이 없는 단계다.

셋째, 아비들의 믿음이다. 이는 태초부터 계신 이를 아는 상태며, 깊은 영혼으로부터 성부 성자 성신을 아는 상태다. 그는 한마디로 그리스도의 장성한 분량에까지 성장한 완전한 사람이다.(엡 4:13)

2. 각 단계는 완전하다.

어린아이부터 아비들의 믿음에 이르기까지 어떤 단계에 있든지 우리는 완전하다고 말할 수 있다. 이들은 하나님께로부터 났기 때문이다. 즉, 하나님께로 난 자가 완전하다는 것이다. 하나님께로 난 자가 완전한 이유는 무엇인가? 여기에는 두 가지 차원이 있다.

(1) 죄를 짓지 않기 때문에 완전하다.

아들에게는 특권이 있다. 죄를 짓지 않는다는 것이다. 그는 더 이상 죄 가운데 살 수가 없다(롬 6:12). 옛 사람을 십자가에 못 박아 죄의 몸이 멸하여 다시 종노릇하지 않는다(6~7). 죄가 저희를 주관하지 못하기 때문이다. 그는 오직 하나님께만 산 자요(11), 의의 종이다(14, 18). 그는 지난 죄로부터 자유로울 뿐 아니라 외적인 죄(outward sin - 율법을 외적으로 범하는 죄)에서도 해방되었다. 요한일서 3장 9절 이하는 이를 요약해 준다. "하나님께로부터 난 자마다 죄를 짓지 아니하나니…." 하나님의 나신 자가 하나님께로부터 난 자를 지키시기 때문이다.(5:18)

(2) 악한 생각이나 성품에서 해방되었다는 의미로까지 확대될 수 있다.

이 단계의 완전은 오직 주 안에서 강한 자와 악한 자를 이긴 자의 경우, 즉 청년의 믿음을 소유한 자 그리고 태초부터 계신 이를 아는 자, 곧 아비의 믿음을 소유한 자에게만 적용될 수 있다. 그는 악하고 죄된 생각에서 자유롭다. 이는 죄에 대한 판단 자체를 안 한다는 뜻이 아니다. 마음이 변화되었기에 악한 생각이 자라날 수 없는 상태, 다시 말해 모든 생각을 사로잡아 그리스도에게 복종시키는 상태를 의미한다(고후 10:4 이하). 그는 또한 악한 성품에서 자유롭다. 스승 되신 그리스도는 원수를 사랑하는 데까지의 성품을 지니셨다. 제자 또한 마찬가지가 된다. 왜 그런가? 그리스도와 못 박히면서 그리스도의 마음을 가졌기 때문이다(갈 2:20). 나의 악한 성질이 다 죽고 그리스도의 성품이 산 것이다. 교만, 욕망으로부터 깨끗하고 분노하지 않는다.

III. 그리스도인의 완전에 대한 반론

'그리스도인은 완전하다'고 할 때 이에 대해 강력한 반론들이 제기된다.

첫째, 하나님의 자녀는 무죄가 아니라 단지 다른 사람에 비해 죄가 적을 뿐이라는 반론이다. 그리스도인에게 완전이라는 말을 사용해서는 안 된다는 사람들은 아브라함과 다윗의 범죄 사실을 예로 들면서 이 같은 주장을 한다. 그러나 우리가 기억해야 할 것은 그들은 '예수 그리스도'가 오시기 전의 사람들이라는 점이다. 성경은 이들이 세례 요한보다 크지 않다고 말한다(마 11:11). 그 이유는 하나님의 은총의 크기, 곧 그리스도를 아는 지식의 크기가 다르기 때문이다. 우리에게 주신 복음에 나타난 하나님의 은총은 그 이전의 것과 비교할 수 없을 만큼 크다. 복음 이전의 사람들은 죄를 지을 수 있었으나 복음의 자녀는 죄를 짓지 않는다.

둘째, '의인도 일곱 번 넘어지지 않는가' 하는 반론이다. 물론 그랬다. 그러나 그것은 그리스도께서 오시기 전까지다. 주님이 오심으로 우리는 이제 종이 아니라 아들이 되었다. 성령이 오시기 전까지는 불완전했다. 거룩하게 하시는 성령의 은총은 주님 가신 후 오순절에 도래했다. 즉, 죄에서 구원받는 은총은 예수님께서 영광을 받으신 후에야 주어졌다(벧전 1:9~10). 이것은 그리스도인의 특권이다. 이를 유대적 섭리 시대의 잣대로 보아서는 안 된다. 때가 찼고 성령이 오셨으며 그리스도를 통해 하나님의 구원이 왔기 때문에, 복음을 믿는 자는 약한 자가 다윗 같겠고 다윗의 후손들은 하나님 같을 것이다.(슥 12:8)

그러면 반론을 제기하는 사람은 즉각적으로 실수를 범한 바울과 바나바를 예로 들 것이다. 그들도 실수했기 때문이다. 그러나 이 둘의 실수가 그리스도인도 범죄할 것이라는 논거가 되어서는 안 된다. 하나님의 은총은 충분하다. 하나님은 우리에게 피할 길을 주시기에 감당 못할 시험은 없다. 바울은 자신의 가시를 제거해 줄 것을 세 번이나 간구했다. 그러나 이 가시는 죄가 아니라 육체적 질병이었다. 영적 연약함이 아니라는 말이다. 하나님의 자녀에게 범죄의 필연성은 없다. 물론 야고보도 "우리가 다 실수가 많다"(3:2)고 말한 적이 있다. 이 실수는 죄가 맞다. 그러나 여기서 '우리'는 하나님께로서 난 자를 지칭하는 것이 아니다. 행함 없는 믿음을 가르치는 어리석은 사람들을 의미한다. 이 '우리'는 야고보나 참된 신자가 아니다. 요한 사도도 "우리가 죄 없다 하면 스스로 속이는 것"이라 말한 적이 있다(요일 1:8). 여기서 지칭한 '우리' 역시 하나님께로서 난 자가 아니라 예수님을 믿기 전의 일반적인 상황에 있는 사람들을 말한 것이다. 여기서 핵심 포인트는 과거 우리는 죄인이었으나 주님의 은총 안에서 용서받았기 때문에 더 이상 죄인이 아니며 가서 다시는 죄를 범하지 않을 것이라는 사실이다(요 8:11). 즉 그리스도인은 완전하다.

결론

그렇다면 무엇이 우리를 완전으로 이끄는가? 오직 하나, 그리스도의 복음만이 우리를 완전으로 이끈다. 복음만이 우리를 외적인 죄에서 구원하며 악한 생각, 악한 성품으로부터 우리의 마음을 변화시킨다.

완전해야 하는 때는 언제인가? 저 세상이 아니다. 지금 여기다(요일 4:17). 지금 여기에서 완전한 구원을 이룬다. 요한 사도의 가르침은 바로 이 점을 명확히 한다. 죄를 용서하시고 모든 불의에서 깨끗하게 하심, 모든 죄와 불의에서 구원받는 것, 즉 죄를 짓지 않으며 악한 생각과 성품에서 자유롭게 되는 완전은 지금 여기에서 이루어야 한다.

우리는 오직 한 일 뒤에 있는 것은 잊어버리고 앞에 있는 것을 잡기 위해 푯대를 향하자. 썩어짐의 종노릇에서 벗어나 하나님의 자녀들의 영광의 자유에 참여하자.(롬 8:21)

설교 36

방황하는 생각들 Wandering Thoughts

> "하나님 아는 것을 대적하여 높아진 것을 다 무너
> 뜨리고 모든 생각을 사로잡아 그리스도에게 복종
> 하게 하니." 고후 10:5

역사적 배경

설교 '그리스도인의 완전'에서 웨슬리는 담대하게 다음과 같은 결론을 내린다. "그리스도인은 이 세상에서 모든 죄로부터 구원함을 얻었다. 그러므로 그리스도인은 더 이상 죄를 짓지 않으며 모든 악한 생각과 기질에서 자유함을 얻었다."(Ⅱ.28) 이런 결론에 대해 풀리지 않는 의문이 제기되는데, 그것은 그리스도인이 죄를 짓지 않고 모든 악한 생각과 기질로부터 자유하다면 '방황하는 생각들'(wandering thoughts) 자체가 없어야 하지 않는가 하는 문제다. 그리스도인이라 할지라도 날마다 방황하는 생각들을 경험하며 사는 것이 현실인데 이것은 어떻게 설명될 수 있는가? 웨슬리는 이 문제를 해명할 필요성을 느꼈으며 본 설교는 바로 이 문제에 대한 답변이다. 그는 그리스도인이 완전하다 할지라도 이 땅에 사는 한 방황하는 생각은 회피할 길이 없다고 본다. 그러나 그리스도인의 방황은 하나님을 떠난 방황이 아니라 초점을 떠난 방황이기 때문에 죄가 되는 것은 아니다. 다만 이 초점을 떠난 방황으로 인해 믿음의 파선에 이를 수 있기 때문에 늘 깨어 기도해야 한다.

웨슬리는 이 주제에 대해 1757년 3월부터 설교하기 시작했으며 1760년 11월과 1761년 1월에도 반복했다. 이 설교의 첫 출판은 1762년 브리스톨에서 이루어졌다. 그 이듬해 요크(York)에서도 출판되었고 같은 해에 또다시 브리스톨에서 독자적인 책자 형태로 발간되었다. 이 설교는 웨슬리 설교집 3권에 포함되었는데, '그리스도인의 완전'이라는 설교 뒤에 배치되었다.

설교 읽기를 위한 질문

1. 모든 생각을 그리스도께 복종시키지 않는 결과는 무엇입니까?(서론 1, 2항)
2. 생각이 방황하는 형태는 다양합니다. 그러나 그것은 일반적으로 두 가지 형태로 나눌 수 있습니다. 그것은 무엇입니까?(I.1)
3. 하나님을 떠난 방황은 무엇입니까?(I.2, 3) 초점을 떠난 방황은 무엇입니까? 이 둘의 차이는 무엇입니까?(I.4)
4. 생각이 하나님을 떠나 방황하게 되는 원인은 무엇입니까?(II.1, 2) 초점을 놓쳐서 방황하게 되는 원인은 무엇입니까?(II.3-9)
5. 어떤 방황하는 생각이 죄가 되는 것입니까?(III.1-4) 또 어떤 것들이 죄가 되지 않습니까?(III.5-7)
6. 하나님을 떠난 생각의 방황은 어떻게 해결됩니까?(III.1) 초점을 잃은 생각의 방황은 어떻게 진행됩니까?(III.2-6) 이에 대해 우리가 할 수 있는 일은 무엇입니까?(III.7-8)

설교 핵심 요약

서론

무익하고 해로운 생각, 곧 방황하는 생각은 완전을 향해 가는 여정을 방해하는 방해꾼이다. 이것은 하나님이 그들 안에 행하신 일들을 처음에는 의심으로, 나중에는 부인하도록 유인한다.

I. 방황하는 생각들의 종류

방황하는 생각은 대략 두 가지로 나눈다. 첫째는 아예 하나님을 떠나는 것이고, 둘째는 초점을 떠나는 것이다. 하나님을 떠나는 것은 원래 인간의 본성의 반영이다. 이런 사람은 하나님 없이 살았기에 하나님에 대한 생각 자체가 없다. 세상 생각으로 가득 차 있다. 무엇을 마실까 입을까 가질까에 관심이 있을 뿐 하늘의 것엔 관심이 없다. 나아가 하나님께 대항한다. 원래 육의 마음은 하나님에 불평하고 대적한다. 갈수록 육체의 노예가 되어 쾌락에 빠져 든다. 특별한 요점을 떠나 방황하는 것은 이와는 성격이 다르다. 하나님을 떠나거나 대적하진 않아도 참된 기독교인이 지켜야 할 초점에서 떠나 이리저리 방황하는 것을 의미한다. 예를 들어 기독교인이 싸울 것은 영적 싸움이지만 이에 초점을 모으지 못하고 육적 싸움에 몰두한다. 전자가 하나님을 반대하는 방황이라면, 후자는 믿음이 굳지 못해 하는 방황이다.

II. 이 생각들이 나타나는 이유

하나님을 반대하는 방황의 이유는 죄악된 성품 때문이다. 이는 자연적 인간 상태에 있는 모든 인간에게 적용된다. 그는 무신론자요 우상숭배자요 쾌락주의자일 뿐이다. 악한 성품으로 인해 좋지 않은 생각으로 가득 차 방황하며 살아간다. 초점에서 벗어나는 방황의 이유는 병든 육신이나 이해력의 훼손 등이다. 정신 착란, 세상의 시험 등도 원인이 되지만 무엇보다 악령의 활동이 그 주요 원인이다.

III. 이 생각들 중 죄인 것과 아닌 것

1. 죄악된 것들

하나님을 떠나 방황하게 하는 것은 모두 죄악된 것이다. 하나님을 반대하는 것은 더 무서운 죄악이다. 이 같은 것은 모두 죄악된 기질에서 나오는 것으로 죄가 된다. 즉 복수심, 교만, 육욕, 허영심에서 솟아 나오는 모든 것은 죄가 된다. 물론 생각 자체가 죄가 되는 것은 아니다. 그러나 이것이 '죄악적 기질', 즉 육신의 정욕, 안목의 정욕, 삶의 자랑 등을 발생시키면 죄다. 다른 사람의 말이나 행동에 영향을 받아 생긴 생각이 '잘못된 성향을 키우는 것'도 죄다.

2. 죄악이 아닌 것

신경 쇠약, 어떤 종류의 열병, 정신 착란 등은 죄악이 아니다. 몸의 어떤 작용으로 인해 생겨나는 방황은 죄가 없다. 다른 사람들에 의해 영향받아 방황하는 생각을 가지는 그 자체는 무죄다. 마귀의 속삭임으로 인해 갖게 된 생각도 무죄다. 예를 들어 마귀는 주님을 유혹했고 주님은 그 유혹을 생각에 담으셨다. 그러나 그를 따르지는 않으셨다.

결론

우리는 어찌해야 하는가? 하나님을 떠나거나 하나님의 뜻에 반대되는 것으로 인해 방황하게 되는 것에서 자유롭게 된 자는 구원의 완성을 이룬 것이다. 이는 사랑 안에서 완전을 이룬 자다. 사람들과 악마들은 이런 자를 방황으로 이끌려 하지만 완전한 자를 지배하진 못한다.

초점을 흩뜨리는 방황의 원인은 우리가 육체에 거하는 한 회피할 수 없다. 썩어질 것이 썩지 않는 것으로 옷 입혀질 때까지 이런 방황은 계속된다. 이런 방황에서 벗어나려면 육체를 벗어야 하고, 세상을 벗어나야 한다.

악한 자는 영혼을 파멸시키기 위한 노력을 게을리하지 않고 계속할 것이다. 우리가 할 수 있는 일은 오직 '기도'다. 이 땅에서 살면서 천사처럼 되기를, 영원성을 가진 존재가 되기를 기도해야 한다. 본성의 연약함, 사람들의 방해, 악한 영의 공격과 유혹을 이기고 승리할 수 있도록 기도해야 한다. 죄의 뿌리와 가지를 제거할 수 있도록, 육체와 정신의 오염에서(악한 기질, 말, 행동) 깨끗할 수 있도록 기도해야 한다. 온 마음과 정신과 영혼과 힘을 다해 하나님을 사랑할 수 있도록, 성령의 열매가 우리 안에서 발견되도록 기도해야 한다.

사탄의 계략 Satan's Devices

"이는 우리로 사탄에게 속지 않게 하려 함이라 우리는 그 계책을 알지 못하는 바가 아니로라." **고후 2:11**

역사적 배경

이 설교는 앞의 설교 '방황하는 생각들'과 더불어 그리스도인의 완전을 향한 순례의 길에 나타나는 장애물에 관한 것이다. '방황하는 생각들'이 순례자 자신의 내면에 나타나는 문제를 다룬 것이라면, '사탄의 계략'은 완전을 향한 발걸음을 좌절시키려는 외적 세력, 곧 사탄의 계략을 다루고 있다.

웨슬리는 이 세상이 사탄의 권세 아래 있다고 보았다. 이런 관점은 웨슬리가 옥스퍼드 시절의 홀리 클럽(holy club)을 이끌던 때에도 발견되는 것으로 보아 비교적 초기부터 형성된 것으로 보인다. 웨슬리는 사탄의 궁극적 관심이 복음 자체를 분열시키거나 훼손시킴으로써 그리스도인으로부터 하늘나라를 탈취하는 것이라고 말한다. 이를 위한 사탄의 계략은 성령 안에서의 의, 평강, 기쁨을 파괴시키는 것인데, 파괴의 순서는 역순으로 이루어진다. 기쁨을 사라지게 한 뒤 평강을 무너뜨리고 궁극적으로는 하나님과의 참된 관계인 의를 무너뜨린다. 이런 사탄의 계략을 차단하는 길은 오직 완전을 향한 부단한 발걸음이다. 게으르지 말고 확고한 믿음과 성령이 주시는 평안과 소망에 대한 확신 속에서 완전에 이르기까지 더욱 힘써야 한다. 이 설교가 인쇄된 것은 1750년이지만 그 이전에 같은 본문으로 네 번이나 설교했다. 인쇄된 후로도 세 차례 이상 설교한 것으로 보인다.

1. 사탄의 최종 관심은 무엇입니까?(서론 1) 이를 이루기 위한 사탄의 계책은 참으로 많습니다. 이 중 가장 두드러진 것은 무엇입니까?(서론 2-5항)
2. 사탄이 우리 영혼 안에서 행하신 하나님의 놀라운 일을 파괴하기 위해 집중적으로 공격하는 대상에는 어떤 것들이 있습니까?(I.1, 2, 5) '기쁨'을 좌절시키기 위해 어떻게 공격합니까?(I.1) 기쁨을 좌절시킨 후에는 평강을 깨뜨리려 합니다. 이 일은 어떻게 진행합니까?(I.2-4) 하나님이 주신 의를 파괴하기 위해 사탄은 어떤 방식으로 일합니까?(I.5-12) 우리 영혼 안에서 이루어진 하나님의 나라를 파괴하기 위해 사용하는 사탄의 전술전략은 어떻게 요약될 수 있습니까?(I.13, 14)
3. 우리에게서 성령의 기쁨을 좌절시키려는 사탄의 시도를 어떻게 막을 수 있습니까?(II.1) 우리 안에 있는 평강은 어떻게 지켜질 수 있습니까?(II.2) 하나님으로부터 얻은 의는 어떻게 굳건히 지킬 수 있습니까?(II.3, 4)
4. 하나님의 자녀들의 완전을 향한 길을 막는 사탄의 계략에 대한 대응책은 무엇입니까?(II.5-8)

설교 핵심 요약

서론

하나님의 자녀를 파괴시키려는 사탄의 계책은 수없이 많다. 방법은 다르지만 초점은 언제나 하나다. 복음 자체를 분열시키거나 다른 복음으로 대체하려고 시도하는 것이다. 하늘나라는 성령 안에서의 의와 평강과 희락이다. 갓 거듭난 이들은 이 같은 나라를 맛보지만 아직 열매를 맺은 것은 아니다.

그들에게는 이보다 엄청난 수확이 기다리고 있다. 아직은 연약하다. 그들은 온 마음과 생각과 영혼과 힘을 다해 하나님을 사랑하고 항상 기뻐하고 쉬지 않고 기도하며 범사에 감사하게 되기를 갈망한다. 사랑 안에서 완전하기를 바란다. 그들은 그리스도의 온전한 마음이 우리 마음이 되기를, 그리스도가 빛 가운데 계신 것처럼 빛 가운데 머물기를, 다른 사람을 생명을 다해 사랑하기를, 영육간에 모든 불결함에서 벗어나 하나님의 순결함을 갖도록 간절히 원한다. 사탄은 바로 이 여정을 훼방한다. 온갖 방식을 동원해 완전을 향해 나아가는 길을 방해한다.

I. 사탄의 계략

1. 주 안에서의 기쁨을 꺾으려 한다.

사탄은 우리가 완전하지 않다는 사실을 직시하게 함으로 현재에 누릴 기쁨을 누리지 못하게 한다. 우리로 하여금 '아직' 받지 못한 것 때문에 '이미' 받은 것을 경시하게 만든다.

2. 평안을 꺾으려 한다.

사탄은 하나님의 자녀를 향해 "너는 하나님을 바라볼 자격이 있는가?"라고 쉬지 않고 묻는다. 또한 "완전에 이르지 못한 자가 어떻게 하나님께 가까이 나아가려 하는가?"라고 묻는다. 이런 질문들은 우리의 평안을 깨뜨리게 만든다. 이런 시도는 우리 안에 있는 것들로 또다시 의를 삼게 하고 그것을 공로로 삼게 만든다. 결국 처음 왔던 지점으로 되돌려 놓는 계략이다.

3. 죄의 용서를 의심케 한다.

그리스도로 말미암아 값없이 의롭다 함을 얻었다는 사실을 아는 사람이라 할지라도 사탄은 공격을 멈추지 않는다. "나무는 그 열매로 안다. 그렇다면 의의 열매는 있는가? 예수의 마음이 그대 안에 있는가? 그분의 죽으심과 부활의 증거가 있는가?"라고 질문한다. 이 질문들은 자신의 작은 열매를 바라보게 하고 결국은 '아직 내 죄를 용서받지 못했구나' 하는 좌절로 이끈다. 이런 종류의 공격은 하나님의 자녀가 질병과 고통 속에 있을 때 더욱 기승을 부린다. 거룩하지 않고서는 주님을 바라볼 수 없다. 그런데 당신은 거룩하지 못하지 않은가? 당신은 결코 하나님의 거룩의 수준에 도달할 수 없다. 공연히 애를 쓴 것 아닌가? 당신은 결국 멸망할 것이라고 공격한다. 그리스도를 끊임없이 바라보지 않는다면 이런 사탄의 공격에 굴복하게 될 것이고 다시금 죽음의 공포로 빠져 들게 될 것이다.

II. 사탄의 공격은 멈추는 법이 없다

완전을 향하는 하나님의 자녀에 대한 공격은 계속된다. 성령 안에서의 기쁨과 평강과 의를 파괴하려고 간단없이 일한다. 그들이 택하는 핵심 전략은 완전을 향한 기대를 이용, 현재 얻은 것을 흔들며 파괴시키는 것이다. 이것은 두 가지 방향으로 전개된다. 하나는 왜 이리 더디 가는가 하면서 불평하게 만드는 것이고, 다른 하나는 현재 얻은 것으로 만족하게 하면서 더 이상 전진하는 것을 포기하게 한다. 사탄은 이 둘을 교차적으로 활용하여 영의 혼란을 야기시킨다.

III. 어떻게 이길 것인가

사탄의 공격을 이기기 위해서는 두 가지가 필요하다. 첫째는 소극적 대응이고 또 하나는 적극적 대응이다. 소극적 대응은 '주의'하는 일이고 적극적 대응은 구체적으로 무엇인가를 행하는 일이다.

1. 주의하라.

완전에 비추어 현재 죄에 물들어 있다고 지적함으로써 기쁨을 좌절시키는 때를 주의해야 한다. 이때 우리는 하나님의 은총을 바라보아야 한다. 그러할 때 나의 부족함을 느끼고 소망으로 더욱 확신하게 될 것이기 때문이다. 이 소망을 확고히 붙들기만 하면 기쁨은 더 증가한다. 초가 불에 녹듯이 사탄의 궤계는 이 확고한 소망 앞에서 사라지게 된다. 내 안의 변화를 알게 되며 우리를 위해 이미 큰일을 하셨고 더 큰일을 하실 구원의 하나님 안에서 더욱 즐거워하게 된다. 사탄의 쏘는 활은 그의 머리로 되돌아가게 된다.

하나님은 거룩하시다. 그러나 우리는 그렇지 못하다는 말로 평안을 좌절시킬 때 주의해야 한다. 우리가 거룩하게 되는 것은 나 자신의 의가 아닌 그리스도를 통한 믿음의 의라는 말씀을 붙들어야 한다. 은혜로 말미암아 구원을 얻었다는 말씀에서 결코 떠나지 말아야 한다. 이럴 때 우리가 느낄 죄책감과 완전에 대한 기대 모두 오히려 평안을 이루는 데 도움이 된다. 질병 공포가 와도 의심이나 공포가 없다. 한 날이 천 년처럼 그 어디나 하늘나라가 된다. 그리스도를 믿는 믿음에 견고하라. 이것이 기쁨의 면류관이다. 이 가운데 평강과 기쁨이 충만하게 되며 하나님의 형상을 이루어 간다.

아직 거룩함을 이루지 못했다고 할 때 조심해야 한다. 거룩함과 하늘나라는 동의어다. 사탄은 이를 분리시키려 하는데 우리는 이렇게 하려는 그 어떤 시도도 주의해야 한다. 하나님은 그리스도를 통해 우리를 용서하셨고, 하나님의 형상으로 새롭게 하시며 그분에게 합당하도록 거룩하게 하시면서 그의 면전에 서도록 이끄신다.

2. 이렇게 대응하라.

(1) 복된 말씀과 장차 올 세상의 능력을 맛보라.

이 삶에는 불평이 있을 수 없다. 이미 이루신 일에 찬양과 감사를 돌릴 것이고, 장차 이룰 일 때문에 소망으로 바라볼 것이기 때문이다. 때가 차지 않았다고 초조해하는 것이 아니라 소망으로 부풀게 될 것이다.

(2) 완전에 이른 사람을 볼 때는 하나님의 은총을 부러워하거나 질시하지 말아야 한다. 오히려 그 일을 바라보고 기뻐하고 위로받아야 한다. 약속을 성취하시는 하나님에 관한 증거로 삼아 구원의 완성을 더욱 소망해야 한다.

(3) 시간을 속량하라.

때를 얻든지 못 얻든지 은총 안에서 성장하는 기회로 삼아야 한다. 선한 일을 할 수 있는 기회를 놓치지 말아야 한다. 한 달란트를 다섯으로 불리도록 힘써야 한다. 하나님은 지금 여기에서 축복을 내리시길 원한다. 지금 여기에서 믿음에 용기를, 용기에 절제를, 절제에 인내를, 인내에 형제애를, 형제애에 하나님을 경외함을 더하도록 힘쓰라. 지금 열매를 맺으라. 그리스도의 영원한 나라가 우리에게 열릴 것이다.

(4) 하나님처럼 거룩하라는 복된 소망을 붙들라.

남용하지 말고(교만으로 인해) 유용하게 붙들라. 확고한 믿음과 성령이 주시는 평안과 소망에 대한 확신 속에서 완전에 이르기까지 더욱 힘쓰라. 그리스도를 아는 지식 안에서 날마다 전진하라. 이미 이룬 것과 장차 이룰 일에 있어서 하나님을 향한 순종과 인내, 겸손한 감사로 힘차게 나아가라. 온전한 사랑을 통해 하나님의 영광에 이르기까지 그리스도를 바라보며 우리 앞에 놓인 경주를 달리라.

결론

사탄의 계략은 다양하지만 그 목적은 언제나 하나다. 복음 자체를 공격하여 무력화시키거나 다른 복음으로 대체하는 것이다. 복음은 다름 아닌 죄인인 우리가 이 땅에서 하나님의 나라, 곧 하늘을 누릴 수 있다는 복된 소식이다. 이는 성령 안에서 의와 평강과 희락을 누리며 사는 복된 소식이요, 온 마음과 생각과 영혼과 힘을 다해 하나님을 사랑하고 이웃을 내 몸처럼 사랑하며, 그리스도의 온전한 마음이 내 마음이 되어 영육간에 모든 불결함에서 벗어나 하나님의 순결함을 가지게 되는 복된 소식이다. 사탄은 온갖 방식을 동원해 이 여정을 훼방한다. 때를 얻든지 못 얻든지 은총 안에서 성장하는 기회로 삼아야 한다.

설교 38

원죄 | Original Sin

> "여호와께서 사람의 죄악이 세상에 가득함과 그
> 의 마음으로 생각하는 모든 계획이 항상 악할 뿐
> 임을 보시고." 창 6:5

역사적 배경

웨슬리는 전통적인 기독교 신앙에 입각해 인간은 전적으로 타락해 있다는 입장을 견지했다. 그의 원죄에 대한 관심은 젊은 시절부터 시작되었다. 1729년 창세기 1장 27절에 기초하여 행한 설교에서 원죄에 대한 확고한 인식을 드러냈으며 이후에도 기본적인 입장은 바뀌지 않았다. 다만 성숙해짐에 따라 그의 원죄론은 인간에게서 한 점의 가능성도 찾을 수 없다는 칼뱅의 논리보다는 선행은총의 빛 아래서 하나님의 은총을 수용할 수 있는 긍정적인 내용으로 발전해 나갔다. 이 같은 견해는 당시 비국교도 목사이면서 히브리 연구가였던 존 테일러 박사(Dr. John Taylor)가 '원죄에 대한 성경적 교리'(The Scripture Doctrine of Original Sin, 1740)라는 논문을 발간했을 때부터 본격화되었다. 이 논문은 다른 비국교도 목사들인 헵던(Samuel Hebden)과 제닝스(David Jennings)가 논쟁의 이슈로 삼음에 따라 많은 논란을 불러일으켰고, 웨슬리 또한 1757년에 원죄에 관한 논문을 발표함으로써 이 논쟁에 뛰어들었다. 이때 웨슬리가 썼던 논문이 '성경과 이성과 경험이 말하는 원죄론'(The Doctrine: according to Scripture, Reason, and Experience)이다. 이 논문의 첫 부분은 테일러의 원죄론에 대한 웨슬리 자신의 평가고, 다른 부분들은 제닝스, 헵턴, 와츠(Isaac Watts), 보스턴(Thomas Boston), 그리고 다른 사람들의 견해를 상당 부분 차용한 것들이다. 이미 웨슬리는 1751년과 1758년 사이에 창세기 6장 5절을 근거로 10회 정도 설교했으나 구두 설교 형태로는 자신의 생각을 다 전달하지 못할 것임을 알고 논문 형태로 작성했던 것이다. 1759년에는 논문 형태로 발전된 원죄론을 또다시 설교 현장에 맞도록 논문의 첫 부분을 중심으로 설교를 작성, 따로 출판하기도 했다. 1760년에는 이 설교를 네 번째 설교집 앞부분에 포함시켰다.

이 설교는 서방 기독교의 전적인 타락과 동방 기독교의 질병으로서의 죄와 그 치유로서의 구원의 관점을 함께 수용하고 있다. 즉, 웨슬리는 이 설교에서 인간은 전적으로 타락했으며 이 타락으로 말미암아 하나님의 형상은 사라지고 그 자리에 마귀의 형상이 대신하였다는 사실을 먼저 지적한다. 그에 따르면 이러한 마귀 형상은 자기를 드높이고자 하는 교만, 자기를 주장하는 아집, 피조물을 향한 끊임없는 사랑이며 이러한 근원적 질병은 각양의 부작용을 만들어 내어 인간을 죽음의 수렁으로 이끈다. 웨슬리는 이 질병을 치유하는 유일한 길은 믿음이라는 결론을 내놓는다. 믿음은 그리스도 앞에 전적으로 자기를 내어 놓는 것으로, 교만과 아집과 피조물을 향한 갈망에 대한 근본적 치유책이라는 것이다.

설교 읽기를 위한 질문

1. 일반적인 인간에 대한 이해는 어떠합니까?(서론 1-3항) 성경은 인간에 대해 무엇이라 말합니까?(서론 4항)
2. 홍수 이전의 인간 상태는 어떠했습니까?(I.1-3) 인간이 전적으로 악하다는 사실은 어떻게 알 수 있습니까?(I.4-5)
3. 홍수 이후의 인간 상태는 어떠했습니까?(II.1) 현재 우리는 어떤 상태에 있습니까?(II.2) 하나님의 선행은총은 어떻게 작용하였습니까?(II.3)

4. 원래 자연인의 상태는 어떠합니까?(Ⅱ.4-6) 사탄의 형상이 의미하는 바는 무엇입니까?(Ⅱ.7, 8) 이 사탄의 형상에서 발현되는 세 가지 죄의 증상은 무엇입니까?(Ⅱ.9-11)
5. 이방 종교와 기독교 사이에는 본질적인 차이가 있습니다. 그것은 무엇입니까?(Ⅲ.1-2) 참된 종교란 어떤 종교를 말합니까?(3-5)

설교 핵심 요약

서론

창세기 6장 5절은 인간에 대한 일반적인 평가와는 판이하게 다르다. 고대의 작품들은 인간에 대해 찬사를 아끼지 않는다. 사람에 내재된 덕과 행복을 노래하며 인간은 결국 행복해질 것이라는 낙관적 평가를 아끼지 않는다. 이같은 경향은 그 이후에도 이어졌다. 희미한 이성의 지도를 받는 이방인들은 물론 하나님의 말씀을 소유한 이들이나 기독교인들까지도 인간의 가치를 높이며 찬양하기에 여념이 없다. 지금도 이 경향은 지속되고 있는데, 특히 서구 사회에는 인간에 대한 낙관적인 견해가 범람하고 있다. 즉 인간은 하나님보다 조금 못한 존재로 평가받고 있다.(시 8:5; 히 2:7, 9)

사람들은 이런 주장에 환호한다. 자기를 칭찬하는 이를 누가 마다하겠는가? 실제로 이 주장을 하는 많은 저술가들은 인기와 존경을 한몸에 얻고 있다. 그들은 다양한 방식으로 인간에게 약간의 결함은 있지만 매우 순전하고 현명하고 덕이 있어 찬양받아야 마땅하다고 사람들을 설득한다.

그러나 성경은 이 같은 견해와 전혀 다른 의견을 제시한다. 성경은 아담 안에서 모든 사람이 죽었다고 선언한다(고전 15:22; 롬 5:19). 타락하고 죄로 가득 찬 아담은 자신과 똑같은 아들을 낳았는데(창 5:3), 아담의 후손 인간은 하나님의 생명과 형상을 잃어버렸고 영적으로 죽었다는 것이다(엡 2:1). 인간은 이렇게 본래부터 불의 가운데 태어난다. 이는 모든 이에게 예외가 없는 사실이다. 이는 창세기 6장 5절의 선언 그대로다. "사람의 죄악이 세상에 가득했다." "그의 마음으로 생각하는 모든 계획이 항상 악할 뿐이다."

우리는 인간의 참된 모습을 알기 위해 홍수가 일어나기 직전의 인간 상태가 어떠했으며, 이 상태가 홍수가 일어난 후의 인간에게 어떻게 뿌리내렸는지를 알아볼 필요가 있다.

I. 홍수 직전의 인간 상태

1. 홍수 직전의 세상에는 죄악이 가득했다.

어느 특정 지역의 특정 사람만이 악했다는 의미가 아니라 모두가 다 악했다. 그 당시 물질이 넉넉했고 긴 수명을 향유했음을 고려해 볼 때 상당한 인구가 살고 있었음을 짐작할 수 있다. 그런데 이 중에 단 한 사람의 의인이 있었다! 노아를 제외한 세상의 모든 사람이 죄에 물들어 있었던 것이다.(창 6:8; 눅 1:30)

2. 인간의 생각에서 나온 모든 계획이 악했다.

인간의 내적인 생각과 외적인 모든 행위가 죄로 물들었다. 내면에 축적된 모든 것, 영혼 속에 존재하는 모든 것, 성향, 기질, 감정, 욕구, 계획, 사상, 여기에서 흘러나오는 모든 것이 죄에 물든 것이다.

3. 왜 이토록 깊고 광범위하게 죄에 물들어 있는가?

하나님의 형상이 상실되었기 때문이다. 하나님께서 처음 창조하시고 보시기에 좋았다고 했던 그 순수함과 거룩함이 상실되었기 때문이다. 이 말을 인간의 일부는 선하고 일부는 악한 그런 혼합된 상태로 오해해서는 안 된다. 선이 결핍된, 선이 조금만 보충되면 완전해질 수 있는 그런 상태가 아니다. 빛과 어둠이 뒤섞일 수 없듯이 선과 악은 결코 뒤섞일 수 없다. 즉 인간은 존재 전체가, 모든 존재의 뿌리까지 악할 뿐이다.

4. 인간에게는 하나님께 응답할 수 있는 가능성이 남아 있었다.

이는 하나님께서 선행적으로 은총을 베푸신 까닭이라 할 수 있다. 하나님의 영이 방주가 준비되던 120년 동안 인간의 회개를 기다리고 있었다는 사실이 이를 말해 준다. 그러나 이 말이 인간에게 선한 것이 있었음을 의미하는 것은 아니다. 인간의 본성 전체가 전적으로 악할 뿐, 그 본성은 악만을 향할 뿐, 다른 가능성은 없었다. 인간에게 어떤 선한 것이 생길 가능성 또한 없었다. 교육이나 다른 어떤 것으로도 결코 선한 존재로 바꿀 수 없었다. 다만 하나님의 은총에 대답할 수 있는 가능성만 은총 가운데 주어졌을 뿐이다.

II. 지금 우리의 상태는?

1. 하나님의 형상을 상실했다.

현재를 살아가는 우리의 상태는 어떠한가? 홍수 이후 1000여 년이 지난 후 다윗을 통해 하신 말씀은 다음과 같다. "다 치우쳐 함께 더러운 자가 되고 선을 행하는 자가 없으니 하나도 없도다."(시 14:3) 선지자들도 이와 동일하게 증언한다. "온 머리는 병들었고 온 마음은 피곤하였으며 발바닥에서 머리까지 성한 곳이 없이 상한 것과 터진 것과 새로 맞은 흔적뿐이거늘."(사 1:5~6) 신약 사도들의 지적도 다르지 않다. 그의 마음의 모든 계획이 항상 악할 뿐이고 악만이 끊임없이 계속될 뿐이다.(롬 3:10~19)

2. 사탄의 형상대로 살아간다.

우리는 하나님의 형상을 상실했지만 불행히도 이런 사실을 알지 못한다. 눈먼 상태로 태어난 이는 자신이 눈먼 것을 알 수 없는 것과 같은 이치다. 영적 안목이 없어서 자신의 영적 결함을 알 수 없다. 이것이 우리의 자연적 상태라는 데 문제의 심각성이 있다. 자연인의 상태는 하나님을 사랑하지도, 두려워하지도 않는다. 오히려 미신에 빠져 있거나 하나님을 우리 영역 밖으로 밀쳐놓는다. 자연인은 하나님을 떠나 있다는 점에서 무신론자다. 그러나 실제는 무신론자가 아니라 우상숭배자다. 조각된 신이나 세운 우상에 절하진 않지만, 마음에 우상을 세우고(겔 14:3, 4, 7) 그것을 숭배한다. 하나님께 영광을 돌리지 않고 자신에게 돌림으로써 자신을 섬긴다. 그 안에 죄의 뿌리라 할 수 있는 교만이 자리하고 있기 때문이다. 교만은 하나님 홀로 받으시기에 합당한 영광을 인간이 가로챈다는 의미에서 우상숭배다. 교만은 사탄이 인간의 마음속에 새겨 놓은 자기의지다. 다른 말로는 '마귀의 형상'이다. 사탄은 북방으로 가서 창조자의 뜻에서 떠나 자신의 의지와 기쁨을 누리겠다는 의지를 가졌고(사 14:13), 사탄은 이런 자신의 형상을 모든 인간에게 심어 놓았고 인간은 이 사탄의 형상대로 따라가며 산다.

3. 사탄의 형상대로 살아가는 이들

⑴ 육신의 정욕의 노예가 된다.

사탄이 심어 놓은 자기의지를 향한 추구는 세상을 향한 사랑으로 나타난다. 그들은 피조물 안에서 행복을 추구하고 만족감을 추구하며, 육신의 욕망을 추구하며 살아간다. 교육 및 종교적 가르침은 때때로 육체적 쾌락의 무용성을 지적하며 그에 무관심한 태도를 보이기도 한다. 그러나 그것은 가식에 불과하다. 인간은 짐승과 다름없는 존재며 육체적 욕구에 굴복당할 수밖에 없다. 때로는 짐승보다도 더 피조물을 향한 사랑의 노예가 된다. 교육과 종교적 삶을 통해 어느 정도 피조물을 향한 애착을 절제할 수는 있으나 근본적으로 인간은 자신 안에 있는 정욕에 정복당해 살아가고 있기 때문에 하나님의 계명을 온전히 지키기란 애당초 불가능하다.

⑶ 안목의 정욕의 노예가 된다.

육신의 정욕이 피조물에 애착을 보이는 직접적이고 물리적인 의미의 정욕이라면, 안목의 정욕은 '의식'이나 '생각'에 의한 욕구다. 이것은 상상에 의한 쾌락의 욕구라 할 수 있으며 위대하거나 아름답거나 신기한 대상을 찾아나서는 욕구다. 이는 지속되는 쾌락이 아니라 한 번 충족되면 사라지는 일회성에 그치는 쾌락이라 할 수 있다. 때문에 한 번 충족되면 또 다른 것을 찾아나서게 됨으로 쾌락에의 갈증이 지속되는 특성이 있다.

(4) 이생의 자랑의 노예가 된다.

일종의 영적 욕구로, 높아짐으로써 칭찬받고 싶어 하는 욕망, 곧 명예욕과 관련이 있다. 많은 이들, 특히 교양 있는 이들도 이 욕구를 당연한 것으로 여긴다. 그리스도인들조차도 사람들로부터 영광을 구하는, 높아지려는 욕구에 매여 사는 이들이 많다. 이들을 향해 예수님은 이렇게 지적하신다. "너희가 서로 영광을 취하고 유일하신 하나님께로부터 오는 영광은 구하지 아니하니 어찌 나를 믿을 수 있느냐."(요 5:44)

4. 하나님의 은총이 우리 자신을 보게 한다.

인간의 삶이 비참한 것은 이런 상태를 알지 못한 채 살아가기 때문이다. 세상으로부터 격리되어 자란 아이가 언어를 알 수 없듯이, 영적 무지 가운데 살아가는 인간은 자신의 비참한 처지는 물론 하나님의 세계에 대해서도 알 수 없다. 하나님께서 우리의 이해의 눈을 깨울 때만이 상태를 자각할 수 있다. 이해의 눈을 가질 때에야 본성적으로 모든 것이 헛되며 죄에 빠진 사악한 존재임을 발견하게 된다.

하나님께서 우리의 이해의 눈을 깨우시기 위해 먼저 은총을 베푸셨다. 우리는 이 은총을 '선행은총'이라 부른다. 이 은총을 통해 하나님은 우리로 하여금 '세상 가운데 하나님 없이 살던 자들'임을 알게 하신다.

III. 구원의 길

이방 종교에는 구원의 길이 없다. 본질적인 기독교 신앙에서만 찾을 수 있을 뿐이다. 그 이유는 인간의 근본적인 문제가 죄에서 기인한다는 사실을 이방 종교는 알지 못하지만 기독교 신앙은 이를 명확히 알기 때문이다. 물론 고등한 이방 종교는 인간의 본성적 죄악을 지적하기는 하나 그것의 심각성, 곧 전체적인 기능에 있어서 완전히 타락했다는 사실까지는 알지는 못한다. 이방 종교의 한계는 인간의 죄성을 인정하더라도 선함 또한 공유하고 이 선함이 악을 압도한다는 생각에 머무르는 데 있다.

그러나 참된 기독교 신앙은 모든 이는 죄 중에 태어나고(시 51:5), 하나님을 대적하는 육적인 마음으로 끊임없이 율법에 반하는 행위를 하며, 영혼 전체가 더럽혀져 있어서 마음의 생각과 모든 계획이 항상 악하다(롬 7:18)는 사실을 명확히 인식하고 있다. 그러므로 참된 그리스도인이라면 '인간은 처음부터 죄로 가득 찼는가?' '전적으로 타락했는가?' '영혼은 전적으로 부패했는가?' '마음으로 생각하는 계획이 항상 악한가?' 등의 질문에 '그렇다'고 대답할 수밖에 없다.

참된 종교라 함은 바로 이러한 인간의 문제를 해결하는 구원의 길을 제시하는 종교다. 기독교는 이 길을 제시했다는 점에서 참 종교다. 기독교는 인간이란 모든 기능이 전적으로 상실된 자요, 이 병을 치료하는 길은 하나님께서 보내신 예수 그리스도를 믿는 믿음뿐이라는 진리에 기초하고 있다.

결론

인간은 치명적 질병에 걸려 있다. 이 병은 아담으로부터 유래되었으며, 그 결과는 영원한 죽음이다. 이 병은 어떻게 치유되는가? 그리스도는 '나를 사랑하시고' '나를 위해' 자신을 주셨다(갈 2:20)는 사실을 믿는 믿음으로 치유된다. 이 믿음은 하나지만 그 형태는 다양하다. 사탄의 형상에서 연유되는 교만(영적인 욕망의 병)은 '회개와 겸손의 믿음'을 통해, 아집(자기의지, 안목의 정욕)은 자기부정, 곧 하나님의 의지에 온유와 감사함으로 순종하는 성화의 믿음으로, 세상에 대한 사랑(육체의 정욕)은 하나님의 사랑으로 충만한 사랑의 믿음으로 치료된다. 다시 말해 인간을 영원한 죽음으로 이끄는 치명적인 질병은 죄 사함의 믿음과 온전한 구원을 소망하는 소망의 믿음, 사랑으로 역사하는 믿음으로 치료된다.

죄로 범벅이 되고 전혀 순결한 것이 나올 수 없던 우리 영혼이 믿음을 통해 참된 거룩함으로, 하나님의 거룩한 형상으로 회복되어 간다. 하나님의 형상으로 영혼의 회복을 이끌 수 없는 종교는 무익하며 우리의 영혼을 파괴시키기까지 한다. 이런 것을 기독교라 속이는 거짓 교사들을 조심해야 한다.

어떤 속임수를 가지고 말해도, 아무리 그럴싸해도, 심지어 성경에 대해 깊은 존경을 가졌다 해도 그들에게 관심을 기울여서는 안 된다.

성도들에게 단번에 주신(유 1:3) 성령에 의해 우리에게 전해진 믿음 안에 거하라. 자신의 병을 알라. 치료법을 알라. 다시 태어나야 한다. 날 때부터 전적으로 부패되었다. 이제 은혜로 온전히 새로워져야 한다.

우리는 첫 아담 안에서 죽었지만 이제 두 번째 아담이신 그리스도 안에서 다시 살아야 한다(고전 15:22). 하나님은 생명의 원리를 주셨다. 하나님께서 우리를 사랑하사 우리를 위해 자신의 몸을 주셨다는 믿음(갈 2:20)을 주셨다. 이제 할 일은 분명하다. 우리의 모든 병이 치료되고 마음속에 예수 그리스도의 마음(빌 2:5)을 온전히 품을 때까지 믿음에서 믿음으로 나아가야 한다.(히 6:1 참조)

설교 39
거듭남 The New Birth

> "내가 네게 거듭나야 하겠다 하는 말을 놀랍게 여기지 말라." 요 3:7

역사적 배경

전통적인 영국 성공회 구원론에 있어서 원죄를 치유할 수 있는 근본적인 방법은 항상 교회와 그 교회의 성사(sacrament)에 귀속되어 있었다. 젊은 시절의 웨슬리 또한 이러한 전통에서 벗어나지 않았으며, 1758년에 쓴 '세례에 관한 논문'(A Treatise on Baptism)에서도 1700년 그의 아버지 사무엘이 쓴 논문 '세례에 관한 짧은 소고'(Short Discourse of Baptism)의 축약판이라 할 수 있을 만큼 영국 성공회의 논리에 충실했다. 1748년에 작성한 설교 '거듭남의 표징들'(The Marks of the New Birth)에서조차 웨슬리는 거듭남으로 주어지는 특권들을 세례에서 완전히 분리시키지 않았다. 그러나 웨슬리의 부흥운동이 본격화되면서 세례로 인한 거듭남을 주장하는 명목적 그리스도인들과 회심을 강조하는 복음적 그리스도인들 사이에 야기되는 갈등이 점증되었고, 이 문제는 칭의와 성화와의 관계에 대한 이해 차이로 확대되었다. 웨슬리는 이 문제를 본 설교에서 집중적으로 다루었다. 거듭남, 세례에 대한 뚜렷한 입장을 드러내고 있다.

이 설교에서 제기하는 웨슬리의 세 가지 질문은 다음과 같다. 첫째 거듭나야 하는 이유, 둘째 거듭남의 방법, 셋째 거듭남의 최종 목적이다. 그는 더 나아가 거듭남이 세례와 성화와 구분되어야 한다는 점을 명확히 한다. 본문을 기반으로 하는 설교는 1740년부터 시작한 이래 1750년대까지 무려 50회나 이루어졌다. 그만큼 웨슬리에게 이 설교가 중요했던 것이다. 구두로 선포된 이 설교가 처음 기록된 것은 1760년 발간된 웨슬리의 설교집이었다. 1771년에 발간된 총서(Works)에도 포함된 이 설교는 웨슬리 전 생애 동안 적어도 5회 이상 독자적으로 출판되기도 했다.

설교 읽기를 위한 질문

1. 기독교의 핵심적인 가르침은 무엇입니까? 칭의와 거듭남은 무엇이며, 그 관계는 어떠합니까?(서론 1항)
2. 왜 모든 사람은 거듭나야 합니까?(I)
3. 어떻게 거듭날 수 있습니까?(II.1-3) 거듭남이 어린아이의 탄생과 어떻게 비교될 수 있습니까?(II.4) 이로부터 거듭남은 어떻게 이해될 수 있습니까?(II.5)
4. 거듭나야 하는 구체적인 이유는 무엇입니까?(III)
5. 세례와 거듭남은 어떻게 다릅니까?(IV.1-2) 거듭남과 성화의 관계는 어떻게 정리될 수 있습니까?(IV.3)
6. 우리는 다시 태어남을 선포해야 합니다. 그 이유는 무엇이며, 그 대상은 누구입니까?(IV.4)
7. 웨슬리의 거듭남을 위한 기도문을 작성해 봅시다.(IV.4)

설교 핵심 요약

서론
기독교의 핵심적인 가르침을 꼽으라 하면 '칭의'와 '거듭남'이 될 것이다.

칭의는 하나님께서 우리를 위해(for us) 우리 죄를 사해 주신 사역에 해당된다. 거듭남은 우리 안에서(in us) 우리의 타락된 본성을 새롭게 하시는 사역에 해당된다. 논리적 순서(in order of thinking)의 관점에서 본다면 칭의는 거듭남에 앞선다. 하나님의 진노가 사라지고 성령께서 우리 영 안에서 역사하는 것이다. 시간적 순서(in order of time)로 본다면 칭의의 순간에(in the moment) 성령으로 태어나는 것이 될 것이다.

거듭남의 가르침은 기독교 신앙에서 핵심적인 것이다. 하지만 불행히도 제대로 설명되지 않고 있다.

I. 왜 거듭나야 하는가?

1. 처음 인간의 상태

거듭나야 하는 이유를 설명하기 위해서는 원래 인간의 상태가 어떠했으며 이런 인간에게 어떤 일이 일어났는지를 물어야 한다. 원래 인간은 어떤 상태였는가? 한마디로 완전했다. 하나님의 형상대로 창조되었기 때문이다. 삼위의 하나님은 '우리의 형상과 모습을 따라' 사람을 만들기 원하셨으며, 마침내 '자신의 형상대로' 사람을 창조하셨다(창 1:26~27). 여기서 자신의 형상대로 창조하셨다는 말은 처음 인간은 다음의 세 가지 형상을 가졌다는 것을 의미한다.

1) 자연적 형상(natural image): 불멸성, 완전한 이해력, 자유의지와 다양한 감정을 지닌 영적 존재임을 의미한다.

2) 정치적 형상(political image): 세상을 지배하는 존재라는 것이다. 바다의 고기, 하늘의 새, 가축과 땅의 모든 것에 지배권을 가진 것이다.

3) 도덕적 형상(moral image): '참 의로움과 거룩함'을 의미한다.(엡 4:24)

사랑이신 하나님(요일 4:8)의 본성은 처음 인간이 지닌 도덕적 본성의 꽃이라 할 수 있다. 하나님께 충만했던 '사랑', '의', '거룩함'이 인간에게 그대로 주어진 것이다. 앞의 두 형상은 형상의 내적 특질들이나 도덕적 형상은 다른 존재와의 관계의 특질, 특히 하나님과의 관계, 사랑과 의와 거룩함으로 하나님과 관계를 이루는 것을 의미한다. 세 가지 형상 중에 이것이 가장 근원적이다. 그래서 하나님은 인간을 창조하시고 "매우 좋다"고 만족하셨는데(창 1:31), 이는 인간에게 사랑과 의와 거룩함이 충만했기 때문이다.

2. 인간의 타락

인간은 하나님의 형상대로 지음 받았다. 그러나 다른 피조물과 마찬가지로 '영원성'은 부여되지 않았다. 생명나무를 먹어야 하는 까닭이 여기에 있었다. 이 말은 인간은 다른 피조물과는 달리 하나님의 형상을 부여받았지만, '항존적'이고 '변화 불가능한' 그런 '영원한 존재'는 아니었다는 의미다. 이것은 인간이 타락에 맞설 수도, 자칫 실패할 수도 있는 존재임을 말한다.

하나님은 이런 인간에게 선악을 알게 하는 나무는 먹지 말라고 친히 경고하셨다. 그러나 인간은 자신의 상태에 자족하지 않고 먹지 말라 한 나무의 실과를 먹고 말았다. 이는 창조주의 주권에 대한 노골적인 불순종이요, 피조물의 자리를 넘는 교만한 행위였다. 하나님이 정하신 법을 깨뜨림으로써 그분의 주권을 침해하고 그분에게서 등을 돌렸을 때 "그 열매를 먹는 날에는 정녕 죽으리라"고 하신 말씀이 발효되었다.

3. 타락의 결과: 죽음

그날에 인간은 '죽은 자'가 되었다. 하나님의 생명을 상실한 자, 곧 영적으로 죽은 자가 되었다. 이는 인간과 연합하셔서 그의 생명의 존속이 가능하게 하신 하나님으로부터의 분리를 의미하는데, 영이 몸에서 분리될 때 우리는 육적인 죽음이라 하고, 하나님이 영에서 분리되는 것을 영적 죽음이라 한다. 아담이 금단의 열매를 먹자마자 그는 하나님의 떠남, 곧 영적 죽음에 직면하게 되었다. 이내 그 명백한 증거가 나타났다. 아담에게서 하나님의 사랑이 사라지고 대신 두려움이 그 자리를 대신하였다. 그는 하나님에 대한 지식(진리)을 상실하여 동산 나무 사이에 숨어 하나님께 보이지 않으려 했다(창 3:8). 하나님의 면전을 두려워하여 숨어 버린 것이다.

이는 결국 거룩성의 상실로 나아간다. 마귀의 형상(the very image of devil)인 '교만과 아집'에 빠져 들고, 멸망할 짐승의 형상(the image of the beasts)인 '육욕과 정욕'에 이끌려 가게 되었다. 결국 인간은 하나님의 사랑, 의와 거룩함, 즉 하나님의 형상을 완전히 상실하였다. "반드시 죽으리라", 이 말씀은 육체적 죽음을 의미하는 것이 아니다. 그것은 근원적인 죽음, 곧 우리 영혼에서 하나님이 분리되는 것으로 '영원한 죽음'을 의미한다.

4. 모든 인간에게 내려진 죽음의 저주 – 이것이 거듭나야 할 이유다.

"아담 안에서 모든 사람은 죽었다!" 이 죽음의 선언은 아담의 허리에서 난 자들, 즉 모든 인류를 향한 것이다. 모든 자는 영적으로 죽은 채 세상에 태어난다. 모든 이는 하나님에 대해 죽은 자다. 하나님의 생명은 떠났고 형상은 파괴되었으며 사랑과 의와 거룩함은 상실되었다. 세상에 태어난 모든 이는 본질상 마귀의 형상인 교만과 아집, 짐승의 형상인 육욕과 정욕의 노예다.

그러므로 우리는 우리의 존재를 완전히 새롭게 해야 한다. 완전한 부패에서 새로 태어나야 한다. 죄 가운데서, 죽음 가운데서 태어났다는 사실 자체가 '거듭나야' 하는 명백한 이유다. 우리의 자아는 거짓되다. 이미 죽은 자다. 새 생명으로 태어나야 한다. 하나님의 생명으로 새로 나야 한다.

II. 어떻게 거듭날 수 있는가?

1. 거듭남의 길

그렇다면 어떻게 거듭날 수 있는가? 이 일은 '신비'다. 이는 임의로 부는 바람처럼 그 실체를 알 수 없다. 어떤 방식으로 시작되고 진행되며 종결되는지 우리는 알 수 없다. 다만 성경을 통해 그 개요만을 짐작할 뿐이다. 사실 '거듭남'이라는 말은 예수님 당시 유대인에게 잘 알려진 어법이었다. 이방인이 유대교로 입교하고자 할 때 '할례'를 받아야 했으며, 그 할례 이전에 '세례'라는 의식이 포함되었다. 세례를 받으면 거듭났다고 간주되었으며, 이런 거듭남을 통해 마귀의 자녀에서 하나님의 자녀가 된다고 보았다. 니고데모는 이스라엘의 선생이었기에 이러한 내용을 잘 알고 있었다. 그러나 이에 대한 확신은 없었던 것 같다. 종교적 의식은 남아 있었지만 그 실체를 접했을 때 그는 당황했다. "어찌 이러한 일이 있을 수 있는가?" "사람이 두 번째 모태로 들어가 나올 수는 없지 않은가?" 그렇다면 니고데모의 거듭남에 대한 이해는 무엇이었는가? 그냥 종교적 의식에 불과한 것이었을 뿐이다.

그러나 주님이 말씀하신 거듭남은 실재이며 영적인 사건이었다. '위로부터의 탄생'이고 '성령으로 나는 것'이었다.

2. 거듭남이란?

성경은 거듭남의 상태를 여러 부분에서 설명해 주지만 우리에게는 쉽게 이해되지 않는다. 오히려 거듭남을 육신의 탄생의 빛에 비추어 보면 보다 잘 드러난다. 뱃속의 아기를 생각해 보라. 그 아이는 출생 전에 눈이 있어도 볼 수 없고 귀가 있어도 들을 수 없다. 다른 감각도 불완전하다. 세상일에 대한 지식도 없고 선천적인 이해력이 있을 리 없다. 이러한 삶의 행태는 엄밀한 의미에서 삶이라 할 수 없다. 아기가 세상에 태어났을 때 비로소 삶이 시작된다고 보아야 한다. 아이는 태어나자마자 빛을 보기 시작한다. 귀가 열리고 소리를 듣는다. 동시에 모든 감각기관이 본래의 목적대로 작동한다. 전에 살던 방식과는 전혀 다른 방식으로 산다.

영적 탄생이 이와 정확히 일치한다. 영적으로 태어나기 전 그는 자연인의 상태(natural state)다. 그는 눈을 가졌으나 보지 못한다. 두터운 베일로 가려져 있기 때문이다. 귀를 가졌으나 듣지 못한다. 반드시 들어야 할 중요한 진리의 말씀을 듣지 못한다. 다른 영적 감각들도 자물쇠로 다 채워져 있다. 그는 감각이 없는 자와 다르지 않다. 따라서 하나님에 대한 지식도 없고 그분과 교제할 수도 없다. 영적인 세계에 대해 무지하다. 그리스도인이라 해도 죽은 그리스도인에 불과하다. 하지만 거듭나면 모든 것이 완전히 달라진다. 마음의 눈(이해의 눈)이 밝아진다(엡 1:18). 어두운 데서 빛이 비추이리라 말씀하신 그분께서 영혼의 마음에 빛을 비추어 주심으로 그리스도의 얼굴에 드러난 하나님의 영광의 빛, 곧 주님의 영광스러운 사랑을 보게 된다(고후 4:6). 귀가 열려 "안심하라 네 죄 사함을 받았다", "가라 그리고 더 이상 죄를 짓지 말라"는 주님의 음성을 똑똑히 듣게 된다. 하나님의 영이 행하시는 능력의 역사를 마음에 체험하게 된다. 세상 사람들이 말씀을 듣고도 듣지 못하는 하나님의 자비로우신 음성을 깊이 지각하게 된다. 영혼은 모든 이해를 초월하는 평안(빌 4:7), 형언하기 어려운 영광 가득한 기쁨(벧전 1:8), 그리고 성령에 의해 마음에 부은 바 되는 하나님의 사랑(롬 5:5)을 느낀다. 모든 영적 감각들은 명료하게 되어(히 5:14) 날마다 하나님에 대해, 그분께서 보내신 예수 그리스도에 대해, 그분의 내적 세계에 대해 점점 큰 지식을 갖게 된다.

이 영혼은 비로소 진정한 삶을 살 수 있다고 할 수 있다. 성령으로 깨웠기 때문에 그는 이제 예수 그리스도를 통해 살아 있는 자라 할 수 있다. 세상이 알지 못하는, 하나님 안에 계신 예수 그리스도와 함께 감추어진 진짜 삶을 살게 된다. 하나님과의 교제가 본격화된다. 그분은 끊임없이 자신의 생기를 불어넣어 주시며 인간의 영혼은 하나님을 향해 숨을 내쉰다. 이런 교제를 통해 하나님의 은총이 그의 심령에 임하고 기도와 찬양은 그분에게 오른다. 하나님과 인간의 이 교제는 성부와 성자 안에서 이루어진 교제처럼 영 안에서 이루어진다. 하나님의 자녀는 '그리스도의 장성한 분량에 이르기까지' 지속해서 성장해 간다.

3. 거듭남의 본질

거듭남은 하나님께서 인간을 새로이 살리시는 일이다. 하나님께서 그 영혼이 죄와 사망에 있을 때 역사하심으로 의의 생명으로 이끈 사건이다. 이는 인간의 영이 그리스도 예수 안에서 새로운 피조물이 되는 창조의 사건, 영혼 안에 일어나는 실제적인 변화다. 인간의 영이 하나님의 형상을 따라 새로워지고, 참된 의와 참된 거룩함 안에 거하는 사건이다. 이로 인해 세상에 대한 사랑이 하나님을 사랑함으로, 교만이 겸손으로, 격정이 온유함으로, 미움과 시기와 악의가 신실함과 친절함과 자비로 바뀐다. 요약하자면 거듭남은 세상적이고 정욕적이고 마귀적인(약 3:15) 것이 '그리스도의 마음'(빌 2:5)으로 바뀌는 것이다. 성령으로 난 자는 바로 다 이렇게 된다.

III. 거듭남의 궁극적 목적은 무엇인가?

1. 거룩함을 위한 것

거듭남은 거룩함을 이루기 위해서다. 거룩함이란 무엇인가? 외적인 종교의 형식이 아니다. 그것은 '마음에 새겨진 하나님의 형상'이요, '온전한 그리스도의 마음'이며, '모든 하늘 백성의 성품'이다. 자기의 독생자를 아끼지 아니하시고 우리에게 주신 '하나님을 사랑하는 것'이고, '모든 이를 내 몸처럼 사랑하는 일'이다. 긍휼과 자비, 겸손과 온유, 오래 참음의 마음으로 가득 찬(골 3:12) 마음이며, '모든 행실에 있어서 우리로 흠이 없게 하는 하나님 사랑의 결정체'다. 이 거룩함은 우리 심령의 형상이 새롭게 되기 전에는 존재하지 않는다. 거듭남이 있기 전에는, 다시 말해 하나님의 능력이 우리에게 임하셔서 어둠에서 빛으로, 마귀의 권세에서 하나님께로 돌아가기 전에는 결코 시작될 수 없다. 거듭남은 바로 거룩함의 출발점이자 전제다.

거룩함을 이룬다는 것이 어째서 중요한가? 거룩함 없이는 구원이 없기 때문이다. 거룩함이 없이는 아무도 주님을 볼 수 없다(히 12:4). 하나님은 거룩하시기 때문이다. 거듭남이 없이는 거룩함이 없기 때문에, 거듭남이 없이는 하나님을 볼 수 없다. 거듭나지 않고서는 하나님 나라에 들 자가 없는 이유가 이것이다. '거듭남은 구원의 필수 요건'이다.

이 진리를 파괴하는 거짓 가르침들이 있다. '죄를 짓고 살다가 하나님 나라에 갈 수 있다', '도덕적으로 수준 높은 삶을 사는 이들이 하늘나라에 이를 수 있다', '쉬지 않고 교회를 섬기고 성례에 참석하였으니 하늘나라의 백성이 될 수 있다'는 가르침이 그 대표적이다. 이런 가르침을 신봉하는 자는 무저갱과 지옥의 밑바닥을 피해 갈 수 없다. 거룩함을 제외하고서 거룩한 하나님의 백성이 될 길은 없다. 결과적으로 거듭남 없이는 하나님 나라에 이를 수 없다. 거듭남이 바로 거룩함에 이르는 첫 발걸음이기 때문이다.

2. 거듭남이 없이는 이 땅에서의 행복도 없다.

거룩함이 없이는 이 땅에서의 행복이란 없다. 행복은 악한 자에게 주어지지 않기 때문이다. 거룩함과 반대되는 악의, 미움, 시기, 투기, 복수심 같은 것들이다. 이런 것들은 우리 영혼을 영원한 지옥으로 이끈다. 이런 것들의 배경에는 죄의 근원이라 할 수 있는 교만, 자기고집, 우상숭배들이 자리 잡고 있어 끊임없이 인간을 불행으로 이끄는 죄악들을 생산해 낸다. 여기에 행복이란 있을 수 없으며 이러한 죄의 성향은 우리의 본성이 완전히 변화되기 전에는 해결되지 않는다. 즉 거듭남이 없이는 이 땅에서의 행복은 없으며, 거듭날 때만이 이 땅에서의 복락을 누리게 된다.

IV. 몇 가지 고려 사항들

1. 거듭남과 세례

거듭남은 세례와 동일한 것인가? 아니다. 세례는 거듭남이 아니다. 어떤 건전한 기독교 교파도 세례를 거듭남과 동일시하지 않는다. 청교도 대요리문답에서 이렇게 말한다. 성례는 두 가지 역할을 갖는다. 외적이고 가시적인 표징(sign)이자 그 표징의 내적이고 영적인 은혜(grace)다. 세례는 성령에 의한 거듭남의 상징과 보증의 표징으로, 그리스도께서 제정하신 물로 씻는 성례다. 즉 거듭남은 세례와 구분되며 거듭남이 내적인 것이라면 세례는 외적인 표징이다.

영국 성공회에서는 '성례란 내적이고 영적인 은혜를 외적이고 가시적으로 드러내는 표징'이며, 삼위일체 하나님의 이름으로 물로써 죄에 대해 죽고 의에 대해 거듭나는 것을 표징하는 것이라고 말한다. 이는 청교도의 그것과 크게 다르지 않다. 여기서 거듭남과 세례는 확연히 구분되고 있다. 세례는 외적 사역이고, 거듭남은 내적 사역이다. 전자는 가시적인 표징이며 후자는 비가시적인 실체다. 전자는 몸을 씻는 행위고 후자는 하나님께서 우리의 영 안에서 행하시는 변화다. 몸과 영이 구분되듯이, 물과 성령이 구분되듯이 세례는 거듭남과 구분된다.

거듭남과 세례는 동시적인 사건인가? 꼭 그렇지만은 않다. 이 둘은 동시적으로 이루어질 수 있지만, 반드시 그런 것은 아니다. 사람이 물로 거듭나 있으면서도 성령으로 거듭나지 않을 수 있다. 내적 은혜가 없는데도 외적 표징이 있을 수 있다. 그러나 이 관점은 유아와 성인들에게 동일하게 적용될 수는 없다. 유아에게 베풀어지는 세례의 경우, 교회는 세례와 거듭남이 '동시적으로' 이루어질 것이라 믿어야 한다. 그러나 이에 대한 확실한 설명은 불가능하다. 성인들의 경우 이 둘의 시기는 동일할 수도, 다를 수 있다. 세례받기 전후의 삶이 전혀 변화되지 않는 경우도 많다. 세례 전에도 마귀의 자녀였을 뿐 아니라 세례 후에도 그런 이들이 많지 않은가? 세례 후에도 죄의 종으로 마귀의 자녀의 삶을 사는 이들이 얼마나 많은가!

2. 거듭남과 성화

거듭남과 성화의 상호 관계는 어떻게 설명될 수 있는가? 거듭남은 성화의 일부이지 전체는 아니다. 더 명확하게 표현하자면 거듭남은 성화의 입구고 시작이다. 우리가 처음 태어나면 내적이고 외적인 거룩함의 변화가 시작된다. 그리고 점차 우리의 머리 되신 그리스도의 장성한 분량에 이르기까지 성장해 나간다. 이는 거듭남과 거룩하게 되는 것, 즉 신생과 성화의 구분과 그 내적 연결이 어떠함을 보여 준다.

인간의 자연적 출생과 성장, 영적 출생과 성장 사이의 정확한 유비가 있다. 아이가 여인에게서 탄생하여 점진적으로 자라 성인에 이르듯이, 영적으로 하나님으로부터 탄생하여 그리스도의 장성한 분량에 이르기까지 서서히 성장하는 것이다.

결론

우리는 거듭남의 복음을 선포해야 한다. 거듭남이 복음의 핵심이기 때문이다. 그가 세례를 받았다 해도, 니고데모처럼 신실한 종교인으로 보일지라도, 지긋한 나이를 먹은 사람이라 할지라도 거듭나야 한다고 외쳐야 한다.

이는 결코 무례하거나 상대를 무시하는 것이 아니다. 그 영혼을 사랑함이다. 사랑하는 자는 거듭나야 한다고 외칠 수밖에 없다. 거듭나야만 구원의 상속자가 될 수 있기 때문이다. 그들에게 예의 바른 모습이, 그들을 인정하는 태도가 사람들로부터 괜찮은 사람이라는 소리를 듣게 할지 몰라도, 그것은 그들이 지옥을 향해 나아가는 것을 방치하는 것이나 다름없다. 진정한 사랑을 가진 이는 '거듭남'의 복음을 외칠 수밖에 없다.

이 복음을 듣는 이들 중에는 나는 이미 세례를 받았다고 저항하는 사람도 있을 수 있다. 세례로 거듭남을 대신하려는 시도인 것이다. 이런 생각이 오히려 죄를 심화시킨다. 그들은 성례전의 일환으로 세례를 받았으나 실상은 마귀의 자녀로 살아 왔음을 알아야 한다. 세상을 사랑하고 교만, 분냄, 육욕, 욕정, 그리고 여기서 연유되는 모든 죄악과 같은 멸망의 가증한 것들에 영혼의 성전을 내어 놓는 어리석음을 범하면서도 세례를 내세워 문제없다고 말한다. 이는 세례를 짓밟는 행위다. 세례의 참된 본질은 거듭남으로 말미암은 거룩한 삶이다. 그러나 이들은 고의적으로 죄를 범함으로 세례를 짓밟는다. 세례를 받았든 그렇지 않든 거듭남은 외쳐져야 한다. 거듭남은 내적인 거룩함의 문을 여는 것이고, 거룩함만이 이 세상에서 그리고 다가올 영원한 세상에서 행복을 누릴 열쇠이기 때문이다.

남에게 해를 끼치지 않은 이, 주일을 범하지 않고 술 취하지 않고 고의적인 죄를 범하지 않았다는 이들에게도 거듭남은 선포되어야 한다. 이들의 삶은 존경받을 만하지만 더 전진해야 한다. 거듭나야 한다.

타인에게 해를 끼치지 않은 데서 더 나아가, 할 수 있는 모든 선한 일을 하는 이들에게도 거듭남의 복음은 외쳐져야 한다. 거듭남이 없이는 참된 선행이란 있을 수 없기 때문이다. 하나님의 모든 명령을 수행하며 교회의 성례에 참여하는 이에게도, 교회의 경건의 삶에 참으로 열심을 다하는 사람이라 해도 이 복음은 외쳐져야 한다. 거듭나지 않으면 이들에게도 하늘나라는 아무 관계가 없으며 지옥 역시 피할 수 없기 때문이다. 어느 것도 거듭남을 대신할 수 없다. 하늘 아래 그 무엇을 누린다 해도 거듭남을 체험하지 못했다면 그것은 비극이요, 저주다. 그러므로 다음의 기도를 계속해야 한다.

"주님, 이 모든 축복 위에 거듭남의 은혜를 더하여 주옵소서. 당신이 무엇을 거절하시든지 좋습니다. 그러나 거듭남을 향한 저의 소원만은 거절하지 마옵소서. 저로 하여금 위로부터 태어나게 하옵소서. 저로부터 명예, 재물, 친구, 건강 등 당신이 필요하시면 가져가옵소서. 그렇지만 오직 이것만은 제게 주옵소서. 그것은 성령으로 다시 태어나는 것이고 당신의 자녀로 받아들여지는 것입니다. 저로 하여금 당신의 말씀으로 인해 썩어질 씨가 아니라 썩지 아니하는 씨로 다시 태어나게 하소서(벧전 1:23). 그리하여 우리 주 곧 구주 예수 그리스도를 아는 지식과 은혜 안에서 날로 자라가도록 하옵소서(벧후 3:18). 아멘."

광야 상태 The Wilderness State

"지금은 너희가 근심하나 내가 다시 너희를 보리
니 너희 마음이 기쁠 것이요 너희 기쁨을 빼앗을
자가 없으리라." 요 16:22

역사적 배경

1751년 웨슬리가 선택하고 그 내용을 발췌하여 묶어 놓은 '그리스도인
을 위한 도서목록' 중에는 토마스 굿윈(Thomas Goodwin)의 「어둠의 길을 걷
는 빛의 자녀들」이라는 책이 있다. 이 책을 발췌하면서 웨슬리는 참된 사랑
이 그러한 것처럼, 참된 믿음의 길 또한 평탄한 길이 아니라고 말한다. 이
는 웨슬리가 하나님의 자녀가 된 의인에게 반드시 연단의 시기가 뒤따른다
는 사실을 인식하고 있었음을 의미한다. 웨슬리는 이 같은 사람들을 위해
두 편의 설교를 준비했다. '광야 상태'(The Wilderness State)와 '여러 시험의
짐'(Heaviness through Manifold Temptations)이 그것이다. 광야 상태와 시험은
모두 죄 사함을 받고 의인이 된 사람에게 닥칠 어려움들이지만 그 둘 간에는
큰 차이가 있다. 먼저 광야의 상태는 일종의 '영적 질병'이지만, '시험'은 하
나님의 자녀를 더욱 성숙한 믿음으로 이끄는 연단이다. 전자는 하나님의 자
녀가 단절해야 할 부정적인 것이지만, 후자는 수용하며 극복해야 할 긍정적
인 것이다. 본문을 기초로 웨슬리는 모두 35회 가량 구두로 설교했으며 활자
화되어 처음 등장한 곳은 1744년의 회의록이다. 이 설교는 설교 '여러 시험
의 짐'과 함께 1760년 편집된 웨슬리 설교집 제4권에 포함되었다.

1. 그리스도인에게 광야의 상태란 무엇을 의미합니까?(서론 1항) 그리스도 인이 이 같은 상태를 잘 대처하지 못하는 이유는 무엇입니까?(서론 2항)

2. 광야 상태에서는 구체적으로 그리스도인의 삶에서 당연히 뒤따라야 할 다섯 가지 요소를 상실합니다. 그것은 무엇입니까?(I)

3. 광야의 상태는 누가 야기하는 것입니까?(II.1) 이 상태를 야기하는 원인 세 가지는 무엇입니까?(II.i.2, ii.1, iii.1)

4. 여기서 말하는 죄 네 가지를 열거해 보십시오(II.i.2-9) 이 죄가 외적으 로 나타나기 전에 우리가 해야 할 일은 무엇입니까?(II.i.10) 광야의 상 태를 야기하는 또 다른 원인 '무지'에는 어떤 종류가 있습니까?(II.1, 2) 세 번째 원인인 '유혹'이 일어나는 때는 언제입니까?(II.iii.1) 이 유혹을 불러일으키는 것은 무엇입니까?(II.iii.2)

5. 광야의 상태가 도래했을 때, 자칫 범할 수 있는 치명적인 잘못은 무엇 입니까? 이 병의 치유를 위해 가장 먼저 고려해야 할 것은 무엇입니 까?(III.1) 그것이 죄에서 유래되었다고 한다면 어떤 절차를 밟아야 합 니까?(III.2-6) 그것이 무지에서 유래되었다면 어떤 조처를 취해야 합니 까?(III.7-13) 이것이 유혹에서 야기된 문제일 경우에는 무엇을 해야 합 니까?(III.14)

설교 핵심 요약

서론

이스라엘은 애굽에서 구원받은 이후에 즉시 약속의 땅에 들지 못하고 광 야 생활을 하며 시련과 괴로움을 겪었다. 그리스도인들도 이와 유사한 경험을 하게 된다. 즉 그리스도 안에서 이루어진 속량을 통해 하나님의 은혜로 값없이 의롭다 함을 입은 이후에도 하나님의 백성을 위한 안식에 들어가기까지는 멈추지 말고 앞으로 나아가야 한다. 그러나 많은 이들이 하나님이 마련하신 평탄의 길을 떠나 황무지와 짐승이 부르짖는 광야로 향한다. 곧 광야의 상태에 머문다. 광야의 상태에 있는 이들은 병든 자와 같다. 그런데 그들은 자신이 걸린 이 병을 알지 못하고 있다. 심지어는 진리를 가르치는 자리에 있는 사람들 중에도 이런 사람들이 있다.

I. 질병의 본질

1. 믿음의 상실

광야의 사람들의 치명적 질병은 다양한 양상으로 나타난다. 그중 하나는 '믿음의 상실'이다. 그들은 하나님에 대한 증거와 확신이 없다. '내가 사는 것은 … 하나님의 아들을 믿는 믿음으로 산다'는 성령의 내적 증거가 없다. 하늘의 빛이 상실된 상태며 암흑이 그들을 주관하는 상태다. 하나님을 아바 아버지라 부를 수 있도록 하시는 성령께서 거하시지 않는다. 하나님의 사랑에 대한 신뢰를 상실해 그분 앞에 나아갈 용기가 없는 상태다.

2. 사랑의 상실

'사랑의 상실' 또한 광야의 사람에게 나타나는 증상이다. 원래 참된 믿음에 비례해서 사랑도 충만하다. 그러니 믿음을 상실한 자에게 하나님의 사랑이 있을 리 없다. 그는 "제가 주님을 사랑함을 주님께서 아십니다"라고 결코 고백하지 못한다. 그는 하나님을 진실로 사랑하는 이가 지니는 행복을 이해하지 못한다. 주님을 향한 사랑이 냉랭해지니 이웃을 향한 사랑도 냉랭해진다. 사람들의 영혼을 향한 열심과 그들의 행복을 빌던 열망이 점차 식어간다. 잃어버린 양에 대한 자비의 마음이 사라져 가고 오히려 강퍅함과 냉정함이 넘친다.

3. 기쁨의 상실

'성령으로 인한 기쁨의 상실'도 수반되어 나타난다. 죄 사함의 감사가 사라지니 기쁨이 더 이상 자리하지 않는다. 샘이 막히니 기갈이 시작되는 것이다. 이런 사람은 하나님의 영광에 대한 소망 안에서 흘러넘치는 기쁨 또한 사라짐을 경험하게 된다.

4. 평안의 상실

'평안의 상실'도 따라온다. 사람의 모든 지각을 초월한 하나님의 평안이 상실된다. 고통스런 의심이 되살아나 왕 노릇할 뿐이다. '내가 성령의 증거를 발견했던가? 하나님의 음성을 들었던가?' 하는 끝없는 의문만이 마음을 지배하게 된다. 이 같은 의혹은 두려움과 결합해 하나님의 진노를 두려워한다. 이전에 벗어났던 그 두려움의 상태로 다시금 돌아가게 된다.

5. 죄를 이길 능력의 상실

'죄를 이길 능력의 상실'이 뒤따른다. 이미 얻었던 하나님의 의가 상실되는 것이다. 화평을 상실한 이는 죄를 이길 능력도 상실할 수밖에 없다. 애써 싸우려 해도 죄를 정복할 수 없게 되어 약속되었던 영광의 면류관이 머리에서 떨어져 나간다. 그의 대적이 다시 지배하게 되고 마음속 하나님의 나라도 상실하게 된다. 결국 광야의 상태는 성령 안에 있는 의와 평강과 기쁨, 곧 하나님 나라를 빼앗긴 상태다.

II. 질병의 원인

광야 상태를 야기하는 원인은 내 안에 있다. 하나님은 결코 우리를 광야 상태로 몰아넣기를 원하지 않으신다. 언제나 우리에게 하나님 나라를 주시길 기뻐하신다. 하지만 우리가 이 나라를 소유하기를 바라지 않기 때문에 광야 상태로 빠져드는 것이다. 즉 우리 스스로 광야 상태를 야기하는 것이다. 그렇다면 우리가 스스로를 광야 상태로 몰아넣는 이유는 무엇인가?

1. 여러 종류의 죄

광야 상태를 야기하는 가장 으뜸 되는 원인은 죄다. 이 죄에는 여러 형태가 있다.

(1) '작위'(commission)의 죄

다가오는 유혹에 굴복하는 것이 뻔히 죄가 되는 줄 알면서 충동을 이기기 못하고 순간적으로 굴복하여 짓는 죄다. 마치 물을 불에 붓는 것과 같이 순간적인 어둠에 빠진다. 충동에 굴복함으로써 하나님에게서 멀어짐과 어둠의 도래를 느낀다.

(2) '부작위'(omission)의 죄

이것은 죄인지는 알지만 충동을 이기지 못해 죄를 범하는 것과는 다른 형태로, 성령이 우리 영혼을 계속 깨우치지만 우리가 이를 무시함으로 점차 어둠으로 들어가는 것을 의미한다. 마치 불에서 연료를 제거하는 것처럼 서서히 성령의 불을 끄는 죄다. 이 죄는 주로 기도의 결핍에서 연유되며 하나님과의 교제가 서서히 소멸되므로 끝내는 생명이 소멸된다. 이웃의 죄에 대해 무감각한 것도 이런 죄의 일종이다. 이웃의 잘못을 보고 견책하지 않으면 무의식중에 그의 죄에 동참하게 된다. 만일 그가 죄로 인해 멸망하면 그 핏값은 그 사람의 죄에 무심했던 사람에게서 찾게 될 것이다.

(3) 내적인 죄

교만과 분노와 욕심이 그것이다. 교만은 하나님의 은혜를 자신의 의로 삼음으로 분수에 넘치도록 생각하는 것이고, 분노는 일종의 열정인데 사랑의 열정이 아닌 모든 것을 의미한다. 분노가 자라나면 사랑과 성령에 의한 기쁨이 감소하고, 끝내 분노에 굴복당하면 성령의 영향력을 상실하게 된다. 욕망은 피조물에 마음을 기울이는 것으로, 다름 아닌 우상숭배다.

(4) 외적인 죄

구체적인 범죄를 실천하는 것이다. 우리에게 주어진 하나님의 은사를 불일듯 일으켜 세우지 않으면, 좁은 길로 나아가길 애쓰지 않으면, 영적 싸움에 힘을 기울이지 않으면 암흑이 되살아나고 실제적인 범행에 이르게 된다.

우리는 이 상태를 바로잡기에 애써야 한다. 이 죄 안에 머무는 한 광야의 상태에 머물게 되기 때문이다. 오래전의 일이라고 간과해서는 안 된다. 오래 참으시는 하나님의 자비에 감사하며 즉각 죄에서 떠나야 한다.

2. 무지

광야의 상태를 야기하는 두 번째 원인은 무지다. 이 무지에도 여러 형태가 있다.

첫째는 성경 말씀에 대한 무지다. 성경에 대한 해박한 지식을 가지고 있다 할지라도 그 참된 의미를 알지 못하고 그릇된 해석으로 인해 어둠에 빠지게 된다. 둘째는 영혼 안에서 일어나는 하나님의 역사에 무지한 것이다. 특히 광야의 상태를 마치 당연한 것으로 이해하고 그대로 허용하는 것은 광야 상태를 더욱 조장하는 것이 된다.

3. 유혹

주님의 촛대가 처음 우리 위에 임할 때 유혹은 달아난다. 그러나 바람이 불고 비가 내리며 홍수가 밀려오듯 유혹은 다시 시작된다. 마음속의 악의 찌끼들이 다시 활동하도록 사탄은 끊임없이 자극한다. 나약한 그리스도인은 괴로워하며 굴복하여 광야의 어두움으로 끌려간다. 자신이 온전해졌다고 생각하고 스스로를 높일 때 유혹은 더욱 강렬해진다. 순전한 믿음의 자리로 되돌아가지 않는 한 우리는 이 유혹에 빠져 광야의 어두움에 거하게 된다.

III. 어떻게 치유할 수 있는가?

1. 다양한 방식으로 대처해야

광야의 상태를 한 가지 방식으로만 대처하는 것은 잘못이다. '복음을 전하는 것'으로만 할 일을 다했다고 여기는 것은 근원적인 해결책이 아니다. 하나님의 사랑과 보혈의 능력만을 전하는 임시변통이며 어쩌면 가장 나쁜 대처일지 모른다. 하나님의 특별한 자비가 없이는 그들의 육신과 영혼은 파멸하고 만다. 따라서 하나님의 자비로운 약속만 말하는 것은 잘못된 길로 인도하는 것이다. 이들은 거짓된 영적 의사라고 말할 수밖에 없다. 분별없이 모든 것에 한 가지만을 고집함으로 하나님의 약속만 남발하는 자다. 따라서 광야 상태를 치유하기 위해서는 다양한 접근이 요청된다. 육체의 병을 고치는 일에 여러 방식이 요청되듯 영혼의 병도 그러하다.

2. 암흑이 다가왔을 때

1) 먼저 어떤 종류의 죄를 범했는가 스스로 돌아보아야 한다.

(1) 외적인 죄를 범했는지 살펴보아야 한다.

우리가 어떤 외적인 죄를 범하게 되면 양심이 고발하기 때문에 이전에 누리던 기쁨과 평안은 사라지게 된다. 내 안에서 기쁨과 평안이 사라졌다면 어떤 외적인 죄를 범하고 있는지 돌아보아야 한다.

(2) 외적인 죄를 발견할 수 없다면 부작위의 죄가 있는지 점검해야 한다.

형제의 죄를 간과했는지, 하나님이 제정하신 규례를 따르고 있는지 등을 살펴야 한다. 어떤 문제를 발견한다면 속히 그 길을 떠나고 원래의 길로 가야 한다. 잘하고 있는 일들을 더욱 강화해야 한다.

(3) 부작위의 죄가 없다면 작위의 죄가 있는지 스스로 살피라.

일시적인 충동에 이끌려 자신의 마음을 죄에 허용해 버린 일이 있는지 돌아보고 한시라도 마음에 틈을 주지 않도록 깨어 있어야 한다.

(4) 이상에서도 문제를 발견할 수 없다면 내적인 죄를 돌아보라.

교만이 마음의 왕좌를 차지하고 자기 의를 자랑하며 사람들의 칭찬에 귀를 기울이지 않는가? 분노에 여지를 두고 질투의 마음으로 사로잡혀 있는지 돌아보라. 주님을 바라보라. 까다롭고 냉담한 마음이 사라지고 사랑과 평안과 기쁨이 다시 살아날 것이다. 어떤 형태의 욕망에 사로잡히지 않았는지 경계하라. 세상을 사랑하는 우상숭배를 버리고 하나님께 돌아오라. 마음에 들릴라를 품는 한 하나님의 자리는 없다. 그분께 부르짖고 그분의 도움으로 좁은 길로 가라. 이상의 문제들이 없다면 과거를 돌아보라. 예전의 기질과 말과 행동이 주님이 앞에 옳았던가? 만일 회개하지 않은 어떤 죄책이라도 있다면 회개하라.

2) 무지가 원인일 수 있다.

죄가 원인이 아니라 무지가 원인일 수 있다. 그리스도를 믿는 자들도 때로는 성경의 참된 뜻을 알지 못하고 어둠 속을 걷는 경우가 있다. 성경의 깊은 뜻을 이해하도록 애써야 한다. 또한 광야의 상태가 당연하다는 논리에 동조해서도 안 된다. 신앙이 아닌 불신, 소망이 아닌 절망으로 인해 어두움을 극복한다는 것은 무지다. 이것은 오히려 어두움을 공고히 하는 것임을 기억해야 한다.

3) 유혹이 원인일 수 있다.

예기치 않은 유혹이 원인일 때에는 믿는 이에게 이런 일이 육체에 거하는 한 필연적임을 가르쳐야 한다. 모진 시련과 유혹이 올 때 사탄과 상의하지 말고 오직 기도해야 함을 가르친다.

결론

광야의 상태가 도래할 때 다양한 대응을 적절하게 해야 한다. 그럴 때 우리의 영혼이 고통에서 구원받을 것이다. "일어나 빛을 발하라 … 여호와의 영광이 네 위에 임하셨다"고 말씀하실 것이다. 우리는 광야에서 벗어나 우리의 빛을 발하게 될 것이고, 이 빛은 점점 밝아져 대낮과 같이 될 것이다.

여러 시험의 짐 Heaviness through Manifold Temptations

"그러므로 너희가 이제 여러 가지 시험으로 말미암아 잠깐 근심하게 되지 않을 수 없으나 오히려 크게 기뻐하는도다." 벧전 1:6

역사적 배경

이 설교는 설교 '광야 상태'와 짝을 이루고 있는데, 이 두 설교는 하나님의 자녀가 된 이후 겪을 수 있는 어려움에 대한 영적 지침들이다. '광야 상태'가 하나님의 자녀가 피해야 할 영혼의 질병을 다룬 것이라면, 이 설교는 하나님의 자녀에게 필연적인 시험을 어떻게 직면하고 승화시킬 것인가에 대해 말한다. 웨슬리는 이 본문을 기초로 1754년부터 1757년 사이 모두 16회의 구두 설교를 하였고, 이 설교를 '광야 상태'와 함께 묶어 1760년에 편집한 설교집 4권에 포함시킬 목적으로 작성했다. 두 설교는 이후의 설교집에 빠짐없이 등장한다. 이 설교를 별도의 형태로 출판한 것 같진 않다.

설교 읽기를 위한 질문

1. 믿는 이들에게 다가오는 영혼의 시험과 광야 상태를 동일한 것으로 봄으로써 나타나는 결과는 무엇입니까?(서론 1항)
2. 어떤 사람들이 시험을 받습니까?(I)

3. 시험이 야기하는 것은 무엇입니까?(Ⅱ.1) 시험이 주는 괴로움의 성격은 어떠합니까?(Ⅱ.2-4)

4. 이러한 괴로움을 야기하는 원인은 무엇입니까?(Ⅲ)

5. 하나님께서 그 자녀에게 이런 시험을 허락하신 이유는 무엇입니까?(Ⅳ)

6. 광야 상태와 시험으로 인한 괴로움은 어떻게 다릅니까?(Ⅴ.1) 우리가 허용할 수 있는 것은 무엇입니까? 그 이유는 무엇입니까?(Ⅴ.2) 그러나 이 시험의 짐이 모든 믿음의 자녀들에게 항상 있어야 하는 것은 아닌 이유는 무엇입니까?(Ⅴ.3) 우리는 광야의 상태와 시험의 짐에 대해 어떤 자세를 취해야 합니까?(Ⅴ.4)

설교 핵심 요약

서론

믿는 이들에게는 영혼의 시험이 있다. 이 시험은 광야 상태, 다시 말해 암흑 속에 있는 것과는 차이가 있다. 이 차이를 이해하지 못하여 방치해 버리면 시험에서 암흑으로 전개되어 나간다. 그러므로 시험의 단계에서 방지해야 한다.

I. 누가 시험의 대상인가?

시험을 당하는 사람들은 누구인가? 그들은 '믿음의 사람들'이었다(벧전 1:5~9). 그들은 하늘로부터 오는 평안을 소유한 사람들이다. 이 평안은 그들의 믿음에서 유래되었다. 그럼에도 불구하고 그들은 시험을 당한다. 그렇지만 그들은 인내한다. 그들은 또한 '산 소망의 소유자'다. 그들은 성령으로 거듭난 거룩한 자며, 그리스도의 피 뿌림을 즐거워하고, 썩지 않는 산 소망을 가지고 있다. 그런데도 시험은 있다. 이 시험 중에 소망을 놓지 않는다. 그들은 '사랑의 소유자'이기도 하다. 하나님의 사랑을 소유한 사람이며 이 사랑으로 말미암아 자신들에게 다가오는 시험을 견딘다. 그들은 '거룩한 삶의 소유자'다. 그들은 죄를 이길 능력을 소유함으로 옛사람의 욕정에 따라 살지 않고 순종하는 자녀다. 흠 없는 어린양 그리스도의 존귀한 피로 구원받았음을 깨닫고 하나님 안에서 소유하게 된 믿음과 소망을 통해 성령으로 영혼을 정화해 나간다. 물론 그들에게도 시험은 있다. 그러나 그들은 많은 시험 중에서도 믿음, 소망, 사랑, 평안, 희락, 의를 소유하고 있다. 결국 시험은 하나님의 역사의 전 과정에 함께하지만 그 어느 한 부분도 흠집 낼 수 없고 완전을 향한 걸음을 방해할 수 없다.

II. 시험의 본질

시험은 '비탄', '슬픔'이란 말과 그 뿌리가 같으나 비탄과 슬픔보다 더 포괄적이고 깊은 의미를 가진다. 즉 시험은 비탄과 슬픔보다 그 심도가 깊고 또 그것이 한순간의 일이 아니라 지속되는 것을 의미한다. 시험의 정도가 극심할 때는 영혼 전체가 압도당하기도 하며 특히 허약한 이들, 신경학적 문제가 있는 사람들에게 치명적일 수 있다.

그러나 시험은 광야의 상태 곧 영혼이 암흑 속에 빠져 있는 것과는 다르다. 광야 상태는 영광의 하나님이 떠나 있는 상태지만, 시험은 하나님과 더불어 있는 중에 겪는다는 점에서 본질적으로 다르다. 그러므로 광야 상태는 결코 환영할 만한 것이 아니지만 시험은 불가피하며 유익을 가져다준다.

시험이 오는 경로는 다양하다. 여러 가지 질병이 원인이 될 수 있다. 영혼은 육체와 하나이기에 질병이 내적인 시험의 원인이 되는 것이다. 재앙, 궁핍이 원인이 되기도 하고 사랑하는 이의 죽음, 가까운 사람의 배신이 원인이 되기도 한다. 사탄은 이런 시험을 이용해 어둠의 상태로 이끌어 가려 한다. 이런 시도는 크게 두 가지 방향으로 진행된다. 하나는 영혼이 겪는 시험이 마치 하나님께로부터 유래된 것인 양 거짓 선전함으로써 하나님에 대해 실망하게 하고 마침내는 하나님으로부터 멀어지게 한다. 이와는 반대의 방향이 있다. 금욕주의적 입장인데, 금욕주의는 시험이 하나님께 가까이 나아가도록 하나님께서 마련하신 통로라 주장하며 적극적으로 스스로에게 시험을 가하는 것이다. 시험은 불가피하나 그 원인을 하나님께 돌리는 것은 잘못된 것이다. 우리가 관심 두어야 할 일은 불가피한 시험을 하나님의 섭리에 따라 극복하는 것이다.

III. 시험에 대한 하나님의 섭리

하나님은 자신의 자녀들이 시험을 통해 유익을 얻기를 바라신다. 첫째는 믿음의 연단을 가져오는 것이다. 시험은 믿음을 연단하여 더욱 순수하고 강하며 크게 한다. 둘째, 소망을 증대시킨다. 소망은 믿음의 크기에 따라 그 크기가 달라진다. 시험이 믿음의 폭과 깊이를 가져다주면 그만큼 소망의 폭과 깊이도 커지고 깊어진다. 셋째, 시험은 기쁨을 크게 한다. 즉 고난 중에 말할 수 없는 기쁨을 가지고 즐거워하는 것이다. 넷째, 사랑을 증가시킨다. 믿음과 소망이 증대됨에 따라 사랑이 커지는 것은 당연하다. 다섯째, 거룩함이 커진다. 시험은 마음과 행위의 거룩함을 가져온다. 사랑으로 역사하는 믿음이 커질수록 거룩함의 열매가 크기 때문이다.

이처럼 시험은 참으로 큰 유익을 가져다준다. 시험을 극복하는 과정은 우리 자신에게 유익할 뿐만 아니라 시험을 당하는 다른 사람들에게도 유익을 가져다준다.

결론

우리는 영혼의 암흑 곧 광야의 상태와 시험의 차이를 분명히 알아야 한다. 암흑은 성령에 의한 기쁨이 완전히 상실된 상태지만, 시험은 말로 다 할 수 없는 기쁨을 누릴 수 있는 기회가 된다. 암흑은 하나님으로부터의 평화를 단절하지만, 시험은 은혜와 평강이 넘쳐흐른다. 암흑 속에서는 하나님의 사랑을 점차 잃어 가나, 시험 속에서는 날로 증가한다. 암흑 속에서는 신앙이 퇴보하지만, 시험 속에서는 하나님에 대한 분명하고도 흔들림 없는 확신을 소유한다. 다시 말해 시험 속에 있을 필요는 있지만 암흑은 그렇지 않다. 잠시간 시험을 허용하면 믿음이 단련되고 소망을 확신하게 되며 사랑이 증진되고 거룩함이 완성되지만, 암흑은 믿음 소망 사랑의 거룩한 삶을 소멸하게 한다. 물론 그렇다고 시험이 늘 필요한 것은 아니다. 하나님은 원하시는 방식으로 우리에게 필요한 은혜를 공급하시기 때문이다. 때로는 시험 없이 하늘의 영광을 더하시기도 한다. 그러나 대부분 다소간의 시험을 믿음의 자녀들에게 허락하신다.

우리는 기도해야 한다. 먼저는 암흑 가운데 빠지지 않도록 기도해야 한다. 그리고 다가오는 시험에서 하나님의 뜻이 이루어지도록, 하나님의 영원한 나라의 유업을 얻을 수 있도록 기도해야 한다.

설교42

자기부인 Self-denial

> "또 무리에게 이르시되 아무든지 나를 따라오려 거든 자기를 부인하고 날마다 제 십자가를 지고 나를 따를 것이니라." 눅 9:23

역사적 배경

남아 있는 세 편의 설교, 곧 '자기부인'(Self-Denial), '험담의 치유'(The Cure of Evil-speaking), '돈의 사용'(The Use of Money)이라는 주제는 웨슬리 표준설교 44편의 마지막 시리즈라 할 수 있다. 이 세 편의 설교는 하늘 가는 사람들이 이 땅에서 살아가야 할 삶의 원칙이라 할 수 있다.

웨슬리에 따르면 '자기부인'은 '십자가를 지는 것'과 함께 고려되어야 하는 것으로, 이 둘은 기독교 전통 안에서 언제나 귀한 가치로 인정되어 왔다. 교회가 이 두 가르침을 존중한 것은 자기를 부인하지 않으면 주님을 부인할 것이고, 날마다 십자가를 지지 않으면 십자가에 달리신 주님의 뒤를 따르는 것이 불가능함을 알았기 때문이다. 그러나 웨슬리는 자기부인과 십자가 지는 것을 금욕적 태도와 혼용하는 것에는 반대한다. 즉 자기부인을 마치 스스로를 괴롭히는 행위로 오해하여 자기 몸에 금욕을 행하는 것으로 오해해서는 안 된다는 것이다.

웨슬리는 선교사로 조지아에 갔을 때 사반나에서 본문에 기초하여 설교했으며, 조지아에서 영국으로 막 돌아온 후에도 같은 주제로 설교했다. 이는 1738년 5월 24일에 있었던 웨슬리의 유명한 올더스게이트 체험에 이르는 시기 직전까지 웨슬리에게 있어서 자기부인과 십자가를 지는 삶이라는 문제가 심사숙고해야 할 매우 중요한 주제였음을 암시한다. 이 주제에 관한 내용이 활자로 처음 나타난 것은 1744년 웨슬리의 친구 헨리 피어스(Henry Piers)가 인쇄한 편지였다. 몇 달 후에 웨슬리는 여기에 좀 더 내용을 첨가하였다. 이 후에는 본문을 기초로 한 설교가 눈에 띄지 않다가 1755년 한 해에 두 번 등장한다.

웨슬리는 이 주제를 자신의 1760년 설교집 제4권에 포함시키기 위한 목적으로 지난 설교들을 다듬어 별도의 설교를 작성한 것으로 보인다. 따라서 이 설교에는 자기부인과 십자가를 지는 문제에 대한 웨슬리의 보다 발전된 입장이 드러나 있다고 보아야 한다.

설교 읽기를 위한 질문

1. 주님을 따르는 이에게 필연적으로 요구되는 것은 무엇입니까?(서론 1-3 항) 자기를 부인한다는 가르침을 어떤 식으로 그릇 이해합니까?(4항)

2. 자기를 부인하는 것에 대한 믿는 사람들의 왜곡은 어떻게 이루어집니까?(I.1) 모든 인간은 자기를 부인해야 합니다. 그 이유는 무엇입니까?(I.2-6)

3. 그리스도를 따르고 참된 제자가 되려는 이들에게 필요한 것은 무엇입니까? '십자가를 진다'는 것은 자기를 부인하는 것과 어떻게 다릅니까?(I.7) 십자가를 지는 일은 어떤 결단을 필요로 합니까?(I.7-9) 십자가를 '지는 일'과 '견디는 일'이 어떻게 다릅니까?(I.10, 11) 그리스도의 제자들이 십자가를 진다는 의미는 무엇입니까?(I.12-14)

4. 그리스도의 참 제자가 되지 못할 때 처음 점검해야 하는 것은 무엇입니까? 은총의 수단에 충실함에도 불구하고 그리스도의 참 제자가 되지 못하는 이유는 무엇입니까?(II.1)

5. 십자가를 지지 않는 사람들을 유형별로 정리해 보면 다음의 표와 같습니다. 빈칸을 채움으로 그 특징들을 정리해 봅시다. (II.2-7)

십자가를 지지 않는 자들의 유형	특징
말씀을 듣고도 죄 가운데 잠든 자	
잠에서 깨어나기 시작했지만 죄에 대해 깊은 통찰이 없는 자	
죄에 대한 통찰은 있으나 죄 사함을 받지 못한 자	
하늘의 은사는 받았지만 이것을 지속하지 못한 자	

이들이 십자가를 지지 않는 결과는 무엇입니까? (II.7)

6. 그리스도인들이 자기를 부인하고 자기 십자가를 질 수 있기 위해 무엇을 해야 합니까? (III)

설교 핵심 요약

서론

누구든지 어떤 시대에 살든지 '주님을 따르려면'(주님의 제자가 되려면) 자기를 부인하고, 자신의 십자가를 지고 날마다 그분을 따라야 한다. 자신을 부인함이 없이는 주님을 배우는 것이 아니라 다른 주인을 배우는 것이고, 날마다 십자가를 지지 않고서는 주님을 따르는 것이 아니라 세상의 권력자나 자신의 육적인 생각을 따르는 것이다.

기독교 전통은 자기부인과 날마다 십자가를 지는 것을 가르쳐 왔다. 자기를 부인하지 않으면 주님을 부인할 것이고, 날마다 십자가를 지지 않으면 십자가에 달리신 주님의 뒤를 따르는 것이 불가능함을 알았기 때문이다. 그러나 많은 사람들은 자기부인과 날마다 십자가 지는 것의 참된 의미를 모른다. 이에 대한 불완전한 이해 때문에 모호하고 신비적인 용어처럼 취급하기도 한다. 예를 들어 어떤 사람은 모진 박해를 감수하는 것이라 해석하여 이런 일이 일어나지 않은 시대에는 별 관계가 없다고 오해하기도 한다. 이제 자기를 부인하는 것과 날마다 십자가를 지는 것이 무엇을 의미하는지 알아보도록 하자.

I. 자기를 부인하라

1. 자기부인

'자기부인'은 자신의 뜻을 꺾고 하나님의 뜻에 온전히 따르는 것을 의미한다. 하나님으로부터 말미암지 않는 것은 그 어떤 좋은 것이라도 부인하는 것이다. 자기 본성을 따라 사는 세상 사람은 자기부인이라는 말을 듣기조차 싫어한다. 마음속에 은혜의 체험이 있는 이들 중에도 이 위대한 가르침에 무관심한 사람이 있다. 이들은 능력만을 원하고 거룩한 삶은 원하지 않는다. 우리는 이 복음의 진리를 지키기 위해 온 힘을 다해 기도하며 힘써야 한다.

2. 자기부인을 해야 할 이유

왜 우리는 자기부인을 해야 하는가? 첫째, 피조물이기 때문이다. 모든 피조물은 자기부인을 해야 한다. 심지어 하늘의 천사들까지도 그리해야 한다. 둘째, 죄인이기 때문이다. 우리의 본성은 모든 기능과 능력에서 타락했다. 타락에 저항하는 것은 하나님의 뜻이다. 즉 우리는 자신의 타락에 저항해야 한다. 셋째, 우리가 하나님께 가까이 나아가야 하기 때문이다. 그러나 현재의 상태는 이와 정반대다. 우리의 본성은 하나님을 떠나도록 만든다. 그러므로 스스로를 부인해야 한다. 넷째, 하나님을 따르든지 혹은 떠나든지 둘 중 하나를 선택해야 하기 때문이다. 자기를 부인하든지 자기 뜻대로 살든지 선택해야 한다. 자기 뜻을 따라 사는 것은 잠시간은 기쁨이지만, 타락이 증가하여 마침내 멸망에 이르게 된다. 이런 어리석은 자가 되지 말아야 한다.

II. 자기 십자가를 지라

그리스도를 따르고 참된 제자가 되려면 자기부인을 하고 자기 십자가를 져야 한다. '십자가'는 자기 뜻과 상반되고 '자기 본성'에 맞지 않는 어떤 것이다. 십자가를 진다는 것은 자기부인보다 좀 더 나아가 적극적으로 하나님의 뜻에 맞추는 것을 의미한다. 자기부인보다 높은 경지에 있는 것이다.

하나님의 뜻을 따라 제자가 되고자 하는 길에는 십자가가 가로놓여 있다. 무엇인가 불편하며 본성에 거슬린다. 그러나 하늘 가는 이들은 이 십자가를 기쁨으로 져야 한다. 이 일에는 때때로 엄청난 고통이 수반된다. 욕망과 애정이 깊으면 깊을수록 그렇다. 이는 영과 육, 뼈마디와 골수를 쪼개는 것과 같다. 십자가를 지는 것과 견디는 것은 다르다. 견디는 것은 스스로 선택하지 않고 수동적으로 우리 앞에 놓인 것을 참는 것이고, 지는 것은 기꺼이 지원하여 감수하는 것을 의미한다. 그리스도의 제자는 십자가를 견디고 져야 한다. 공동의 십자가와 개인의 십자가가 있다. 공동의 십자가는 모든 이들이 공동으로 져야 하는 십자가고, 개인의 십자가는 그 사람만 독특하게 져야 하는 십자가를 의미한다.

십자가를 지는 것은 우리에게 유익을 주시려는 예수님의 섭리다. 십자가는 영혼 치유 방법 중의 하나인 것이다. 십자가는 우리의 부족한 것을 치유하신다. 이때 십자가를 지는 것과 '훈련'을 혼동해서는 안 된다. 문자 그대로 나 자신을 찢는 것도 아니다. 자신의 뜻과 상반되더라도 하나님의 뜻을 마음에 품는 것을 의미한다.

III. 그리스도의 참 제자가 못 되는 이유

1. 은혜의 수단의 결핍을 돌아보라.

하나님의 말씀을 듣는 것이 부족하거나 성례전에 참여하는 것이 부족할 경우에 일어나는 현상이다. 그러나 이런 일에 열심을 내고 있음에도 불구하고 참 제자가 안 되는 것은 자기부인을 하지 않고 자기 십자가를 지지 않기 때문이다. 말씀을 듣고 들은 바를 기뻐하고 진리를 인정하지만 여전히 죄에 머물고 있는가? 죄를 떠나려는 단호한 걸음이 없기 때문에, 정욕과 욕망을 가지고 말씀을 듣기 때문에 변화가 없는 것이다. 이는 죽음의 잠에서 약간 눈을 떴다 다시 잠드는 것과 같다. 죽음의 잠의 달콤함에 취해 있는 것과 같다. 이런 사람은 회개에 합당한 열매를 맺지 못하고 받은 바 은혜에 따라 선을 행하지 않는 사람이다. 이런 사람은 하늘의 은사를 맛보았고 장차 올 세상의 능력을 맛보았으며 그리스도의 얼굴에서 하늘의 영광을 본 사람이고 성령으로 말미암아 하나님의 사랑이 비추어진 사람이지만, 세상의 일을 더 좋아하여 하늘을 보는 눈이 닫혀지고 심령은 다시금 냉랭하게 된 사람이다. 그는 마귀에게 자리를 주고 성령을 근심하게 한다. 외적으론 죄를 안 짓는지 모르나 그 내면에 교만, 분노, 아집이 다시 자리하여 마침내 믿음의 파선에 이르게 된다.

잠에서 깨어나야 한다. 눈을 뜨고 잠에서 깨어나 하나님의 말씀이 영혼 깊이 뿌리내려 싹을 틔우도록 해야 한다.

2. 어쩌면 믿음의 완전한 파선은 아닐 수도 있다.

그에게는 하나님의 자녀라는 의식이 아직 있으며 양자의 영을 가지고 있을 수도 있다. 그러나 완전을 갈망하지도, 의에 굶주리지도, 하나님의 형상과 충만한 기쁨을 갈구하지도 않고 마음이 완악하게 되어 간다. 그 이유는 행함으로 믿음을 완전하게 하지 않았기 때문이다. 그는 열심히 기도하고 말씀도 잘 들으며 깊은 묵상에 이를 뿐만 아니라 각종 종교집회에 열심히 참석한다. 영육 간에 이웃을 섬기기도 한다. 그러나 전적으로는 아니다.

3. 그리스도의 참 제자가 못 되는 이유

그 이유는 단 하나다. 자신을 부인하거나 날마다 자기 십자가를 지지 않으려 하기 때문이다. 이것은 하늘 가는 길 전반에 치명적인 걸림돌이다. 나팔 소리가 들려도 죄 가운데 깨어나지 못하고, 잠에서 깨어난 자가 영속적인 확신을 갖지 못하며, 하늘의 은사를 받은 자가 신앙이 파손되는 것은 단 하나의 이유 때문이다. 곧 자기부인과 자기 십자가를 지지 않기 때문이다. 이 것 없이는 믿음의 성장은 불가능하다.

결론

자기를 부인하고 자기 십자가를 지라! 이 진리에 반대하는 곳에서는 믿음 의 성장을 기대할 수 없다. 이 진리가 결핍된 곳에는 하나님의 능력이 없다. 이 진리에 반대하지 않는 것, 부분적으로 찬성하는 것으로 가르치는 자가 의 무를 다했다 말할 수 없다. '분명하게' '늘' 가르쳐야 한다.

이 진리를 나 자신에게 적용하라. 골방 속에서 깊이 묵상하라. 마음속에 서 골똘히 생각하여 이해하고 생의 마지막까지 기억하라. 깨달은 대로 실행 할 수 있도록 간구하라. 지체하지 말고 지금 그리하라! 모든 삶에 적용하되 중단하지 말라.

험담의 치유 The Cure of Evil-speaking

> "네 형제가 죄를 범하거든 가서 너와 그 사람과만 상대하
> 여 권고하라 만일 들으면 네가 네 형제를 얻은 것이요 만
> 일 듣지 않거든 한두 사람을 데리고 가서 두세 증인의 입
> 으로 말마다 확증하게 하라 만일 그들의 말도 듣지 않거
> 든 교회에 말하고 교회의 말도 듣지 않거든 이방인과 세
> 리와 같이 여기라." 마 18:15~17

역사적 배경

웨슬리 표준설교 44편의 마지막 시리즈 설교 목록 중 두 번째에 해당하는
설교다. 웨슬리는 '험담'을 하나님의 자녀가 되어 100% 그리스도인으로 성
숙해 나가야 할 과정에서 피해야 할 가장 치명적 죄악 중의 하나로 꼽는데,
심지어 '험담하지 말라'는 계명을 '살인하지 말라'는 계명과 같은 정도의 중
대한 계명으로 간주할 정도다. 웨슬리가 이 문제에 깊은 관심을 표명하기 시
작한 것은 메도디스트 운동이 본 궤도에 올라선 후다. 이 설교는 메도디스트
운동이 뿌리내렸던 1752년과 그 이듬해에 집중되었다. 두 해에 걸쳐 모두 11
회나 설교했으니 이 당시 웨슬리가 이 문제에 얼마나 관심을 기울였는지 알
수 있다.

어째서 웨슬리는 이 시기에 이 문제에 관심을 기울였는가? 메도디스트 운
동이 본격화됨에 따라 메도디스트 공동체들, 특히 클래스, 밴드 등의 공동체
역할이 증대되었다. 그런데 이런 모임이 활성화되는 이면에 부작용이 뒤따

랐는데, 바로 '험담'의 문제였다. 웨슬리는 이에 대한 성경적 가르침을 분명히 할 필요를 느꼈다. 그에 따르면 험담의 죄는 뿌리 깊은 영적 질병이다. 이 때문에 이 병을 치유하기 위해선 철저한 단절이 필요하다고 역설한다. 이를 위해 웨슬리는 단 둘이 있는 데서 충고하고, 듣지 않거든 한두 사람을 데리고 가 그들이 있는 데서 말하고, 그래도 듣지 않거든 교회에 가서 말하며 교회의 말도 듣지 않거든 이방인과 세리처럼 대하라는 성경적 가르침에 철저하게 순종해야 한다고 말한다.

이 설교는 1760년에 편집된 웨슬리 설교집 제4권에 포함되었다. 이후 이 주제에 대한 설교는 웨슬리의 말년에 속하는 1786년에 구두 형태로 반복되었고, 1787년에는 '이웃의 면전에서 책망하는 방법에 관하여'(On How to Reprove a Neighbor to His Face)라는 다른 제목으로 기록되어 등장한다.

설교 읽기를 위한 질문

1. 험담의 죄는 살인죄와 비유될 정도로 심각한 것입니다. 여기서 '험담'이 의미하는 바는 무엇입니까?(서론 1항) 누가 험담의 죄를 범합니까?(서론 2-4항) 이 험담의 죄에서 벗어나는 길은 무엇입니까?(서론 5항)

2. 다른 사람의 허물을 보았을 때 우리는 어찌해야 합니까? 이때 취할 첫 번째 조치는 무엇입니까?(I.1, 6) 단 둘이 있는 곳에서 충고할 때는 어떻게 해야 합니까?(I.1, 2) 직접 말하기 어려울 때 취할 수 있는 대안은 무엇입니까?(I.3, 4) 다른 사람의 허물을 보고 그에게 은밀히 가서 충고하는 방식이 적용되지 않는 경우는 어떤 경우입니까?(I.7)

3. 단 둘이 있는 자리에서 은밀히 말했음에도 듣지 않을 때 취할 다음 단계는 무엇입니까?(II.1) 이렇게 하는 목적은 무엇입니까?(II.2) 두세 사람의 증인들은 무엇을 해야 합니까?(II.3) 이 단계에서 주의해야 할 것은 무엇입니까?(II.4)

4. 첫 번째와 두 번째 시도가 무산될 경우 남아 있는 방식은 무엇입니까? 여기서 말하는 '교회'는 무엇을 의미합니까?(Ⅲ.1) 이 단계를 사용할 경우 다른 단계들과의 관계는 어떻게 설정해야 합니까?(Ⅲ.2)

5. 이 모든 단계에도 불구하고 상대방이 충고를 듣지 않을 경우에는 어찌해야 합니까?(Ⅲ.3)

6. 참된 기독교인이요 참된 메도디스트인이라면 험담의 문제에 대해 어떤 태도를 취해야 하는지 요약해 봅시다.(Ⅲ.4, 5)

설교 핵심 요약

서론

험담은 어떤 사람이 없을 때 그 사람에 대해 나쁜 말을 하는 것이다. 소문을 퍼뜨리는 것도 일종의 험담에 속한다. '험담하지 말라'는 계명은 '살인하지 말라'는 계명과 같은 정도의 중대한 계명이다. 그러나 험담의 죄에서 자유로운 이는 거의 없다. 이는 본성적인 악한 기질에서 유래되기 때문이다. 우리는 험담을 통해 자기 의를 내세우고 분노, 원한 등의 나쁜 기질들을 교묘하게 섞어 놓는다. 때로는 다른 사람의 죄에 대해 분노하는 것처럼 위장하는 경우가 있다. 나 자신의 경건을 가장하여 이런 잘못을 범하는 것이다.

어떻게 험담의 죄를 피할 수 있을까? 그것은 이 죄로부터 나 자신을 단절하는 것이다. 남의 허물을 볼 때 험담으로부터 단절하는 것은 다음 네 단계를 따른다.

첫째, 단 둘이 있는 데서 충고하라. 둘째, 듣지 않거든 한두 사람을 데리고 가 그들이 있는 데서 말하라. 그들이 증인이 될 것이다. 셋째, 그래도 듣지 않거든 교회에 가서 말하라. 넷째, 교회의 말도 듣지 않거든 이방인과 세리처럼 대하라. 이 단계들을 상세히 살펴보도록 하자.

I. 단 둘이 있는 데서

상대방의 죄를 발견하거든 공개하기보다는 은밀하게 단 둘이 있는 데서 충고해야 한다. 이때 다음과 같은 원칙에 따라 충고하라. 온유한 마음으로 충고하라. 온유한 심령만이 실수한 사람의 마음 문을 열기 때문이다. 뜨거운 사랑의 마음으로 충고하라. 사랑의 힘을 막을 것은 아무것도 없다. 말하는 태도는 복음에 일치해야 한다. 교만함과 분노와 악의의 그림자를 드러내서는 안 된다.

은밀한 충고를 하기 위해 최선을 다해야 한다. 혹 부득이하게 직접 갈 수 없을 경우에는 다른 사람이 대신 갈 수 있다. 그러나 그 사람도 동일한 원리에 따라야 한다. 글로 전하는 것도 하나의 방법이 될 수 있다. 험담의 죄를 피하기 위한 이상의 원칙이 적용되지 않는 경우도 있다. 그것은 범죄를 발견했을 때인데 범죄자에 대한 고발은 험담 죄에 해당하지 않는다.

II. 한두 사람을 데리고 가

단 둘이 만나 은밀히 이야기를 해도 듣지 않고 오히려 화를 내는 사람이 있다. 이 단계는 첫 번째 시도가 무산된 직후 행해야 한다. 이 경우 한두 사람을 데리고 가 말해야 한다. 이때 동행할 사람들은 사랑이 풍부하고 하나님과 자기 이웃을 사랑하는 사람, 온유하고 겸손한 마음의 옷을 입은 자들이어야 한다. 그들이 동행했을 때 1) 충고하는 자가 어떤 내용으로 충고했는지 듣게 하고, 그 충고의 말을 간결하게 정리하게 한다. 2) 충고자가 그렇게 말한 이유를 설명하고 그 설명을 확인하며, 3) 충고자의 견책이 얼마나 공정하고 정당한지, 얼마나 친절하고 유익한지를 확증하도록 한다.

III. 교회에 말하라

첫 번째와 두 번째 시도가 무산될 경우에 택할 방식이다. 물론 두 번째 시도와 병합해서 사용할 수도 있다. 즉 한두 사람의 증인이 교회의 사람이 될 경우다.

IV. 세리와 이방인처럼 대하라

교회의 말도 듣지 않거든 이제는 그를 위해 기도할 일만 남는다. 이제 그를 다른 이방인을 대하는 것처럼 긍휼의 마음으로 대하면 되는 것이다. 다른 조치나 교제가 필요하지 않고 오직 주님께 그를 맡기면 된다.

결론

험담의 죄를 그쳐야 한다. 다른 사람의 잘못을 지적하려면 직접 가서 말하되 먼저는 둘이 있는 자리에서 사랑의 마음으로 말한다. 이것으로 해결되지 않으면 한두 사람의 증인을 대동해서 말하고, 그래도 듣지 않으면 교회로 하여금 말하게 하라.

메도디스트들이여, 더 이상 험담의 죄에 머물지 말라. 이것을 참된 메도디스트임을 구분하는 표지로 삼으라. 주님께서 우리를 보내셨다는 확증을 말과 혀뿐 아니라 행위와 진실로 드러내자.

돈의 사용 The Use of Money

> "내가 너희에게 말하노니 불의의 재물로 친구를
> 사귀라 그리하면 그 재물이 없어질 때에 그들이
> 너희를 영주할 처소로 영접하리라." 눅 16:9

역사적 배경

이 설교는 1763년에 발표된 '모범 시행령'(Model Deed)에서 언급한 표준설교, 곧 모든 메도디스트 설교자들이 반드시 기초해야 할 44편의 마지막을 장식한 설교다. 이 본문을 기초로 1741년부터 1758년 사이에 최소한 27번의 구두 설교가 행해졌다. 원고로 작성되어 1760년의 설교집에 포함되었다.

웨슬리의 복음 전파는 원래 부자들을 향한 것이 아니었다. 그가 부자들을 배제하진 않았지만 그의 가르침을 환영한 계층은 가난한 계층, 도시빈민이나 광부 등이었다. 그런데 메도디스트 운동이 탄력을 받아 확대일로에 있자 웨슬리는 부의 위험성을 경고하고 나섰다. 그는 메도디스트가 경건한 삶을 지속하는 한 부는 저절로 축적될 것임을 확신했다. 메도디스트에 대한 웨슬리의 우려는 빈곤이 아니라 부를 축적한 후 부한 삶에 빠져 영적으로 나태하게 되는 것이었다. 웨슬리의 돈에 대한 원칙은 간단하고도 명료하다. '될 수 있는 한 많이 벌라. 될 수 있는 한 많이 저축하라. 될 수 있는 한 많이 주라'다. 웨슬리는 돈을 죄악시하지 않았다. 오히려 돈을 적절히 사용하는 데 관심을 두었다는 점에서 고립된 금욕주의자의 영성이 아닌 사회 안에서의 영성을 추구했다.

1. 돈을 사랑함이 일만 악의 뿌리라고 하신 말씀의 참 의미는 무엇입니까?(서론 2, 3항)

2. 재물을 참되게 관리하기 위한 첫 번째 법칙은 무엇입니까?(I.1) 하나님의 자녀가 돈을 벌고자 할 때 금해야 할 세 가지 항목은 무엇입니까?(I.1-6) 될 수 있는 대로 많이 벌 수 있는 길은 무엇입니까?(I.7, 8)

3. 재물을 참되게 관리하기 위한 두 번째 법칙은 무엇입니까?(II.1) 될 수 있는 대로 저축하기 위한 길은 낭비를 막는 것입니다. 어떤 부분에서 낭비하지 말아야 합니까?(II.2-8)

4. 재물을 참되게 관리하기 위한 마지막 세 번째 법칙은 무엇입니까?(III.1) 그 이유는 무엇입니까?(III.2) 재물을 아낌없이 사용해야 하는 대상은 누구입니까?(III.3) 재물을 사용할 때 고려해야 할 네 가지 원리는 무엇입니까?(III.4) 재물을 사용할 때 해야 하는 기도는 무엇입니까?(III.5)

5. 불의한 재물로 친구를 사귀는 길, 곧 재물을 참되게 관리하기 위한 길은 무엇인지 요약해 봅시다.(III.6, 7)

설교 핵심 요약

서론

돈은 일만 악의 뿌리다. 그러나 돈 자체가 악은 아니다. 선하게도 악하게도 사용할 수 있다. 돈을 잘 사용하면 하나님의 선물이 될 수 있다. 배고픈 자들에게 먹을 것을, 목마른 자들에게 마실 것을, 헐벗은 이들에게 입을 것을 줄 수 있고, 약자들에게 필요한 것을 채워 줄 수 있기 때문이다. 문제는 돈을 잘 관리하고 잘 사용하는 것이다. 이를 위한 세 가지 원칙이 있다.

I. 할 수 있는 대로 많이 벌라

돈은 벌 수 있는 만큼 최선을 다해 벌어야 한다. 그러나 돈을 벌 때 금해야 할 사항들이 있다.

첫째, 건강을 해치면서까지 벌면 안 된다. 너무 고되거나 몸에 해로운 일을 해서는 안 된다. 인간의 생명은 중하기 때문이다.

둘째, 영혼에 해를 끼치면서까지 벌면 안 된다. 즉 하나님과 세상의 법을 어기는 것은 안 된다. 특히 세금을 포탈하면 안 된다. 상업에는 거짓과 속임수가 다반사다. 그러나 하나님의 자녀는 아무리 금전적 이익을 가져온다 해도 이런 일을 해서는 안 된다.

셋째, 이웃을 해치는 것도 안 된다. 이웃을 내 몸과 같이 사랑한다면 해칠 수도 없고 해쳐서도 안 된다. 과도한 이자를 요구해서도, 토지나 가옥에서 이득을 취해서도 안 된다. 이런 의미에서 전당업은 폐지되어야 한다. 어떤 이들은 선을 행하기 위해 악을 행하는 것이라고 변명한다. 이 같은 궤변은 허용될 수 없다. 이런 사업은 이웃의 불행이 사업의 기초이기 때문이다. 이웃의 재산을 강탈하는 이는 지옥의 형벌을 면치 못한다. 이웃의 육체를 해침으로 이익을 취해서도 안 된다. 여기에는 건강을 해치는 어떤 것도 팔아서는 안 된다는 사실이 포함되어 있다. 독한 술, 고도의 알코올이 든 술은 질병을 위해서만 사용해야 한다. 의사, 약제사 등은 병을 오래 유지시킴으로 돈을 벌어서는 안 된다. 이웃을 해치고 돈을 번 대가는 크다. 하나님께서 핏값을 도로 찾으실 것이기 때문이다.

이상의 내용들에 유의하며 할 수 있는 대로 많이 벌어야 한다. 어떻게 이것이 가능한가? 정직하게 노력해야 한다. 부지런해야 한다. 그날 할 일을 결코 다음날로 미루지 말며 전력을 다해야 한다. 하나님이 주신 지혜를 충분히 활용하기 위해 부지런히 배우고 응용한다.

II. 할 수 있는 대로 많이 저축하라

돈을 버는 것도 중요하지만 번 돈을 잘 지키는 것도 중요하다. 그 길은 될 수 있는 대로 많이 저축하는 것이다. 이것은 귀중한 달란트를 허비하지 않고 재물을 무익한 데 허비하지 않는 것을 의미한다. 먼저 허영심을 채우기 위해, 육신의 정욕을 만족시키기 위해, 쾌락을 위해 허비하지 말아야 한다. 욕망은 끝이 없으며 충족되면 또 다른 것을 요구한다는 점에서 재물을 욕구 충족에 쓰는 것은 어리석다. 예를 들어 식도락을 증대시키는 일, 멋을 내는 일, 사치하는 일, 다른 사람들의 존경과 칭찬을 위해 재물을 쓰는 일을 멀리하고 단지 몸에 필요한 것으로 만족하는 것이 여기에 포함된다.

자녀들을 위해서도 낭비하지 말아야 한다. 자연은 이미 그들에게 충분히 베풀고 있다. 자녀들의 육신의 정욕, 안목의 정욕, 삶의 허영심을 만족시키려 애쓰는 것은 그들을 파멸로 이끄는 것이나 다름없다. 이것은 지옥의 함정을 그들 앞에 파는 것임을 명심하라. 막대한 재산이 있는가? 그렇다면 돈을 선용할 줄 아는 현명한 아이에게 대부분을 주고, 나머지 자식들에겐 궁핍하지 않을 정도로 주면 된다. 현명한 아이가 없다면 자녀들에게 궁핍하지 않을 정도로 나누어 주고 나머지는 하나님의 영광을 위해 사용하라.

III. 할 수 있는 대로 많이 주라

세 번째 원리는 '될 수 있는 대로 많이 주는 것'이다. 우리는 재물의 소유주가 아니라 청지기임을 기억하라. 소유권은 하나님께 있으며, 나에게 있는 재물은 하나님께서 단지 위탁하신 것임을 알라. 나 자신도 하나님의 것이다. 내 영혼과 육체, 모든 소유물이 하나님으로부터 왔음을 명심한다.

돈을 사용할 대상은 다음의 순서대로 고려하면 된다. 1) 생존을 위해 필요한 경비 2) 가족과 딸린 식구들 3) 믿음의 식구들 4) 모든 이들이다.

이들을 위해 사용하고자 할 때 다음의 질문을 해야 한다. 1) 나의 신분에 적합한가? 2) 주님의 말씀이 그렇게 요구하는가? 3) 이 같은 소비가 예수 그리스도를 통해 하나님께 드리는 산 제사가 되는가? 4) 의로운 자들의 부활의 때에 상급받을 만한가?

무엇보다도 돈을 사용할 때 이렇게 기도해야 한다.

"주님, 제가 의식주를 위해 이 돈을 쓰려 합니다. 당신의 뜻에 따라 그 일부를 사용함에 있어서 재물을 맡은 청지기로 성실하게 행동하고 있음을 아시지요. 주님은 제가 주님의 뜻에 따라 이리 한다는 것을 아시지요? 저의 소비가 예수 그리스도를 통한 거룩한 산 제사가 되기를 간절히 빕니다. 주님께서 모든 사람을 그 행한 대로 보응하실 때에 저의 사랑의 행위 또한 보상받게 하옵소서. 아멘."

결론

부단한 근면과 모든 지혜를 동원하여 영육간에 이웃을 해치지 않는 범위에서 많이 벌라. 어리석은 욕망(육신의 정욕, 안목의 정욕, 생활의 허영심)을 위해 소비되는 경비를 중단하고 될 수 있는 한 많이 저축하라. 가진 모든 것을 하나님께 돌리라. 가족, 믿음의 식구, 이웃을 위해 청지기로서 사용하라. 이는 다가올 날에 대비하여 선한 기업을 창고 안에 쌓아 두는 것이 될 것이다.

웨슬리 표준설교 작성 연표

〈설교 원고가 작성된 시기가 알려진 경우에는 작성된 연도를, 그렇지 않으면 설교가 되었거나 인쇄된 시기를 기준으로 삼았음〉

설 교	시기
설교 1: 구원은 믿음으로 Salvation by Faith	1738년 6월 11일
설교 2: 2% 부족한 그리스도인 The Almost Christian	1741년 7월 25일
설교 3: 잠자는 자여 일어나라 Awake, Thou That Sleepest	1742년 4월 4일
설교 4: 성경이 말하는 참된 기독교 Scriptural Christianity	1744년 8월 24일
설교 5: 믿음에 의한 칭의 Justification by Faith	1746년
설교 6: 믿음의 의 The Righteousness of Faith	1746년
설교 7: 하늘 가는 길 The Way to the Kingdom	1746년
설교 8: 성령의 첫 열매 The First Fruits of the Spirit	1746년
설교 9: 노예의 영과 양자의 영 The Spirit of Bondage and of Adoption	1746년
설교 10: 성령의 증거 I The Witness of the Spirit: Discourse I	1746년
설교 11: 우리 영의 증거 The Witness of Our Own Spirit	1767년 4월 4일
설교 12: 은총의 수단 The Means of Grace	1746년
설교 13: 마음의 할례 The Circumcision of the Heart	1733년 1월 1일
설교 14: 거듭남의 표적들 The Marks of the New Birth	1748년
설교 15: 하나님으로부터 난 자의 위대한 특권 The Great Privilege of Those That Are Born of God	1748년
설교 16: 산상설교 I Upon Our Lord's Sermon on the Mount: Discourse I	1748년
설교 17: 산상설교 II Upon Our Lord's Sermon on the Mount: Discourse II	1748년
설교 18: 산상설교 III Upon Our Lord's Sermon on the Mount: Discourse III	1748년
설교 19: 산상설교 IV Upon Our Lord's Sermon on the Mount: Discourse IV	1748년
설교 20: 산상설교 V Upon Our Lord's Sermon on the Mount: Discourse V	1748년

'목사 웨슬리'에게 설교를 묻다

초판 1쇄 2015년 3월 20일

김동환 지음

발 행 인   전용재
편 집 인   한만철

펴 낸 곳   도서출판 kmc
등록번호   제2–1607호
등록일자   1993년 9월 4일

(110–730) 서울특별시 종로구 세종대로 149 감리회관 16층
(재)기독교대한감리회 출판국
TEL. 02-399-2008 FAX. 02-399-4365
http://www.kmcmall.co.kr

인   쇄   리더스커뮤니케이션

ISBN 978–89–8430–677–6 93230

값 20,000원

이 도서의 국립중앙도서관 출판예정도서목록(CIP)은 서지정보유통지원시스템 홈페이지(http://seoji.nl.go.kr)와
국가자료공동목록시스템(http://www.nl.go.kr/kolisnet)에서 이용하실 수 있습니다. (CIP제어번호 : CIP2015007979)